邓小平的
智慧

曹应旺——主编

四川人民出版社

图书在版编目（CIP）数据

邓小平的智慧/曹应旺主编. —成都：四川人民出版社，2021.6（2023.11重印）
ISBN 978－7－220－11698－8

Ⅰ.①邓… Ⅱ.①曹… Ⅲ.①邓小平（1904－1997）－思想评论 Ⅳ.①A849

中国版本图书馆 CIP 数据核字（2019）第 284420 号

DENG XIAOPING DE ZHIHUI
邓小平的智慧
曹应旺　主编

出 版 人	黄立新
策划组稿	张明辉　李洪烈
责任编辑	罗晓春　戴黎莎
营销策划	张明辉
封面设计	象上设计
版式设计	戴雨虹
责任校对	舒晓利
责任印制	祝　健
出版发行	四川人民出版社（成都三色路 238 号）
网　　址	http://www.scpph.com
E-mail	scrmcbs@sina.com
新浪微博	@四川人民出版社
微信公众号	四川人民出版社
发行部业务电话	（028）86361653　86361656
防盗版举报电话	（028）86361653
照　　排	四川胜翔数码印务设计有限公司
印　　刷	四川华龙印务有限公司
成品尺寸	170mm×240mm
印　　张	29
字　　数	470 千
版　　次	2021 年 6 月第 1 版
印　　次	2023 年 11 月第 4 次印刷
书　　号	ISBN 978－7－220－11698－8
定　　价	69.90 元

■版权所有·侵权必究

本书若出现印装质量问题，请与我社发行部联系调换
电话：（028）86259453

第三版序

2021年,中国共产党迎来建党100周年。这100年,是中国共产党由开天辟地救中国,到改天换地建设中国,再到翻天覆地富强中国的100年。

改革开放以来,特别是党的十八大以来,中国发展的步伐加快了。2010年以来,中国已成为世界第二大经济体。中国的经济规模已由新中国成立初期的美国的1/28,发展到2020年的美国的71%。中国已成为世界第一制造大国,已有世界上发达的高铁和高速公路,天宫、蛟龙、天眼、悟空、墨子、大飞机等重大科技成果也搞出来了。随着脱贫攻坚战取得全面胜利,中国已全面建成了小康社会。笔者同许多人一样亲眼见证了这一飞速发展的变化。

日本前众议院议长土井多贺子的秘书五岛昌子对笔者讲,刚改革开放时万里的儿子去日本住在她家里,万里儿子看到日本太发达啦,中国太落后啦,难过得放声大哭。30多年后,中国人许多方面比日本人过得好。2013年笔者在日本山形县米泽市遇到几位当年嫁到那里的上海妇女,她们后悔不该嫁到日本。这就是让世界惊愕的中国变化。

中国人看到这些变化,享受着这些变化,不能不景仰邓小平、怀念邓小平。他是中国改革开放和现代化建设的总设计师,是中国特色社会主义理论的开创者,他为这些变化做出了不可磨灭的贡献。

1994年,笔者主编《邓小平的智慧》,曾在《前言》中写道:

中外历史上大凡杰出的政治家,总是在国家发展的关键关头,依时而作,率众而谋,拨开迷雾,给局面带来"柳暗花明又一村"的巨大变化,使国家步入飞速发展的康庄大道,显示出非凡的胆略和智慧。邓小平正是这样的政治家。

邓小平是继毛泽东、周恩来之后,当代中国政坛上一颗璀璨的智慧之星,不仅为国人景仰,而且为世界瞩目。1978年、1985年,他两度被美国《时代》周刊评为当今世界的风云人物。印度著名学者苏地生认为"邓小平是当代最伟大的发展经济学家","应授予诺贝尔经济学奖"。苏地生说:"邓小平作为一个政治经济学家的信誉是确定无疑的。他砸碎了空想主义的枷锁，运用自己丰富的经验和智慧在中国建立起一种新的模式，而这一模式正是大多数发展中国家今天所需要的。"

邓小平的智慧，特别突出地表现在他领导的中国社会主义改革开放和现代化建设的活动中。但是，他在此前长期的战争和革命生涯中，也从许多方面表现出政治家的胆略和出奇制胜的智慧。合抱之木，生于毫末；不积跬步，无以致千里；智慧之星，所由来者渐矣。

中华民族向来就是一个长于思辨、善于筹谋的智慧民族。我们的祖先曾以自己的聪明才智创造了光辉灿烂的古代文明。今天的世界是一个"争于智"的世界，今天的时代是一个"争于智"的时代。邓小平的智慧不仅为中华智海增添了新的内容，而且是当代炎黄子孙实现国家富强、民族复兴的精神财富。学习和思索邓小平的智慧将受益匪浅。

2004 年出版《邓小平的智慧》修订本，笔者在《修订本序》中写道：

这本书的写作、出版已经 10 年。

这是中国人民由温饱，到初步小康，再到进入为全面建设小康社会而奋斗的 10 年。国内生产总值 1993 年是 34634 亿元，而 2003 年已突破 11 万亿元大关，达到 116694 亿元。人均国内生产总值 1993 年不到 360 美元，而 2003 年已达到 1090 美元。

在苏联解体、东欧剧变，世界社会主义处于低潮时，中国的社会主义却仍能屹立于东方，一枝独秀。这不能随风而倒的一个重要原因，就是独立自主地走中国自己的社会主义建设道路。毛泽东为代表的中国共产党人是这条道路的探索者，虽在探索中有诸多失误，但开始摆脱苏联模式的影响。邓小平为代表的中国共产党人是这条道路的开创者，在思考与回答什么是社会主义和怎样建设社会主义问题时，作出改革开放和以现代化建设为中心的决策，提出走自己的路，创立了建设有中国特色社会主义的理论，使社会主义中国日益兴旺起来。江泽民为代表的中国共产党人与时俱进，继承、发展中国特色社会主义的理论，形成了"三个代表"重要思想，经受了国内外各种困难和风险的考验，使社会主义中国显示出勃勃生机。党的十六大以来，以胡锦涛为总书记的党中央高举邓小平理论和"三个代表"重要思想的旗帜，在中国特色的社会主义道路上继往开来，将改革开放和现代化建设大业不断推向前进，使社会主义中国显示出更加灿烂的前景。

饮水思源，当中国人民享受着经济建设和文化建设的丰硕成果，亲身体验着自己的生活水准与10年、20年前相比发生着翻番又翻番的变化时，无不感受着中国特色社会主义理论伟大的指导作用，无不敬佩改革开放和现代化建设总设计师邓小平卓越的智慧。

岁月匆匆，往事如烟。邓小平的智慧却随着历史的发展而愈来愈闪烁其夺目的光辉。

明朝有一位哲人冯梦龙说："人有智犹地有水，地无水为焦土，人无智为行尸。智用于人，犹水行于地，地势坳则水满之，人事坳则智满之。周览古今成败得失之林，蔑不由此。"这也就是西汉哲人司马迁说的"文王拘而演周易，仲尼厄而作春秋。屈原放逐，乃赋离骚。左丘失明，厥有国语。孙子膑脚，兵法修列。不韦迁蜀，世传吕览。韩非囚秦，说难、孤愤。诗三百篇，大抵贤圣发愤之所为作也"。20世纪30年代，邓小平曾被打成"毛派分子"，受到执行"左"倾路线的临时中央的打击和斗争。"文化大革命"时期，邓小平两次被打倒。他说："我是'三落三起'。"正如历史上哲人所揭示的，邓小平成为国人景仰、世界瞩目的智慧之星，是与他艰难困苦、跌宕不平、不屈不挠的经历分不开的。

学习和思索邓小平的智慧，对于我们认识人生的道路也是富有启发意义的。

从2004年至今，又是17年过去了，中国的变化更大了。

本书在修订本的基础上，内容做了较大的增删。增加了笔者最近十几年的研究成果，放在第一篇中。各篇的主要撰稿人是：第一篇，曹应旺；第二篇，吴志鸿；第三篇，曹应旺；第四篇，宋毅军；第五篇，高宝立；第六篇，王俊、徐及之。

在第三版面世时，笔者深深感到，邓小平的智慧与他的哲学水平高和方法对头是分不开的。毛泽东曾多次称赞邓小平照辩证法办事。1945年2月15日，毛泽东在中央党校讲话中说："邓小平同志讲：事情怎么样办？照辩证法办事。我赞成他的话。"1957年1月27日，毛泽东在省市自治区党委书记会议上的讲话中又说："要照辩证法办事。这是邓小平同志讲的。我看全党都要学习辩证法，提倡照辩证法办事。"毛泽东称赞邓小平"照辩证法办事"，就是称赞他的哲学方法。笔者认为贯穿在邓小平智慧中的哲学方法主要表现在以下几个方面：

1. 实事求是。从实际出发，不从原则、理论、个人私利出发，做实事，求实效，不图虚名。邓小平在党的十一届三中全会前夜的中央工作会议上作的《解放思想，实事求是，团结一致向前看》的著名讲话中指出："实事求是是无产阶级世界观的基础，是马克思主义的思想基础。"他认为要研究新情况，解决新问题，就要实事求是；要实事求是，就要解放思想，不要被条条、框框束缚死了。晚年邓小平说："我读的书并不多，就是一条，相信毛主席讲的实事求是。过去我们打仗靠这个，现在搞建设、搞改革也靠这个。"

2. 和而不同。既重视与别的国家和平共处，对外开放，向一切国家的长处学习，更重视从本国国情出发，走自己的道路，不跟任何国家跑，不做任何大国附庸。邓小平在党的十二大开幕词中率先提出"建设有中国特色社会主义"的重大命题。他说："中国的事情要按照中国的情况来办，要依靠中国人自己的力量来办。独立自主，自力更生，无论过去、现在、将来，都是我们的立足点。"

3. 因中求革。在因循与改革、继承与发展的关系上不走极端，不搞片面性，而是要在因循和继承的基础上搞好改革和发展。邓小平不是站在毛泽东的背后去看问题和解决问题，更不是离开毛泽东的基础去看问题和解决问题，而是站在毛泽东的肩上去看问题和解决问题。他非常智慧地处理好了对毛泽东思想的继承与发展的关系，成为中国特色社会主义理论的开创者，从而推进了改革开放和现代化建设的宏伟大业。

4. 胆大心细。正确处理战略与战术、目标与步骤的关系。邓小平提出改革开放胆子要大，步子要稳。胆子要大，"要克服一个怕字，要有勇气。""看准了的，就大胆地试，大胆地闯。"步子要稳，要摸着石头过河，不打无把握之战，不打无准备之战。胆大心细，就是战略上藐视敌人，战术上重视敌人；就是战略上以一当十，战术上以十当一。胆大与心细相互依存。胆大才能让心细有目标。心细决定着战略目标的实现。

5. 简而不繁。要文不繁，繁文不要。简朴才有生命力，才能行得通。邓小平反对把简单的事情复杂化，不喜欢"会议多，文章太长，讲话也太长"。他说："毛主席不开长会，文章短而精，讲话也很精练。周总理四届人大的报告,毛主席指定我负责起草,要求不得超过五千字,我完成了任务。"

6. 困而不馁。邓小平被外国人称为打不倒的小个子。打不倒,是因为他信念坚定、乐观豁达。信念坚定,特别在苏联解体、东欧剧变,世界社会主义处于低潮时,邓小平坚定地指出:"我坚信,世界上赞成马克思主义的人会多起来的,因为马克思主义是科学。""不要惊慌失措,不要认为马克思主义就消失了,没用了,失败了。哪有这回事!"乐观豁达,邓小平敢于面对困难和挫折,想办法去战胜困难。他的"三落三起"的非凡经历铸造了勇担大任的意志和智慧。

7. 绵里藏针。这是毛泽东对邓小平性格和方法的点评。也就是说邓小平柔中有刚,刚柔相济;能够行于所当行,止于所当止。新中国成立前夜,周恩来向青年们介绍毛泽东的特点时曾指出,领导者的智慧要变成群众的力量,需要经过说服、等待的过程。"正确的意见常常是要经过许多等待、迂回才能取得胜利,为大家所接受。"善于迂回、善于等待,这是毛泽东智慧的一个显著特点,这也是邓小平智慧的一个显著特点。

今天,中国特色社会主义进入了令国人振奋、世界瞩目的新时代,在指导思想上形成了习近平新时代中国特色社会主义思想。学习和思索邓小平的智慧,对加深理解习近平新时代中国特色社会主义思想无疑有着重要意义。

"不登高山,不知天之高也;不临深谷,不知地之厚也。"在这本书的编写、修订和增订过程中,我们深感邓小平的智慧博大精深。我们限于水平,在广度上难免有重要内容的疏漏,在深度上难免有分析失之准确,敬请读者给以批评指正。

曹应旺

2021 年 5 月

目　录

001/ 第一篇　为高必因丘陵
003/ 邓小平"走自己的道路"的历史贡献
017/ 站在"毛泽东肩上"的邓小平
027/ 邓小平领导改革开放与中国农村问题
038/ 党的八大前后三访苏联
073/ 邓小平怎样看自信

075/ 第二篇　道得众则得国
077/ 踏遍青山　风景独好
　　——1931~1933年在中央苏区治理瑞金、会昌等地
080/ 坚持真理　愈挫愈坚
　　——1933年在"邓、毛、谢、古"事件中
083/ 鼓角相闻　传檄千里
　　——1933年复出后主编《红星》报
085/ 突出原则　精于协调
　　——从红军时期形成的领导艺术
088/ 精兵简政　体恤下情
　　——从抗战时期练就的政治作风

091/ 运筹帷幄　匡定东南
　　——在西柏坡决策华东人事安排

093/ 议事贵短　断事不疑
　　——主持会议决策的效率

095/ 艰难困苦　玉汝于成
　　——"文化大革命"中在江西

098/ 见机而作　东山再起
　　——在"九一三事件"后复出

102/ 魔高一尺　道高一丈
　　——在四届全国人大组阁前夕与"四人帮"斗争

106/ 明知山有虎　偏向虎山行
　　——1975年主持全面整顿工作

110/ 坚如磐石　临危不惧
　　——在全面整顿之后再次被打倒

114/ 抓住关键　正本清源
　　——冲破"两个凡是"后第三次复出

117/ 拨乱反正　解放思想
　　——在历史转折点上确立三中全会路线

124/ 统一思想　稳固国基
　　——明确四项基本原则与主持起草《决议》

129/ 新老交替　后继有人
　　——改革党和国家的领导制度

133/ 一个中心　两个基本点
　　——提出建设有中国特色社会主义的理论体系

137/ 一个国家　两种制度
　　——用和平方式解决香港、澳门、台湾问题

144/ 发扬民主　健全法制
　　——确立中国政治发展的基本框架

147/ 相辅而行　相互促进
　　——正确处理政治体制改革与经济体制改革的关系

150/ 静由动始　动在静中
　　——正确处理稳定与发展的关系

153/ 反"左"防右　有过必纠
　　——坚持进行两条战线的斗争

156/ 两个文明　一车两轮
　　——提出两手抓，两手都要硬

159/ 桃李不言　下自成蹊
　　——不争论的主张，重实效的取向

163/ 第三篇　使有菽粟如水火

165/ 得治有别　取守异术
　　——把工作重心转移到经济建设上来

170/ 百年图强　三步发展
　　——确立中国现代化发展战略目标

176/ 依靠科技　富民兴邦
　　——提出科学技术是第一生产力

181/ 把握本质　突破陈规
　　——提出计划、市场都是方法

186/ 逐步实现　共同富裕
　　——正确处理先富与共同富裕的关系

190/ 打开大门　突破封闭
　　——提出对外经济开放

195/ 再造"香港" 扩大开放
　　——倡导创办经济特区

199/ 潜龙出头 腾飞在即
　　——开发浦东带动长江流域经济的发展

203/ 农业发展 国泰民安
　　——坚持以农业为基础

207/ 一靠政策 二靠科学
　　——发展农业的两个轮子

212/ 因民之欲 顺民之心
　　——支持家庭联产承包责任制

216/ 必由之路 希望之光
　　——支持乡镇企业异军突起

220/ 绿化祖国 造福万代
　　——倡导全民义务植树

226/ 开发长江 兴利除害
　　——兴建三峡水利工程

230/ 治水秀山 安邦柱国
　　——关注江河治理、开发与保护

235/ 乐山乐水 爱山爱水
　　——喜欢游泳和旅游,重视发展旅游业

241/ 经济建设 交通先行
　　——兴建成渝铁路

245/ 一加一 大于二
　　——发展经济协作与联合

247/ 第四篇　知彼知己，百战不殆
249/ 随时制宜　随敌践墨
　　——领导百色、龙州起义
253/ 退避三舍　后发制人
　　——在反顽斗争中指挥磁武涉林战役
258/ 远谈近打　以打促谈
　　——指挥上党战役配合重庆谈判
264/ 军政兼施　攻心为上
　　——平汉战役中争取高树勋率部起义
270/ 运筹帷幄　跃进千里
　　——挺进大别山的决策与实施
276/ 全局在胸　以患为利
　　——领导坚持大别山的斗争
284/ 围师必阙　关门打狗
　　——指挥夺取宿县与抢占永城
289/ 破釜沉舟　殊死相搏
　　——指挥围歼黄维兵团
294/ 得算在庙　胜券稳操
　　——拟定《京沪杭战役实施纲要》
298/ 势如张弩　节如发机
　　——领导发起渡江战役
304/ 奇正相生　以谋制胜
　　——参加指挥进军大西南
308/ 慈不掌兵　罚不迁列
　　——严明军风与整肃军纪

313/ 秣马厉兵　常备不懈
　　——指明教育训练的战略地位
317/ 披甲执锐　所向披靡
　　——指导华北军事大演习和国庆大阅兵
321/ 整军经武　树立权威
　　——领导人民解放军恢复军衔制
323/ 精兵简编　轻装上阵
　　——决策百万大裁军

329/ 第五篇　十年树木，百年树人
331/ 国家振兴　教育为本
　　——确立教育的战略地位
334/ 抓紧抓好　重在落实
　　——对教育领导工作的基本要求
337/ 千方百计　优先发展
　　——要求努力增加教育投入
339/ 总体要求　全面谋划
　　——为北京景山学校题词
341/ 拨乱反正　突破禁区
　　——1977年批判、推翻"两个估计"
344/ 严格考试　择优选才
　　——力主恢复高考制度
347/ 明确要求　造就新人
　　——提出"四有"的人才培养目标
350/ 相辅相成　相互促进
　　——主张青少年德、智、体全面发展

353/ 尊重知识　尊重人才
　　——全面落实党的知识分子政策
356/ 培育良材　功在园丁
　　——倡导尊师重教
359/ 打破常规　不拘一格
　　——关于选拔和培养杰出人才的主张
362/ 新的内容　新的高度
　　——对"教育与生产劳动相结合"原则的发展
364/ 一要普及　二要提高
　　——处理教育普及与提高的关系
367/ 立足实用　保持先进
　　——关于教材建设的五个原则
369/ 发挥优势　科教并重
　　——提出重点高校应办成教学、科研两个中心
371/ 他山之石　可以攻玉
　　——提出"要利用外国智力"
374/ 更新知识　提高素质
　　——重视职业培训和继续教育
376/ 科学启蒙　从小开始
　　——提出在少年儿童中普及计算机教育

379/ 第六篇　选贤与能，讲信修睦
381/ 针锋相对　以理抗争
　　——在莫斯科舌战赫鲁晓夫
385/ 沉稳机智　泰然自若
　　——在莫斯科巧答"白旗"与笑谈"兔子吃鸡"

387/ 折冲樽俎　合纵连横
　　——率中国代表团出席联大第六届特别会议
391/ 避轻就重　镇定自若
　　——在日本出席"西欧式"记者招待会
394/ 宽宏大度　着眼未来
　　——拜会日本天皇夫妇
397/ 临渊羡鱼　进而结网
　　——在日本落实建立上海宝山钢铁厂
400/ 求同存异　维护和平
　　——与美国总统卡特会晤
403/ 谈笑风生　纵论天下
　　——接受华莱士电视专访
407/ 搁置争议　共同开发
　　——提出解决国际上领土争端新办法
409/ 和平共处　共同发展
　　——提出增进中印友谊加强南南合作
412/ 结束过去　开辟未来
　　——在北京会晤戈尔巴乔夫
415/ 一是和平　一是发展
　　——提出当代世界东西、南北两大问题
419/ 潜移默化　水到渠成
　　——帮助李明瑞走上革命道路
423/ 防骄破满　从严要求
　　——安陵集"不握手会议"
425/ "封疆"大员　不忘故旧
　　——宴请汪云松

427/ 维护团结　反对分裂
　　——与高岗的斗争
433/ 主持公道　扶正压邪
　　——支持罗荣桓同林彪的一次原则斗争
438/ 晓之以理　动之以情
　　——帮助刘西尧等人丢掉包袱、解放思想
441/ 珠联璧合　相得益彰
　　——刘邓连在一起，彼此难以分开

第一篇

为高必因丘陵

邓小平"走自己的道路"的历史贡献

有的同志对中国特色社会主义理论体系的界定没有包括毛泽东思想、毛泽东对中国社会主义建设的探索，感到不好理解。我认为，这与只看到邓小平"走自己的道路"对毛泽东"走自己的道路"的继承，而没有看到邓小平"走自己的道路"对毛泽东"走自己的道路"的发展与超越有密切的关系。"走自己的道路"是中国特色社会主义的起点。但是，"走自己的道路"不能等同于中国特色社会主义。2007年10月在日本，《朝日新闻》社的一位朋友与我交谈时，认为邓小平所走的路与毛泽东所走的路完全不一样。我当时的回答是：有不一样也有一样。我认为，只看到二者的不同之处，看不到二者在"走自己的道路"这个基点上的相同之处，同样是对二者之间继承与发展的关系的误判。这里从邓小平对毛泽东"走自己的道路"的继承与发展，谈谈邓小平"走自己的道路"的历史贡献。

一、站在"毛泽东的肩上"看问题和解决问题

毛泽东逝世之后，如何对待毛泽东的"遗产"，特别是如何对待毛泽东"走自己的道路"的思想遗产？立即摆在中国共产党人和中国人民的面前。

当时大体上有三种态度和做法。

一种是"两个凡是"的态度和做法，即："凡是毛主席作出的决策，我们都坚决维护，凡是毛主席的指示，我们都始终不渝地遵循。"这种态度和做法，不可能将毛泽东的伟大功绩与他所犯的"大跃进"和"文化大革命"那样的错误区别开来，势必还会继续毛泽东的失误，沿着"文化大革命"错误的道路走

下去。这种僵化的态度和做法，不可能把毛泽东思想基本原理同不断发展变化的中国实际和时代特征结合起来，去看清新问题和解决新问题。

一种是资产阶级自由化的态度和做法，即：反对走社会主义道路，否定四项基本原则，主张照抄照搬西方国家的模式，走资本主义道路。这种态度和做法，从否定"文化大革命"到否定毛泽东的一切，同样不可能将毛泽东的伟大功绩与他所犯的错误区别开来。这种自由化的态度和做法，早已为鸦片战争以来的历史所证明是行不通的。

一种是邓小平实事求是的态度和做法，即：将毛泽东的伟大功绩同他所犯的错误区别开来，"完整地准确地理解和掌握毛泽东思想的科学原理，并在新的历史条件下加以发展。"邓小平从反"左"、反右两个方面对"两个凡是"与资产阶级自由化进行了坚决的斗争。

"两个凡是"的态度和做法一出台，邓小平就率先果敢地进行了批判和抵制，旗帜鲜明地指出："'两个凡是'不行。""把毛泽东同志在这个问题上讲的移到另外的问题上，在这个地点讲的移到另外的地点，在这个时间讲的移到另外的时间，在这个条件下讲的移到另外的条件下，这样做，不行嘛！"他强调："这是个重要的理论问题，是个是否坚持历史唯物主义的问题。"他认为，"两个凡是"的态度貌似拥护毛泽东思想，实际上是违反毛泽东思想；照"两个凡是"去做，则要损害毛泽东思想。他指出："凡是毛泽东同志圈阅的文件都不能动，凡是毛泽东同志做过的、说过的都不能动。这是不是叫高举毛泽东思想的旗帜呢？不是！这样搞下去，要损害毛泽东思想。毛泽东思想的基本点就是实事求是，就是把马列主义的普遍真理同中国革命的具体实践相结合。毛泽东同志在延安为中央党校题了'实事求是'四个大字，毛泽东思想的精髓就是这四个字。毛泽东同志所以伟大，能把中国革命引导到胜利，归根到底，就是靠这个。"在为党的十一届三中全会做准备的中央工作会议上，邓小平发表了《解放思想，实事求是，团结一致向前看》的著名讲话，直陈"两个凡是"的僵化思想对党、国家前途和社会主义事业的严重危害。他说：思想一僵化，条条、框框就多起来；随风倒的现象就多起来；不从实际出发的本本主义也就严重起来。"一个党，一个国家，一个民族，如果一切从本本出发，思想僵化，迷信盛行，那它就不能前进，它的生机就停止了，就要亡党亡国。"后来，邓小平发表对起草《关于建国以来党的若干历史问题的决议》的意见时，更是一针见血地指出:"'两个凡是'的观点就是想原封不动地把毛泽东同志晚年的错误思想坚持下去。所谓按既定方针办,就是按毛泽东同志晚年的错误方针办。"

邓小平批"两个凡是",就是因为"两个凡是"看问题与处理问题,不能以时间、地点、条件为转移;不能从不断变化发展的客观实际出发,而是从本本出发;不能将毛泽东正确的东西与他晚年所犯的错误区别开来,反而要坚持毛泽东晚年的错误思想。

对资产阶级自由化的态度和做法,邓小平也是坚定地、及时地进行揭露和批判。党的十一届三中全会之后,社会上少数人有怀疑或反对四项基本原则的思潮,党内也有个别同志不但不承认这种思潮的危险,甚至直接间接地加以某种程度的支持。对此,邓小平在党的理论工作务虚会上发表了《坚持四项基本原则》的著名讲话。他说:"左"的方面,"我们过去已经进行了大量的批判,今后还需要继续开展这种批判,不能放松。现在,我想着重对从右面来怀疑或反对四项基本原则的思潮进行一些批判。"对那些反对马列主义普遍真理与中国革命实践相结合而产生的毛泽东思想的人,邓小平指出:"中国反帝反封建革命经历过无数次悲惨的失败。难道不是毛泽东思想才使约占全人类四分之一的中国人民找到正确的道路,并在一九四九年获得全国解放,在一九五六年基本上完成社会主义改造吗?""毛泽东思想过去是中国革命的旗帜,今后将永远是中国社会主义事业和反霸权主义事业的旗帜,我们将永远高举毛泽东思想的旗帜前进。"邓小平指导起草《关于建国以来党的若干历史问题的决议》时,反复强调决议中最核心、最根本的问题是:"确立毛泽东同志的历史地位,坚持和发展毛泽东思想。"他郑重指出:"毛泽东思想这个旗帜丢不得。丢掉了这个旗帜,实际上就否定了我们党的光辉历史。""给毛泽东同志抹黑,也就是给我们党、我们国家抹黑。"资产阶级自由化的代表人物诬蔑毛泽东、否定毛泽东思想,目的是要全盘西化、反对党的领导、走资本主义道路。邓小平说:"自由化是一种什么东西?实际上就是要把我们中国现行的政策引导到走资本主义道路。这股思潮的代表人物是要把我们引导到资本主义方向上去。""搞资产阶级自由化,否定党的领导,十亿人民没有凝聚的中心,党也就丧失了战斗力,那样的党连个群众团体也不如了,怎么领导人民搞建设?""如果搞资本主义,可能有少数人富裕起来,但大量的人会长期处于贫困状态,中国就会发生闹革命的问题。中国搞现代化,只能靠社会主义,不能靠资本主义。历史上有人想在中国搞资本主义，总是行不通。"

邓小平批资产阶级自由化，就是因为资产阶级自由化要抹黑毛泽东和毛泽东思想，要否定中国共产党的领导，要否定走社会主义的道路；企图将改革开放、吸收资本主义社会的一些有益的东西，引导到全盘西化、走资本主义的道路上去。正因为如此，邓小平说："反对资产阶级自由化，我讲得最多，而且我最坚持。"

"两个凡是"是站在"毛泽东的背后"看问题和解决问题的态度和做法。其视野不可能高于毛泽东：毛泽东看到的，它不一定能看到；毛泽东看不到的，它更加看不到了。

资产阶级自由化是离开"毛泽东的基础"看问题和解决问题的态度和做法。其结果是要将毛泽东那一代人经过新民主主义革命的胜利和社会主义改造的成功所确立的根本政治前提、制度基础断送掉。

邓小平的实事求是是站在"毛泽东的肩上"看问题和解决问题的态度和做法。他珍惜毛泽东这个基础，重视将毛泽东思想同不断变化的具体实际和时代特征结合起来，不断发展毛泽东思想。正因为站在"毛泽东的肩上"，他才能沿着毛泽东"走自己的道路"的思想继续前进。正因为站在"毛泽东的肩上"，他才能比毛泽东看得更高、望得更远：毛泽东看到的他能看到；毛泽东看错的他能纠正；毛泽东看不到的他也能看到。正因为站在"毛泽东的肩上"，他才能既继承毛泽东又发展与超越毛泽东。

二、完整地准确地认识毛泽东"走自己的道路"的成功与失误

这是邓小平站在"毛泽东的肩上"首先需要弄清楚的问题。

毛泽东的丰功伟绩，最突出和最根本的是将马克思主义的普遍真理同中国革命的具体实际相结合，走自己的道路，夺取新民主主义革命和社会主义改造的胜利。邓小平的丰功伟绩，最突出和最根本的是倡导改革开放，把马克思主义的普遍真理同中国现代化建设的具体实际结合起来，走自己的道路，建设有中国特色的社会主义。

邓小平与毛泽东的丰功伟绩都突出地体现在"走自己的道路"上。邓小平"走自己的道路"的理论渊源来自毛泽东思想，更直接的是来自对毛泽东"走

自己的道路"成功与失误的完整、准确的认识。

邓小平是同毛泽东一起走过中国革命、改造和建设道路的领导人,是被毛泽东称为"少壮派"并寄希望于"登台演主角"的领导人。他对毛泽东"走自己的道路"的思想和实践,有着比别人更深切的体验和感受。

党的八大之后,邓小平刚刚担任党中央总书记就指出:"中国共产党第七次全国代表大会确定了这样的原则,即马克思列宁主义的普遍真理与中国革命的具体实践相结合,以此来指导我国的革命,指导我国的建设。这个原则是我们党和毛泽东同志根据过去革命中失败和成功的经验总结出来的,并在第七、第八两次党代表大会上加以肯定的。""在普遍真理与具体实际相结合这个问题上,我们党过去吃过许多亏,以后就一直抓住反对主观主义这一条。"

党的十一届三中全会之后,邓小平领导改革开放,对毛泽东"走自己的道路"的历史贡献给予很高的评价。

首先,毛泽东在新民主主义革命中走自己的道路取得了巨大成功。邓小平说:"毛主席最伟大的功绩是把马列主义的原理同中国革命的实际结合起来,指出了中国夺取革命胜利的道路。""中国革命就没有按照俄国十月革命的模式去进行,而是从中国的实际情况出发,农村包围城市,武装夺取政权。""中国革命为什么能取得胜利?就是以毛泽东同志为首的中国共产党人,独立思考,把马列主义的普遍原理同中国的具体情况相结合,找到了适合中国情况的革命道路、形式和方法。""中国共产党人坚持马克思主义,坚持把马克思主义同中国实际结合起来的毛泽东思想,走自己的道路,也就是农村包围城市的道路,把中国革命搞成功了。"

其次,毛泽东在社会主义改造中走自己的道路也取得了很大成功。邓小平指出:"我们的社会主义改造是搞得成功的,很了不起。这是毛泽东同志对马克思列宁主义的一个重大贡献。"在同外国朋友谈话时,他又说:"在搞社会主义方面,毛泽东主席的最大功劳是将马克思列宁主义的普遍真理同中国革命的具体实践结合起来。我们最成功的是社会主义改造。那时,在改造农业方面我们提倡建立互助组和小型合作社,规模比较小,分配也合理,所以粮食生产得到增长,农民积极性高。对资本主义工商业,我们采取赎买政策,一方面把它们改造成公有制,另一方面也没有损害国民经济的发展。我们长期允许手工业的个体经济存在,根据自愿的原则,其中大部分组织成合作社,实行集体所有制。由于我们是根据中国自己的特点采用这些方式的，所以几乎没有发生曲折，生产没有下降还不断上升，没有失业，社会产品是丰富的。"在社会主义改造方面，邓小平认为"缺点也有。从工作来看，有时候在有的问题上是急了一些"。

再次，毛泽东在社会主义建设方面也是倡导走自己的道路的，并提出要避免走苏联走过的弯路。毛泽东先是吸取苏联农业搞不上去的教训，提出中国工业化的道路要正确处理重工业与农业、轻工业的关系，以重工业为中心，同时必须充分注意发展农业和轻工业。60年代初，毛泽东又以苏联片面发展重工业把农业丢了为借鉴，变工业化的目标为农业、工业、国防、科学技术四个现代化的目标。邓小平对毛泽东搞社会主义注重走自己的道路的评价，既包括毛泽东对社会主义改造的成功，也包括毛泽东为适合中国情况而进行的对社会主义建设道路的探索。

毛泽东提出了走有别于苏联、适合中国实际情况的社会主义建设道路的问题。然而，怎样走中国自己的社会主义建设道路，毛泽东没有解决好，在探索中出现了重大失误。对此，邓小平从纵向和横向进行了认真的总结。

从纵向的历史过程上，邓小平总结道："在一九五八年，我们犯了错误，搞大跃进，开始不尊重经济规律了，这就使生产下降了。以后经过三年的调整，发生了变化，又较好地发展起来。但接着又搞（文化大革命），这是一场灾难，经济方面完全乱了。"一九五七年我们犯了反右扩大化的错误，"一九五八年，要求过急，搞'大跃进'，搞人民公社，不对头了，给我们带来很大灾难。我们花了三年时间，纠正错误，才使情况又好转起来。经济情况有好转，但是指导思想上没有解决问题，这就是为什么一九六六年又开始了'文化大革命'。'文化大革命'搞了整整十年"。

从横向的具体内容上，邓小平主要总结了以下几个方面：

第一，在革命向建设的转变中，把革命成功的方法搬用到建设上，用以阶级斗争为纲的方法搞建设、促生产，没有真正实现工作重心的转移。邓小平认为，1957年反右派斗争后，毛主席最主要的错误就是"重提阶级斗争，提得更高了"，而且"他自己又去抓阶级斗争"。"过去二十多年，工作重心一直没有认真转到经济建设方面来，经济工作积累的问题很多。"1985年9月23日，邓小平在党的全国代表会议上指出："多少年来我们吃了一个大亏，社会主义改造基本完成了，还是'以阶级斗争为纲'，忽视发展生产力。'文化大革命'更走到了极端。党的十一届三中全会以来，全党把工作重点转移到社会主义现代化建设上来，在坚持四项基本原则的基础上，集中力量发展社会生产力。这是最根本的拨乱反正。不彻底纠正'左'的错误，坚决转移工作重点，就不会有今天的好形势。"

第二，没有完全摆脱苏联模式的社会主义的框框，搞一大二公、穷过渡、平均主义，把计划经济看成社会主义的本质特征，忽视了最根本的发展生产力的问题。邓小平说："毛泽东同志是伟大的领袖，中国革命是在他领导下取得成功的。然而他有一个重大的缺点，就是忽视发展社会生产力。不是说他不想发展生产力，但方法不都是对头的。""我们过去一直搞计划经济，但多年的实践证明，在某种意义上说，只搞计划经济会束缚生产力的发展。""中国社会从一九五八年到一九七八年二十年时间，实际上处于停滞和徘徊的状态，国家的经济和人民的生活没有得到多大的发展和提高。""坦率地说，我们过去照搬苏联搞社会主义的模式，带来很多问题。我们很早就发现了，但没有解决好。""过去把吃大锅饭理解为社会主义，农民的眼睛就看着国家，困难了，靠国家补助。"

第三，把速度看成建设的核心问题，急躁冒进，急于求成，结果脱离实际，违背经济发展的规律，欲速则不达。邓小平在总结过去社会主义建设的经验教训时指出："不要离开现实和超越阶段采取一些'左'的办法，这样是搞不成社会主义的。我们过去就是吃'左'的亏。""大跃进"是不正确的，"完全违背客观规律，企图一下子把经济搞上去。主观愿望违背客观规律，肯定要受损失"。他同外宾谈话时说："根据我们的经验，步子也不能迈得太快、太急。过去，我们搞得太急，发生了一些错误，我们叫'左'的错误，这样经济发展的速度反而慢了。"他认为，"一九四九年取得全国政权后，解放了生产力，土地改革把占人口百分之八十的农民的生产力解放出来了。但是解放了生产力以后，如何发展生产力，这件事做得不好。主要是太急，政策偏'左'，结果不但生产力没有顺利发展，反而受到了阻碍"。

此外，毛泽东在探索怎样走中国自己的社会主义建设道路中，也没有解决好对外开放的问题。邓小平在总结这条教训时指出："中国在西方国家产业革命以后变得落后了，一个重要原因就是闭关自守。新中国成立以后，人家封锁我们,在某种程度上我们也还是闭关自守,这给我们带来了一些困难。三十几年的经验教训告诉我们,关起门来搞建设是不行的,发展不起来。"

邓小平对毛泽东"走自己的道路"的成功与失误,是采取实事求是并把自己摆进去的态度进行总结的。他指出:转入社会主义建设以后,"讲错误,不应该只讲毛泽东同志,中央许多负责同志都有错误。'大跃进',毛泽东同志头脑发热,我们不发热?刘少奇同志、周恩来同志和我都没有反对,陈云同志没有说话"。后来,他又说:"建国以后,成功的地方我都高兴。有些失误,我也有责任,因为我不是下级干部,而是领导干部,从一九五六年起我就当总书记。那时候我们中国挂七个人的像,我算是一个。所以在'文化大革命'前,工作搞对的有我的份,搞错的也有我的份,不能把那时候的失误都归于毛主席。至于'文化大革命',那是另外一回事。"正因为如此,邓小平才能完整地准确地认识毛泽东"走自己的道路"的成功与失误。

三、解决好毛泽东所没有解决好的问题

完整地准确地认识毛泽东"走自己的道路"的成功与失误,全面地科学地总结新中国成立以来社会主义建设的经验教训,目的是要走出一条正确的符合中国实际的社会主义建设的道路,使人民富裕幸福、国家兴旺发达。中国特色的社会主义,正是在这种认识和总结中产生的。邓小平说:"我熟悉我们党从开头到现在的历史,对许多重大事件的历史过程都比较了解。总结历史,不要着眼于个人的功过,而是为了开辟未来。过去的成功是我们的财富,过去的错误也是我们的财富。""我们现在的路线、方针、政策是在总结了成功时期的经验、失败时期的经验和遭受挫折时期的经验后制定的。"他在党的十二大开幕词中指出:"我们的现代化建设,必须从中国的实际出发。无论是革命还是建设,都要注意学习和借鉴外国经验。但是,照抄照搬别国经验、别国模式,从来不能得到成功。这方面我们有过不少教训。把马克思主义的普遍真理同我国的具体实际结合起来,走自己的道路,建设有中国特色的社会主义,这就是我们总结长期历史经验得出的基本结论。"

毛泽东"走自己的道路"在新民主主义革命中所取得的成功经验,给了邓小平刻骨铭心的感受,成为邓小平在建设中效法的对象。1979年春,邓小平

说:"过去搞民主革命,要适合中国情况,走毛泽东同志开辟的农村包围城市的道路。现在搞建设,也要适合中国情况,走出一条中国式的现代化道路。"后来,他又说:"中国革命的成功,是毛泽东同志把马克思列宁主义同中国的实际相结合,走自己的路。现在中国搞建设,也要把马克思列宁主义同中国的实际相结合,走自己的路。"

毛泽东在社会主义建设中遭遇挫折的教训,也给了邓小平刻骨铭心的感受,成为邓小平在现代化建设中怎样"走自己的道路"借鉴的对象。他说:"毛泽东同志从一九五七年开始犯了'左'的错误,最'左'是'文化大革命'的十年。""我们根本否定'文化大革命',但应该说'文化大革命'也有一'功',它提供了反面教训。没有'文化大革命'的教训,就不可能制定十一届三中全会以来的思想、政治、组织路线和一系列政策。"

邓小平"走自己的道路"面对的最主要的问题是如何进行社会主义建设,其根本内容是现代化建设,核心是经济建设。邓小平"走自己的道路",起初所讲的是:"走出一条中国式的现代化道路";"中国式的现代化,必须从中国的特点出发。"他说:"什么是我国今天最重要的新情况,最重要的新问题呢?当然就是实现四个现代化,或者像我在前面说的,实现中国式的现代化。"党的十二大开幕词中,邓小平从"我们的现代化建设,必须从中国的实际出发",进一步得出了"走自己的道路,建设有中国特色的社会主义"的基本结论。此后,邓小平曾从"走自己的道路"的意义上将中国式的现代化同中国特色的社会主义并提:"我们搞的现代化,是中国式的现代化。我们建设的社会主义,是有中国特色的社会主义。"再往后,中国特色的社会主义越来越成为邓小平论析的最高范畴。他认为在中国离开实际抽象地谈马克思主义是没有意义的,在中国离开实际抽象地谈社会主义也是没有意义的。"马克思主义必须是同中国实际相结合的马克思主义,社会主义必须是切合中国实际的有中国特色的社会主义。"在中国社会主义建设的进程中,马克思主义同中国的实践相结合,走中国自己的道路,就是建设有中国特色的社会主义。"我们的原则是把马克思主义同中国的实践相结合,走中国自己的道路,我们叫建设有中国特色的社会主义。"邓小平强调:"走自己的路,建设有中国特色的社会主义,中国才有希望。"

中国式的现代化是有中国特色的社会主义的物质基础。这就是邓小平面对社会主义建设"走自己的道路"最先提出的是走中国式的现代化道路的原因。中国特色社会主义包括中国式的现代化，还包括中国特色的精神文明建设、政治文明建设等。

从"走自己的道路"到中国式的现代化再到中国特色社会主义，这是邓小平领导中国人民进行社会主义建设的实践步步深入的过程，也是邓小平理论步步升华、发展的过程。

邓小平"走自己的道路"而开创的中国特色社会主义的重要特征是：既继承和发扬了毛泽东"走自己的道路"的优秀传统，也吸取了毛泽东在社会主义建设中所犯错误的教训，解决了毛泽东所没有解决好的问题。我认为邓小平解决的毛泽东所没有解决好的问题最突出的有以下几个方面：

第一，把全党、全国工作的重心转移到社会主义现代化建设、发展生产力上来，并始终扭住这个重心不放。

粉碎"四人帮"之后，邓小平抓住彻底纠正指导思想上"左"的错误、真正实行工作重心转移的历史机会，以其大智大勇，第一个大声疾呼否定"以阶级斗争为纲"，强调提出要迅速地坚决地把工作重点转移到经济建设上来。十一届三中全会解决了这个问题，这是一个重要的转折。此后，他反复叮嘱不论在什么情况下，无论发生了什么事，都要扭住经济建设这个中心不放。他指出："我们当前以及今后相当长一个历史时期的主要任务是什么？一句话，就是搞现代化建设。""社会主义现代化建设是我们当前最大的政治，因为它代表着人民的最大的利益、最根本的利益。"他认为，在我们所要做的事情中，"核心是现代化建设。这是我们解决国际问题、国内问题的最主要的条件。一切决定于我们自己的事情干得好不好。我们在国际事务中起的作用的大小，要看我们自己经济建设成就的大小。""必须一天也不耽误，专心致志地、聚精会神地搞四个现代化建设。""决不允许再分散精力。"他呼吁："现在要横下心来，除了爆发大规模战争外，就要始终如一地、贯彻始终地搞这件事，一切围绕着这件事，不受任何干扰。就是爆发大规模战争，打仗以后也要继续干，或者重新干。我们全党全民要把这个雄心壮志牢固地树立起来，扭着不放，'顽固'一点，毫不动摇。"这些掷地有声的话语，字字千钧，铿锵有力，催人奋进。今天仍然深深地吸引着我们，鼓舞着我们。

第二，针对过去"左"的政策超越生产力发展的阶段，严重束缚生产力发展的弊端，提出一切都要从社会主义初级阶段的实际出发，坚定不移地实行改革开放的政策，推动发展生产力。

邓小平认为旧模式妨碍人民和基层积极性的发挥，不改革就没有出路。他指出："从一九七八年我们党的十一届三中全会开始，确定我们的根本政治路线，把四个现代化建设，努力发展社会生产力，作为压倒一切的中心任务。在这个基础上制定了一系列新的方针政策，主要是改革和开放政策。改革是全面的改革，包括经济体制改革、政治体制改革和相应的其他各个领域的改革。开放是对世界所有国家开放，对各种类型的国家开放。"改革是从经济方面开始的，首先是从农村开始的。在所有制方面，改革一大二公的形式，实行以公有制为主体，其他多种所有制并存的所有制形式。在经营形式方面，改革统一经营的形式，农村实行家庭联产承包责任制，城市扩大企业自主权，国营企业实行利改税。在分配方面，改革吃大锅饭、平均主义的分配方式，实行以按劳分配为主体的多种分配方式，通过一部分人、一部分地区先富起来，激励、带动、帮助其他人、其他地区富起来，从而最终实现共同富裕。在经济运行方式方面，改革计划经济体制，从利用、扩大市场的作用，到支持实行社会主义市场经济体制，发挥市场在资源配置中基础性的调节作用。开放首先是对发达国家的开放，引进发达国家的先进经验、先进科学技术和资金。邓小平认为只有通过开放才能赶上当代世界的科技和经济发展，才能赶上时代，与世界合拍。对外开放的布局采取了经济特区、沿海开放城市、沿海经济开发区、内地这样四个层次的框架结构，滚动式地由南向北，由东向西，由沿海沿边沿江到内地的逐级推进。40多年来的改革开放，调动一切积极因素，极大地推动着生产力的发展，使社会财富充分地涌流出来。

第三，在建设和发展的速度上，吸取过去脱离实际、盲目求快、急躁冒进的经验教训，确立通过三步发展以实现社会主义现代化的战略目标。

邓小平把1980年到21世纪中叶的70年设计为三步发展，并形象地称作"发展战略的'三步曲'"。第一步基本解决温饱；第二步进入小康社会；第三步建成中等水平的发达国家。"大跃进"超英赶美是急于求成的典型。四届全国人大提出的20世纪末实现四个现代化，国民经济走在世界前列，达到发达国家的水平，仍然是过高过急难以实现的目标。党的十一届三中全会之后，邓小平开始纠正急躁冒进的做法。他说："我们开了大口，本世纪末实现四个现代化。后来改了口，叫中国式的现代化，就是把标准放低一点。"1979 年 12 月 6 日，他向来访的日本首相大平正芳介绍：中国式的四个现代化是"小康之家"，"比如国民生产总值人均一千美元"。不久，他指出，这一目标就是争取国民生产总值 20 年翻两番。根据邓小平的意见，党的十二大确定了到 20 世纪末实现工农业的年总产值翻两番的战略目标；党的十三大提出了三步发展的战略目标。邓小平说："翻两番、小康社会、中国式的现代化，这些都是我们的新概念。"他认为三步发展，关键在第二步。人民生活达到小康水平，"这个目标对发达国家来说是微不足道的，但对中国来说，是一个雄心壮志，是一个宏伟的目标"。这个目标实现了，中国的经济总量就会居于世界前列；人民的物质生活和精神生活就会发生很大变化；中国的对外经济关系和市场就会发展起来；中国的政治局面和国际影响就会与以前大大不同；从第二步与第三步的联系来看，"翻两番还有个重要意义，就是这是一个新的起点。再花三十年到五十年时间，就可以接近经济发达国家的水平"。改革开放 30 多年来发展的惊人成就证明，三步发展的战略目标既是一个反映中华民族雄心壮志的宏伟目标，也是一个吸取过去急躁冒进的教训实事求是的可行目标。

四、在继承与发展的关系上为后世树立了光辉典范

能不能结合本国具体实际和时代特征，正确处理对马克思主义继承与发展的关系，在世界社会主义发展史上有着深刻的教训，是关系到各国社会主义兴衰成败的大问题。苏维埃社会主义共和国联盟解体，与赫鲁晓夫和他的后任者没有处理好继承与发展的关系有一定的联系。邓小平始终认为赫鲁晓夫全盘否定斯大林是一大错误。他鲜明地指出："要坚持毛泽东思想。我们不会像赫鲁晓夫对待斯大林那样对待毛主席。"在坚持毛泽东思想的同时还要发展毛泽东思想，他说："从许多方面来说，现在我们还是把毛泽东同志已经提出、但是没有做的事情做起来，把他反对错了的改正过来，把他没有做好的事情做好。今后相当长的时期，还是做这件事。当然，我们也有发展，而且还要继续发展。"

邓小平是中国特色社会主义道路和中国特色社会主义理论的开创者。邓小平的名字永远写在中国特色社会主义旗帜上。邓小平所以能成为这条道路和这

个理论的开创者，如前面所述，与他站在"毛泽东的肩上"看问题和处理问题、完整地准确地认识毛泽东"走自己的道路"、努力去解决毛泽东所没有解决好的问题有着紧密的关系。从这一方面来看，邓小平的伟大功绩之一，是为后世树立了"走自己的道路"正确处理对马列主义、毛泽东思想继承与发展的关系的光辉典范。

习近平总书记在纪念邓小平同志诞辰110周年座谈会上的讲话中指出：党的十一届三中全会以来，"邓小平同志指导我们党系统总结建国以来的历史经验，解决了科学评价毛泽东同志的历史地位和毛泽东思想的科学体系、根据新的实际和发展要求确立中国社会主义现代化建设的正确道路这样两个相互联系的重大历史课题，彻底否定了'文化大革命'的错误实践和理论，坚决顶住否定毛泽东同志和毛泽东思想的错误思潮，为党和国家发展确定了正确方向"。这是对邓小平正确处理继承与发展的关系所做出的历史性贡献的充分肯定。

党的十八大以来，习近平担任总书记。他也像邓小平一样高度重视正确处理继承与发展的关系。习近平总书记在十八届中央政治局常委同中外记者见面时发展了"人民对美好生活的向往，就是我们的奋斗目标"的即席讲演。这是一篇既重视继承又重视发展的讲演。这篇讲演，是继毛泽东《纪念白求恩》《为人民服务》《愚公移山》和邓小平《中国共产党第十二次全国代表大会开幕词》之后，又一篇光芒四射，成为社会主义核心价值观载体的代表作。这五篇短小精悍的著作，阐发了毫不利己专门利人的品德，完全彻底为人民服务的宗旨，艰苦奋斗不怕牺牲的精神，坚定不移地走自己的道路，不辱使命地担起重大责任。习近平宣誓当选为中央委员会总书记是一个重大责任，这个重大责任就是对民族的责任，就是对人民的责任，就是对党的责任。这篇讲演，既吸收了毛泽东《纪念白求恩》《为人民服务》《愚公移山》和邓小平《中国共产党第十二次全国代表大会开幕词》的精华，又结合新时代、新任务以创造性发展。在品德、宗旨、精神、道路的基础上突出"责任"二字，是一个创造性发展。提出"人民对美好生活的向往，就是我们的奋斗目标"，也是对为人民服务这个宗旨内容的创造性发展。还有"夙夜在公，勤勉工作"；"与人民心心相印、与人民同甘共苦、与人民团结奋斗"；"坚定不移走共同富裕的道路"，也可以说是对品德、精神、道路内容的发展。尤为可贵的是，习近平总书记是那样说的，十八大以来的五年更是那样做的。

习近平新时代中国特色社会主义思想是对毛泽东思想、邓小平理论、"三个代表"重要思想、科学发展观的继承和发展。这个思想明确坚持和发展中国特色社会主义，总任务是实现社会主义现代化和中华民族伟大复兴，在全面建成小康社会的基础上，分两步走，在本世纪中叶建成富强民主文明和谐美丽的社会主义现代化强国。这是对邓小平三步发展、百年图强思想的继承和发展。

习近平总书记在党的十九大报告的结束语中指出："大道之行，天下为公。站立在九百六十多万平方公里的广袤土地上，吸吮着中华民族漫长奋斗积累的文化养分，拥有十三亿多中国人民聚合的磅礴之力，我们走中国特色社会主义道路，具有无比广阔的时代舞台，具有无比深厚的历史底蕴，具有无比强大的前进定力。"2013年12月26日，他在纪念毛泽东诞辰120周年座谈会上的讲话中首次讲过这段话。2014年2月17日，他在省部级主要领导干部学习贯彻十八届三中全会精神全面深化改革专题研讨班上重复了这段话，并说这是他特别讲的一段话。2014年5月4日，他在北京大学师生座谈会上讲话时又重复了这段话。2016年5月17日，他在哲学社会科学工作座谈会上再次重复了这段话。他反复强调这段话，是要我们深思，历史悠久、土地辽阔、人口众多这三大因素叠加在一起的国家有几个？而善于运用这三个因素的世界大党又有谁？这段话是对毛泽东、邓小平自信观的继承和发展。

站在"毛泽东肩上"的邓小平

我在讲"邓小平'走自己的道路'的历史贡献"时曾谈到:"两个凡是"是站在"毛泽东的背后"看问题与解决问题;资产阶级自由化是离开"毛泽东的基础"看问题与解决问题;邓小平的实事求是是站在"毛泽东的肩上"看问题与解决问题。邓小平是一个小个子。1950年11月22日,中共中央西南局、西南军政委员会、西南军区和中共重庆市委在重庆胜利大厦举行宴会,欢迎去北京参加国庆的西南各民族国庆代表团圆满归来,邓小平致欢迎词。据代表团代表、原世袭云南车里宣慰使刀世勋回忆:"小平同志来了之后,给大家讲几句话,给代表团问好。"代表们"个个都想见小平同志,但是他个子矮,在人群中看不见。有个代表端了个椅子来,请他站在椅子上。大家热烈地鼓掌,表示欢呼"。毛泽东曾向外宾介绍邓小平:"你看他人这么小,可是打南京是他统帅的。"邓小平虽是小个子,却是一身充满了智慧的小个子。他站在"毛泽东的肩上"看问题与解决问题,就是充满了大智慧的突出表现。沙漠里和平原上不可能有喜马拉雅山,一定要有青藏高原。所以,《孟子·离娄章句上》中讲"为高必因丘陵"。因为邓小平站在"毛泽东的肩上"看问题与解决问题,所以能看得高、望得远,所以能既继承毛泽东又发展与超越毛泽东。这里想谈谈邓小平为什么能成为站在"毛泽东肩上"的伟人。

一、长期受到毛泽东的器重和培养

能成为站在"毛泽东肩上"的人,第一个条件必须是毛泽东亲近的、喜欢的、小于毛泽东十多岁、受到毛泽东器重和培养的人。一个毛泽东不熟悉、或者熟悉而不愿亲近的人，不可能受到毛泽东的器重和培养。与毛泽东关系亲密的同龄人或年龄相差不大的人，毛泽东可以委以重任，可以成为毛泽东的左膀右臂，但不太可能成为毛泽东着意培养的接班人。邓小平是一位毛泽东亲近的、喜欢的人。毛泽东曾在一次会议上指着邓小平说："我是喜欢你这个人的。"邓小平小毛泽东11岁，是长期受到毛泽东器重和培养的人。

毛泽东熟悉邓小平并留下难忘印象，是从20世纪30年代初江西中央苏区开始的。1931年10月，邓小平担任中共瑞金县委书记时，曾在瑞金县城组织召开五万人大会，热烈庆祝中央红军第三次反"围剿"斗争的胜利。大会设四五个分会场，在邓小平陪同下，毛泽东到各个分会场讲话。半年后，邓小平调任中共会昌中心县委书记。此后，邓小平和毛泽覃、谢唯俊、古柏贯彻毛泽东的正确主张，抵制"左"倾教条主义，反对"城市中心论"、军事冒险主义等错误做法，受到"左"倾领导者撤职、批斗的无情打击。邓小平也从此得到毛泽东的格外注意。"文化大革命"期间，毛泽东在邓小平来信的批示中写道："他在中央苏区是挨整的，即邓、毛、谢、古四个罪人之一，是所谓毛派的头子。"

抗日战争中，1938年1月5日以毛泽东为主席的中央军委电告朱德、彭德怀、任弼时："决定以邓小平同志为一二九师政委。"这是毛泽东和中央军委器重邓小平、信任邓小平的一个重大决定。一二九师是八路军的三大主力之一，是后来的刘邓大军、二野的前身。邓小平于1938年1月18日到职。这是他从师政委到中共中央总书记的历史起点。这也可以说是邓小平登上中国政治和军事大舞台的一个重要关节点。

解放战争中，大决战前夜，以毛泽东为主席的中央军委决定邓小平担任统一指挥中原野战军、华东野战军的总前委书记。由此，邓小平领导了三大战役规模最大的淮海战役，领导了渡江战役，解放南京、上海及东南各省，宣告国民党反动统治的覆灭。后来，毛泽东称赞邓小平是一个懂军事的人，打仗得力，有战功。毛泽东说，百万雄师过大江，当时有个前委，主要还是邓小平起作用的。在党的军事史上，受到毛泽东器重并立下赫赫战功的，林彪和邓小平两人最为显著。林彪担任东北局书记时以一名中央委员领导了四位中央政治局委员（彭真、高岗、陈云、张闻天）。林彪指挥了三大战役的两个战役（辽沈战役和平津战役）。林彪指挥的部队从东北一直打到海南岛。这是唯一的。邓小平在淮海战役和渡江战役中领导了两个野战军。邓小平指挥了三大战役规模最大的淮海战役。邓小平指挥的部队从东南一直打到西南包括西藏。这也是唯一的。毛泽东向外宾介绍邓小平时说：打南京是两个野战军，差不多100万军队。打上海、打浙江、打杭州、打江西、打福建，然后他们第二野战军向西占领四川、云南、贵州。

从东南到西南，毛泽东和中共中央任命邓小平为中共中央西南局第一书记，将主政西南的工作重担放到邓小平的肩上。邓小平在西南工作了两年零八个月，在领导改造90万起义、投诚、被俘的国民党官兵；消灭90万土匪；发动6000万群众；提高解放军部队60万干部战士的质量，以担当起新的繁重的工作任务等方面，都取得了出色的成绩。在这两年零八个月中，毛泽东一直密切关注着邓小平主政西南的工作。毛泽东多次肯定邓小平对情况的分析和处理计划"是很好的"，工作的部署和采取的步骤"是正确的"；多次赞扬邓小平的工作"方针正确，成绩很大"，"路线正确，方法适当"；多次对邓小平的工作感到"甚慰""甚好"，"成绩极大，甚为欣慰"。毛泽东还多次转发邓小平的报告，将西南局在剿匪、清匪反霸减租退押、土地改革以及整风、城市工作的做法推荐给其他各大区，指出："一切尚未做到这一步的地方，都应这样做"；"所有这些都是正确的，各地都应这样做"；"请你们考虑可否仿照西南办法"。

1952年8月7日，以毛泽东为主席的中央人民政府任命邓小平为政务院副总理。8月13日，邓小平主持召开的政务院第148次政务会议上，周恩来总理宣布："在我奉毛泽东主席之命赴苏联访问期间，由邓小平代理总理职务。"邓小平进京后，不仅担任政务院主持日常工作的副总理，在总理离京时代理总理职务，而且毛泽东还指定："凡政府方面要经中央批准的事件，请小平多管一些"，即由邓小平代表中共中央管政府方面的事。1953年2月19日，周恩来主持召开的关于加强政府系统各部门向中央请示报告制度及分工问题的座谈会规定："今后各委、部直接提请政务院批示或办理的事项，除例行事务外，凡属涉及方针、政策、计划的事项，应限于在中央政治局已经讨论过决定了的问题，或是在中央已经批准的计划或批准的原则范围之内的问题，此类事项，原则上一般由邓小平同志处理，其中属于仍须经过周恩来同志处理者，亦由邓小平同志提出。在处理过程中，如周恩来、邓小平两同志发现有必须向中央请示报告的，即再直接提向中央。"高饶事件之后，1954年4月27日，以毛泽东为主席的党中央任命邓小平为中共中央秘书长，兼任党中央组织部部长。中共中央秘书长以前由任弼时担任,任弼时去世后由刘少奇代理,"这个职务是管理中央本身的行政事务工作的"。这时,邓小平不仅分担了政务院总理周恩来一部分担子,也分担了主管中央党务工作的刘少奇一部分担子。这时的邓小平在名义上还只是一位中央委员,但实际上已开始进入党和国家最高决策层。这又是唯一的。1955年4月4日,党的七届五中全会上,邓小平和林彪被补选为中共中央政治局委员,补了政治局中因任弼时逝世和高岗败亡的两个缺位。新中国成立初期,六个大区的第一书记都是进入中央最高决策层的重要人选,后来被选进中央最高决策层的只有邓小平和林彪两人。

在党的八大筹备过程中,毛泽东推举邓小平担任总书记。邓小平表态说:"一不行,二不顺。"毛泽东强调:"设总书记完全有必要。我说我们这些人,包括我一个,总司令一个,少奇同志半个(不包括恩来同志、陈云同志跟邓小平同志,他们是少壮派),就是做跑龙套工作的。我们不能登台演主角,没有那个资格了,只能维持维持,帮助帮助,起这么一个作用。"毛泽东评价邓小平:"这个人比较公道","比较有才干,比较能办事";"这个人比较顾全大局,比较厚道,处理问题比较公正";"他是在党内经过斗争的"。毛泽东还多次讲到"他跟我一样"。这种比较,毛泽东只在评价邓小平时才讲过。这些话句句洋溢着毛泽东对邓小平的亲切之情、喜欢之情。这些评价字里行间寄托着毛泽东对"少壮派""登台演主角"的厚望。毛泽东曾说过:"五十五,出山虎。"毛泽东在"出山虎"年龄的前后,不太可能考虑接班人的问题。63岁的毛泽东希望"少壮派""登台演主角",已表达了培养接班人的心情。党的八届一中全会上,邓小平当选中央委员会总书记、中央政治局委员、中央书记处书记、中央政治局常务委员会委员,成为以毛泽东为核心的第一代中央领导集体的重要成员之一。

党的八大将七大时的中央书记处变为中央政治局常委会,另设一个书记处,这个书记处的职能,毛泽东说:"很多事情要在那里处理,在那里提出议案。"毛泽东在谈到中央领导机构的设置时曾说:"一个主席,又有四个副主席,还有一个总书记,我这个'防风林'就有几道。"邓小平主持的中央书记处第一次会议规定:"书记处在自己的工作中,既要能够尽到'挡风'的责任,又要不犯越权的错误,并且必须尽可能做到使政治局和政治局常委各同志,能够及时了解各方面的工作情况。"可以说,八大选出的中央委员会总书记是站在中央日常工作的第一线，是站在第一道"防风林"的位置上，也是站在作为接班人培养的位置上。1959年4月5日，党的八届七中全会上，在讲到"权力集中在常委和书记处"时，毛泽东说：权力当然不只集中在常委和书记处，但是总要有一个核心机关，经常注意问题。中央的主席是我，常委的主席是我，所以我毛遂自荐为元帅。书记处的书记就是邓小平，你就当个副元帅。行不行？毛泽东为元帅，邓小平为副元帅，毛泽东在这里强调了总书记的职责，而副元帅所处的正是接班人的位置。

"文化大革命"开始后，邓小平成为被批判的党内第二号人物，林彪实际上成为毛泽东的接班人。但是，毛泽东多次强调要把邓小平同刘少奇区别开来。林彪垮台后，王洪文一度处在接班人的位置上。然而，毛泽东从林彪垮台到疑虑王洪文、张春桥、江青、姚文元搞"四人帮"，眼光又不断投到邓小平身上。在毛泽东提议下，邓小平先是恢复国务院副总理职务，后来担任中共中央副主席、国务院排名第一的副总理、中央军委副主席兼总参谋长，主持党、国家、军队的日常工作。毛泽东多次说他喜欢邓小平；评价邓小平办事比较果断，柔中寓刚，绵里藏针。1974年12月，毛泽东甚至称赞邓小平政治思想强，人才难得。可以说，在生命的最后两年里，毛泽东再度希望邓小平这位"副元帅"来接班。在毛泽东最后的日子里，邓小平在党、政、军中无人替代的人气，除了邓小平的主观因素，与毛泽东对邓小平的长期器重和培养亦密不可分。

二、对毛泽东的思想和实践有着比别人更深刻的认识

能成为站在"毛泽东肩上"的人，第二个条件必须是对毛泽东的成功与失误有着比别人更深切的体验和认识，能够倍加珍惜毛泽东这个基础，能够完整地准确地理解和掌握毛泽东思想，又能够倍加重视结合不断变化的具体实际和时代特征不断发展毛泽东思想。邓小平正是这样的人。

邓小平同毛泽东一起走过中国革命、改造和建设的道路。邓小平深切地感受和认识到毛泽东是中国共产党、中华人民共和国的主要缔造者，"给毛泽东同志抹黑，也就是给我们党、我们国家抹黑"。他深情地说："我们党用毛泽东思想教育了整整一代人，使我们赢得了革命战争的胜利，建立了中华人民共和

国。""毛泽东思想这个旗帜丢不得。丢掉了这个旗帜，实际上就否定了我们党的光辉历史。"邓小平同意大利记者法拉奇谈话时指出："毛主席一生大部分时间是做了非常好的事情的，他多次从危机中把党和国家挽救过来。没有毛主席，至少我们中国人民还要在黑暗中摸索更长的时间。毛主席最伟大的功绩是把马列主义的原理同中国革命的实际结合起来，指出了中国夺取革命胜利的道路。应该说，在六十年代以前或五十年代后期以前，他的许多思想给我们带来了胜利，他提出的一些根本的原理是非常正确的。他创造性地把马列主义运用到中国革命的各个方面，包括哲学、政治、军事、文艺和其他领域，都有创造性的见解。"邓小平认为毛主席的功绩是第一位的，错误是第二位的，必须把二者区别开来。"批评毛泽东同志晚年的错误，回到毛泽东思想的正确轨道上来。""他在一生的后期，特别在'文化大革命'中是犯了错误的，而且错误不小，给我们党、国家和人民带来许多不幸。"

邓小平向来重视完整地准确地理解和掌握毛泽东思想，反对片面地、教条主义地对待毛泽东思想。尤其是对实事求是、独立自主、群众路线这些毛泽东思想的活的灵魂，邓小平有着比别人更深刻的认识。

关于实事求是，邓小平说："毛泽东思想的基本点就是实事求是，就是把马列主义的普遍原理同中国革命的具体实践相结合。""我们高举毛泽东思想的旗帜，就要在每一时期，处理各种方针政策问题时，都坚持从实际出发。""实事求是，是无产阶级世界观的基础，是马克思主义的思想基础。过去我们搞革命所取得的一切胜利，是靠实事求是；现在我们要实现四个现代化，同样要靠实事求是。"邓小平多次讲他是"实事求是派"。

邓小平不仅在党和国家方针政策的决定方面注重实事求是，而且在个人风格方面也是注重实际、不慕虚名。这后一方面，邓小平也与毛泽东一样是最重视从实际出发、最讲实际的人。邓小平是中共中央西南局第一书记，然而，邓小平看重多做实际工作，从不争名分高低。他提议报纸上公布首长姓名次序是刘（伯承）、贺（龙）、邓（小平）、张（际春），把自己摆在刘、贺之下。邓小平以中共中央西南局第一书记兼西南军政委员会副主席、西南军区政委，排序为"三号首长"，这是东北、华北、华东、中南、西南、西北六个大区中唯一的一个例外。当时，中共中央东北局第一书记高岗，同时是东北人民政府主席、东北军区司令员兼政治委员。这位"高人"唯恐任何一个职务落在别人后面。中共中央华东局第一书记饶漱石，同时是华东军政委员会主席、华东军区政治委员。此人只差点没把华东军区司令员的位子抢过去，而华东军政委员会主席的位子是从陈毅手上抢过去的。后来，饶落了个"伸手必被捉"的笑柄。中共中央中南局第一书记林彪，同时是中南军政委员会主席、中南军区司令员。但林因病休养，中南党、政、军工作实际由第二书记邓子恢主持。中共中央西北局第一书记彭德怀，同时是西北军政委员会主席、西北军区司令员。但不久彭德怀担任中国人民志愿军司令员去朝鲜前线，西北党、政、军工作实际由第二书记习仲勋主持。中共中央华北局第一书记薄一波，同时是政务院财政经济委员会主持日常工作的副主任兼财政部长，其主要工作在后一方面；华北局机关驻北京市，华北大区的行政管理由政务院华北事务部负责，这是当时华北与其他五个大区不同之处。六个大区的情况各不相同，但在五个有政府机构的大区，只有邓小平这个第一书记不是"一号首长"，也只有邓小平这个第一书记是在政府机构任副职的。如果没有注重做实际工作不争名分的风格，如果没有律己严、待人宽的品德，是做不到的。邓小平的做法与高岗、饶漱石的做法形成了鲜明的对照。这是两种境界和风格的对照。新时期，邓小平是改革开放和现代化建设的总设计师、总决策者，却不担任党中央主席或总书记，这既有培养接班人和废除领导职务终身制的考虑，也与重实际而不争名分的风格紧密相关。

关于独立自主，就是不依附任何国家、任何外部势力，依靠自己的力量，从中国的实际出发，走自己的道路。邓小平说："中国革命为什么能取得胜利？就是以毛泽东同志为首的中国共产党人，独立思考，把马列主义的普遍真理同中国的具体情况相结合，找到了适合中国情况的革命道路、形式和方法。""中国共产党人坚持马克思主义，坚持把马克思主义同中国实际结合起来的毛泽东思想，走自己的道路，也就是农村包围城市的道路，把中国革命搞成功了。"邓小平认为："中国革命的成功，是毛泽东同志把马克思列宁主义同中国的实际相结合，走自己的路。现在中国搞建设，也要把马克思列宁主义同中国的实际相结合，走自己的路。"邓小平在党的十二大开幕词中指出："把马克思主义的普遍真理同我国的具体实际结合起来，走自己的道路，建设有中国特色的社会主义，这就是我们总结长期历史经验得出的基本结论。"邓小平庄严宣告："中国的事情要按照中国的情况来办，要依靠中国人自己的力量来办。独立自主,自力更生,无论过去、现在和将来,都是我们的立足点。中国人民珍惜同其他国家和人民的友谊和合作,更加珍惜自己经过长期奋斗而得来的独立自主权利。任何外国不要指望中国做他们的附庸,不要指望中国会吞下损害我国利益的苦果。"历史从来不给附庸者以地位。邓小平一针见血地指出:"中国本来是个穷国,为什么有中美苏'大三角'的说法?就是因为中国是独立自主的国家。为什么说我们是独立自主的?就是因为我们坚持有中国特色的社会主义道路。否则,只能看着美国人的脸色行事,看着发达国家的脸色行事,或者看着苏联人的脸色行事,那还有什么独立性啊!"

  关于群众路线,邓小平说:"我认为,毛泽东同志倡导的作风,群众路线和实事求是这两条是最根本的东西。""培养好的风气,最主要的是走群众路线和实事求是这两条。""群众路线和群众观点是我们的传家宝。""只要我们信任群众,走群众路线,把情况和问题向群众讲明白,任何问题都可以解决,任何障碍都可以排除。"在改革开放的伟大实践中,邓小平总是着眼于"人民拥护不拥护""人民赞成不赞成""人民高兴不高兴""人民答应不答应",始终把人民群众的利益放在高于一切的位置上。支持农村家庭联产承包责任制就是生动的例证之一。当安徽凤阳小岗村和安徽肥西县一些农村搞家庭联产承包责任制,受到种种非议和指责时,邓小平发表了《关于农村政策问题》的讲话,旗帜鲜明地支持了包产到户、包干到户的责任制。农村家庭联产承包责任制,从个别地方的兴起到全国范围的实行,充分显示了最高决策者邓小平相信群众、依靠群众、为了群众、尊重群众的首创精神所起的重要作用,充分体现了毛泽东倡导的从群众中来到群众中去的群众路线的巨大威力。邓小平说:"农村搞家庭联产承包,这个发明权是农民的。农村改革中的好多东西,都是基层创造出来,我们把它拿来加工提高作为全国的指导。"改革开放以来,农村发生的翻天覆地的巨大变化是从实行联产承包责任制开始的,整个国家的面貌发生的翻天覆地的巨大变化也是从农村实行联产承包责任制开始的。

  邓小平特别重视结合不断变化的具体实际和时代特征不断发展毛泽东思想。这是邓小平在继承和维护毛泽东这个基础的同时,又能发展和超越毛泽东的一个关键所在。邓小平说:"从许多方面来说,现在我们还是把毛泽东同志已经提出、但是没有做的事情做起来,把他反对错了的改正过来,把他没有做好的事情做好。今后相当长的时期,还是做这件事。当然,我们也有发展,而且还要继续发展。"党的十一届三中全会以来，邓小平对毛泽东思想的发展集中到一点，就是开辟了中国特色社会主义道路，开创了中国特色社会主义理论。

三、"三落三起"的非凡经历铸造了担大任的意志和智慧

邓小平能成为站在"毛泽东肩上"的伟人，还有一个条件，就是与他"三落三起"的经历有着密切的联系。

上面提到，筹备八大时毛泽东评价邓小平曾说："他是在党内经过斗争的。"当时，王首道发言："我同意这个看法，受过打击的人，他对于另外一方面的问题考虑得比较周到。"在老一辈革命家眼里，有没有在党内经过斗争的经历，其见识和智慧是不一样的。

邓小平的第一次"落"与"起"，是同中央苏区"左"倾教条主义的祸害与遵义会议的伟大胜利相联系的。邓小平的第二次"落"与"起"，是同毛泽东发动"文化大革命"与林彪垮台和周恩来总理病重相联系的。邓小平的第三次"落"与"起"，是同"四人帮"横行霸道、毛泽东坚持"文化大革命"的错误，与毛泽东逝世、"四人帮"垮台，全党要求纠正"文化大革命"的错误相联系的。

在第一次"落"与"起"中，邓小平亲眼看到了教条主义对根据地和红军造成的巨大损失；亲身感受了毛泽东实事求是、独立自主地走中国自己的革命道路的正确性和极端重要性。在第二次和第三次的"落"与"起"中，邓小平亲眼看到了毛泽东以阶级斗争为纲对国家发展造成的严重危害；亲眼看到了毛泽东既批评"文化大革命""打倒一切、全面内战"的错误，又要坚持"文化大革命"路线的深刻矛盾；亲身感受了"文化大革命"给党、国家和人民的事业造成的重大损失。新时期，邓小平是在恢复实事求是、独立自主的光荣传统，吸取"文化大革命"的惨痛教训，领导中国人民走上中国特色社会主义康庄大道的。

邓小平一生"三落三起"，意志由此磨炼，智慧由此扩大。明朝哲人冯梦龙说："人有智犹地有水，地无水为焦土，人无智为行尸。智用于人，犹水行于地，地势坳则水满之，人事坳则智满之。周览古今成败得失之林，蔑不由

此。"毛泽东曾引用司马迁的话说:"文王拘而演周易,仲尼厄而作春秋。屈原放逐,乃赋离骚。左丘失明,厥有国语。孙子膑脚,兵法修列。不韦迁蜀,世传吕览。韩非囚秦,说难、孤愤。诗三百篇,大抵贤圣发愤之所为作也。"邓小平就是"发愤之所为作"的人,就是"人事坳则智满之"的人。

邓小平所以能成为国人景仰、世界瞩目的领导者,所以能站在"毛泽东的肩上"看问题与解决问题,与他艰难困苦、跌宕不平、不屈不挠的经历是分不开的。

邓小平领导改革开放与中国农村问题

中国是一个农民占全国人口绝大多数、农村占全国面积绝大部分、农业占国民经济基础地位的国家。毛泽东领导的中国革命的胜利是以解决农民的命根子土地问题为根本、依靠农民的支持、走农村包围城市的道路取得的。邓小平领导改革开放以农村为先导、搞土地家庭联产承包,进而推动城市改革,被称为第二次农村包围城市。这里围绕邓小平领导改革开放与中国农村问题的关系,就改革开放前的中国农村问题、邓小平领导改革开放为什么以农村为先导、农村改革发展的成就和面临的新问题、当前大力实施乡村振兴战略谈点个人的认识。

一、改革开放前的中国农村问题

中国革命胜利后,1949 年至 1952 年的三年经济恢复中,对农村经济恢复、维护农民利益上有四件大事:土地改革、兴修水利、恢复和发展交通运输业、恢复和发展纺织业。土地改革废除了封建土地所有制,实现了耕者有其田,极大地调动了农民生产积极性,为农业的恢复和发展奠定了制度基础。兴修水利,除了各地政府组织农民兴修中小型灌溉工程,中央政府组织兴修了治淮工程、荆江分洪工程、官厅水库、黄河石头庄溢洪堰工程和引黄济卫灌溉工程等,为农业的恢复和发展奠定了生产力基础。恢复和发展交通运输业,不仅在铁路方面修复了被战争严重破坏的铁路,修建了新的成渝铁路、天兰铁路和湘桂铁路的来睦段,还对公路运输和海运、河运工程进行了修复和修建,并将非机动的民间运输力量组织起来,发挥了交通运输业在城乡交流和全国经济中的杠杆作用。为保证纺织工业的生产力与农村丰收后农民的购买力相适应，国家将纺织业列为投资重点，予以高度关注，并通过多种办法保证棉花供应和纱厂机器的运转。当时纺织业的恢复和发展，既解决了人民生活中仅次于吃饭的大事——穿衣问题，也从城市方面解决了与乡村进行交流的最大宗的工业品供给的问题。做好这四件事，以90%的农业和手工业经济，带动了10%的工业经济转动起来，农村活了，城市活了，国家财政也活了。到1952年，中国农业恢复到战前农业的最高水平，粮食超过战前最高年产量，达到16392万吨；中国纺织业棉纱产量达到363万件，棉布产量达到38亿米，都比1949年增加1倍以上，超过历史最高水平。粮食与纱布交流为核心的城乡交流活跃，商场货架上商品满满的，与十月革命后苏联的商品匮乏形成鲜明的对照。

1953年开始的计划经济建设至1978年，中国经济也同苏联等社会主义国家一样是计划经济，也把计划经济看成社会主义的本质特征之一。但是，以毛泽东为首的中国共产党人，在生产资料所有制的社会主义改造中注意走自己的道路，没有采取苏联没收资本和搞土地国有化的做法，而是采取了赎买资本和农业合作化的做法。1956年在社会主义改造基本完成之后，毛泽东等借鉴苏联的经验教训，总结中国自己的经验教训，提出了包括解决"三农"问题在内的走适合中国实际情况的社会主义建设道路的任务。其主要内容有：在重工业与农业、轻工业的关系上，通过"更多地发展农业、轻工业"来发展重工业；搞中国式的工业化，即以重工业为中心的同时，"必须充分注意发展农业和轻工业"，"发展工业必须和发展农业同时并举"。在城乡关系上，提出对6亿人口统筹兼顾、适当安排的方针，农业人口有5亿多，是统筹兼顾的大头，"农民的情况如何，对于我国经济的发展和政权的巩固，关系极大。"在中央与地方的关系上，提出适当分权给地方，改变过分集中的领导体制。在计划与自由的关系上，提出改变事无大小统统计划的做法，适当发挥自由市场和个体经济的作用，做到大计划、小自由。

总结三年"大跃进"的教训，20世纪60年代初的经济调整，毛泽东等对中国的农村、农民、农业问题有了进一步的认识。第一，明确地把以农业为基础、工业为主导作为发展国民经济的总方针，提出把一切工作转移到以农业为基础的轨道上来。第二，明确地提出以农、轻、重为序安排计划，把农业放在发展国民经济的首要地位。第三，明确地把调整农村政策，放宽对农民自留地、家庭副业、小私有的限制，作为解决经济困难的基础性措施，陈云、邓小平等甚至支持土地包产到户的做法。第四，对中国经济社会发展的战略目标做了调整，将此前规定的实现国家工业化的目标转变为实现农业、工业、国防、科学技术四个现代化的目标。周恩来指出："工业国的提法不完全，提建立独立的国民经济体系比只提建立独立的工业体系更完整。苏联就是光提工业化，把农业丢了。"四个现代化的目标，体现了统筹兼顾的方针。实现农业现代化被作为经济社会发展的战略目标之一，并把实现农业现代化放在实现四个现代化的第一位，体现了对农业在整个国民经济中基础性地位与作用认识的深化。

以上情况表明，中国计划经济建设走着自己的道路，对中国的农村、农民、农业问题的认识和处理，与苏联的计划经济模式有着不同的内容。这正是后来中国特色社会主义的源头之一。

不可否认，中国的计划经济建设也存在着对农民索取过多、农业没有过关、物资短缺和体制僵化的问题。特别是三年"大跃进"和十年"文化大革命"，严重拖累了中国的经济发展，拉大了中国与世界发达国家的差距。

中国实行计划经济体制的20多年中，对农村、农民、农业影响最大的是粮食统购统销和人民公社制度。

1953年开始实施计划经济建设，就遇到了农业生产赶不上工业建设的需要，粮食等生活消费品供不应求，这样一个复杂而棘手的难题。为解决这一难题，毛泽东等决定实行粮食统购统销。粮食统购统销是国家除了向农民征收农业税形式的粮食之外还要对农民手上大部分粮食进行计划收购，对城镇居民的粮食需求进行计划供应，是计划经济背景下物资短缺而实行的强制性政策。由于受苏联片面发展重工业的计划经济模式的影响和实行粮食统购统销，对农业的增长带来不利影响。农业总产值指数如果以1952年为100，1951年是86.8，1950年是79.3，1949年是67.4，1953年是103.1，1954年是106.6。可以说，经济恢复时期，农业的恢复与发展速度是很高的；"一五"计划的头两年农业增长速度相对的是降低了。由于1954年水灾和粮食统购超过了农民负担能力，1955年许多地方几乎是"人人谈粮食，家家谈统销"。连王震将军的母亲也不要王震给她钱和手巾，"就要每月给她一斤油"。

中国的计划经济实行粮食统购统销的制度，全国户口被分割为农业户口和非农业户口两个部分，强化了城乡二元经济结构；农民为国家工业化建设所做的贡献与农民得到的回报是不对称的。

农村人民公社制度是1958年"大跃进"中产生的。此前对农业的社会主义改造采取合作化形式，由互助组发展到初级合作社，由初级合作社发展到高级合作社。互助组是几户农民之间换工合作的形式。初级合作社采取的是农民土地等生产资料入股、集体劳动、土地等生产资料也参加分红的形式。高级合作社是土地等生产资料归集体所有、集体劳动、按劳取酬，但范围比较小，相当于现在一个村。人民公社是政社合一的组织，将集体所有制的程度由村提高到公社，相当于现在的一个乡，并办公共食堂集体消费，劳动力在公社范围平调。后来搞不下去，取消公共食堂；公社所有制变为生产队、大队、公社三级所有并以生产队为基础；劳动力也基本上在生产队范围集体劳动，但仍有部分平调。"大跃进"是在建设、生产力方面的冒进、主观蛮干。人民公社是在制度、生产关系方面的冒进、主观蛮干。

实行人民公社和粮食统购统销制度，农民被束缚在农村土地上。在农业生产内部，农民的绝大部分时间要参加集体劳动；农民的自留地和家庭副业被当作资本主义尾巴，受到限制和批判；农业集体的生产也受到计划的严格约束。人民公社和粮食统购统销制度同以阶级斗争为纲和反修防修的指导思想结合到一起，又给农民的思想以束缚，压抑了农民的积极性、主动性和创造性。20多年来，农民的生活和农村的面貌没有得到多大改变。改革开放前，安徽凤阳农村不少社队人均年口粮只有300斤左右，人均年收入只有50元左右。多年的集体积累，折价不够抵偿国家银行贷款。从20世纪60年代初开始，每年春冬季，凤阳总有大批农民扶老携幼讨饭逃荒。凤阳农村的情况，在安徽、在全国也决不是个别例外。邓小平坦率地说："在没有改革以前，大多数农民是处在非常贫困的状况，衣食住行都非常困难。"

二、邓小平领导改革开放为什么以农村为先导

改革也是对内开放，开放也是对外关系的改革。农村的改革也就是对广大农民的开放。1978年冬中央工作会议上，陈云说："要放松一头，不能让农民喘不过气来。"也正是这次会议上邓小平说："一个党，一个国家，一个民族，如果一切从本本出发，思想僵化，迷信盛行，那它就不能前进，它的生机就停

止了，就要亡党亡国。"这实际上是亮出了改革的思想路线，并预示改革要从农村做起。

农村改革的主要内容是搞土地家庭联产承包责任制。这是安徽凤阳小岗村农民率先搞起来的。邓小平说这是农民发明的。农民能把土地家庭联产承包搞起来，是由于受到党的十一届三中全会路线的鼓舞，得到邓小平的强有力支持。三中全会主张扩大企业和生产队的自主权，做出了《中共中央关于加快农业发展若干问题的决定（草案）》，规定了一系列政策措施，决定提高粮食和其他农产品的价格，降低农用工业品的价格，调动农民的生产积极性。这激发了农民的创造精神。安徽搞家庭联产承包之后，邓小平坚定地指出：就这么干下去。在党内和社会上出现不同的声音时，邓小平肯定地说："农村政策放宽以后，一些适宜搞包产到户的地方搞了包产到户，效果很好，变化很快。"

在邓小平支持和指导下，到1981年底全国农村有90%以上的地方建立了农业生产责任制。从1982年开始，连续5年中共中央发表一号文件解决"三农"问题，支持、稳定、完善家庭联产承包责任制，并废除了人民公社和粮食统购统销制度。1982年1月，改革开放以来的第一个"三农"问题的中央一号文件《全国农村工作会议纪要》，支持了家庭联产承包责任制。1983年1月，第二个"三农"问题的中央一号文件《当前农村政策的若干问题》，从理论上肯定了家庭联产承包责任制，并于当年10月开始废除农村人民公社制度。1984年1月，第三个"三农"问题的中央一号文件《关于1984年农村工作的通知》，提出稳定和完善家庭联产承包责任制，抓好农村商品的生产和流通。1985年1月，第四个"三农"问题的中央一号文件《关于进一步活跃农村经济的十项政策》，决定取消农副产品的统购派购制度，中国计划经济标志性的统购统销制度开始逐步退出历史舞台。1986年1月，第五个"三农"问题的中央一号文件《关于1986年农村工作的部署》，指出广大农民已经为适应市场需求而生产，提出协调城乡改革汇合后各方面的利益关系，号召帮助贫困地区逐步改变面貌。

中共中央连续5年发布一号文件指导农村改革，这表明在政策上引导改革也是以农村为先导的。

邓小平领导改革开放为什么以农村为先导？

第一，因为农村受计划经济标志性的统购统销制度的束缚，和受脱离实际的"一大二公"的人民公社制度的束缚,最为严重,"大多数农民是处在非常贫困的状况",改革的要求最迫切,邓小平认为应该顺应农民的要求。邓小平制定改革开放的决策,总是着眼于"人民拥护不拥护""人民赞成不赞成""人民高兴不高兴""人民答应不答应",始终把人民的愿望、人民的利益放在高于一切的位置上。支持农民搞土地家庭联产承包就是生动的例证之一。开始时,家庭联产承包责任制受到种种非议和指责,邓小平则称赞包产到户效果好。第一年只有 1/3 的省干起来,第二年超过 2/3,第三年差不多全都跟上。农村家庭联产承包责任制,从个别地方的兴起到全国范围的实行,充分显示了最高决策者顺民之心、尊重群众的首创精神所起的重要作用,充分体现了党的从群众中来再到群众中去的群众路线的巨大威力。邓小平说:"农村搞家庭联产承包,这个发明权是农民的。农村改革中的好多东西,都是基层创造出来,我们把它拿来加工提高作为全国的指导。"

第二,因为农业是基础,农民是全国人口的绝大多数,农村是全国面积的绝大部分,邓小平认为只有把农业、农村、农民搞好了,才有国家的稳定和发展。邓小平叮嘱:"农业是根本,不要忘掉";"不管天下发生什么事,只要人民吃饱肚子,一切就好办了。"他从 80% 的人口在农村依靠手工搞饭吃这一国情出发,把农村的稳定看成中国社会稳定的基础,把农村的经济发展看成整个中国经济发展的基础,反复强调搞好这个"百分之八十"的重要性。他指出:"中国有百分之八十的人口在农村。中国社会是不是安定,中国经济能不能发展,首先要看农村能不能发展,农民生活是不是好起来。""城市搞得再漂亮,没有农村这一稳定的基础是不行的。""农民没有积极性,国家就发展不起来。""农民没有摆脱贫困,就是我国没有摆脱贫困。"

第三,因为农村改革比城市改革简单,且容易很快见效。由农村改革为先导,先易后难,先简单后复杂,能够起到探路和推动的作用。改革的目标是要改变僵化的计划经济体制,这是从农村实行家庭联产承包责任制、农村富余劳动力可以自由转移做起的。在这方面,邓小平对计划与市场认识的理论创新起了重要的引导作用。他认为"社会主义和市场经济之间不存在根本矛盾。""只搞计划经济会束缚生产力的发展。"由此,他特别指出农村计划经济体制把农民束缚在土地上是没有出路的,"长期以来,我们百分之七十至八十的农村劳动力被束缚在土地上,农村每人平均只有一两亩土地,多数人连温饱都谈不上。""总不能老把农民束缚在小块土地上,那样有什么希望?"他肯定农村改革开放,放开农民手脚,农村富余劳动力的自由转移是希望所在,"农民积极性提高,农产品大幅度增加,大量农业劳动力转到新兴的城镇和新兴的中小企业。这恐怕是必由之路。"

第四,从农业和农村自身的发展看,虽然不是经过农村体制和政策上的改革,就能实现农业和农村的现代化,就能解决一切问题,但必须先进行农村体制和政策上的改革,才能推动科技兴农,推动实现农业和农村的现代化。在这方面,邓小平提出了"农业的发展一靠政策,二靠科学"的重要命题。一靠政策,因为政策能调动农民的积极性。邓小平说:"我们首先解决农村政策问题,搞联产承包责任制,搞多种经营,提倡科学种田,农民有经营管理的自主权。这些政策很见效,三年农村就发生了显著变化。"二靠科学,因为科技能改变农民的技能,能改变生产资料的规模和效能。邓小平赞扬"农民把科技人员看成是帮助自己摆脱贫困的亲兄弟,称他们是'财神爷'";指出"将来农业问题的出路,最终要由生物工程来解决,要靠尖端技术。"与此相关联,邓小平还提出了"两个飞跃":"第一个飞跃,是废除人民公社,实行家庭联产承包为主的责任制。这是一个很大的前进,要长期坚持不变。第二个飞跃,是适应科学种田和生产社会化的需要,发展适度规模经营,发展集体经济。这是又一个很大的前进,当然这是很长的过程。"第一个飞跃,主要依靠政策的作用。第二个飞跃,主要依靠科学技术的作用。没有第一个飞跃,不可能有第二个飞跃。只有在实现第一个飞跃的基础上,运用科学技术的力量,经过很长的过程,实现第二个飞跃,才能彻底改变中国农村的落后面貌,实现农业现代化。

三、农村改革发展的成就和面临的新问题

邓小平领导改革开放,支持、肯定、完善家庭联产承包责任制,废除人民公社和统购统销制度,使农村一步一步地从计划经济体制的束缚下走上国家协调的市场经济的康庄大道。农民从小块土地的束缚上被解放出来,放开了手脚,多种经营、能工巧匠、乡镇企业像雨后春笋般涌现出来。以农村为先导,改革从农村发展到城市,整个中国的经济面貌在一天天地发生着巨大变化。邓小平欣喜地说:"农村改革带来许多新的变化,农作物大幅度增产,农民收入

大幅度增加，乡镇企业异军突起。广大农民购买力增加了，不仅盖了大批新房子，而且自行车、缝纫机、收音机、手表'四大件'和一些高档消费品进入普通农民家庭。农副产品的增加，农村市场的扩大，农村剩余劳动力的转移，又强有力地推动了工业的发展。""吃、穿、住、行、用等各方面的工业品，包括彩电、冰箱、洗衣机，都大幅度增长。钢材、水泥等生产资料也大幅度增长。农业和工业，农村和城市，就是这样相互影响、相互促进。这是一个非常生动、非常有说服力的发展过程。"

这个过程是从农村搞家庭联产承包，废除人民公社和统购统销制度，冲破计划经济体制的束缚，走上中国特色社会主义道路的。这个过程是邓小平从80％人口在农村依靠手工搞饭吃的基本现实出发，得出社会主义初级阶段的认识，进而创立出中国特色社会主义理论的。

这个过程在推进以家庭联产承包责任制为核心的农村改革的同时，推动了国家经济体制改革以建立社会主义市场经济体制为目标。1993年11月，中央《关于当前农业和农村经济发展的若干政策措施》规定，在原定的耕地承包期到期之后，再延长30年不变。同月，党的十四届三中全会通过《关于建立社会主义市场经济体制若干问题的决定》。

1978至2002年，农村改革有了很大成就，农民收入有了很大增长，农业有了很大发展。1978年粮食30476.5万吨，肉类856.3万吨，水产品465.4万吨，水果657万吨；2002年粮食45705.8万吨，肉类6586.5万吨，水产品4564.5万吨，水果6952万吨。肉类、水产品、水果增长了7至10倍。农民人均纯收入由1978年的133.6元增长到2002年的2476元。农村富余劳动力转移和城镇化建设不断推进，农村人口占全国总人口的比例逐年下降，由改革开放之初的80％下降为2002年的60.91％。

农村改革发展取得巨大成就的同时，进入21世纪后也面临着新的亟待解决的问题。

农村改革在户籍管理上仍未能突破计划经济体制，城乡二元经济结构未能得到改变。农民工在城市就业时间再长户口仍是农民，在住房、医疗、子女上学等方面享受不到城市户口的待遇。

农村改革在土地征用上也未能突破计划经济体制，地方政府搞开发征土地，仍按计划经济时代定的办法低价格从农民那里征来，然后再以高价出售。

征地越多地方政府生财越多，农民失地越多损失越大。

农民人均纯收入绝对数在增长，但相对于城市居民人均收入的增长则呈下降趋势；1985年城镇居民人均收入是农村居民人均收入的1.86倍，2002年则是3.1倍。

由于农业是社会效益大而经济效益差的比较脆弱的产业，加上耕地减少和农民务农积极性不高等原因，粮食产量1998年攀升到51229.5万吨后出现了连续5年的下降，2003年降到43069.5万吨。

党的十六大之后提出全面建设小康社会和"建设社会主义新农村"的战略任务。中央从2004年开始连续多年发出一号文件，着力解决"三农"问题。在工业反哺农业、取消农业税、建立全国农村最低生活保障制度等方面迈出重要步伐。作为农业基础的粮食，从2004年开始产量连年增长，2012年达到58957万吨。肉类、水产品、水果等也呈现连年增长趋势。农民人均纯收入，由2002年的2475.6元增长到2012年的7917元。农村人口占全国总人口的比例，由2002年的60.91%继续下降到2012年的47.4%，城镇化进程在不断地推进。

到党的十八大时又出现了新的"三农"问题。第一，粮食产量的增长仍赶不上需求的快速增长和结构的不断变化，为解决产需缺口，粮食进口在增加。第二，一些地方城镇建设规模扩张过快、占地过多，对保护耕地和保障粮食安全构成威胁。第三，大量农民进城务工，很多村子留下的是妇女、儿童和老人，农业后继乏人；相当一部分承包土地的农户不种地，有的出现了土地荒芜的问题。第四，有的地方或因环境和土地受污染，或因过量使用农药、化肥，或因农产品加工环节不规范，存在着群众不满意的农产品质量问题。

四、当前实施乡村振兴战略的意义

邓小平领导改革开放，确立了百年图强、三步发展的战略目标。三步发展的第一步目标是解决温饱；第二步目标是进入小康社会；百年图强，也就是第三步的目标，即到建国一百年时把我国建设成中等水平的发达国家，基本实现现代化。党的十六大之前，我国人民生活总体上实现了由温饱到小康的历史性跨越。但这个小康还是低水平的、不全面的、发展很不平衡的小康，差距主要在农村。因此，党的十六大提出全面建设小康社会，党的十八大提出全面建成小康社会。

党的十八大以来的五年，农业现代化稳步推进，城镇化率年均提高一点二个百分点。2017年粮食产量达61791万吨，农民人均纯收入达13432元，农村人口占全国总人口的比例下降到41.48%。这五年脱贫攻坚战取得决定性进展，六千多万贫困人口稳定脱贫，贫困发生率从10.2%下降到4%以下。党的十九大根据邓小平百年图强、三步发展的战略谋划和现代化建设发展情况，规划基本实现社会主义现代化提前15年实现，即到2020年全面建成小康社会，到2035年基本实现社会主义现代化，到建国一百年时把我国建成富强民主文明和谐美丽的社会主义现代化强国。为这个伟大目标奋斗必须解决好"三农"问题。为解决好"三农"问题，习近平在十九大报告中提出实施乡村振兴战略。

实施乡村振兴战略，无论在理论上还是实践上都有十分重大的意义。

第一，实施乡村振兴战略，是对邓小平领导改革开放以农村为先导、重视"三农"问题的战略思想的继承和发展。习近平总书记在党的十九大报告中强调"农业农村农民问题是关系国计民生的根本性问题，必须始终把解决好'三农'问题作为全党工作重中之重"。他要求"坚持农业农村优先发展"。为什么要这样？这是由新时代人民日益增长的美好生活需要和不平衡不充分的发展之间的这一主要矛盾决定的。吃饭是头等大事，美好生活需要首先是对优质农产品的需要；发展的不平衡最大的是城乡发展的不平衡，发展的不充分最大的是农村发展的不充分。农业优先发展，农业才能成为有奔头的产业。农村优先发展，农村才能成为安居乐业的家园。农业农村优先发展，农民才能成为有吸引力的职业。所以习近平强调，任何时候都不能忽视农业、不能忘记农民、不能淡漠农村；中国要强，农业必须强；中国要美，农村必须美；中国要富，农民必须富。怎样实施乡村振兴战略？习近平总书记在党的十九大报告中指出："按照产业兴旺、生态宜居、乡风文明、治理有效、生活富裕的总要求，建立健全城乡融合发展体制机制和政策体系，加快推进农业农村现代化。"这五条要求是经济建设、政治建设、文化建设、社会建设、生态文明建设在乡村建设中的具体化。

第二，实施乡村振兴战略，是对邓小平农村改革思想在新时代的与时俱进与具体化。如何提高家庭承包土地的使用效率，特别是如何解决部分承包地的抛荒问题？根本之法是要深化改革。党的十八大之后，习近平总书记指出："随着农村分工分业发展和大量农民进城务工，相当一部分承包土地的农户不种地了","土地承包权主体同经营权主体发生分离,这是我国农业生产关系变化的新趋势"。他要求"落实集体所有权、稳定农户承包权、放活土地经营权"。他在党的十九大报告中提出"巩固和完善农村基本经营制度,深化农村土地制度改革,完善承包地'三权'分置制度。保持土地承包关系稳定并长久不变,第二轮土地承包到期后再延长30年。深化农村集体产权制度改革,保障农民财产权益,壮大集体经济"。这不仅给有土地承包权的农民吃了"定心丸",也给有土地经营权的农民吃了"定心丸"。

第三,实施乡村振兴战略,是对邓小平农业是根本、农村稳定是全国稳定的基础的思想的继承和发展。党的十八大之后,习近平总书记指出:"我们的饭碗应该主要装中国粮。""如果口粮依赖进口,我们就会被别人牵着鼻子走。"他认为耕地是粮食生产的命根子,"耕地红线要严防死守"。他要求提高农民素质,培养造就新型农民队伍;重视农村基层党组织建设,加快完善乡村治理机制。他在十九大报告中进一步指出:"确保国家粮食安全,把中国人的饭碗牢牢端在自己手中。""加强农村基层基础工作,健全自治、法治、德治相结合的乡村治理体系。培养造就一支懂农业、爱农村、爱农民的'三农'工作队伍。"

第四,实施乡村振兴战略,是对邓小平一靠政策、二靠科学实现农业现代化思想的继承和发展。党的十八大之后,习近平总书记提出"要划定永久基本农田,抓紧建设一批旱涝保收、稳产高产的高标准农田。""要下决心把民族种业搞上去,抓紧培育具有自主知识产权的优良品种。"他把确保农产品质量安全,作为建设现代农业的重要任务。提出"要治地治水,净化农产品产地环境";"要控肥、控药、控添加剂,规范农业生产过程"。十九大报告中,习近平总书记指出:"构建现代农业产业体系、生产体系、经营体系";"发展多种形式适度规模经营,培育新型农业经营主体,健全农业社会化服务体系,实现小农户和现代农业发展有机衔接。促进农村一二三产业融合发展,支持和鼓励农民就业、创业,拓宽增收渠道。"

将实施乡村振兴提到战略高度,这是以习近平同志为核心的党中央着眼于推进"四化同步"、城乡一体化发展和加快推进农业和农村现代化做出的重大战略决策。邓小平开创的以农村为先导的改革开放的伟大事业,随着实施乡村振兴战略的展开,随着全面建成小康社会和现代化建设的扎实推进,将呈现出更加灿烂的前景。

党的八大前后三访苏联

党的八大前后一年多的时间里,邓小平三次出访苏联。

第一次是党的八大之前,1956年2月9日至3月1日,邓小平以中共中央政治局委员、秘书长的身份,同中共中央委员、副秘书长谭震林,中共中央候补委员、对外联络部部长王稼祥,中国驻苏联大使刘晓一起参加以中国共产党中央书记处书记朱德为团长的中共代表团,应邀出席苏共二十大。

第二次是党的八大过后还不到一个月,1956年10月23日至31日,邓小平以中共中央政治局常委、书记处总书记的身份,同书记处书记、对外联络部部长王稼祥,书记处候补书记胡乔木一起参加中共中央副主席刘少奇率领的中共代表团,与苏共中央商讨如何应付波兰、匈牙利出现的紧张局势。

第三次是党的八大一年之后,1957年11月2日至21日,邓小平参加毛泽东主席率领的中国党政代表团参加十月革命四十周年庆祝大典;同时,出席在莫斯科召开的社会主义国家共产党和工人党代表会议和64国共产党和工人党代表会议。代表团副团长是宋庆龄,其他成员有彭德怀、郭沫若、李先念、乌兰夫、陆定一、陈伯达、沈雁冰、杨尚昆、胡乔木、刘晓、赛福鼎。

一、进京后参与领导外交工作

党的八大前后,邓小平三次访苏,是他初登外交舞台三次重要的出访活动。实际上,邓小平参与领导外交工作,自进京担任政务院副总理之后就开始了。

1953年3月3日,毛泽东提出"凡政府方面要经中央批准的事件,请小平多管一些",也包括外交工作。

邓小平参与领导外交工作的第一个方面，是参与处理对苏联的往来。

在毛泽东写出上述批示的第三天，斯大林逝世。3月6日，邓小平同毛泽东、朱德、周恩来等到苏联驻中国大使馆吊唁，中共中央决定由周恩来率领中国代表团赴莫斯科专程吊唁，表达中国党、中国人民和中国政府的深切悲痛。7日，邓小平致电主持东北局工作的林枫，布置朝鲜首相金日成赴莫斯科参加斯大林葬礼在沈阳转乘专机的各项工作。电报指出："金首相决定赴苏参加斯大林葬礼，并已商得苏政府同意派机直飞沈阳接金。金拟八日启程。但金顾虑苏政府所派飞机不能如期到达沈阳，故请甘代办转知我国，为之另准备一飞机备用等情。据此，我即与苏大使馆共同商决，由苏大使馆就近另调一军用机。""军委已通知东北空司予以接待，于该机到达后向你报告。外交部亦告甘代办转知金首相抵沈后向你接洽。即请注意接待及保卫事项。"① 因时间来不及，金日成未能如愿赴苏，由朴正爱率领的朝鲜民主主义人民共和国代表团参加了斯大林葬礼。3月26日，周恩来率领的中国代表团返抵北京，邓小平同朱德等到机场迎接。

斯大林逝世时，苏共中央名列前排的主要领导人是：马林科夫、贝利亚、布尔加宁、赫鲁晓夫。3月14日，马林科夫被解除苏共中央书记职务；6月底，贝利亚被当作人民的敌人执行枪决；9月上旬，赫鲁晓夫担任苏共中央第一书记。赫鲁晓夫为加强自己在苏共中央的领导地位、巩固苏联对东欧各国的控制，对中国做出了一系列增进友谊、加强团结的姿态。最突出的是1954年9月29日至10月中旬，为庆祝中华人民共和国成立5周年，赫鲁晓夫率苏联政府代表团访问中国，解决斯大林执政时期中苏两国关系中的一些遗留问题，加快大规模援助中国的步伐。

这次赫鲁晓夫率领的代表团，是新中国成立后接待的规模最大的一个代表团。邓小平以中共中央秘书长、国务院副总理的身份，自始至终参加接待和会谈。9月29日下午，邓小平同刘少奇、周恩来、陈云等到西郊机场迎接。30日，毛泽东在中南海颐年堂会见赫鲁晓夫及苏联政府代表团全体成员，邓小平同朱德、刘少奇、周恩来、陈云等参加会见。30日晚上在怀仁堂举行的新中国国庆5周年庆祝大会、10月1日在天安门城楼上观看阅兵和群众游行、2日晚上周

---

① 邓小平致林枫电，1953年3月7日。

恩来在北京饭店举行庆祝国庆5周年盛大宴会、3日晚上毛泽东在怀仁堂设宴招待应邀前来参加新中国成立五周年国庆典礼的各国政府代表团，赫鲁晓夫都是主要客人，邓小平一直出席作陪。9月29日至10月12日，邓小平同陈云、彭德怀、邓子恢、李富春参加周恩来率领的中方，和赫鲁晓夫率领的苏联代表团成员组成的苏方，就中苏关系和国际形势问题多次举行会谈。毛泽东、朱德、刘少奇参加了会谈。会谈形成了一系列文件。10月11日晚上，中苏两国举行一系列文件的签字仪式，毛泽东和赫鲁晓夫出席签字仪式。

10月12日，中苏双方同时发表《关于中苏举行会谈的公报》，公报宣布了双方签订的：中华人民共和国政府和苏联政府关于中苏关系和国际形势各项问题的联合宣言、关于对日本关系问题的联合宣言、关于旅顺口海军根据地问题的联合公报、关于现有的中苏合办股份公司问题的联合公报、关于科学技术合作协定的联合公报和关于修建兰州—乌鲁木齐—阿拉木图铁路的联合公报。上述联合公报规定，苏联军队将于1955年5月1日前撤出旅顺口海军基地并将该地区的设备移交给中国政府；中苏股份公司中的苏联股份将于1955年1月1日前出售给中国。此外，还签订了关于苏联政府给予中华人民共和国政府5.2亿卢布长期贷款的协定和关于苏联政府帮助中华人民共和国政府新建15项中国工业企业和扩大原有协定规定的141项企业设备的供应范围（苏联补充供应的设备总值在4亿卢布以上）的议定书。

10月2日，苏联经济及文化建设成就展览会在北京西直门外苏联展览馆开幕。赫鲁晓夫等以主人身份在展览馆欢迎刘少奇、周恩来、陈云、邓小平等中国领导人和数以千计的各界人士前来参观。10月5日，赫鲁晓夫等决定将在北京苏联展览馆内展览的机床和农业机器等83件展品赠送给中国。10月12日，赫鲁晓夫等又决定赠给中国以组织拥有两万公顷播种面积的国营谷物农场所必需的机器和设备；在组织国营谷物农场时期和农场生产的第一年，苏联政府为了在建设和管理国营谷物农场方面给中国以组织上和技术上的帮助，准备派遣一批专家到中国充任顾问，使领导这个国营谷物农场的中国工作人员能够同苏联专家一起在最短期间内掌握技术和大型谷物农场的管理方法。

10月12日晚，苏联驻中国大使尤金举行招待会，招待苏联政府代表团，毛泽东、朱德、刘少奇、周恩来、陈云、邓小平等中国领导人应邀到会。13日，赫鲁晓夫一行离开北京回国。邓小平同朱德、刘少奇、周恩来、陈云等到机场欢送。

10月25日，邓小平同毛泽东、刘少奇、周恩来、朱德、陈云、林伯渠、董必武、彭德怀、彭真一起署名的为苏联经济及文化建设成就展览会的题词中写道："苏联政府和苏联人民在我们的建设事业中给了我们多方面的一贯的巨大的援助，这种援助经过最近的中苏会谈是更加扩大了，而苏联经济及文化建设成就展览会的举行，也正是苏联对我国热情援助的一种表现。我们代表全中国人民对于这种情同手足的友谊表示感谢。"① 这是真诚的谢意。

赫鲁晓夫回国后，邓小平直接过问了苏联帮助建立国营谷物农场的工作。10月30日，苏联为帮助中国在东北辟建大型谷物农场派来的勘探设计、经营管理、机务、农业等第一批专家49人到京。31日，农业部党组向中央报告，农业部除已组织一批干部担负勘察设计建场工作外，拟从有关方面抽调一批干部和生产技术工人配成两三套班子。11月2日，邓小平写信给中央组织部马明方、安子文，指出：农业部报告对农场主要干部配得太多，"我已商子恢同志，他同意减少一些，请你们与鲁言等具体商议"②。接着，他又亲自与农业部部长廖鲁言商定：调地级干部3人、县级干部6人。15日，邓小平再次写信给马明方、安子文。信中说："医生是否需要六人（护士十人）也应与卫生部商定。其他人员也须与有关部门商定。此事望于今晚与鲁言同志面谈一次，最后定案，明日将改好的电报交我批发。"③ 当晚，中央组织部李楚离副部长与廖鲁言面谈，并与有关部门商量，将调人方案最后确定下来。16日，邓小平签发了《中共中央同意农业部党组关于苏联帮助建立国营谷物农场的干部和工人配备问题的报告》。

这次赫鲁晓夫来访议定的苏联帮助中国新建工业企业15项，加上此前定下来的141项，一共是156项。中国第一个五年计划建设正是以苏联援助的156项工程为中心而展开的。邓小平是围绕这些项目开展对苏经济贸易往来的谋划者之一。1954年对苏联、东欧国家的出口总货单就是经过邓小平审核，并由他批示同意后定下来的。1955年对外贸易进出口计划，也是经过邓小平同周

---

① 《建国以来毛泽东文稿》第4册，中央文献出版社1990年版，第585~586页。
② 邓小平给马明方、安子文的信，1954年11月2日。
③ 邓小平给马明方、安子文的信，1954年11月15日。

恩来、陈云审核定下来的。与经济贸易往来相联系的是人员往来。1955年计划邀请来中国的代表团人数中，苏新国家占50％；计划派出国的代表团人数中，去苏新国家的占64％。对此，邓小平说："我认为适当。"同时，为打破以美国为首的西方国家对中国的封锁、扩大国际交往，他赞成采取这样的方针："适当控制去苏代表团和人数；以亚洲为重点；对欧洲特别是几个重要国家，能挤进去的就挤进去；打开美洲的缺口。"①

邓小平参与领导外交工作的第二个方面，是参与处理对东欧国家的往来。

1953年3月14日，捷克斯洛伐克共和国总统、捷共主席哥特瓦尔德逝世。15日凌晨，邓小平同毛泽东、朱德到捷克斯洛伐克驻中国大使馆吊唁。晚上，邓小平审改中共中央关于悼念哥特瓦尔德逝世给各中央局、分局并转各省市委、中央各直属党委的电报稿，提出省以上城市于出殡日降半旗致哀。

4月24日，邓小平主持政务院第176次政务会议，讨论并通过中国文化教育考察团团长韦悫作的《对东欧各人民民主国家文化教育考察报告》。考察团于1952年9月初出国，先后到波兰、民主德国、捷克、匈牙利、罗马尼亚、保加利亚，对其高等教育、技术教育、科学、卫生、文化工作进行了7个月的考察。邓小平认为出国考察是向兄弟国家学习的重要途径，要把兄弟国家的长处学过来。他说："我们必须认识出国考察只能说是工作的一半，更重要的一半是回国后的宣传介绍工作。一个代表团出国回来以后，应当把在国外考察的情形介绍给国内的人民。因为文化交流不单单是几个人之间的交流，应当是两国人民之间的交流。""中国虽然有五千多年的历史，但总还是落后的。以踢足球为例，我们中国就比不过匈牙利。"②

1954年9月，东欧各国分别派代表团参加新中国成立五周年国庆典礼。邓小平先后到机场迎接这些代表团。他还陪同毛泽东先后会见罗马尼亚政府代表团、捷克斯洛伐克政府代表团、匈牙利政府代表团、民主德国政府代表团、保加利亚政府代表团。

邓小平还参与解决中国同波兰、民主德国等东欧国家的经济技术合作和贸易往来的有关问题。例如：他具体过问了中国同波兰合办的海运公司的协作问

---

① 邓小平给刘少奇、陈云的信，1955年4月2日。
② 邓小平在政务院第176次政务会议上的讲话记录，1953年4月24日。

题；提出用对民主德国订船的办法平衡对德贸易差额问题。

邓小平参与处理对东欧国家的往来，花精力最多的是研究发展中国与南斯拉夫的关系。

在反法西斯侵略者的第二次世界大战期间，南斯拉夫人民在南斯拉夫共产党的领导下进行英勇的斗争，展开多年的游击战，牵制和抗击了德、意法西斯的一部分军队，最后解放了全国。1949年10月1日新中国宣告成立，10月5日南斯拉夫政府即发表声明承认。但由于当时中国受欧洲各国共产党和工人党情报局关于南斯拉夫的决议的影响，对南斯拉夫情况缺乏了解，未能与南斯拉夫往来。赫鲁晓夫任苏共中央第一书记恢复苏联同南斯拉夫的关系后，1955年1月中南两国正式建交。

这年四月，南共中央的两位委员、南斯拉夫工会联合会主席团委员斯塔门科维奇和《战斗报》社长贝哥维奇应邀参加中华全国总工会代表大会。这是中南建交后南斯拉夫派出的第一个代表团。根据他们的要求，中共中央指定邓小平、王稼祥于5月26日至27日与斯塔门科维奇、贝哥维奇做了一次详细的谈话。谈话的第一部分，首先由邓小平、王稼祥回答对方书面提出的有关中国革命和建设的一些问题。接着，贝哥维奇提出几个具体问题，由邓小平逐一答复。谈话的第二部分，根据邓小平、王稼祥提出的几个问题，斯塔门科维奇、贝哥维奇做了回答；邓小平、王稼祥针对南共的政策主张表达了中方的意见。

谈话中，邓小平指出："过去我们没有彼此接触过。现在很希望知道你们的一些观点，正如你们想知道我们的观点一样。我们最关心的，是南斯拉夫与苏联和与各新民主主义国家的关系，南共与苏、新等各国兄弟党的关系。"当时，苏、南两国代表团正在南斯拉夫的贝尔格莱德和布莱俄尼岛举行会谈。邓小平说："中共和中国人民希望随苏联代表团此次访问南国，不但国与国间、而且党与党间的关系也能恢复。"贝哥维奇回答道："中国同志的愿望、想法和诚意，完全可以了解。我个人、南斯拉夫工人和人民，都愿与苏联和各国建立友好亲密的关系。"

关于中、南关系，贝哥维奇表示："愿两国关系很好、亲密、频繁。希望中国多多派人到南斯拉夫各地，什么都看。可派政治、经济、管理、计划各部门的人去。"邓小平回应道："彼此了解很有益处。像今天这样谈，就增加了相互了解。一次当然谈不好，我们之间许多观点是不同的。多接触有好处。"①

这次谈话，邓小平、王稼祥是做了认真的研究和充分的准备后进行的。谈话保留着分歧，但所采取的求同存异的方针、开诚布公的态度，促进了中、南之间的相互了解和友好关系的发展。

谈话纪要，刘少奇审阅后提议用中共中央和毛泽东的名义正式通知苏共中央，送交各兄弟国家党中央，通知国内各省市委、各党组和驻外使馆。7月3日，邓小平代中央起草通知，规定谈话纪要在省市党委常委、国家机关党组成员和党中央各部委、军委各部门负责同志的范围内传阅。

5月27日至6月2日，苏、南两国政府会谈取得了很好的成果，两国在有关国际局势和苏南关系的一切重要问题上达成了共同的协议。获悉这些情况后，邓小平主持起草了《中共中央关于苏南会谈的情况及有关问题的通知》，经毛泽东、刘少奇、周恩来、朱德、陈云、彭德怀、彭真审阅后于8月27日下发各地、各部门。《通知》指出："苏南会谈的结果实现了苏南两国关系的大转变。一九四八年以来两国之间的不正常的、不健康的关系已被消除。"《通知》肯定"中南两国外交关系的建立，对于中国人民和南斯拉夫人民来说，对于世界和平和整个社会主义阵营来说，都是有利的"。

11月29日是南斯拉夫联邦人民共和国成立十周年的纪念日。几天前，邓小平同周恩来、陈毅一起审改了中国政府领导人出席南国庆十周年庆祝会的讲话稿。原准备由邓小平讲话，但因他患感冒，最后由周恩来总理讲话。在南驻中国大使波波维奇举行的庆祝南斯拉夫联邦人民共和国成立十周年的宴会上，周恩来对南国庆十周年的光辉节日，代表中国人民和中国政府向南斯拉夫人民和南斯拉夫政府表示热烈的祝贺。周恩来说："中南两国人民是友好的。""自从我们两个国家正式建交以后，两国人民间的友好关系更有了迅速的发展。"②

1955年是中南建交年，也是中南两国友好关系迅速发展的一年。这与邓小平主持和参与做的很多友好交往的工作是分不开的。

邓小平参与领导外交工作的第三个方面，是参与中国参加日内瓦会议和万

---

① 邓小平、王稼祥与南共中央委员斯塔门科维奇、贝哥维奇的谈话纪要，1955年5月26日～27日。

② 1955年11月30日《人民日报》。

隆会议的有关决策。

1954年4月至7月，中、苏、美、英、法参加的讨论和平解决朝鲜问题和恢复印度支那和平问题的日内瓦会议，是中华人民共和国第一次以五大国之一的身份参加的重要国际会议。

会前，邓小平多次出席毛泽东主持的会议，商谈日内瓦会议的有关问题，讨论通过周恩来起草的《关于日内瓦会议的估计及其准备工作的初步意见》等文件，对日内瓦会议面对的错综复杂的形势和可能出现的种种问题做出准确的估计，确定明确的方针。4月20日，周恩来率领出席日内瓦会议的中国代表团离京，邓小平同刘少奇、宋庆龄、李济深、董必武、陈云等到机场送行。

会议进行中，邓小平密切注视着会议进展情况。5月下旬，印度驻联合国代表梅农在日内瓦转达了尼赫鲁总理关于周恩来总理回国时顺道访问印度的邀请。周恩来向中共中央报告了这一情况。6月13日，邓小平主持起草了中共中央致周恩来电，同意周恩来接受印度政府邀请前往印度访问。电报指出："我国和印度、印尼、缅甸签订双边或多边的互不侵犯条约或集体安全公约，对亚洲和平和孤立美国是有利的。""应采取积极态度"，并且要联系到去印度友好访问时，"予以全面的考虑"①。6月20日，周恩来致电邓小平转毛泽东、刘少奇并中共中央，报告访印日期。日内瓦会议休会期间，周恩来先后访问印度和缅甸，同尼赫鲁总理和吴努总理会谈，分别同尼赫鲁总理和吴努总理发表《联合声明》，共同倡导了互相尊重领土主权、互不干涉内政、互不侵犯、平等互利、和平共处五项原则。7月6日下午，邓小平同朱德、刘少奇、宋庆龄、李济深、林伯渠、董必武、陈云等到机场欢迎出席日内瓦会议并在休会期间访问印度、缅甸后回到北京的周恩来。晚上，邓小平同刘少奇、周恩来、朱德、陈云到毛泽东处开会，听取周恩来的汇报。9日，周恩来离京前往日内瓦，邓小平又同林伯渠、董必武、陈云等到机场欢送。到7月21日结束的历时近三个月的日内瓦会议，在中国代表团的斡旋下，经过各方面的共同努力，终于达成在印度支那停战的协定。"印度支那和平的恢复，缓和了国际紧张局势，并为进一步协商解决其它重大国际问题开辟了道路。"②

---

① 中央致周恩来电，1954年6月13日。
② 周恩来在日内瓦机场的讲话记录，1954年7月23日。

会后，周恩来访问民主德国、波兰、苏联和蒙古，邓小平多次为中共中央起草电报致周恩来，指导日内瓦会议后的中国外交工作。7月24日，邓小平起草电报致中国驻民主德国大使姬鹏飞、中国驻波兰大使曾涌泉，请他们"即分转恩来同志：你这次回北京时，国内拟组织五千人在机场欢迎，我们认为你在机场可对日内瓦会议发表一个千字左右的声明，声明稿请你自行拟定。"周恩来访问苏联前一天，邓小平又起草致周恩来电，分析日内瓦会议后中国所面临的形势和准备采取的措施，请周恩来面告苏共中央同志并征求他们的意见。29日，周恩来和赫鲁晓夫、马林科夫会谈时，向他们介绍了中共中央来电的内容。来电说："中央最近研究了日内瓦会议后的形势，认为在朝鲜和印度支那停战后，美国不会甘心于日内瓦会议的失败，必将继续执行其制造国际紧张局势，进一步地从英法手中夺得更多的势力范围，扩大军事基地，准备战争和敌视我国的政策。""最近一时期美国与蒋介石正在商谈订立美蒋共同防御条约"，不断增加对蒋军事援助，"并且有把封锁我国的范围扩大到广东沿海及东京湾地区的可能"。鉴于此，"我们面前仍然存在一个任务，即解放台湾的任务。""提出这个任务的作用，不仅在于击破美蒋军事条约，而更重要的是它可以提高全国人民的政治觉悟和政治警惕心，从而激发人民的热情，以推动国家建设任务的完成，并且可以利用这个斗争来加强我们的国防力量，学会海上斗争的本领。""为了适应目前时期紧急斗争的需要，拟在今后三年内向苏联增加一批海空军装备的订货。""此事拟在你回来后，再行斟酌决定。"①

8月1日，周恩来率领的中国代表团回到北京，邓小平同朱德、刘少奇、李济深、林伯渠、董必武等和首都各界群众代表六千多人前往机场欢迎。这一天，经邓小平修改形成了《中共中央关于台湾问题的宣传方针的指示（草案）》，宣传台湾是我国的领土，我们一定要解放台湾，实现国家的完全统一，是全国人民的伟大历史任务。

根据邓小平起草的中央给周恩来电报的精神和中央关于台湾问题的宣传方针，8月11日，周恩来在中央人民政府委员会第三十三次会议上作《外交工作报告》，阐明日内瓦会议促进了国际紧张局势和缓。同时指出：中国人民解放台湾的斗争就是保卫世界和平的斗争。解放台湾是我国人民光荣的历史任务。

---

① 邓小平起草的中共中央致周恩来电，1954年7月27日。

只有完成这个光荣的历史任务,才能获得伟大的中国人民解放事业的完全胜利,才能进一步保障远东及世界的和平和安全。8月23日,中华人民共和国各民主党派各人民团体发表《为解放台湾联合宣言》,指出:"为了保障祖国安全和领土完整,为了保障亚洲及世界的和平,中国人民一定要解放台湾。""如果外国侵略者敢于阻挠中国人民解放台湾,那就是干涉中国的内政,侵犯中国的主权,破坏中国的领土完整,他们就必须承担这一侵略行为的一切严重后果。"①

出席日内瓦会议缓和国际紧张局势、倡导和平共处五项原则、提出解放台湾完成祖国完全统一的任务,这三件事是紧密相连的。邓小平是做出这三大决策的领导者之一。

1955年4月,亚洲、非洲29个国家的代表出席的万隆会议,是第二次世界大战后第一次没有西方殖民者参加、由亚非国家自己举行的国际会议,也是中华人民共和国继日内瓦会议之后参加的又一次重大国际会议。会前,4月初,邓小平参与审定周恩来送交的《参加亚非会议的方案(草案)》等文件,参加毛泽东主持的中央政治局会议,听取周恩来关于参加亚非会议准备情况的汇报并批准《参加亚非会议的方案》。会后,5月7日,邓小平同刘少奇、周恩来、朱德、陈云等到毛泽东处开会,听取周恩来介绍参加亚非会议的情况。邓小平也是中国参加万隆会议的决策者之一。

日内瓦会议和万隆会议之后,国际局势一步一步地缓和下来,为第一个五年计划大规模建设争取了和平的国际环境。

邓小平参与领导外交工作的第四个方面,是参与处理对周边亚洲国家的往来。

1954年日内瓦会议期间,与中国共同倡导和平共处五项原则的印度和缅甸是中国西南部的两个重要邻邦。这一年秋冬,印度总理尼赫鲁和缅甸总理吴努先后访问中国。邓小平以中共中央秘书长、国务院副总理的身份参加接待。

尼赫鲁访华之前,邓小平和陈云、李先念、叶季壮研究了同印度进行贸易谈判、签订贸易协定的事。10月14日,外贸部副部长孔原率领的中国政府贸易代表团在新德里签订了两国第一个贸易协定。《中印贸易协定》规定,在平

---

① 1954年8月23日《人民日报》。

等互利的基础上，按照两国当时有效的进出口和外汇管制条约进行两国贸易，并采取一切适宜的措施发展两国贸易。10月19日，尼赫鲁带着女儿英迪拉·甘地夫人到京，邓小平同周恩来、宋庆龄、陈云等到机场迎接。19日晚周恩来举行盛大酒会，20日晚周恩来举行盛大宴会，招待尼赫鲁一行，23日晚毛泽东在中南海欢宴尼赫鲁，邓小平都出席作陪。21日晚印度驻华大使为尼赫鲁访华举行招待会，26日晚尼赫鲁举行临别宴会，邓小平也应邀出席。27日，邓小平同周恩来、宋庆龄、陈云等到机场为尼赫鲁送行。

12月1日，缅甸总理吴努和夫人访华，邓小平同周恩来、陈云等到机场迎接。2日晚，周恩来为吴努和夫人举行盛大欢迎盛会，邓小平同朱德、刘少奇等出席。4日晚缅甸驻华大使为吴努和夫人访华举行招待会，邓小平同毛泽东、朱德、刘少奇、周恩来等一起出席。10日晚邓小平出席吴努举行的告别宴会。11日晚邓小平同朱德、刘少奇、周恩来等一起出席毛泽东在中南海为吴努和夫人举行的宴会。12日，邓小平同周恩来、陈云等到机场为吴努送行。

吴努访华期间，同周恩来进行了四次会议，并分别同邓子恢、陈云、刘少奇和邓小平、郭沫若和傅作义进行了会谈。吴努同刘少奇和邓小平会谈的主要内容是关于缅甸国内和平问题。刘少奇和邓小平都认为各国自己的事情，自己才有权去处理，别的国家是不能去干涉的。邓小平说："一个国家要取得经济发展，一定要国内和平。""要达到国内和平、团结，除了大家能够各得其所、彼此能够存在以外，还有一条就是爱国主义。""因为大家都爱国，政治上就有了基础。""缅甸国内和平应如何解决，就要缅甸政府自己考虑。"①

尼赫鲁、吴努相继访华和中国政府相继给予的隆重、热烈的接待，贯彻和平共处五项原则，扩大了地区和平，增进了中印、中缅睦邻友好关系。

越南是中国南部的重要邻邦。日内瓦会议讨论印度支那问题时，越南民主共和国副总理兼代理外交部长范文同率领越南民主共和国代表团参加了会议。会后，范文同率领的代表团在回国途中于1954年8月2日至4日访问中国。邓小平同周恩来一起迎接、招待、欢送范文同一行，并同周恩来、王稼祥、杨尚昆等参加刘少奇与范文同举行的会谈。

1955年6月25日至7月8日，越南民主共和国主席胡志明率领越南民主

---

① 刘少奇、邓小平与缅甸总理吴努谈话记录，1954年12月9日。

共和国政府代表团访问中国。25日,邓小平同毛泽东、朱德、刘少奇、周恩来、陈云等到机场欢迎胡志明。26日晚上,周恩来在北京饭店中楼大厅和新楼大厅先后举行酒会和盛大宴会招待胡志明和越南代表团。酒会开始前,邓小平同周恩来、陈毅等在中楼大厅前热情迎接胡志明。宴会开始时,邓小平同刘少奇、周恩来、陈云等陪同胡志明一起进入会场。28日晚上,越南大使举行盛大宴会欢迎胡志明;7月7日晚上,毛泽东在中南海设宴招待胡志明,邓小平都出席作陪。6月30日晚上,毛泽东和胡志明一起在怀仁堂观看印度文化代表团的表演;7月1日晚上,毛泽东和胡志明出席北京市为欢迎胡志明和越南代表团而举行的盛大游园晚会,邓小平参加观看和游览。6月27日至7月7日,邓小平同陈云、张闻天、王稼祥、薄一波等组成由周恩来率领的中国政府代表团,和胡志明率领的越南政府代表团,根据毛泽东和胡志明商定的原则举行了会谈。会谈中,中国政府决定以人民币8亿元无偿地赠送给越南,帮助越南恢复国民经济和进行建设。双方表示为日内瓦协议的彻底实施而共同努力。7日下午,邓小平同毛泽东、朱德、刘少奇、宋庆龄、陈云等出席由周恩来和胡志明签字的中越两国政府《联合公报》的签字仪式。8日上午,邓小平同朱德、刘少奇、周恩来、宋庆龄、陈云等到机场欢送胡志明一行。对这次访问,胡志明在中央广播电台发表广播谈话时动情地说:"中国共产党、中国政府和人民极其热烈地接待我们,像接待从远方回来的亲人一样,使我们十分感动。"①

  印度尼西亚是中国南部隔海相望的重要邻邦。万隆会议后,印度尼西亚总理阿里·沙斯特罗阿米佐约和夫人应中国政府邀请于1955年5月下旬至6月上旬访问中国。邓小平同周恩来、陈毅等到机场迎接沙斯特罗阿米佐约和夫人,先后陪同毛泽东会见、宴请沙斯特罗阿米佐约和夫人;先后出席印度尼西亚驻华大使莫诺努图为沙斯特罗阿米佐约和夫人访华举行的招待会、沙斯特罗阿米佐约举行的临别宴会。周恩来同沙斯特罗阿米佐约四次会谈。通过沙斯特罗阿米佐约访华、会谈、中国领导人的热情接待,加强了中国和印度尼西亚之间的友好关系。

  朝鲜是中国东部山水相连的重要邻邦。1953年11月12日至25日,朝鲜民主主义人民共和国内阁首相金日成率领代表团访问中国。邓小平同周恩来、

---

① 1955年7月8日《人民日报》。

高岗、彭德怀、陈云等到车站迎接金日成一行。毛泽东和金日成一行会见、会谈，邓小平同朱德、刘少奇、周恩来、高岗、陈云等在座。周恩来、毛泽东先后设宴招待金日成一行，邓小平等出席宴会作陪。14日至22日，根据毛泽东和金日成商定的问题，邓小平同高岗、李克农、叶季壮、甘野陶参加周恩来率领的中国政府代表团，和金日成率领的朝鲜政府代表团举行会谈，签订了中朝经济及文化合作协定，奠定了两国经济及文化方面长期合作互助的基础。25日，金日成一行离北京回国，邓小平同周恩来、高岗、彭德怀、陈云等到车站欢送。

此后，1954年3月至6月朝鲜人民代表团访华，邓小平先后出席首都各界举行的欢迎朝鲜人民访华代表团大会、周恩来为招待朝鲜人民访华代表团举行的宴会、朝鲜驻华大使崔一为朝鲜人民访华代表团举行的招待会。邓小平还先后陪同毛泽东、刘少奇会见朝鲜人民访华代表团。这年9、10月间，金日成率领朝鲜政府代表团参加中华人民共和国国庆庆典，邓小平同周恩来、彭德怀到机场迎接和欢送。

日本是中国东部一衣带水的重要邻邦。在日本政府受美国控制采取敌视中国的政策时，中国政府为开辟中日邦交正常化的道路，采取了"民间先行、以民促官"的方针。邓小平是这一方针的制定者和执行者之一。1953年，邓小平负责了中国政府协助日侨回国和接待安置旅日归侨的工作。对日侨出境携带物品的规定，邓小平提出"可放宽一些"，"凡禁止携带出口的必须限于特殊宝贵的，不是一般重要的，在执行时须特别注意，免引起不必要的麻烦"[①]。对旅日华侨归国携带的物品，邓小平指示："对关税问题仍以尽可能地从宽为原则，只对极个别的带有大宗货物的才例外。"[②] 1954年，经邓小平批示同意对日本商船开放大连口岸；将在西陵管训的前日本军人释放遣送回日本。这些事在日本引起良好反响。

二、第一次访问苏联

邓小平参与领导外交工作的出访活动是从1956年春第一次访问苏联开始的。

---

① 邓小平对中央日侨事务委员会报告的批示，1953年3月11日。
② 邓小平对中央侨委党组报告的批示，1953年10月21日。

1956年2月14日至25日在莫斯科召开的苏共二十大，是斯大林逝世后苏共首次召开的全国代表大会。一月中旬，中共中央决定派朱德、邓小平、谭震林、王稼祥、刘晓组成中共代表团出席会议。当时，朱德正在东欧访问，刘晓是中国驻苏联大使，已在莫斯科。1月16日上午，邓小平同谭震林、王稼祥和杨尚昆在中南海西楼研究了中共代表团出席苏共二十大的各项准备工作。2月5日夜，邓小平又同周恩来、陈云、彭真、谭震林、王稼祥等参加毛泽东召集的会议，研究中共代表团出席苏共二十大的问题。

　　2月9日，邓小平同谭震林、王稼祥从北京起程，11日抵达莫斯科，与已在莫斯科的朱德、刘晓汇合。

　　邓小平到莫斯科后首先遇到的一个问题，是如何评价苏联对中国的经济援助。苏共二十大开幕前，苏方邀请中共代表团团长朱德在中苏友好同盟互助条约签订六周年前夕的2月12日晚上作一次电视讲话。讲话稿在朱德安排下已经写好。邓小平到莫斯科后，朱德就请邓小平审阅斟酌。据当时在朱德身边工作的廖盖隆回忆："邓小平看得很快，但是很认真、很仔细。他认为讲话稿是不错的，但提出了两点修改意见。一点是不要光讲苏联对我们的支持和援助，支持和援助是相互的，因此还要讲中苏条约签订后六年来中苏两国的互相密切合作和互相支持。另一点是讲苏联对我们的援助时要注意分寸，例如他把讲话稿原来所写的苏联对中国人民恢复和发展自己国家经济的努力给了'巨大的、全面的、系统的和无私的援助'中'巨大的'三个字删去了。"① 这体现了邓小平评价苏联援助的客观、辩证的态度。

　　大会召开后，邓小平和中共代表团又遇到一个重大问题，即怎样看待苏共二十大和赫鲁晓夫在二十大的公开报告和秘密报告，其中比较突出的，一是关于通过议会的多数来实现社会主义，即"和平过渡"的问题，一是关于斯大林和斯大林领导时期的评价，即否定斯大林的问题。

　　赫鲁晓夫在会议开幕时作的公开报告中说：争取议会中的稳固多数变资产阶级的民主议会为真正人民意志的工具，和平过渡到社会主义，这在新的国际情况下，在若干资本主义国家和过去殖民地国家中是可能的。大会讨论中，苏共负责人苏斯洛夫、西皮洛夫、米高扬等都谈到这个问题。他们认为，现在，

---

① 廖盖隆：邓小平与苏共二十大，1991年9月19日。

在若干国家中过渡到社会主义的和平道路已有现实的可能性。不经过武装起义与国内战争，利用国会和取得国会多数，工人阶级可以取得政权进行社会主义改造。①

2月19日，大会休息。苏共在下午3时举行宴会招待各兄弟党代表。赫鲁晓夫在宴会上主动表示在会后要同中共代表团谈一次，并提到要谈关于斯大林的一些事情。20日，大会通过赫鲁晓夫的公开报告。中共代表团同赫鲁晓夫和苏共谈话时，如何表示对"和平过渡"的意见和对斯大林的评价呢？为此，邓小平同朱德、谭震林、王稼祥、刘晓向中共中央发出请示电。对"和平过渡"的问题，他们向中央报告："我们觉得：苏共提法同我党对于英国党所表示的态度是有区别的。代表团同志讨论了这个问题，认为有些提法还是值得斟酌的。""如果中央认为还要斟酌，我们是否可以这样表示意见即：'这是一个重要的和新的提法，我们回国后，中央还会讨论这些问题'。"②

据廖盖隆回忆：中共代表团讨论"和平过渡"问题时"有不同意见，邓小平对'和平过渡'的提法是不同意的"。2月19日，国内《人民日报》发表《有历史意义的文件》的社论，评述赫鲁晓夫在苏共二十大的报告。社论没有提到"和平过渡的可能性"问题，只是笼统地说，二十大报告"为整个国际工人运动指出了在马克思列宁主义的基础上，稳步地、全面地向前发展的方向"。几天后，中共代表团在莫斯科看到了这篇社论。廖盖隆说："二月二十五日上午，苏共二十大闭幕，朱德应邀出席当天下午一个工厂举行的庆祝二十大胜利闭幕的群众大会，并应邀讲话。他的一位随行人员事先为他准备了讲话稿。邓小平在审阅这个讲话稿时，明确指出，讲话中对苏共二十大的评价过高，要修正。他还告诉我们，应该仔细研究并遵循二月十九日《人民日报》社论的精神。"③ 邓小平是旗帜鲜明地反对赫鲁晓夫的"和平过渡"的提法的。

对斯大林的评价问题，邓小平、朱德和中共代表团在赫鲁晓夫作秘密报告之前已经感受到苏共批评斯大林的氛围。

---

① 朱德、邓小平、谭震林、王稼祥、刘晓致中共中央电：各种不同国家过渡到社会主义的形式问题的发言，1956年2月20日。

② 朱德、邓小平、谭震林、王稼祥、刘晓致中共中央并毛泽东电：有关苏共大会两个问题的请示，1956年2月20日。

③ 廖盖隆：邓小平与苏共二十大，1991年9月19日。

会前，2月6日，赫鲁晓夫与朱德谈话时，谈到农业集体化，批评了斯大林的农业政策。赫鲁晓夫说："苏联过去的农业集体化，在组织上经过一年半到两年的时间是基本上解决了，随后再经过一个时期的努力技术问题也得到解决，但产量却减低了，甚至粮食的产量长时期没有达到战前（一九一三年）旧俄时的水平。其原因主要是由于当时对农业政策不对，对农民的看法不对，没有给农民在生产中必要的可能的物质利益，而只是向农民要东西。斯大林认为国家已给了农民土地就算是对农民最大的照顾，而以后就可无穷无尽从农民身上挤出东西来，事实上过去多年来就是根据这一思想做的，其所以如此，更由于当时领导同志对农民没有真正联系，不了解农民。斯大林除在一九二八年为检查征粮工作曾到过一次西伯利亚农村外，以后几十年间再未到过农村。""列宁曾经常接近农民代表，同他们谈话，也常常亲自到农村去了解农民情况，可是斯大林不是如此。"赫鲁晓夫还揭露道："在十九次代表大会中，斯大林和马林科夫都说粮食收获达到了八十亿普特，但实际上只达到五十亿普特，现在的储备粮是较过去少了，这也与过去解决粮食的办法有关的。"① 2月21日，朱德、邓小平、谭震林、王稼祥、刘晓将赫鲁晓夫与朱德的谈话内容向中共中央和毛泽东作了报告。

会上，赫鲁晓夫的公开报告、苏共中央主席团成员和代表的发言都强调集体领导和反对个人崇拜。朱德、邓小平、谭震林、王稼祥、刘晓在给中共中央的报告中说："米高扬讲得较多，公开批评斯大林并对斯大林领导时期作了一些估价。""所有发言都特别强调列宁主义，引用列宁的话，没有一个人引证斯大林的话。"② 邓小平、朱德和中共代表团"觉得米高扬发言对斯大林和斯大林整个领导时期的估价是有问题的。"他们就斯大林问题向中共中央请示："在同苏共中央谈话时，我们拟采取这样的态度：即对斯大林的功过问题不表示意见，但表示提倡集体领导和反对个人崇拜的重要性，表示苏共中央这几年在内

---

① 朱德、邓小平、谭震林、王稼祥、刘晓致中共中央并报毛泽东电：朱德同志与赫鲁晓夫谈话内容，1956年2月21日。

② 朱德、邓小平、谭震林、王稼祥、刘晓致中共中央电：会议报告和发言都强调集体领导，1956年2月20日。

政、外交各项政策的正确性。"①

让邓小平、朱德和中共代表团意想不到的是，2月24日夜至25日晨，赫鲁晓夫突然召集与会苏共代表，作了长达四个小时的《关于个人崇拜及其后果》的秘密报告，走向了全盘否定斯大林的极端。

大会期间，中共代表团团长朱德代表中共中央在大会上发言并宣读中共中央的贺词。但是，从大会开幕到闭幕，中共代表团都没有听到赫鲁晓夫大反斯大林的报告。绝大多数的外国代表团也都没有参加赫鲁晓夫作秘密报告的会议。作为例外，波兰统一工人党中央第一书记贝鲁特和匈牙利劳动人民党中央第一书记拉克西被邀请参加了这次会议，大概是因为他们同20世纪30年代大清洗有牵连。

2月26日，苏共中央联络部中国处处长谢尔巴科夫把赫鲁晓夫秘密报告的俄文本交给中共代表团。中共代表团的翻译边看边口译。听完后，邓小平说："斯大林是国际人物，这样对待他简直是胡来！至于表态的问题，待向中央汇报后再说。"28日，赫鲁晓夫会见朱德、邓小平、谭震林、王稼祥、刘晓等。中共代表团根据事先商定的对策，对赫鲁晓夫所谈的关于对斯大林的批判没有表态，采取了回避态度。②

中共代表团在苏共二十大会议闭幕后，经向中央请示安排分三批活动。朱德按计划继续在苏联参观访问，然后经蒙古回国。王稼祥留莫斯科，因苏共中央要谈印尼问题，待谈完后，与印尼共产党总书记艾地一起飞北京。邓小平、谭震林于3月初回国。据当时担任中共代表团翻译之一的师哲回忆："苏共二十大闭幕后，我和邓小平一道乘飞机回国。在飞机上，我几次想同他谈谈对苏共二十大的想法和看法，但他一直表情严肃，默不作声，脑子里显然在思考问题。回到北京后，邓小平同志就苏共二十大的有关情况向毛主席作了汇报。事后我才明白，小平同志为慎重起见，闭口不谈自己对'秘密报告'的态度，是要先听听中央的意见，看看毛主席的态度。"③

邓小平、谭震林于3月3日下午一时半回到北京。下午四时半，毛泽东就

---

① 朱德、邓小平、谭震林、王稼祥、刘晓致中共中央并毛泽东电：有关苏共大会的两个问题的请示，1956年2月20日。
② 赵仲元：《1956年随朱德参加苏共二十大》，《中共党史资料》2004年第2期。
③ 师哲：《中苏关系见证录》，当代中国出版社2005年版，第208页。

在中南海怀仁堂休息室召集刘少奇、周恩来、彭真、康生、聂荣臻、刘澜涛、谭震林开会，听取邓小平作关于参加苏共二十大情况的汇报。3月7日上午，邓小平又在中共中央和国务院有关部门负责人会议上，报告苏共二十大的情况。

3月10日，美国《纽约时报》详细发表了赫鲁晓夫的秘密报告。《纽约时报》的英文稿是美国中央情报局根据从华沙获得的俄文稿译出的。3月12日晚上，邓小平又出席毛泽东主持的中共中央政治局扩大会议，讨论苏共二十大及其引发的情况。

赫鲁晓夫大反斯大林的秘密报告引起全世界的议论和震动，在国际共产主义运动内部引起极大混乱，使国际共运处于十分困难的地步。波兰统一工人党中央第一书记贝鲁特参加苏共二十大，听到赫鲁晓夫的秘密报告，情绪激动，导致心脏病突发，于3月12日在莫斯科逝世。在一些资本主义国家里，一批共产党员退党。英国共产党总书记高兰回顾当时的情景时说："我们认为，苏联同志把斯大林问题处理得很坏很坏。这本来就是个困难和复杂的问题，但是处理的结果又造成了最大限度的困难。我们党内的各种修正主义思想都发泄出来，其中有一种思想认为我们党没有前途。我们多数党员是坚定的，但是我们丧失了七千党员。"①

中共中央多次开会议论赫鲁晓夫大反斯大林的秘密报告。邓小平是参加议论的重要成员之一。

3月17日晚上，中央书记处扩大会议上，毛泽东说：赫鲁晓夫反斯大林的秘密报告，一是揭了盖子，这是好的，二是捅了娄子，全世界都震动。揭开盖子，表明斯大林及苏联的种种做法不是没有错误的，各国党可根据各自的情况办事，不要再迷信了。捅了娄子，搞突然袭击，不仅各国党没有思想准备，苏联党也没有思想准备。这么大的事情，这么重要的国际人物，不同各国党商量是不对的。事实也证明，全世界的共产党都出现混乱。②

邓小平赞成毛泽东的两条基本看法。他重点介绍了赫鲁晓夫和苏共突然袭

---

① 《毛泽东传（1949—1976）》，中央文献出版社2003年版，第494～495页。
② 吴冷西：《十年论战——1956～1966中苏关系回忆录》，中央文献出版社1999年版，第6页。

击的做法。他说：我们在会议期间没有听到反对斯大林的秘密报告。在会议闭幕的第二天下午，苏共中央联络部派人拿着报告到代表团住处，说受苏共中央委托，有重要文件给中共代表团通报。当时代表团商量，朱总司令年纪大，由我听通报。实际上不是什么通报，而是由翻译念赫鲁晓夫的秘密报告。我们翻译边看边口译，念完苏方就拿走，只念了一遍。当时感觉通报很乱，无条理，就听到一大堆关于斯大林破坏法制、杀人、靠地球仪指挥战争、对战争毫无准备等，还讲了一个南斯拉夫问题，其他政策性错误无甚印象。当时我表示此事关系重大，要报告中央，没有表态。随后，我们就根据记得的电报中央了。邓小平介绍赫鲁晓夫作秘密报告，不仅批评赫鲁晓夫事前不打招呼，事后念一遍就完，还指出：看来苏共大国主义基本没有改。

3月19日下午，毛泽东主持中央政治局扩大会议，再次议论赫鲁晓夫的秘密报告。邓小平认为报告分析问题的方法也是错误的。他说："报告主要是从斯大林个人性格方面讲的，但个人性格不能说明这么大的国家，这么大的党，在这么长的时期内犯了一系列的错误。"

3月24日，毛泽东再次主持中央政治局扩大会议，中心是议论怎样看待斯大林。政治局委员们都讲了话，邓小平也发表了自己的看法。他说：

> 斯大林搞个人崇拜，的确是要不得的。当然不能把斯大林的所有错误都归结为个人崇拜。个人崇拜是错误的结果，而不是错误的原因。个人崇拜是个坏东西，我们党比较注意这个问题。我记得延安整风时就谈到过这个问题。毛主席讲领导方法时，特别强调群众路线，就是反对个人崇拜。我们党是有群众路线传统的。我党七大提倡批评和自我批评也是反对个人崇拜的。抗日战争中我们搞群众路线，集体领导，自我批评。毛主席一九四三年写的《关于领导方法的若干问题》，一九四八年写的《关于健全党委制的决定》，都是贯彻群众路线防止个人崇拜的重要文献。一九四九年，七届二中全会明确提出不突出个人，不祝寿，不以人名命名地方、街道、工厂等，都是有远见的、正确的。赫鲁晓夫报告中讲那时不能对斯大林提不同意见，谁提不同意见就保不住脑袋。这种说法难以服人。共产党人应当坚持真理，不坚持真理，阿谀逢迎，算什么共产党人。而且在党的最高领导机构——政治局里不能提不同意见，这怎么行！怕死怎么行！赫鲁晓夫说怕丢脑袋，不能以此来原谅他们自己的错误。不能说错误都是斯大林的，没大家的份儿。功劳是大家的，没斯大林的份儿。这两个片

面性都是不对的。①

为公开表明中共中央对苏共二十大特别是对斯大林问题的态度，毛泽东提议发表一篇文章，正面讲一些道理，补救赫鲁晓夫秘密报告的失误。与会者一致赞成。这就是《关于无产阶级专政的历史经验》文章的缘起。这篇文章由陈伯达执笔写出初稿后，邓小平指定陆定一、胡乔木、胡绳、吴冷西同陈伯达进行了两次讨论修改，于4月1日送毛泽东和其他中央领导人。4月1日晚上，毛泽东进行了第一次修改，并于2日早晨致信刘少奇和邓小平："社论已由陈伯达同志写好，请小平于本日（二日）夜间印成清样约二十份左右，立即送各政治局委员，各副秘书长，王稼祥、陈伯达、张际春、邓拓、胡绳等同志，请他们于三日上午看一遍，三日下午请你们召集一次政治局会议（由看过清样各同志参加），提出修改意见；于四日上午修改完毕。四日下午打成第二次清样，由书记处再斟酌一下，即可发稿，争取五日见报。目前有了这篇社论就够了。"②

4月3日至4日，邓小平多次参加毛泽东、刘少奇主持修改这篇稿子的会议。毛泽东对稿子又进行了多次修改，将原准备作为《人民日报》社论发表，改为人民日报编辑部文章，并在标题下注明："这篇文章是根据中国共产党中央政治局扩大会议的讨论，由人民日报编辑部写成的。"邓小平在讨论中指出：我党历来提倡群众路线、集体领导，与个人崇拜相对立。这是我党的传统，文章已经提到，但要更突出地写。③

4月5日《人民日报》发表的这篇文章，论述了怎样历史地有分析地看待无产阶级专政下所犯的错误的问题，论述了对斯大林个人崇拜现象产生的原因和如何从中吸取教训的问题，驳斥了帝国主义和各国反动派对无产阶级专政和社会主义制度的攻击，答复了人民群众和共产党内由于苏共二十大全盘否定斯大林而引起的种种怀疑。文章指出："有些人认为斯大林完全错了，这是严重的误解。斯大林是一个伟大的马克思列宁主义者，但是也是一个犯了几个严重

---

① 吴冷西：《十年论战——1956～1966中苏关系回忆录》，中央文献出版社1999年版，第4～5、6、8、18～19页。
② 毛泽东给刘少奇、邓小平的信，手稿，1956年4月2日。
③ 吴冷西：《十年论战——1956～1966中苏关系回忆录》，中央文献出版社1999年版，第21页。

错误而不自觉其为错误的马克思列宁主义者。我们应当用历史的观点看斯大林，对于他的正确的地方和错误的地方作出全面的和适当的分析，从中吸取有益的教训。"①

在文章定稿后，邓小平为中共中央起草了致各省市委，各自治区党委，国家机关和人民团体各党组，党中央各部门，人民解放军各部门，中直党委，国家机关党委电：

"人民日报四月五日发表的题为'关于无产阶级专政的历史经验'的一篇文章，是根据有在京中央委员和候补中央委员参加的中央政治局扩大会议的讨论而写成的。这篇文章对于苏共第二十次代表大会关于个人崇拜问题，即关于斯大林问题，做了全面分析。望各地党委立即在党团员中和党外人士中，广泛地进行切实的学习和讨论，并且随时将学习的情形和讨论中的问题报告中央宣传部。"②

邓小平第一次出访苏联参加苏共二十大，目睹了二十大标志着的苏共批判斯大林的大转变，亲身感受了赫鲁晓夫全盘否定斯大林的片面性。邓小平按照辩证法办事，在批评斯大林的个人崇拜的同时，反对全盘否定斯大林，是《关于无产阶级专政的历史经验》这篇文章出台的重要参与者。正确看待苏共二十大，促使毛泽东和中国共产党以苏联的经验教训为借鉴，开始探索符合中国国情的自己的社会主义建设道路，邓小平是参加探索的重要经历者之一。

三、第二次访问苏联

邓小平第二次出访苏联，是在苏共二十大后苏联与波兰关系紧张和匈牙利发生暴乱的形势下进行的。

苏波关系紧张，起因于波兹南事件后苏联对波兰内政的干预。1956年6月，波兰西部城市波兹南的工人为增加工资和减少税收而举行示威游行，同警卫部队发生流血冲突。波兰统一工人党总结波兹南事件的教训，提出加强党和国家政治生活民主化和社会主义法制建设等改革措施，为受斯大林影响被开除

---

① 1956年4月5日《人民日报》。
② 邓小平起草的中央致各地各部门电，1956年4月4日。

出党的哥穆尔卡恢复荣誉,并准备改组政治局,选举哥穆尔卡为中央第一书记。波兰局势的发展,使赫鲁晓夫和苏共中央极为焦虑。他们认为波兰存在脱离社会主义阵营、投入西方集团的危险,必须制止。从 10 月 17 日起,赫鲁晓夫一面令驻扎在波兰及其附近的苏军向华沙及波兰其他地区调动,一面率苏共代表团强行参加波兰统一工人党的八中全会。苏波关系骤然紧张起来。

10 月 19 日、21 日,苏共中央两次向中共中央通报波兰问题,并要求派一个代表团去莫斯科商谈。邓小平同刘少奇、周恩来、陈云等两次出席毛泽东主持的政治局常委扩大会议和政治局会议。会议对波兰问题表了态,"反对苏联武装干涉,主张协商解决问题"。"会议还决定由少奇同志和小平同志率代表团到莫斯科去。"① 毛泽东两次紧急约见苏联驻华大使尤金,告诉上述表态和决定。

由于波兰的抵抗和坚决拒绝苏共的无理要求,赫鲁晓夫软了下来,放弃了动用军队干涉波兰。中共中央的表态和中共代表团的劝说,对苏波关系由紧张趋向缓和,发挥了积极的影响和重要的推动作用。

23 日上午,刘少奇、邓小平一行启程赴苏,晚上抵达莫斯科。赫鲁晓夫亲自到机场迎接中共代表团,并急迫地介绍了波兰情况。此后几天中共代表团分别与苏联代表团和波兰代表团会谈。与苏联代表团会谈时,中共代表团首先严厉批评苏联调动军队,指出战争虽然没有真正打起来,但也是一种非常严重的大国沙文主义的表现。对此,苏方是硬着头皮听。但对中共代表团表示愿意尽最大努力做波兰同志的工作,希望波苏友谊不断地得到加强,苏方则感到高兴。与波兰代表团会谈时,中共代表团首先表示支持他们反对苏联干涉波兰党事务。"同时,少奇和小平同志也劝波兰同志以大局为重,改善波苏关系,加强与苏联合作,度量要大一点,不要计较苏联过去对波兰的许多错误做法,要以和为贵,向前看。"② 10 月 30 日,苏联发表关于社会主义国家关系的宣言,承认过去在处理社会主义国家之间关系方面有错误,表示要根据互不干涉内政、相互平等的原则解决社会主义国家之间的关系。这是刘少奇和邓小平设想

---

① 吴冷西:《十年论战——1956~1966 中苏关系回忆录》,中央文献出版社 1999 年版,第 43、45 页。

② 吴冷西:《十年论战——1956~1966 中苏关系回忆录》,中央文献出版社 1999 年版,第 46 页。

的方案，由苏方自己先采取主动。

在中苏两党协力解决苏波关系紧张问题时，又发生了匈牙利反革命暴乱事件。波兰统一工人党中央改组、哥穆尔卡担任中央第一书记的消息传到匈牙利，匈牙利劳动人民党内外纷纷要求效法波兰，走独立发展的社会主义道路。10月23日，首都布达佩斯爆发了20万人的示威游行。此后几天，示威游行者在右翼势力煽动下，提出反政府口号，占领广播电台和一些军事设施，冲击劳动人民党和政府机关，后来又残酷杀害劳动人民党党员和公安人员，示威游行演变成越来越严重的暴乱。

在莫斯科的刘少奇、邓小平与在北京的毛泽东一直密切注视着匈牙利局势的发展。10月30日，中共代表团得知苏共中央对匈牙利暴乱的态势已经绝望、准备从匈牙利撤出军队、放弃努力的态度后，紧急讨论了一整天，并把讨论的结果在电话中向毛泽东作了汇报。在晚上举行的苏共中央主席团会议上，刘少奇代表中共代表团向苏共中央提出反对苏军撤出匈牙利，认为在现在这种局势下苏军撤出匈牙利，把匈交给使用暴力手段的反政府势力是不妥当的。[①] 据当时中共代表团翻译的师哲回忆："小平更是直截了当地提出：先要掌握住政权，不让政权落到敌人手里。苏军应当回到原来的位置上去，坚决维护人民政权。"[②] 刘少奇和邓小平的意见对苏共中央的决策起了重要作用。31日晚，刘少奇、邓小平等起程回国，赫鲁晓夫在机场告诉中共代表团，苏共中央已决定在匈牙利采取进攻方针，尽全力挽救匈的局势。这之后，苏军回到布达佩斯，匈牙利暴乱很快被平息下来。

11月1日，刘少奇、邓小平一行回到北京。回京后，连夜向毛泽东汇报，直到次日清晨。这天，中华人民共和国政府发表关于苏联1956年10月30日宣言的声明。这也是刘少奇、邓小平在莫斯科设计的方案的一部分，中国表示对苏联宣言的支持。声明指出：苏联政府的宣言是正确的，社会主义国家的相互关系更应该建立在和平共处五项原则的基础上。中国政府从波匈事件中注意到，"加强民主、独立和平等以及在发展生产的基础上提高人民物质福利的要求"，"不但有利于这些国家人民民主制度的巩固，而且有利于社会主义各国相

---

① 《刘少奇传》下，中央文献出版社1998年版，第806页。
② 师哲：《中苏关系见证录》，当代中国出版社2005年版，第233页。

互之间的团结"①。

1956年11月2日和4日的中央政治局和中央政治局常委扩大会议，决定即将召开的中共八届二中全会上，在原定讨论1957年经济计划和财政预算等议题外，增加一项讨论时局问题的议题，由刘少奇作时局问题的报告，介绍波匈事件和访苏情况。毛泽东还提出需要再写一篇文章。

回国后，邓小平和刘少奇结合这次访苏的感受，同中共中央政治局其他常委一起，分析波匈事件发生的原因，关注着波匈事件对中国的影响，郑重思考执政的中国共产党应从波匈事件吸取哪些教训。

当时，中国国内也出现了少数人闹事的问题。11月6日，邓小平在中央书记处会议上指出："波兰和匈牙利事件发生后，青年学生中、民主人士中、甚至在党内某些干部中，思想上有些混乱，很有必要趁此时机有组织、有领导地、主动地在党内外普遍进行一次阶级教育和国际主义教育。对于这个问题，决定先由北京市委根据北京的情况，拟定一个方案，经中央批准后转发各地。"②

在11月10日至15日召开的党的八届二中全会上，首先由刘少奇作时局问题的报告，向大会介绍中共代表团访苏的情况和东欧的局势。刘少奇说，波兰事件、匈牙利事件是社会主义阵营内部的问题，其特点是一个广大群众的反苏运动，因此也牵扯到苏联，牵扯到苏联一些工作上的缺点和他们党内的一些缺点。其发生的原因主要有：波兰、匈牙利等东欧国家在社会主义建设中，过多地建设重工业，牺牲轻工业，牺牲农业，一直到现在人民生活没有改善，生活很苦，而国家领导人又学苏联一套，享受特权，引起群众不满，所以发生了"大群众运动"；这些国家照搬苏联的经验，搬了十年也不灵，于是就丧失信仰，对苏产生反感，而苏联的大国沙文主义又损害了他们的民族尊严，激起群众的反对；苏共二十大批判斯大林，否定过去的一切，在这些国家的党内引起很大的混乱，这是批判斯大林的副作用；在波匈事件初期，苏联的处置不当，特别是波兰事件，调动军队，用粗暴的办法对待他们。③ 几天后，邓小平会见

---

① 1956年11月2日《人民日报》。
② 中央书记处第7次会议记录，1956年11月6日。
③ 刘少奇在中共八届二中全会上的报告记录，1956年11月10日。

国际青年代表团,分析匈牙利事件的原因时说:"原因有好多种,有过去领导的错误,人民不满,也有帝国主义、反革命分子的挑拨,利用人民的不满来挑起这次事件。"①

党的八届二中全会前后,包括邓小平在内的中共中央政治局常委,对波匈事件原因的分析,对波匈事件教训的总结,包含以下内容:第一,苏联片面发展重工业,忽视农业、轻工业,民生得不到改善的经济发展模式,给波、匈等东欧国家以不利的影响。中国要引以为戒。第二,波、匈等东欧国家领导人学苏联一套,享受特权,脱离群众,引起群众不满。中国要采取措施,避免发生类似问题。第三,东欧一些国家党和政府没有正确区分敌我矛盾与人民内部矛盾这两类不同性质的矛盾,没有搞好阶级斗争。中国要正确区分两类不同性质的矛盾,正确处理人民内部矛盾。第四,苏共二十大全盘否定斯大林,引起波、匈等东欧国家党内外思想混乱和社会波动。中国要在保护斯大林中批评斯大林,按实际情况办事。第五,苏联的大国沙文主义损害了东欧一些国家的民族尊严,激起群众的反对。中国主张在兄弟党、兄弟国家之间坚持独立、平等的和平共处五项原则,反对干涉内政,反对大国沙文主义。

党的八届二中全会期间,南斯拉夫共产主义联盟领导人铁托11月11日在普拉的演讲中,提出要反对斯大林主义,反对斯大林主义分子,号召把各国的斯大林分子赶下台。这进一步促动毛泽东和中共中央要再写一篇文章。从11月25日开始,邓小平多次出席毛泽东召集的中央政治局常委扩大会议,议论这篇文章的基本要点。12月初,由胡乔木、田家英、吴冷西根据议论的情况分头执笔起草初稿。12月13日,中央政治局会议讨论初稿并提出修改意见后,三位执笔人又进行了四五天的修改。从12月19日开始,邓小平又多次出席毛泽东召集的中央政治局扩大会议和中央政治局常委扩大会议,对文章进行进一步的修改。12月29日,文章以《再论无产阶级专政的历史经验》为名,在《人民日报》发表,并再次注明:"这篇文章是根据中国共产党中央政治局扩大会议的讨论,由人民日报编辑部写成的。"文章提出正确区分两类不同性质的矛盾,"决不应该把人民内部矛盾同敌我之间的矛盾等量齐观,或者互相混淆"。文章从这一根本立场出发,论述了关于苏联的革命和建设的基本道路的

---

① 邓小平会见国际青年代表团的谈话记录,1956年11月17日。

估计，关于斯大林的功过的估计，关于反对教条主义和修正主义，关于各国无产阶级的国际团结。

这篇文章是第一篇的续篇和深化。1957年初，邓小平到清华大学讲演，在介绍这篇文章时说："我们这篇文章写了一个多月，写了十几稿。"这篇文章中的主要问题，第一篇，"已经都谈到了，不过现在这篇文章在若干问题上说得更清楚了一些。"这篇文章肯定斯大林的功绩是第一位的，错误是第二位的。有人说，这篇文章对斯大林的错误说得不够。对此，邓小平义正词严地指出："现在世界上说斯大林的错误不是太少而是太多了。对斯大林的功过那么不分，我们党始终是不赞成的。我们党的态度是鲜明的，天安门广场的斯大林像，我们始终也没有摘掉。"① 毛泽东对邓小平到清华大学讲演十分赞赏，并要求大家效法。"现在我们的总书记邓小平同志，亲自出马到清华大学作报告，也请你们大家都出马。中央和省市自治区党委的领导同志，都要亲自出马做政治思想工作。"②

这篇文章撰写过程中十几稿的讨论和发表时，周恩来应越南、柬埔寨、印度、缅甸、巴基斯坦、尼泊尔、阿富汗政府邀请，正在这几个国家访问。此间，为稳定波匈局势，就波匈问题同苏联领导人交换意见，中共中央同意苏方要求派周恩来访苏。邓小平为中央起草了致中国驻印度大使潘自力转周恩来电："昨（二十九）日尤金大使见少奇同志时，口头转达赫鲁晓夫的意见，即希望邀请周恩来同志于访问阿富汗后到莫斯科一谈，并问是否需要由苏方发出正式的邀请书。政治局常委认为在目前形势下，我国总理由苏方正式邀请访问苏联，是有必要的。你的意见如何，请考虑电复，以便中央再行考虑决定后，答复苏共中央。"毛泽东在邓小平起草的电报稿上加写道："苏方邀请书似以在十二月中旬或下旬发出较为适宜。此外请你看形势，对于西方在匈牙利组织颠覆活动一点，在适当时机加以揭露，你以为如何？"③ 12月3日，周恩来复电中央，同意中央政治局常委意见，认为此行中访苏是必要的。1957年1月7日至18日，周恩来和贺龙率领中国政府代表团访问苏联、波兰和匈牙利，协助苏联处理波匈事件问题。周恩来坦诚地批评了苏共中央全盘否定斯大林和搞大

---

① 邓小平在清华大学的讲演记录，1957年1月12日。
② 毛泽东在省市自治区党委书记会议上的讲话记录，1957年1月27日。
③ 中共中央给周恩来的电报，1956年11月30日。

国沙文主义，以武力干涉兄弟党、兄弟国家内部事务的错误。赫鲁晓夫则不高兴地说："周恩来对我们的批评教训我们不能接受！"① 几天后，毛泽东谈到这件事时说："这回恩来同志在莫斯科就不客气了，跟他们抬扛子了，搞得他们也抬了。"②

邓小平第二次出访苏联，既亲身感受了苏共二十大全盘否定斯大林后引发的波匈事件的紧张局势，也亲身感受了苏联片面发展重工业，轻视农业和轻工业，忽视民生的经济发展模式的弊端，还亲身感受了苏共对兄弟党、兄弟国家搞大国沙文主义那一套的危害。邓小平的这些感受及向中共中央的汇报，对中共中央探索走中国自己的社会主义建设道路，正确处理中苏关系，产生着重要影响。党的八届二中全会以正确处理国家建设和人民生活的关系、改善人民生活为主题，与邓小平、刘少奇这次访苏所形成的认识有着密切的联系。另一方面，毛泽东后来强调以阶级斗争为纲，与从"基本问题就是阶级斗争没有搞好"来总结波匈事件也有一定的关系。

四、第三次访问苏联

邓小平第三次出访苏联，与"多事之秋"的 1956 年相比，社会主义阵营的形势有了很大的变化。国际共产主义运动和社会主义各国，在经历了苏共二十大赫鲁晓夫反斯大林秘密报告的冲击和紧接着发生的波兰、匈牙利事件的波动之后，雨过天晴，没有出现西方国家所期望的分裂和崩溃的局面。相反，美国同英、法等国之间，却在苏伊士运河事件中加深了矛盾。而苏联在 1957 年 10 月 4 日成功发射世界上第一颗人造地球卫星，显示出社会主义制度的优越性。

社会主义阵营的形势好转，与中国党在反苏反共的浪潮中发挥着中流砥柱的作用和珍视中苏团结是分不开的。中国党的《论无产阶级专政的历史经验》和《再论无产阶级专政的历史经验》，在全世界引起巨大影响。中国党对苏共在二十大和波匈事件中的错误做法，虽在内部严肃批评，但在各种公开场合是

---

① 李越然：《中苏外交亲历记》，世界知识出版社 2001 年版，第 128 页。
② 毛泽东在省市自治区党委书记会议上的讲话记录，1957 年 1 月 27 日。

竭力支持赫鲁晓夫、维护苏共的威信的。1957年6月，马林科夫、卡冈诺维奇、莫洛托夫为改变苏共的领导和路线发动倒赫事件，但被赫鲁晓夫所击败，并被打成"反党集团"。邓小平同刘少奇、周恩来、陈云等在北京多次讨论《苏共中央关于马林科夫、卡冈诺维奇、莫洛托夫反党集团的决议》，并飞赴杭州向毛泽东汇报讨论情况。中国党虽不赞成将马林科夫、卡冈诺维奇、莫洛托夫打成"反党集团"的处理办法，但在公开场合表示支持以赫鲁晓夫为首的苏共中央。赫鲁晓夫感谢中国党的支持，主动提出增加对中国建设的援助项目，答应帮助中国建立一个试验性的核反应堆和给中国一个小型的原子弹样品。

这次，邓小平随同毛泽东访苏，把中苏团结友好推向一个高潮。

行前，1957年10月上旬和中旬，邓小平多次召集有关人员讨论毛泽东率领中国代表团赴苏联参加十月革命四十周年庆典和参加各国共产党、工人党代表会议的准备事宜，还主持中共中央书记处会议进行了讨论。10月28日，中共中央收到苏共中央起草的兄弟党国际会议共同宣言的草稿，邓小平参加毛泽东主持的中央政治局扩大会议，讨论了这份宣言草稿。29日，邓小平和刘少奇、周恩来陪同毛泽东约见苏联驻华大使尤金，请他将中共中央对这份宣言草稿的意见转告苏共中央。毛泽东首先提出的是关于和平过渡问题。毛泽东说："一般说来，在资本主义国家是存在着两种可能性的。第一，是和平过渡的可能性。我们提出这种可能性，表示我们并不提倡战争，并不提倡要用暴力来推翻政府。第二种可能性就是如果资产阶级要用暴力来镇压无产阶级，要发动内战来反对无产阶级，那么无产阶级就将被迫以内战来回答。这样就使无产阶级一只手争取和平过渡，另一只手准备对付资产阶级的暴力镇压，不致没有准备而推迟了革命。"毛泽东认为"这两个可能性要同时提出"①。这同邓小平在苏共二十大期间所表达的对和平过渡的意见是一致的。

11月2日，邓小平、宋庆龄等随同毛泽东乘坐苏共中央派来的专机从北京南苑机场起飞，经伊尔库茨克到莫斯科。

代表中国党主持起草兄弟党莫斯科会议文件，是这次邓小平随同毛泽东访苏承担的一项重大而艰巨的任务。据杨尚昆日记记载：到莫斯科的第二天晚上，"七时主席同小平同志去赫鲁晓夫同志处吃晚饭并谈话。12时才回来。回

---

① 毛泽东同尤金谈话记录，1957年10月29日。

来后，又在我们住地开会，到一点半才散。睡上床已经三点了"①。毛泽东同赫鲁晓夫谈话的首要内容是会议文件即宣言草案问题。毛泽东建议由中国代表团的一些同志和苏联同志一起研究和修改这个宣言草案，并指定邓小平、陆定一、陈伯达、胡乔木参加。原先苏共提出的宣言草案，中国代表团不很满意，11月3日至5日，在毛泽东领导和邓小平具体负责下，重新起草了一个。据当时担任中国代表团翻译的阎明复、朱瑞真回忆："从十一月三日晚上起，由陆定一、陈伯达、胡乔木分头执笔，邓小平主持讨论修改，毛泽东最后审定。审定一部分就交给我们翻译一部分。十一月五日中国代表团起草的《宣言》草案完成。十一月五日，苏共中央向中共代表团提交了《宣言》修改稿。十一月六日，中方起草的《宣言》草案经毛泽东最后审定后以中共代表团的名义提交给苏共中央。"②

11月6日至8日，邓小平同代表团其他人员一起参加苏联十月革命四十周年庆祝大会和其他一些纪念活动。7日晚上难得有点闲暇，邓小平同杨尚昆等坐车去看莫斯科市容和夜景。

8日晚上11时半，中苏双方代表在克里姆林宫中国代表团住所就宣言草案交换意见。苏方代表建议以中方的草案作为基础，进行修改和补充。双方代表认真地一段一段地逐字逐句地讨论修改。会议的气氛友好，遇有不同意见，双方都心平气和地各抒己见，经过讨论取得共识。③杨尚昆在日记中写道："十一时半，苏方波斯伯洛夫、波诺马廖夫、安德罗波夫三人，来会谈会议的宣言问题。我方出席的为小平、定一、伯达、乔木和我，会议到晨二时，一般均顺利，只对有关和平过渡一段，还有不同意见，双方均允再行考虑，以便十日再谈。"④

11月9日，邓小平等向毛泽东汇报中苏代表就宣言草案交换意见的情况，毛泽东主持中国代表团会议，讨论中苏代表对宣言草案尚有分歧的问题。会

---

① 《杨尚昆日记》（上），中央文献出版社2001年版，第285页。
② 阎明复、朱瑞真：毛泽东第二次访苏和1957年莫斯科会议（一），《中共党史资料》2005年第4期。
③ 阎明复、朱瑞真：毛泽东第二次访苏和1957年莫斯科会议（一），《中共党史资料》2005年第4期。
④ 《杨尚昆日记》（上），中央文献出版社2001年版，第289页。

上,关于"和平过渡"的提法,邓小平提出,我们可以就"和平过渡"问题向苏共提交书面的意见提纲,全面阐明我们对"和平过渡"问题的看法;同时,在宣言草案中照顾到苏共的观点,对"和平过渡"问题有所阐述。毛泽东同意邓小平的意见,指定陈伯达、胡乔木起草这份提纲。①

10日,中苏代表就宣言草案第二次交换意见。苏方代表有苏斯洛夫、库西宁、安德罗波夫、波诺马廖夫、波斯伯洛夫、尤金;中方代表有邓小平、陆定一、陈伯达、胡乔木、杨尚昆。邓小平首先宣读中方《关于和平过渡问题的意见提纲》。这份备忘录性质的意见提纲,全面阐明了中国党在这个问题上的原则立场,提出了五点意见:(一)要同时提和平和非和平的两种可能性;(二)当前从策略观点出发,提出和平过渡的愿望是有益的,但不宜过多地强调和平过渡的可能;(三)取得议会的多数,不等于摧毁了旧国家机器,建立起新的国家机器;(四)社会主义的和平过渡的含义,不应该只解释成为通过议会的多数,不能利用旧的国家机器来实现和平过渡;(五)争取同社会党的左派和中间派建立统一战线,是很重要的。但是,不能模糊我们同社会党在社会主义革命问题上的原则界限。邓小平宣读上述内容时,苏方代表个个表情严肃,直到邓小平最后读到"苏共二十大以后我们没有对和平过渡问题发表过意见,现在因为要发表共同宣言,我们不能不说明我们的观点,为了要表明宣言草案在这个问题上同苏共二十大的提法相衔接,我们同意以苏共今天提出的稿子为基础,在个别地方提出修正",苏方代表才松了一口气。② 从下午三时一直讨论到八时,双方才达成全部草案的共同意见,并决定11日上午即印出分交各兄弟党代表团。

在中苏双方达成宣言草案的共同意见之前,围绕和平过渡问题,毛泽东曾要身边翻译李越然代笔给赫鲁晓夫写信。李越然回忆道:

"主席把我叫到他的房间里。他侧身卧在床上,拿起一个苏联的信封,他口述,要我写。写完他一看说:'不是要你写中文,是写俄文……'接着,毛泽东又重新给了我一个信封,这回我写成了俄语,内容是:

---

① 阎明复、朱瑞真:毛泽东第二次访苏和1957年莫斯科会议(一),《中共党史资料》2005年第4期。

② 阎明复、朱瑞真:毛泽东第二次访苏和1957年莫斯科会议(一),《中共党史资料》2005年第4期。

赫鲁晓夫同志：

我已经睡了。关于和平过渡的问题，由邓小平同志和你们谈，我们俩不谈了，好吗？

我写完，他就在这个信封上签上了'毛泽东'三个字。"

毛泽东将最重大而又最难处理的问题交给邓小平去处理。这是他对邓小平的信任。后来一次宴席间，毛泽东对赫鲁晓夫谈到他准备辞去国家主席职务后的接替人选时，在第一个介绍刘少奇后，第二个是介绍邓小平。毛泽东说："这个人既有原则性，又有灵活性，是难得的人才。"赫鲁晓夫点头称是："是啊，我也感觉到这个人很厉害。"① 毛泽东会见印度共产党中央总书记高士谈到他准备辞去国家主席职务时又说："我还保留党内主席的职务，实际上只保留半个，另外一半已经由副主席刘少奇和总书记邓小平在处理。"② 这是毛泽东继中共七届七中全会上推举邓小平担任总书记，希望"少壮派""登台演主角"的再一次的表达。

在中苏双方达成宣言草案的共同意见之后，11日、12日，邓小平约彭德怀、李先念、乌兰夫、刘晓等谈文件问题，在中共代表团会议上介绍与苏方会商的情况和有关宣言的一些问题。

12日晚上，兄弟党对宣言草案的意见反映过来。13日上午邓小平召集陆定一、陈伯达、胡乔木、杨尚昆开会，研究兄弟党对中苏两党共同提出的宣言草案的意见，特别是波兰党提出的意见。下午3时至5时，邓小平等向毛泽东汇报了兄弟党对草案的意见以及中方起草小组对这些意见的看法。下午五时，邓小平、陈伯达、胡乔木、杨尚昆去苏共中央办公大楼，同苏方代表苏斯洛夫、库西宁、安德罗波夫、波诺马廖夫、波斯伯洛夫、尤金就兄弟党对宣言草案提出的意见进行会商。据阎明复、朱瑞真回忆："大家都很认真，一页一页地讨论。晚上九时左右，毛泽东来电话，要杨尚昆、陈伯达回去汇报。杨尚昆等同毛泽东谈话后又回到会场。会议继续开到十时，因为有些问题需要同毛泽东商量，我方提出休会一小时，苏方表示同意，邓小平等返回住所向毛泽东汇

---

① 李越然：《中苏外交亲历记》，世界知识出版社2001年版，第162、169页。
② 阎明复、朱瑞真：毛泽东第二次访苏和1957年莫斯科会议（一），《中共党史资料》2005年第4期。

报。十一时中方代表返回会场,继续开会,直到零时三十分才结束。邓小平等回来后又向毛泽东作了汇报。"①

14日,社会主义国家共产党和工人党代表会议开幕。阿尔巴尼亚、保加利亚、匈牙利、越南、民主德国、中国、朝鲜、蒙古、波兰、罗马尼亚、苏联、捷克斯洛伐克12个国家党的代表团出席会议。首先由赫鲁晓夫宣布开会。接着,毛泽东讲话,主要讲了为什么中国党提出"以苏联为首"的问题。会上,赫鲁晓夫提议成立宣言起草委员会。这个委员会主要由12个社会主义国家代表团的成员组成,同时也吸收资本主义国家的共产党代表参加。邓小平和胡乔木代表中共代表团参加宣言起草委员会。

起草委员会的会议与全体代表会议交叉进行。邓小平不仅要交叉参加两个会议,还要在起草委员会里做两方面的工作,一方面要对其他国家的代表做工作,另一方面要和苏共代表交换意见。

15日,邓小平和胡乔木出席起草委员会第一次会议。会上各党代表各抒己见,争论了一天,有几个问题始终未能与波兰取得共识。波兰代表反对宣言草案针对美帝国主义的一些提法。他们反对提"美帝国主义",反对提它"是世界反动势力的中心",反对提它"企图独霸世界",等等。邓小平、胡乔木向他们作了解释性说明。会议结束后,邓小平、胡乔木向毛泽东报告了会议情况。晚上,毛泽东找哥穆尔卡,经过反复讨论、平等协商,才出现转机,对存在的分歧达成一致的或比较接近的认识。

16日上午,邓小平和胡乔木出席起草委员会第二次会议,并就战争问题上存在两种可能性,提"以苏联为首"的必要性,坚持用马列主义的普遍真理同各国的革命和建设的实践相结合等方面阐明中方的观点。针对会上关于"反对修正主义和反对教条主义"何者是主要危险的争论,中苏代表商议,增加了"对于每一个共产党来说,哪一种危险在某一时期是主要危险,由各个党自己判断"这句话。这次会议宣言起草委员会经过协商基本上完成了《宣言》的起草工作。

16日下午,社会主义国家共产党和工人党代表会议举行最后一次会议,

---

① 阎明复、朱瑞真:毛泽东第二次访苏和1957年莫斯科会议(一),《中共党史资料》2005年第4期。

《社会主义国家共产党和工人党宣言》（又称《莫斯科宣言》）基本通过，交起草委员会在文字上做最后的修正。

当天下午，社会主义国家共产党和工人党代表会议闭幕一个小时后，紧接着召开64国共产党和工人党代表会议。19日上午，大会通过了《和平宣言》。

19日下午，邓小平等随毛泽东出席《社会主义国家共产党和工人党宣言》签字仪式，毛泽东代表中国党在《宣言》上签字。

宣言分析了国际局势及两大阵营的力量对比；提出加强各社会主义国家、各国共产党和工人党的团结，加强国际工人运动、民族解放运动和民主运动的团结和合作；论述了苏联和其他社会主义国家在社会主义革命和社会主义建设中具有普遍性的共同规律，同时肯定了各国社会主义建设形式和方法的多样性；论述了关于从资本主义向社会主义过渡的方式问题。社会主义国家共产党和工人党代表会议及其宣言，在一些重大问题上初步统一了社会主义各国的认识，显示了社会主义阵营的团结和力量，使苏共二十大后出现的混乱局面有所改变。

中国共产党的大部分和主要意见得到与会各兄弟党的赞同，并写入宣言，在许多重大问题上同苏共及其他兄弟党达成了比较一致的认识。中共代表团对社会主义国家共产党和工人党代表会议取得圆满的结果，发挥了举足轻重的作用。当时担任翻译的阎明复后来说："一九五七年莫斯科会议，毛主席率中国党政代表团参加这个会议，小平同志是主要成员。""小平同志主持了全部会议文件的起草，当然是在主席的领导下，一些重大事情请示主席决定，但是具体一九五七年莫斯科会议文件起草工作，代表中共代表团参加莫斯科会议文件起草委员会的是小平同志。"①

莫斯科会议期间，邓小平是中共代表团中最繁忙的人。他不仅代表中共代表团参加莫斯科会议文件的起草工作，还陪同毛泽东拜会或会见苏联或其他兄弟党领导人。他多次陪同毛泽东到苏共中央第一书记赫鲁晓夫处谈话、拜会或会见赫鲁晓夫。他还陪同毛泽东分别拜会苏联最高苏维埃主席团主席伏罗希洛夫和苏联部长会议主席布尔加宁，并会见到毛泽东住地回拜的伏罗希洛夫。毛泽东曾多次同哥穆尔卡会见、会谈，邓小平曾陪同毛泽东会见波兰统一工人党

---

① 《话说邓小平》，中央文献出版社2004年版，第164～165页。

代表团全体成员，还陪同毛泽东分别会见以总书记高士为团长的印度共产党代表团和日本共产党代表团领导人志贺义雄。邓小平还单独主持一些重要的拜会、会见与会谈，如拜会越南党领导人胡志明；会见印度尼西亚和日本共产党的代表；与志贺义雄举行会谈等等。这些拜会、会见、会谈，对交流意见，平等协商，达成共识发挥了重要作用。

莫斯科会议期间，邓小平还亲身经历了两件事。一件事是：11月17日，他和彭德怀、乌兰夫、陈伯达、杨尚昆、胡乔木、刘晓等陪同毛泽东到莫斯科大学礼堂看望在苏联学习的中国留学生，毛泽东发表了热情洋溢、精彩纷呈的即席讲话。"世界是你们的，也是我们的，但是归根结底是你们的。""你们青年人朝气蓬勃，正在兴旺时期，好像早晨八九点钟的太阳。希望寄托在你们身上。"毛泽东的话语感染着每一位在场的青年留学生，也感染着邓小平。党的十一届三中全会之后，邓小平成为第二代中央领导集体的核心，干部队伍年轻化是他追求的目标之一。

另一件事是：赫鲁晓夫告诉中国代表团，15年后，苏联可以超过美国。毛泽东随即产生了中国15年后赶上或超过英国的设想，并向英国共产党领导人波立特和高兰询问过英国钢产量及其发展情况。毛泽东在会议期间多次讲过中国15年赶上或超过英国的设想。"赶超英国"虽是一个激动人心的响亮口号，却成为毛泽东1958年发动"大跃进"的成因之一。

11月20日夜，邓小平、宋庆龄等随同毛泽东飞离莫斯科，21日上午回到北京。

第二天晚上，毛泽东在中南海菊香书屋召开中共中央政治局常委会议，由毛泽东和邓小平介绍这次代表团参加莫斯科会议的情况和感受。毛泽东说，总的来讲，这次会议是成功的，十二党宣言是好的，大家都比较满意。我们在莫斯科实际上工作了18天，连头带尾一共20天，工作相当紧张。这次会议是原则性和灵活性的结合，是民主与集中的结合。采取的方法是协商一致的方法。这个方法证明是成功的。毛泽东评价莫斯科宣言是马克思列宁主义的宣言，一不是机会主义，二不是冒险主义。毛泽东介绍中共代表团在会上大部分意见都讲了，但也保留了一些意见。

邓小平比较详细地介绍了会议上对一些具体问题的争论和主要斗争情况。他讲到，我们对苏共二十大还是采取照顾的办法，还是写到十二党宣言里，但是在具体问题上加以改正，尽量争取措词比较符合马克思主义的表述。邓小平说，鉴于许多党害怕苏共强加于人，搞大国沙文主义、大党主义这种情绪，我们在肯定了"以苏联为首"之后，对苏联党在国际共产主义运动中的作用和为首的职权范围是加以限制的。①

毛泽东和邓小平扼要介绍情况后，政治局常委会批准了代表团在莫斯科的活动。1958年5月23日党的八大二次会议通过决议，正式宣布中国共产党赞成在莫斯科举行的共产党和工人党代表会议的两个宣言。

苏联是与新中国第一个建交的国家，也是当时新中国最重要的同盟国。毫无疑问，同苏联的外交关系在当时新中国的对外关系中居于头等重要的位置。邓小平参加的三次访苏，加上1957年1月周恩来率领中国政府代表团的访苏，是1956年至1957年中国党和政府领导人四次重大的访苏活动。

这些访苏活动旗帜鲜明地表明了中国党对苏共二十大、波匈事件、莫斯科会议的态度，在正确对待斯大林、调整社会主义国家的相互关系、增强社会主义阵营的团结上发挥了重要作用。这些访苏活动及《论无产阶级专政的历史经验》《再论无产阶级专政的历史经验》的发表和推动《莫斯科宣言》的通过，扩大了中国党在社会主义阵营和国际共产主义运动中的声音和影响，提高了中国和中国党的国际地位和威望。

这些访苏活动，特别是邓小平等随同毛泽东参加苏联十月革命40周年庆典和出席莫斯科会议的活动，实现了相互间的平等协商，使中苏两党关系处于最友好的时期。但是，中苏两党间在评价斯大林、和平过渡等问题上的分歧只是暂被搁置在一边。随着时间的推移和局势的变化，这些分歧又重新暴露出来。1958年赫鲁晓夫提出关于建立联合舰队和长波电台的建议后，毛泽东和邓小平与赫鲁晓夫谈判，拒绝了赫鲁晓夫的建议。这种无视中国独立主权的行为，使中国党深切地感到中苏关系的不平等。此后，中苏关系开始滑坡，原有的分歧逐渐演化成深刻的分裂。

---

① 吴冷西：《十年论战——1956～1966中苏关系回忆录》，中央文献出版社1999年版，第150～155页。

邓小平怎样看自信

坚信马克思主义是真理，坚信把马克思主义普遍真理与中国的具体实际相结合，一定能把中国革命和中国社会主义搞成功，这既是毛泽东和毛泽东思想的魅力之一，也是邓小平和邓小平理论的魅力之一。

信仰坚定、高度自信，以毛泽东为代表的中国共产党人前赴后继、奋斗不息，把中国革命搞成功，使中华民族站起来了。邓小平对此念念不忘。他对外宾说："中国共产党人坚持马克思主义，坚持把马克思主义同中国实际结合起来的毛泽东思想，走自己的路，也就是农村包围城市的道路，把中国革命搞成功了。""对马克思主义的信仰，是中国革命胜利的一种精神动力。"他对国内人民说："为什么我们能在非常困难的情况下奋斗出来，战胜千难万险使革命胜利呢？就是因为我们有理想，有马克思主义信念，有共产主义信念。"为什么信仰、信念、自信这样重要呢？因为它是万众一心、众志成城的根源。邓小平说："我们过去几十年艰苦奋斗，就是靠用坚定的信念把人民团结起来，为人民自己的利益而奋斗。没有这样的信念，就没有凝聚力。没有这样的信念，就没有一切。"①

信仰坚定、高度自信，以邓小平为代表的中国共产党人大胆摸索、开拓创新，走上了中国特色社会主义道路；当世界社会主义处于低潮时，中国特色社会主义却展现出勃勃生机和活力，使中华民族在站起来的基础上向富起来前进。邓小平按辩证法办事曾受到毛泽东称赞。"中国的事情要按照中国的情况来办，要依靠中国人自己的力量来办"，这是邓小平按辩证法办事的突出表现，也是邓小平认识中国为什么要自信的哲学基础。邓小平说："无论是革命还是建设，都要

---

① 《邓小平文选》第3卷，人民出版社1993年版，第63、110、190页。

注意学习和借鉴外国经验。但是，照抄照搬别国经验、别国模式，从来不能得到成功。""把马克思主义的普遍真理同我国的具体实际结合起来，走自己的道路，建设有中国特色的社会主义，这就是我们总结长期历史经验得出的结论。"① 信仰坚定、充满自信，是邓小平成为中国特色社会主义开创者的原因之一。

西方国家从未放弃对社会主义国家的和平演变。他们不喜欢中国坚持社会主义道路，企图利用改革开放之机西化、分化中国。1989年政治风波就是在他们的鼓动、支持下发生的。那场政治风波之后，西方国家纷纷对中国实行所谓的制裁，企图逼中国改旗易帜。对此，邓小平说："整个帝国主义西方世界企图使社会主义各国都放弃社会主义道路，最终纳入国际资本的统治，纳入资本主义的轨道。现在我们要顶住这股逆流，旗帜要鲜明。因为如果我们不坚持社会主义，最终发展起来也不过成为一个附庸国，而且就连想要发展起来也不容易。"在这种情况下，邓小平认为中国能够坚定自信。他说："我坚信，我们一定能够战胜各种困难，把先辈开创的事业一代代发扬光大。中国人民既然有能力站起来，就一定有能力永远岿然屹立于世界民族之林。""中国人有自信心，自卑没有出路。过去自卑了一个世纪，在中国共产党领导下站起来了。"中国块头这么大，人口这么多，"不管国际风云怎么变幻，中国都是站得住的。"②

苏联解体、东欧剧变之后，国际上历史终结论盛行一时。国内也有人说："苏联的昨天就是中国的明天。"似乎社会主义真的要从人类历史上消失了。邓小平认为中国人占世界人口的五分之一，分散开来力量不大，集合起来力量就大了，只要中国社会主义不倒，社会主义在世界上就站得住。邓小平在南方谈话中指出："我坚信，世界上赞成马克思主义的人会多起来的，因为马克思主义是科学。""不要惊慌失措，不要认为马克思主义就消失了，没用了，失败了。哪有这回事！""我们要在建设有中国特色社会主义道路上继续前进。""如果从建国起，用一百年时间把我国建设成为中等水平的发达国家，那就很了不起！"③ 20年后，中华民族迎来了从站起来、富起来到强起来的伟大飞跃，证明了邓小平的眼力，也证明了他自信中国能够始终坚持马克思主义的战略定力。

---

① 《邓小平文选》第3卷，人民出版社1993年版，第2~3页。
② 《邓小平文选》第3卷，人民出版社1993年版，第311、323、326、329页。
③ 《邓小平文选》第3卷，人民出版社1993年版，第382、383页。

第二篇

道得众则得国

踏遍青山　风景独好

——1931~1933年在中央苏区治理瑞金、会昌等地

古往今来，大凡胸藏经国济民韬略的雄才，大多有过先治理一州一县的经验，然后再由地方到中央，一点点地逐步积累出治国的才能。此所谓"宰相必起于州部，猛将必发于卒伍"。在中共党史上，周恩来27岁时就已担任过国民政府东江各属25县的行政专员，而邓小平1930年开创左右江革命根据地时，也只有26岁。

1931年8月，邓小平奉命从上海辗转来到江西瑞金，开始了他在中央苏区治理地方政权的政治活动。

邓小平来到中央苏区时，红军主力正在与国民党军酣战，而瑞金其时为中央苏区的后方。当时，瑞金地方政权建立不久，反革命的势力仍在频繁活动，他们一次就杀害革命干部和群众百余人。在这种情况下，全县干部士气低落，群众不满情绪很大，民心不稳。

邓小平在瑞金一见这种局面，马上和当时在红军中工作的谢唯俊、由党中央派到中央苏区工作的余泽鸿一起商量对策，并当机立断，商定在上海党中央的指示下达之前，由邓小平出任瑞金县委书记，整顿局面。

邓小平整顿瑞金县治的第一个措施是扶正压邪，快刀斩乱麻。他和谢、余二人在弄明情况后迅速惩办了一批危害革命的坏分子，同时为受冤屈的革命干部平反昭雪，恢复名誉。接着，他又采取了发动群众的第二个措施。他亲自主持召开了县苏维埃代表大会，充分发动群众，巩固红色政权。这样一来，瑞金的干部和群众看到了希望，革命的情绪上来了，工作积极性有很大提高，局面大为改观。不久，红军胜利地粉碎了敌人的第三次"围剿"，随之瑞金也就成为苏区政权的中心。而在这时，邓小平也结识了毛泽东。当时，瑞金在几个会

场举行了 5 万人的祝捷大会，邓小平在无扩音设备的广场上主持大会，并陪同当时的红一方面军总政委毛泽东到各个会场讲话。

1932 年 5 月，当时的中共江西省委书记李富春找邓小平谈话，决定将邓小平调到位于中央苏区南大门的会昌县担任县委书记。不久，党中央和江西省委又决定在会昌的筠门岭成立管辖会昌、寻乌、安远三县的中心县委，意在将这三县连为一体，加强和统一领导苏区南大门的革命斗争。

邓小平一到会昌，感到会昌的情况和瑞金大不一样。这里地处苏区边沿，政权建立不到半年，国民党地方武装经常四处骚扰群众，危害人民生命财产安全。于是，邓小平决定从加强军事工作入手来整治局面。

邓小平看到会昌是个大县，有十四五个区，北距瑞金只有 50 公里，南与白区相接，必须加强党的军事工作部门，并大力发展地方武装斗争。按照这一思路，会昌县委决定成立军事部，并选出优秀的军事人才钟亚庆出任军事部长。

会昌县委军事部成立以后，邓小平着力抓的事就是组织地方赤卫队和组建红军。当时，扩大红军成为一项重要的政治任务。对此，会昌县委的方针是耐心进行政治动员，首先提高群众觉悟，并反对采取强迫命令和欺骗、贿买的手段；然后组织全县干部、党员带头报名，继之进行轰轰烈烈的广泛宣传，进行亲劝亲、邻劝邻的扩红竞赛。这样，在思想政治工作的有力推动下，广大青年纷纷报名，踊跃参加红军。1932 年 7 月，邓小平出任会昌中心县委书记。8 月，在会昌成立了江西省军区三分区，邓小平兼任政委。到了 1932 年 11 月，会昌的赤卫军扩大到 4970 人，模范师为 2529 人，扩红成绩卓著，地方武装的实力也大为增强。

在发展地方武装和扩大红军的同时，邓小平抓的第二个重点是壮大党的组织和巩固苏维埃政权。为了壮大党的力量，邓小平着力抓党的基层组织建设，并注意发挥党组织的骨干作用。经过两次党代会的推动，到 1932 年 11 月，三县党员达到 6000 人，乡党支部达到 140 多个，区委 25 个。在发展党组织的基础上，邓小平大力抓苏维埃政权建设，在三县健全城乡代表会议，组织选举工作，反对贪污腐化，并加强肃反工作和赤色戒严，巩固红色政权。

在军事、政治工作走上轨道后，邓小平把工作的落脚点归结到发展生产上。从 1932 年 5 月起，会昌县委就组织成立了县、区、乡各级春耕生产委员会，组织广大群众积极投入春耕生产。同时，会昌中心县委还排除"左"的压力，实行有效的经济政策。中心县委在筠门岭设立了"关税处"，决定取消苛捐杂税，实行统一累进税；成立"对外贸易局"专营盐、布、药材、烟、纸、粮食等重要物品的出口，并利用各种方式打破敌人封锁，使苏区内外物资能够源源不断地进行交流。在有计划地恢复和发展手工业的同时，会昌等地还办了小型兵工厂以修理枪械。在大力发展经济的基础上，邓小平还注意抓会昌地区工青妇的工作和文化建设。邓小平亲自为县、区的干部训练班作报告，抓党政群团的干部建设、组织建设和思想建设。在短短的两年里，三县共办了73所小学，使90%的儿童都入了学。在建设的环境中，会昌地方武装还打退了敌军的两次进攻，保境安民。

邓小平在会昌中心县委的工作和会昌三县的成绩，引起了中华苏维埃共和国政府主席毛泽东的极大兴趣。1934年夏，毛泽东视察会昌，对三县工作给予很高评价。他情不自禁地写下了《清平乐·会昌》一词：

东方欲晓，
莫道君行早，
踏遍青山人未老，
风景这边独好。

会昌城外高峰，
颠连直接东溟。
战士指看南粤，
更加郁郁葱葱。

坚持真理　愈挫愈坚

——1933年在"邓、毛、谢、古"事件中

在中共党史上，"左"倾和右倾错误都曾给中国革命事业造成极大的危害。1933年邓小平在中央苏区时遭到王明"左"倾机会主义路线的残酷打击和迫害，是一个典型。

1932年7月到1933年3月，蒋介石调集了81个师共65万兵力，对中央苏区发动了空前的第四次军事"围剿"。于是，主力红军开始集结于北线，苏区南大门会昌一带兵力空虚。见此之机，广东军阀乘机占领了寻乌县城。当时，邓小平领导的会昌中心县委正确分析了形势，决定用坚壁清野和游击战的方法来对付优势的敌军。可是，此举被王明"左"倾错误领导人诬陷为"准备逃跑退却"的"单纯防御路线"。接着，从1933年2月起，临时中央在打击了福建省委代理书记罗明之后又把矛头指向江西，硬要搞出一个江西的"罗明路线"。找来找去，他们决意诬陷和打击邓小平等人，苏区中央局的机关报《斗争》以反对"罗明路线"为题，在文章中点了会昌中心县委书记邓小平、中共永（丰）吉（安）泰（和）中心县委书记毛泽覃、江西省第二军分区司令谢唯俊、江西省苏维埃裁判部长古柏四个人的名，说他们是"江西罗明路线"的"领袖"。王明"左"倾错误的领导人在点名批评之后，责成江西省委一再向这四个人所在的地区和单位发出指示，将邓小平在会昌中心县委的工作方针定性为"是与罗明路线同一来源"的机会主义，反复要求发动基层干部和党员开展对邓、毛、谢、古的直接斗争。3月下旬，邓小平被暂调出会昌中心县委。月底，中央局代表亲临筠门岭布置和组织批判邓小平"执行了纯粹的防御路线"，并认定"这一路线显然同党的进攻路线丝毫没有相同的地方。这是在会、寻、安的罗明路线"。当邓小平调任江西省委宣传部长后，1933年4月15日，《斗

争》第 8 期又以 80% 的篇幅发表了"左"倾领导人的《罗明路线在江西》一文，公开批判邓小平犯了"罗明路线"的严重错误，给他戴上了"江西罗明路线"的大帽子。4 月 16 日至 22 日，"左"倾领导人又大动干戈，在宁都召开江西党的工作会议，并坐镇江西省委，把坚持毛泽东正确路线、抵制王明"左"倾冒险主义错误的邓、毛、谢、古四人打成"罗明路线在江西的创造者"、"反党的派别和小组织领袖"，要求对他们四人集中所谓"布尔什维克的斗争火力"，进行"残酷斗争，无情打击"，并责令他们做出"申明"和"检查"。

高压之下，邓小平等四人坚持原则，在原则问题上毫不让步，并且旗帜鲜明地与"左"倾宗派主义者坚决抗争。邓小平在两次声明书中和总结会议上，以共产党人坚定的原则立场和光明磊落的态度，在革命道路、扩大红军、土地政策、财政政策、作战方针等问题上与"左"倾路线的代表人物进行了激烈的辩论，把他们强加给自己的污蔑、攻击和不实之辞坚决顶了回去，表现了宁折不弯、毫不妥协的钢铁性格。这样一来，更加触怒了"左"倾路线的领导人，他们恼羞成怒，在 5 月 5 日的总结会议上主持通过了《江西省委对邓小平、毛泽覃、谢唯俊、古柏四同志二次申明书的决议》，在一片指责之后，对邓、毛、谢、古四人分别作了撤职和调离工作的处理，对邓小平和古柏除撤职外，还给予党内"最后严重警告"处分。这段冤案被称为"邓、毛、谢、古"事件。

邓小平等四人当时虽然受到"左"倾路线的残酷打击，但是他们谁也没有灰心丧气，因为他们是坚定的共产主义者。在党的路线为谬误所引导、自己的正确主张被误定为错误时，他们忍辱负重，任劳任怨，继续在革命斗争中奋进而毫不动摇，无悔地走向自己的人生目标。他们四人除邓小平外，均于 1935 年战死沙场，为革命事业献出了年轻的生命。

邓小平被撤职后，先被下放到苏区边境的乐安县南村区当区巡视员。邓小平来到南村区后，对南村区的同志说：在会上我两次据理申辩自己的观点，不管他们怎样残酷斗争，采取什么措施，我坚信我执行的是马克思主义的正确路线，正确的就要坚持。在短短的时间里，邓小平以务实的精神积极帮助南村区委同志开展工作，给南村区人留下了深刻的印象。

邓小平来到南村区不出 10 天，临时中央又令邓小平返回宁都，在一个叫七里村的地方劳动。这一带全是光秃秃的山岗，邓小平来到七里村后，忍辱负重地挥锄开荒。当蔡畅派人询问邓小平时，他只说："别的困难倒没有，就是我在这里劳动任务很重，吃不饱饭，肚子饿……"见此情景，蔡畅用自己的钱悄悄备好酒菜，请陈毅作陪，偷偷地给邓小平加餐。

邓小平遭受冤屈的事情不久由李富春向当时的中央军委副主席兼红军总政治部主任王稼祥作了详细汇报。王稼祥早在莫斯科留学时就知道邓小平精明强干，了解这个情况后就和总政治部副主任贺昌商量，决定把邓小平调到总政治部来担任代理秘书长。可是临时中央的个别领导人一听邓小平要去总政，表示暂时不能起用，需要再考验一段时间。王稼祥一听很生气，不久，他又亲自打电话给临时中央负责人博古，力荐邓小平到总政。博古见此情景，也就不再坚持己见，很快与中央组织局局长李维汉研究，同意了王稼祥的提议。这样，邓小平在不出一月的时间里，又奇迹般地复出了。

邓小平这段传奇的经历，表现了他的政治精神和刚毅的个性。33年后，当他再一次经历政治上的不幸时，其政治上坚持真理、决不屈服于谬误的精神却始终如一。邓小平的这种政治精神或许最后将体现为一种胜利者的逻辑。1933年，他曾告诉人们：共产党人无论什么时候都要坚持真理，这样对自己对革命都有好处。我们应当记住这一至理名言。

鼓角相闻　传檄千里

——1933年复出后主编《红星》报

1933年6月,邓小平调到红军总政治部任代秘书长后,摆脱了前不久的政治困境。但是,秘书长一职并无多少实际工作可做,这不合邓小平这位实干家的口味。于是,在邓小平的要求下,总政治部又决定分配他当宣传干事,还主编总政机关报《红星》。

对于搞宣传工作和办报纸,邓小平并不陌生,而且有专长。早在1924年,他就和周恩来、李富春等人在法国创办起中共旅欧总支部的刊物《赤光》。当时,他们身居陋室,条件艰苦,白天做工糊口,晚上通宵苦干。邓小平为《赤光》写了不少文章,但主要负责刻蜡版和油印工作,还得了一个"油印博士"的美称。1931年,邓小平从上海刚来到中央苏区时,也曾在兴国主编过很短时间的红七军机关报《火炉报》。这时,邓小平又抓起了报刊这件重要的宣传武器,在红军中开始了轰轰烈烈的事业。

邓小平接手主编《红星》时,中央苏区另有两份刊物,一份是苏区中央局主办的理论刊物《斗争》,主要反映党中央的立场;一份是中华苏维埃政府主办的《红色中华报》,主要代表苏维埃政府;而《红星》则代表军方。这三份刊物在当时可谓是中央苏区的"两报一刊"。在当时武装斗争极端重要的情况下,邓小平要通过办好《红星》来支持革命战争,推动革命的胜利。

邓小平主编《红星》报所抓的第一件事是抓稿源。为了使《红星》生动活泼、有声有色,他除了用征稿启事进行广泛动员外,还多次特邀红军中的重要人物以及党内的领导人为《红星》报撰稿,请他们回忆战事,总结经验,鼓励士气,号召红军。如毛泽东1933年在《红星》报上发表的《吉安的占领》一文,就在红军中引起了巨大的反响。当时,周恩来、朱德、博古、洛甫、王稼祥、聂荣臻、陈云等人都在《红星》报上发表过文章，使《红星》在军内外具有很高的权威性。

邓小平抓《红星》报的第二个环节是抓编辑工作。当时，邓小平只有两个助手，要平均5天出一期，每期至少八开四版。面对这样大的工作量，邓小平安排得井井有条，极富效率。他在每期不仅及时报道中央的决策和战争消息，而且还搞了不少专访，及时鼓励先进和激励后进。此外，他还用大量精力先后开辟了17个副刊和专栏，丰富知识，开阔视野，活跃版面。在这些副刊和专栏中，有"列宁窗""战争问题""法厅""军事常识""俱乐部"等，甚至还有"山歌"和"红军歌曲"这些很受红军指战员欢迎的内容。这一时期，邓小平不仅负责编辑和管理工作，还亲手写了大量的新闻、报道、文章和社论，被誉为"倚马可待"的奇才。

最后，邓小平抓《红星》报的发行环节。在当时战争条件下，他和邮政总局订立了一份协议，明确规定了权利和义务关系，从而使《红星》在困难的条件下仍能及时发到红军指战员手中。这时的《红星》在党、政、军中均已产生很大影响，对推动革命斗争的胜利做出了特殊的贡献。直到长征途中，《红星》才因特殊环境而停刊。

突出原则　精于协调

——从红军时期形成的领导艺术

邓小平领导党、政、军工作有两大明显特点：一是主要抓原则，管理下属系统；二是精于协调，将所有的力量组成和谐统一的整体，去共同完成复杂艰巨的任务。他的两大领导艺术特点，是从红军时期开始形成并逐步变得炉火纯青的。

1937年1月，邓小平奉命担任红一军团政治部主任。在这个岗位上，他主要做两件工作，一是抓一军团的政训工作，二是从政治原则上管束师级干部。此外，他天天去总部看电报，了解军机大事。他对干部要求很严，他说："我这个主任，是要管师长的。"从这时起，他就形成一个特点，就是对问题抓得住。即从大的原则方面抓；同时也放得下，即原则问题抓得紧，其他问题放得开，决不事无巨细，包揽一切。可以说，抓紧原则，其余放开，这是一种非常精当的统驭艺术。

1943年10月，中共中央决定将中共北方局与太行分局合并，八路军总部与一二九师合并，由邓小平接替彭德怀担任中共北方局代理书记，全面主持中共北方局、八路军总部和晋冀鲁豫区党、政、军的工作。在这段时间里，彭德怀、刘伯承等大批领导人调往延安学习，而邓小平凭借高超的统驭艺术，全面担负起军事、政治和生产上的领导责任，各项原则问题和方针、政策的执行都抓得很紧，抓得恰当。在同志们的共同努力下，中共北方局和一二九师胜利地完成了相持阶段的斗争任务。以后，在淮海战役和渡江战役中，邓小平又高超地运用了这一领导艺术，使两大战役在方针、政策、战略的实施方面取得了很出色的成功。

新中国成立以后，邓小平又把抓紧原则这一领导艺术运用到政府工作中。

1953年12月，财政部开始编制1954年预算草案。当时，邓小平为政务院副总理兼财政部长，直接领导财政部。为了编好这次预算，邓小平首先抓预算原则问题。他找到财政部副部长戎子和，询问毛泽东对财政工作有过什么重要指示。戎子和告诉邓小平，毛泽东对财政工作有过不少指示，在编制预算方面概括地说就是三句话：收入打足、支出打紧、留有余地。邓小平听后沉思一下，坚定地说：这三句话说得好！打明年的预算，就按这个方针办！于是，财政部据此编制出了1954年预算收支计划。到了1954年6月，邓小平在向中央人民政府作《关于1954年国家预算草案的报告》中进一步提出了"必须把国家预算建立在可靠的稳妥的基础上"，并且执行的结果要力争"达到收多于支和有相当的后备力量"的原则，使1954年的财政预算与执行工作都搞得很好，缓解了1953年资金紧张的局面。

抓紧原则，其余放开，其中有一个上下级之间权责明确的问题。对于这一点，邓小平划得很清楚。1953年夏季财经会议以后，他觉察到财政部大多数干部都比较谨慎小心，于是在一次部办公会议上明确地说：不要一日被蛇咬，十年怕井绳。今天同你们约法三章，我到财政部工作，决策方面主要靠你们反映情况。如果你们反映的情况对了，我决策错了，这个错误责任由我负；如果你们反映的情况错了，我根据你们反映的情况做了错误的决策，这个错误你们负责。短短几句话，就对上下级之间在决策职责上的界限划得很明确。这样一来，上面的原则好抓，下面的工作也就好做了。财政部的同志向邓小平汇报工作和反映情况时，都是很谨慎、很负责的，也是心情舒畅的。

邓小平领导艺术的另一特点是精于协调，即在工作中，很善于搞好平级之间、上下级之间的整体协调。

在革命战争时期，屡建战功、威名赫赫的刘邓大军，就是军政领导之间充分协调与合作的典范。

邓小平与刘伯承，一个是政委，一个是军事主官，年龄相差12岁，性格、情感、爱好、经历也不尽相同。然而，远大的理想和抱负使这两位杰出人物紧密合作起来。在感情上，他们非常融洽；在工作上，他们非常协调。论资历，刘伯承早已出名，邓小平常说："刘司令员年大体弱，司令部要特别注意，有事多找我和参谋长。刘是我们的军事家，大事才找他决策。"而刘伯承非常爱护和尊重比他小12岁的邓小平，常对大家说："邓政委是我们的好政委，文武双全，我们大家都要尊敬他，都要听政委的。"就这样，刘邓的团结和协调成了表率，促进了整个军队的高度团结和协调，所以用他们二人名义发出的"训令""号令"或者"命令"，部队无不坚决执行。邓小平曾回忆说：人们习惯地把"刘邓"连在一起，在我们两人心里，也觉得彼此难以分开。

邓小平不仅注意在工作中搞好平级之间的协调，而且还十分注意搞好上下级之间的协调。在第二野战军中，参谋长李达可谓刘邓的代理人，在作战的意图和具体指挥上，与刘邓非常协调和默契。至于各下属与刘邓的关系，也是极其协调的。在刘邓的熏陶下，各级指挥员一般都能在总的意图上独立地抓住战机，尤其在接近胜利之际，各部队都能进行向心集中作战，发挥全力，表现出高度的责任感和灵敏性。而刘邓在指挥中也常常预先以训令形式示以任务而不示以手段，以便下级机断行事。邓小平1989年在回顾二野战史时评论说：二野的内部关系是非常团结、非常协调。上下级之间，各纵队之间，甚至于更下层一点，关系都很协调。我们没有发现过下面有什么不对的，也没有纠正过任何纵队领导同志指挥的战斗。我们如果对指挥有意见，发现有不妥的地方，有电话可以联络。这种做法对增加上下级之间的相互信任，提高部队的战斗力，很有好处，还可以锻炼指挥员的主动性，讲句哲学语言叫发挥能动性。野战军的领导人相信自己的部下，下面也相信领导，这种互相团结、互相信任的关系从作战一开始就是这样的。这是个了不起的力量。二野之所以能锻炼成这么样一个了不起的部队，主要靠的这一条。

至于上下级交叉协调，淮海战役就是一个典范。淮海战役的胜利，首先取决于中原野战军与华东野战军高度协调的成功。正因为邓小平具有坚持原则和精于协调的卓越能力，所以能够指挥有方，克敌制胜。

精兵简政　体恤下情

——从抗战时期练就的政治作风

精兵简政，是中国共产党在抗战时期为了战胜敌人的经济封锁而采取的一项重要措施。久而久之，这项措施成了邓小平领导党、政、军工作的一贯作风。

精兵，在抗战时期就是缩编主力部队和指挥机关，充实基层连队；同时加强地方武装和民兵，藏兵于民。简政，就是整顿机构和组织，紧缩机关和人员编制，节约人力物力，提高工作效率，减轻人民负担，防止官僚主义。精兵简政，在当时各抗日根据地受到战争严重破坏而资源相当缺乏的情况下，曾经使抗日军民渡过了难关。

精兵简政，与邓小平的工作作风合拍。1938年，邓小平担任一二九师政委时，和师长刘伯承都只有一个警卫员，没有秘书。1942年1月，一二九师开始精兵简政，邓小平教导全体指战员：我们是人民的军队，就应该特别关心民间疾苦，厉行精兵简政，减轻人民负担，人民才能更好地支援我们打败日本侵略者。1月5日，刘邓下达实施精兵简政的命令，邓小平做了三条规定：一、调整编制紧缩机关，减少人员马匹，充实战斗连队，并规定了比例。二、调一批相当有才能的本地干部到地方武委会中工作，加强地方武装，开展游击战争，同时抓好干部的训练工作。三、安置好老弱战士、荣誉军人，从事学艺生产，半工半读。同时，邓小平还派遣精干的小组分头到各个军分区、旅去进行深入动员，他自己则亲自到基层具体指导精简工作。在邓小平的督促下，从1940年8月到1943年8月，一二九师和晋冀鲁豫边区先后进行了三次大的精简，一次比一次彻底。到1943年底，边区党、政、军、群众团体脱离生产的人员编制比1940年前半年减少了1/3到1/2，军队编制减少了1/4到1/3，边区政府从 500 人减少到 100 余人，军政机关只保留了骨干。全边区脱产人员占负担人口的比例只有 3% 到 4%。这样，在边区财政极端困难的情况下，有力地精简保存了主力部队，收到了节约人力和物力、充实基层战斗力和减轻人民负担的实效，为适应更艰苦的形势做好了准备。刘邓的部队也成了一支更精锐的部队。毛泽东在总结精兵简政工作时赞扬说："晋冀鲁豫边区的领导同志，对这项工作抓得很紧，做出了精兵简政的模范例子。"

邓小平在领导精兵简政的同时，自己以身作则，决不留置冗员。抗战胜利后，刘邓指挥的兵力达到几十万人，邓小平本人还身兼中共中央中原局书记，但是刘邓的指挥机关却极其精简。刘邓二人都没有办公室，他们在哪里办公呢？在司令部作战处的作战科。每天早晨吃过早饭后，刘邓二人必去作战科，在那里实施作战指挥和处理日常事务。刘邓处理大事小事极富工作效率，没有繁文缛节，战略决心及时可定，作战命令现场就可下达。

刘邓的司令部虽然统率着数十万大军，可是内设机构非常精简，作战、机要、情报、通信、军政各处，每处多则 20 余人，少则 10 余人，警卫、汽车、电台分队也很精干，没有办公室，不设秘书处。作战处的作战科虽说是刘邓的办公地点，却从不置闲人。1946 年 9 月，作战科只有作战参谋 2 人，到 1947 年春战事太频，才增至 4 人。挺进大别山后，李先念来担任野战军副司令员，带来了作战参谋 4 人，后因分兵，作战科扩至 9 人。到了 1948 年 5 月，陈毅奉调担任中原野战军副司令员，又带来作战参谋 1 人，合计是 10 人。而此时，陈赓兵团已归中原野战军建制，华东野战军的一个兵团也划归刘邓指挥，加上刘邓原有的 6 个纵队、1 个军、7 个军区，兵力雄厚，指挥任务繁重，而这个作战科却还是 10 人。当作战科长找参谋长要求增加人员减轻负担时，邓小平在作战科办完公后对作战科长说，听说作战科还想增人，我看你们科现在人够多的了。连正副科长共 10 人。10 个人都努力工作，是个很大的力量呀！在冀鲁豫和豫北战场，你科只三四人，那时人少，工作多，担子重，迫使你们兢兢业业，紧张勤奋，团结一致，拼命努力，一心一意地工作。兵贵精，不贵多。现在还是要从提高人员素质、改进工作方法、提高工作效率来解决问题，不能再增加人了。就这样，作战科任务加码，但增人的口子没有开。

刘邓事情虽多，但很少让人代劳。他们坚持亲自处理重大问题，亲自指挥作战，亲自动手、动笔撰写报告和起草文件，虽然数量极大，但都亲自完成，今日事今日毕，决不拖拉。

新中国成立以后，邓小平虽身兼党、政、军要职，仍十分强调精兵简政，深入群众。1980年8月，邓小平针对日益发展的机构臃肿、人员膨胀等官僚主义问题，在中央政治局扩大会议上严厉指出：官僚主义现象是我们党和国家政治生活中广泛存在的一个大问题。它的主要表现和危害是：高高在上，滥用权力，脱离实际，脱离群众，好摆门面，好说空话，思想僵化，墨守成规，机构臃肿，人浮于事，办事拖拉，不讲效率，不负责任，不守信用，公文旅行，互相推诿，以至官气十足，动辄训人，打击报复，压制民主，欺上瞒下，专横跋扈，徇私行贿，贪赃枉法，等等。这无论在我们的内部事务中，或是在国际交往中都已达到令人无法容忍的地步……只有对这些弊端进行有计划、有步骤而又坚决彻底的改革，人民才会信任我们的领导，才会信任党和社会主义，我们的事业才有无限的希望。

运筹帷幄　匡定东南

——在西柏坡决策华东人事安排

1949年3月5日,中共中央在西柏坡召开了党的七届二中全会,讨论决定建国大计。3月14日,中共中央又召集了一个由中央领导人和各主要战场负责人参加的座谈会,研究对各大区的规划和人事安排。正是在这次座谈会上,当毛泽东问计于邓小平时,邓小平以他的雄才伟略对华东地区的规划和人事安排提出了富有远见的决策。

邓小平对华东地区的规划和人事运筹是深思熟虑的。早在1948年初,当中共中央决定加强中共中央中原局和建立中原军区时,以邓小平为书记的中原局和中原野战军就开始统率华东野战军一部。当时,邓小平任中原局书记、中原军区政委、中原野战军政委,陈毅从华东野战军调来任中原局第二书记兼中原军区和中原野战军第一副司令员,华东野战军的陈(士榘)、唐(亮)兵团归中原野战军指挥。1948年11月,中共中央决定发起淮海战役,同时成立淮海战役总前委,由刘伯承、陈毅、邓小平、粟裕(华东野战军代司令员)、谭震林(华东野战军副政委)五人组成,以刘、陈、邓为常委,以邓小平为书记,临机处置一切。这次联合,使邓小平为首的总前委能够全面指挥中原战场上两大主力集团,并且使邓小平对华东野战军的干部情况有了进一步的掌握。1948年12月16日晚,在淮海战役胜利之前,刘伯承、陈毅、邓小平三人从中野驱车来到华野指挥部蔡洼村,在这里开了一整天的总前委会议。这次会议的议题已经不是淮海战役,而是渡江问题。很显然,在这次会议上,很多重要的问题都已经考虑到了,包括对南京和上海的占领及善后事宜。

当毛泽东在座谈会上请各主要战场负责人发表构想时,邓小平胸有成竹,他在会上第一个发言。他拿出了一份草拟好的提纲,逐次提出了匡定华东的方案：一、成立中共中央华东局，负责领导华东地区的党、政、军事务。华东局由邓小平、刘伯承、陈毅等 17 人组成，邓为第一书记。二、华东地区的管辖范围应有上海、南京、杭州、宁波等重要城市，地跨山东、江苏、浙江、安徽、江西等省份。三、华东地区军队共有 200 万人。四、克定国民党政治中心南京后，由刘伯承任南京市市长；克定国民党金融中心上海后，由陈毅任上海市市长。此外，邓小平还就其他有关的人事安排，以及部队过江后新区筹粮、城市筹款、货币使用办法和接管上海等重要问题提出了意见。

这真是一个简明扼要的大计，毛泽东看后欣然表示赞同。他说："人事配备，现在就这样定，将来有变动再说。"

此次会议决策以后，战事完全按预料的方向发展。3月，中共中央决定将淮海战役总前委改为渡江战役总前委，仍以邓小平为总前委书记。3月26日，总前委在蚌埠附近的指挥部召开第二、第三野战军高级干部会议，由邓小平主持讨论渡江作战方案，邓小平并亲自撰写了《京沪杭战役实施纲要》，获中共中央批准。4月20日20时，渡江战役按预定计划在千里战线上发起。4月22日，中国人民解放军占领南京。旋即，刘伯承就任南京市市长。5月27日，上海战役以歼敌15万余人结束，中国人民解放军进驻上海，陈毅旋任上海市市长。邓小平把接管工作分为军事、政务、财经、文教四大部门，在上海全面管理社会治安、恢复生产、精兵简政、筹粮筹款等事务。此时，京沪杭战役基本胜利结束，第二、第三野战军的前锋已入闽北、赣中的广大地区，华东大局已定。

议事贵短　断事不疑

——主持会议决策的效率

邓小平领导党政工作如同做军事工作一样，具有果断明快、速议速决的效率。新中国成立以后，他主持会议处理重大问题亦是如此。

开会，即举行会议，是中国共产党在长期斗争中形成的一种工作方法，也是现代民主决策的一种模式。但是，每一个领导者在运用这一方法时却会形成不同的风格，有的喜欢畅所欲言、充分讨论；有的喜欢简单明快、速议速决；而有的领导者却喜欢在会议上搞马拉松，整天忙于开会，什么事都拿到会议上来解决，成了一种职业性的会议领导者。邓小平主持会议有两个要求：一是会议时间尽量简短，决不东扯西拉；二是决策和处理问题时非常果断，该拍板就拍板，决不延误时机。

邓小平主持会议短得出奇。开会时没有繁文缛节，没有多余的话，抓住主题进行讨论，话讲完了就散会。比如新中国成立初期西南军政委员会召开第一次全体会议，议决平定西南的诸项重大事宜，整个会议只开了9分钟就结束了。为什么这样短？因为会议之前领导者已做了充分准备，成竹在胸，这样，会议过程就显得极其紧凑。当然，开短会只是时间上相对地短，而不是任何会议都绝对地短。如邓小平开布置工作、下达任务的会，就以明确任务、使下级无异议为限，有时邓小平工作布置得很细，几乎方方面面都想到了，这时候，也就不厌其烦。又如1948年12月总前委第一次全体会议就开了整整一天，议决渡江后若干重大事宜。但尽管开了一整天，其相对时间已是很短了。

邓小平做决策，处理问题，有一个程序，就是先听意见后作决断。每逢开会，他总是让各部门、各单位先发言，不管提出什么样的问题，也不管提出多少问题，大家都可以畅所欲言。等大家发完了言，摆完了问题，邓小平才开始发言。他回答明确，击中要害，处理干脆，决策果断，当发回研究的发回研究，当拍板的立刻拍板决定。这样，能够使与会者任务明确，方法明确，问题的解决方向明确。

邓小平议事与决断讲究效率，写文章作报告也是这样。他作报告，能短的绝不延长，言简意赅。1974年底，毛泽东考虑周恩来的病况，指示邓小平负责准备一篇5000字以内的《政府工作报告》，让周恩来好读。邓小平按要求办到。重病之中的周恩来在四届全国人大上一气呵成地念完了这个报告，精彩而简短的报告使全场爆发出十多次雷鸣般的掌声。这篇报告之短，新中国成立以来实为罕见。1982年党的十二大召开时，邓小平致开幕词。他为大会定主题，提出了20世纪80年代的三大任务与建设有中国特色社会主义的战略思路，整个开幕词还不到3000字。这种精练和简短的表述展示了邓小平的工作效率和领导艺术都已达到了炉火纯青的境界。

艰难困苦　玉汝于成

——"文化大革命"中在江西

一个真正的政治家，往往在逆境中更能显示出英雄本色。对于一生中经历过无数次曲折的邓小平来说，"文化大革命"使他又一次遭受了平生中最痛苦的冤屈。但是，与一些一经打击就走向消沉的政治人物不同，邓小平以他无比坚强的意志，怀抱坚信真理的信念，坚定地承受这一切，在岁月的磨炼中等待历史的转机。

1966年中国大地上爆发的"文化大革命"，来势汹涌，不可阻挡。1966年5月16日，中共中央发出了撤销"二月提纲"的严厉通知。8月4日，毛泽东在党的八届十一中全会上严厉指责刘少奇、邓小平派工作组是"镇压"、是"恐怖"，说"牛鬼蛇神，在座的就有"。8月7日，会议印发了毛泽东5日写的《炮打司令部——我的一张大字报》，锋芒所向，直指刘少奇和邓小平。8月8日，林彪在接见新的中央文革小组成员时宣称"要弄得翻天覆地，轰轰烈烈，大风大浪，大搅大闹，这半年就要闹得资产阶级睡不着觉，无产阶级也睡不着觉"。同日，全会通过了《中国共产党中央委员会关于无产阶级文化大革命的决定》，强调"运动的重点，是整党内那些走资本主义道路的当权派"。10月9日，以批判"资产阶级反动路线"为中心内容的中央工作会议在北京召开，全国掀起批判所谓"资产阶级反动路线"的高潮。12月23日下午，中南海院内出现了第一批点名攻击刘少奇、王光美的大字报。1967年1月13日深夜，毛泽东最后一次约见刘少奇。两天以后，刘少奇和王光美被押上一张独腿桌子挨批斗。7月18日，刘少奇夫妇、邓小平夫妇、陶铸夫妇同时在中南海被揪斗。一年以后，即1968年10月31日，党的第八届扩大的第十二次中央委员会决定撤销刘少奇党内外一切职务，将刘少奇"永远开除出党"。

到此，"文化大革命"对大批老干部的政治迫害并没有结束。1969年10月，林彪签署了"一号命令"，借首都北京实行"战备疏散"，把许多老一辈无产阶级革命家弄到外地去。在这个命令下，刘少奇在重病中被遣送至河南，不久死于开封；朱德被送到广东；张闻天去了无锡；而邓小平和陈云、王震则被遣送到由林彪爪牙控制的江西。当时，邓小平成了"刘邓司令部"的第二号人物，正处于运动的中心。

面对林彪一伙人的策划，周恩来很是气愤。然而，凭他多年的政治经验，他知道在运动的正面进行阻拦是无济于事的，只有从侧面减缓运动的压力和冲击波，方能奏效。为了保护邓小平和陈云、王震，1969年10月3日，周恩来给江西省革命委员会核心领导小组办公室打了一个至关重要的电话，向江西省革委会、省军区负责人打招呼。10月18日，周恩来又一次给江西省革委会核心领导小组打电话，对江西的负责人说："毛主席不是在九大说过吗，邓小平的问题和别人不同，他下去是到农村锻炼。"然后，周总理以严肃的口气要江西省革委会、省军区帮助和照顾邓小平、陈云和王震，研究一个具体接待的意见向中央报告。10月19日晚，周总理又指示应改邓小平去赣州为留南昌市郊，住房最好是两层楼，独家独院，又能散散步，又比较安全。就这样，1969年10月23日，在"文化大革命"风暴席卷神州的当口，邓小平夫妇在周恩来的精心保护下来到了南昌市郊的望城岗，住进了一座小小的"将军楼"，开始了将近4年的下放劳动生涯。

面对这次外迁，邓小平沉着坚毅，处变不惊。1969年11月9日上午8时半，他和卓琳身穿蓝纱卡工人装，健步来到附近的新建县拖拉机厂参加劳动。邓小平干起了钳工，卓琳干起了电工班的绕线工。在"文化大革命"的风暴中，工人们称他"老邓"，这个称呼不"左"也不右。

对于工厂劳动，邓小平并不陌生。48年前，他在法国勤工俭学时就曾在克鲁梭的施奈德工厂当过轧钢工，以后又转到蒙达尼附近的哈金森橡胶工厂当制鞋工。这次参加劳动，邓小平干得全力以赴，极其认真。他每天工作极有规律，早晨8点半到厂，中午11点半下班，不管春夏秋冬，他和卓琳从未间断，从不迟到早退。邓小平在厂里干的主活是修理轮子和加工螺丝，需要经常使用锉刀，劳动强度大，有技术难度，可是邓小平很快就成了行家。以后，邓小平又开始修理拖拉机上的花键轴、销子槽和齿轮，并很好地完成了工作。殊不知，此时的邓小平已是 65 岁的人了。

邓小平在认真劳动的同时，在生活上也经受了很大的磨炼。1970 年 1 月，中央办公厅开始对邓小平一家停发工资，改发生活费，其总收入一下子比原工资减少了 2/3。卓琳接到这份生活费单子后心情很沉重，一方面担心邓小平的问题会升级，另一方面也为全家的经济负担而担忧。此时，几个儿女中，老大邓林大学毕业尚未分配工作，需要家里寄生活费；老二邓朴方半身瘫痪在北京更需要经济上的支持；老三邓楠在安徽农村插队也很困难，需要照顾。怎么办？

在生活上的困难面前，邓小平想起了勤工俭学和当年的大生产运动。他决定改变生活习惯。从 1970 年元旦起，他已不再服安眠药睡觉，减少了爱抽的香烟，改喝白酒为喝米酒，每天以素食为主，餐餐吃饱。为了弥补经济上的不足，他在院子里开了四块地，种上了小白菜、西红柿、辣椒、大蒜等蔬菜，还饲养家禽和自己酿米酒。每天早晨，他起来后就在地里施肥、浇水、除草，精耕细作。有一天，他高兴地喊道："卓琳呀，快来看，丝瓜又开花啰！"

邓小平在江西的日子里，业余爱好是读书和散步。在这段时间，他大量阅读了马列著作、二十四史和其他古典名著，尤其是《资治通鉴》，他手不释卷。此外，他坚持天天走路，从不间断，每天步行在 10 里路以上，在他上下班的路上和将军楼的院子里，踩出了两条"邓小平小路"。

当然，邓小平不只是在走路，也是在思考，准备重新为党和国家挑起新的担子。他的小女儿毛毛后来写道："看着他那坚定而又敏捷的步伐，我心想，他的信念、思想和意志更明确、更坚定了，为他今后的战斗做好了准备。"

见机而作　东山再起

——在"九一三事件"后复出

对于一个政治家来说，在决定命运的微妙时刻及时捕捉时机，并运用正确的方法推动时局的转换，以便重新脱颖而出，是要具有相当卓越的智慧的。对于邓小平来说，1971年9月13日林彪出逃事件的爆发，是他政治命运中的一个重要机遇。在这个机遇来到的时候，邓小平及时稳稳地抓住了它，并成功地重返政坛。

从中国政治势力在"文化大革命"中的起伏消长来看，在"文化大革命"之初，刘、邓被打倒之后，林彪为首的一伙势力日长，江青一伙中央文革小组的造反派势力也有很大的上升，他们常常联合起来打击老干部，使老一辈无产阶级革命家常常陷于很困难的境地。"二月逆流"事件就是他们联合整老干部的一个大案件。党的九大以后，林彪一伙仍不满现状，阴谋篡夺党和国家最高权力，在庐山九届二中全会上与中央文革派公开冲突，受到毛泽东的严厉批评，陈伯达因此被批判，林彪手下的黄永胜、吴法宪、李作鹏、邱会作这"四大金刚"被迫作检查，两派势力争夺接班的冲突加剧。不久，林彪之子林立果起草了"571工程纪要"，阴谋害死毛泽东主席。1971年9月13日凌晨林彪一伙仓皇出逃，摔死在蒙古的温都尔汗。这一重大事件标志着林彪集团在中国政坛上消失，促使毛泽东对"文化大革命"中的人和事进行反思，政治形势开始朝着有利于周恩来等老一辈无产阶级革命家这一方面发展。

"九一三事件"以后，毛泽东大病了一场。不久，他开始为老干部平反。1971年11月14日，毛泽东对参加成都地区座谈会的同志说："二月逆流"是什么性质？是他们对付林彪、陈伯达、王、关、戚。那个王、关、戚，"五一六"，要打倒一切，包括总理、老帅。老帅们就有点气嘛，发点牢骚。他们是在党的会议上，公开的，大闹怀仁堂嘛！缺点是有的，你们吵了一下也是可以的。同我来讲就好了。这段话，等于为"二月逆流"事件平了反。

毛泽东考虑的另一个问题是邓小平的起用问题。"文化大革命"开始时，邓小平是作为运动的对立面来整的，但毛泽东对邓小平有所区别。1968年10月，党的八届扩大的十二中全会召开，林彪、江青一伙鼓噪要开除邓小平的党籍，毛泽东加以反对，把邓小平仍留在党内。"九一三事件"发生后，毛泽东在1972年1月10日参加陈毅追悼会时正式提出了邓小平的问题，说他"虽然在'文化大革命'初犯了错误，但他和刘少奇不一样……邓小平的问题是人民内部矛盾。"这段话是要重新考虑邓小平的问题。当时，周恩来和其他党和国家领导人在侧，周恩来立即暗示张茜将这段评语传播出去，以扩大影响，制造舆论。不久，周恩来开始在党、政、军三个系统全面纠"左"，而邓小平夫妇此时尚在千里之外的南昌市郊。

过了一段时间，邓小平参加劳动的新建县拖拉机厂正式向全体职工传达了中共中央关于《粉碎林陈反党集团反革命政变的斗争》材料，厂负责人还特意邀请邓小平夫妇坐在前排听文件传达，怕邓小平夫妇听不清楚。在两个多小时的传达中，邓小平坐在工人旁边，如同一个老军人，身板挺直，两手摆在大腿上一动不动，两眼平视，聚精会神地听完了全部文件，自始至终严肃认真，不讲一句话。听完回家后，邓小平对家人说了句："林彪不死，天理难容。"

大变之后，必然带来政治力量的重组，邓小平也开始了深刻的思考。他虽然还不知道毛泽东、周恩来的态度，仍处在消息不灵的南昌一隅，但是，凭着他多年积累的对毛泽东、周恩来等人的了解，凭着他敏锐的政治洞察力和准确的判断力，感到时机已到，可以准备复出了。于是，1972年8月4日，他用一个下午两个晚上的时间，给毛泽东写了一封4000余言的信，通过江西省革委会寄往北京中共中央办公厅。

这是一封文字简练而含意深刻的信，出自一位大政治家深思熟虑的手笔。在信的开头，邓小平首先表示拥护毛泽东为首的党中央对林彪、陈伯达反党集团的批判，然后，转入对林彪、陈伯达在长期活动中入木三分的评判。对于林彪，邓小平不回避对他"是个军事能手"的将才和"沉默寡言"的个性的评价，同时也一针见血地指出他在长征时搞秘密串联和抗美援朝时拒绝入朝这两个大的错误，并且揭露他在军队中别有用心地把毛泽东思想庸俗化的真实意图是准备夺权的步骤，重申了他本人和罗荣桓在 20 世纪 60 年代初就坚持要在一切领域中阐述和运用毛泽东思想的正确观点。对于陈伯达，邓小平是不屑一顾的，信中认为他只是一个"很自负、很虚伪，从来没有自我批评"的嫉妒别人的"笔杆子"，一个坏蛋。

在实事求是地陈述对林彪、陈伯达的看法之后，邓小平恳切地向毛泽东和党中央表达了想继续为党为人民做工作的强烈愿望。信中说：完全脱离工作脱离社会接触已经 6 年多了……我觉得自己身体还好，虽然已经 68 岁了，还可以做一些技术性的工作（例如调查研究工作），还可以为党为人民做七八年的工作……信中最后说：我没有别的要求，我静候主席和中央的指示。

这是一位老党员向他的组织的呼唤，是一位大政治家向另一位大政治家进行的思想交流。毛泽东在接到这封信后，想起了历史上曾受过"左"倾错误冤屈的邓小平，想起了逐鹿中原屡建奇功的刘邓大军，想起了渡江战役和平定西藏，也想起了中苏分裂和"九评"。8 月 14 日，毛泽东挥笔写下了一段决定邓小平复出的批示：邓小平同志所犯的错误是严重的。但应与刘少奇加以区别。（一）他在中央苏区是挨整的，即邓、毛、谢、古四个罪人之一，是所谓毛派的头子。整他的材料见两条路线，六大以来两书……（二）他没有历史问题。即没有投降过敌人。（三）他协助刘伯承同志打仗是得力的，有战功。除此之外，进城以后，也不是一件好事都没有做的，例如率领代表团到莫斯科谈判，他没有屈服于苏修。这些事我过去讲过多次，现在再说一遍。这段批示除第一句官话以外，几乎全是赞扬邓小平的。很显然，这是毛本人要重新起用邓小平的信号。在当时，毛的批示就是"最高指示"，有至高无上的效力。

周恩来接到这件批示后，立即吩咐中央办公厅将毛泽东的批示和邓小平的信件印若干份送各政治局委员传阅；一面又以中央名义下令中共江西省委立即解除对邓小平的监督劳动，恢复他的党组织生活，还把邓小平原来的秘书、勤务员派回他身边协助工作，帮助照顾生活。这是给邓小平一个重要的信号。从 1972 年 11 月 12 日起，邓小平在江西省进行了一次轻松的调查。他先后参观了井冈山、吉安、三湾、兴国等地，重游了会昌、瑞金和宁都旧址，还了解了一些工厂和农村，对"文化大革命"时的社会基层有了更直接的认识。

1973 年 3 月 10 日，主持中央日常工作的周恩来总理见火候已到，亲自主持了中央政治局会议，会议认真讨论了邓小平给毛泽东的信和毛泽东所作的重要批示。最后，一致通过了恢复邓小平国务院副总理职务的决定，以中共中央名义下达。10天以后，邓小平一家离开南昌前往北京。4月13日，周恩来在北京人民大会堂宴请柬埔寨西哈努克亲王，请邓小平作陪。新闻媒介及时报道了邓小平与周恩来并肩步入人民大会堂宴会厅时的画面，邓小平在历经6年多的政治磨难后，又重新在中国政治舞台上复出了。

魔高一尺　道高一丈

——在四届全国人大组阁前夕与"四人帮"斗争

1973年3月,邓小平复出后,很快做出了出色的成绩,其政治地位和威望也稳步上升,成了江青一伙篡党夺权的一大障碍。1974年6月1日,周恩来住进医院以后,以周恩来、叶剑英、邓小平为主要代表的党内健康力量同"四人帮"一伙在四届全国人大组阁问题上,展开了一场尖锐复杂的政治斗争。

江青一伙反对邓小平,原因是明显的,因为邓小平的德才威望远不是"四人帮"能比的,在政治路线上,他们更不是一路人。因此,只要有邓小平在,他们的政治野心就无法得逞。所以,1974年3月政治局开会讨论派谁去出席联合国大会第6届特别会议时,江青就竭力反对派邓小平去。最后,毛泽东不得不写信告诫江青:邓小平同志出国是我的意见,你不要反对为好。小心谨慎,不要反对我的意见。

江青在此事上碰了个硬钉子,不得不退回来。等到周恩来住进医院后,他们以为时机已到,又立即着手准备在四届全国人大时夺取政府权力。可是,1974年10月4日,当王洪文询问谁当第一副总理时,毛泽东提议由邓小平担任第一副总理,这又使江青一伙失望。恼怒之后,他们决计找机会扳倒邓小平。很快,他们借"风庆轮事件"发难,向邓小平发动了一次围攻。

1974年10月12日,即中共中央发出"近期内召开第四届全国人民代表大会"通知后的第2天,"四人帮"终于按捺不住,指使《文汇报》和《解放日报》在头版上发表文章,借欢迎国产万吨轮"风庆号"远航归来为题,恶意攻击周恩来和其他中央领导同志。当时,风庆轮并不是我国自行设计的第一艘国产万吨轮,何以这次返回被"四人帮"大肆渲染?就是因为江青一伙要借题发挥。他们影射周恩来等中央领导同志是"迷信外国资产阶级的'假洋鬼子'",

是百般"崇洋媚外"的"当代的李鸿章"。他们竭力施展"文化大革命"中打倒老干部的故伎，以为这样一来，就可以把周恩来等一大批中央领导同志打倒并取而代之。

邓小平是一位胸怀世界的政治家，对江青一伙只知用论战整人，而不知中国与世界发达国家差距的见识短浅的政客们是蔑视的。他完全赞同周恩来在20世纪70年代初进口先进设备增强自力更生能力的开放战略。当他听说江青一伙大吹风庆轮时就轻蔑地说：才一万吨的轮船，就到处吹。一万吨有什么可吹的，1920年我到法国去的时候，坐的轮船就有几万吨！

可是，江青一伙仍然肆无忌惮地突然以风庆轮为题向邓小平发难。

1974年10月17日晚，中央政治局召开会议，江青突然袭击，挑起冲突。她拿出关于风庆轮的传阅材料，质问邓小平是什么意见，逼邓小平表态。

邓小平是个绵里藏针的人，他回答说：我已圈阅了，对这个材料还要调查一下呢。

江青一听，知道邓小平要压下这件事，心中十分不满。她得寸进尺地逼问邓小平：对批判"洋奴哲学"是什么态度，是赞成还是反对？

邓小平可不吃江青这一套气势汹汹的逼问。他严厉地反击江青：这样政治局还能合作？强加于人，一定要写出赞成你的意见吗？在原则问题上，邓小平决不让步，硬是顶住了江青的逼问。

江青一伙一看，一拥而上地叫嚷：早知道你要跳出来，今天你果然跳出来了！

见此情景，邓小平非常愤慨，他用蔑视的眼光怒视着靠整人起家的"四人帮"，然后愤然离开了会场。政治局会议不欢而散。

这场面对面的交锋更加触动了江青一伙的神经。政治局散会后，江青立即通知王洪文、张春桥、姚文元到她的住处钓鱼台17号楼碰头密谋，要搞倒邓小平。江青说：邓小平之所以吵架，就是对"文化大革命"不满意，有气，反对"文化大革命"。张春桥说：邓小平之所以跳出来，可能是与四届全国人大上对总参谋长的提名有关，这是一次总爆发。王洪文则毛遂自荐，由他到长沙去见毛泽东，告周恩来和邓小平的状，得到江青的鼓励。姚文元在10月18日的日记中写道："斗争形势突然地变化了！邓小平同志在昨天会议结束时站起来骂江青同志……已有庐山会议气息！形势如何发展，不以我们意志转移……"

斗争升级了。第二天，即 10 月 18 日清晨，王洪文乘专机前往长沙，背着周恩来和政治局其他同志到毛泽东面前诬告周恩来和邓小平。他在毛泽东面前说：北京现在大有庐山会议的味道，江青同志同邓小平同志发生了争吵，吵得很厉害，看来邓小平还是搞过去造船不如买船，买船不如租船那一套。王洪文又说，邓小平有那样大的情绪，是与最近在酝酿总参谋长人选一事有关。王洪文还说，总理现在虽然有病，住在医院，还忙着找人谈话到深夜。几乎每天都有人去。经常去总理那里的有小平、剑英、先念等同志。并说，他们这些人在这时来往得这样频繁，和四届全国人大的人事安排有关。同时，王洪文还分别吹捧了张春桥、姚文元和江青。

王洪文的用心显而易见，要借机搞倒周恩来为代表的老一辈无产阶级革命家。对于王洪文的诬告，毛泽东心里是清楚的。自 1974 年 3 月江青反对邓小平以来，他们一直是想搞邓小平的。对此，1974 年 7 月，即 3 个月以前，毛泽东曾经当着政治局委员的面批评江青一伙利用"批林批孔"运动搞宗派活动。毛泽东说：江青同志，你要注意呢！别人对你有意见，又不好面对你讲，你也不知道！又说：不要设两个厂，一个叫钢铁工厂，一个叫帽子工厂，动不动就给人戴大帽子，不好呢！你那个工厂不要了呢。

这回江青与毛泽东顶了嘴，江青说：不要了，钢铁工厂送给小平同志吧！毛泽东也补了一句：你也是难改呢。

所以，毛泽东听完王洪文告状后，只是淡淡地说：你回去要多找总理和剑英同志谈，不要跟江青搞在一起，你要注意她。这一回，毛泽东注意的是江青，他看出了江青在搞鬼。

江青一伙一计未成，又施一计。10 月 18 日这一天，江青两次找到毛泽东非常信任的两个特殊人物王海容和唐闻生，要她俩去长沙时诬告邓小平，说周恩来是后台。张春桥还添油加醋地把"批林批孔"后国内财政开支和外贸中的逆差说成是国务院领导崇洋媚外造成的，还把 17 日的政治局会议比作"二月逆流"，以中伤周恩来和邓小平。

第二天，即 10 月 19 日，王、唐二人感到昨天江青说的事情关系重大，觉得应该先向周恩来汇报。于是，她们来到医院，向周恩来报告了江青找她们谈话的情况。

此时的周恩来虽然住进医院，但对政局的事态洞若观火。他看出江青一伙是冲着抢班夺权发难的，所以心里是有准备的。周恩来听完汇报后，意味深长地告诉王、唐二人：他已知道政治局会议的问题，经过他的了解，事情并不像江青等人所说的那样，而是他们四个人事先就计划好要整邓小平，他们已多次这样搞过邓小平，邓小平已忍了他们很久。最后，周恩来又对王、唐二人说：我正在做工作，打算进一步了解情况，慢慢解决问题。很显然，周恩来支持邓小平。

毛泽东从王、唐这里了解到真情和周恩来的意见后，很生气地说，风庆轮的问题本来是一件小事，而且先念等同志已在解决，但江青还这么闹。他称赞邓小平顶住了江青，还建议邓小平担任党的副主席、第一副总理、军委副主席兼总参谋长。他要王海容和唐闻生回北京转告周恩来和王洪文：总理还是总理，四届全国人大的筹备工作和人事安排问题要总理和王洪文一起管。毛泽东这一决策，宣告了江青一伙组阁阴谋的失败。

11月6日，周恩来在医院写信给毛泽东，表示："积极支持主席提议的小平同志为第一副总理，还兼总参谋长。"

11月12日，邓小平在长沙面见毛泽东。毛泽东以赞叹的口气对邓小平说：你开了一个钢铁公司。邓小平回答说：我实在忍不住了。她在政治局搞了七八次了。邓小平还告诉毛泽东：他到江青那里去了一次，以"钢铁公司"对"钢铁公司"。毛泽东听后高兴地说："这样好！"谈到自己的工作，邓小平表示：关于我的工作决定，主席已经讲了，不再提什么意见了，但责任太重了一点。毛泽东说：没办法呢，只好担起来啰。

1975年1月5日，中共中央任命邓小平为中央军委副主席兼中国人民解放军总参谋长，同时任命张春桥为总政治部主任。1月8日至10日，周恩来在北京主持召开党的十届二中全会，会议坚持了毛泽东关于支持周恩来筹备四届全国人大并任国务院总理的意见，选举邓小平为中共中央副主席、中央政治局常务委员，批准李德生辞去中央副主席、政治局常委的请求。1月3日至17日，第四届全国人民代表大会第一次全体会议在北京召开，大会确定了以周恩来、邓小平为核心的国务院领导班子，江青一伙篡党夺权的阴谋宣告失败。

明知山有虎　偏向虎山行

——1975年主持全面整顿工作

1975年1月,党的十届二中全会和第四届全国人民代表大会的召开,使邓小平重新成为仅次于毛泽东和周恩来的实力人物。2月2日,周恩来在给毛泽东提出的关于国务院副总理分工的建议中又明确推荐由邓小平"主管外事,代总理批阅文件",把邓小平推上了代总理批阅文件的位置。这样,在毛泽东和周恩来的支持下,邓小平能够施展他的治国雄才,开始全面主持党政军日常工作。

这时,中国社会历经动乱,问题严重。在经济上,由于林彪、江青两个集团的干扰破坏,生产有所下降,质量严重降低,国民经济的运行和发展很不正常。社会秩序上,无政府主义和派性活动搅得一片混乱,人心涣散。尤其在政治上,极左思潮猖獗,形而上学横行,江青一伙利用其把持的权力到处整人,搞得人人自危,国无宁日。正义的实事不敢做,阴谋狡诈的利箭却随时都可能袭击和打倒为国为民的老干部。

对于这一切,邓小平是很清楚的。为了党和人民的根本利益,为了祖国的四个现代化,邓小平以无产阶级政治家的大智大勇,担着政治上的风险,大刀阔斧地砍向"四人帮"设置的禁区,雷厉风行地采取了治理国家的一系列措施。

邓小平的主要手段是整顿。在当时全国各行各业一片混乱的形势下,整顿是唯一的高棋。对于整顿,邓小平的指导思想是:当前的大局是把国民经济搞上去,而目前全国各条战线都存在许多问题,因此必须全面整顿。在全面整顿中,核心是党的整顿,关键是解决领导班子。循着这样的思路,邓小平先后采取了几个重大的步骤。

首先,抓军队整顿。1975年1月25日,四届全国人大一次会议刚刚结束,邓小平即开始了军队的整顿。他在总参谋部机关团以上干部会上发表了题为《军队要整顿》的讲话。在这次讲话中,邓小平传达了毛泽东提出的"军队要整顿"的指示,指出:"军队的整顿,一个是要提高党性,消除派性;一个是要加强纪律性。"接着,6月24日至7月15日,中共中央军委召开扩大会议,讨论解决军队调整编制、体制问题。叶剑英、邓小平、徐向前、聂荣臻在这次会议上都讲了话。邓小平详细讲了军队整顿的任务是要消除军队中存在的"肿、散、骄、奢、惰"这五个问题,主要抓编制、抓装备、抓战略、抓训练、抓指挥水平和管理水平,要加强军队党的工作和政治工作,增强军队内部的团结和军民团结。这次会议有力地整顿了军队,对江青插手军队的乱军阴谋予以沉重的打击,进一步稳定了军队。张春桥虽为总政治部主任,在这次会议中非常孤立。

第二,抓经济工作的整顿。当时的经济问题突出的有四个:一、交通运输严重堵塞,津浦、京广、陇海、浙赣四条大动脉日运量只有需要量的四分之三不到,危及工业生产和城市生活;二、派性严重,不少单位的帮派分子煽动无政府主义,闹武斗,搞派性,企业停工停产现象严重;三、生产停滞,技术人员和老劳模受到严重排斥;四、规章制度不全,企业生产没有保障。为了扭转这种困难局面,邓小平决定先解决铁路运输问题。1975年2月25日至3月8日,中共中央在北京召开全国各省、市、自治区党委主管工业的书记会议,邓小平在会上作了题为《全党讲大局,把国民经济搞上去》的讲话。他说:从现在算起还有25年时间,把我国建设成为具有现代农业、现代工业、现代国防和现代科学技术的社会主义强国,全党全国都要为实现这个伟大目标而奋斗。这就是大局。他指出:当前的薄弱环节是铁路。铁路运输的问题不解决,生产部署统统打乱,整个计划就要落空。所以中央下决心解决这个问题。对于那种批"唯生产力论"的极左思潮,邓小平严厉地说:只敢说抓革命,不敢说抓生产,这是大错特错。怎样解决铁路运输不畅、滞后的问题?邓小平的办法是加强集中管理。他强调:"必要的规章制度一定要恢复和健全,组织性、纪律性一定要加强。"

加强集中统一的管理必须要清除派性的阻挠。怎样解决派性问题?邓小平拿出了硬的一手,即先进行教育,后宣布解散,不服从的要调离。他宣布:大派小派都要解散,对闹资产阶级派性的头头只等他1个月,再不转变,性质就变了。要把闹派性的头头从原单位调离，调动后又钻出来新的头头再调，不服从调动不发工资。这次会议后，中共中央于1975年3月5日发出了《关于加强铁路工作的决定》的9号文件，决定对全国铁路恢复实行以铁道部为主的管理体制。此后，中央组织在重点路段分别召开了几千人、几万人、十几万人的大会，全面落实党的政策，狠狠打击了闹派性、武斗、停工停产的坏分子，使全国铁路运输工作很快走上了正轨。到4月份，全国20个铁路局除南昌外都超额完成了国家计划。

接着，邓小平从抓铁路运输转向抓基础工业中钢铁工业的整顿。1975年的前4个月，全国几个主要钢铁厂欠产严重。于是，1975年5月8日至29日，中共中央在北京召开了先后有17个省、市、自治区和11个大钢厂及国务院有关部委负责人参加的钢铁工业座谈会，邓小平、叶剑英、李先念在座谈会上都发表了重要意见。邓小平提出了整顿钢铁工业的四条办法：一是从部到厂建立起强有力的、敢字当头的、有能力的领导班子，不能软、懒、散。二是发动群众同资产阶级派性作斗争，寸土必争，寸步不让。三是落实好政策，把受运动伤害的老工人、老干部、老劳模和技术骨干的积极性调动起来。四是把必要的规章制度建立起来，大钢厂要有单独的强有力的生产指挥机构。这次座谈会还确定，1975年计划生产2600万吨的指标不能动，欠产要补上，几个大钢厂要限期扭转局势。6月4日，中共中央做出了《关于努力完成今年钢铁生产计划的批示》。经过1个多月的整顿，钢铁生产形势明显好转。

在铁路和钢铁工业走上正轨以后，邓小平又继续抓企业规章制度、农业和新技术。在他的指示下，国务院各有关部门起草并修改了《工业二十条》等一整套管理条例，开始有章法有秩序地抓各行各业的整顿。最后，邓小平及时地提出了整顿党的作风问题，开始抓党组织的整顿。9月27日和10月4日，邓小平在农村工作座谈会上又强调：各方面都要整顿，整顿的核心是党的整顿。整党主要放在整顿各级领导班子上。对于整党，他号召要"敢字当头"，勇于整顿。

在全国各行各业进行全面整顿的基础上，邓小平高瞻远瞩，统揽全局，将毛泽东所做的关于理论问题、安定团结和把国民经济搞上去的指示概括为"三项指示"，并提出了一个著名的口号，叫作"三项指示为纲"。这一口号的实质是以把国民经济搞上去为重点，强调抓经济建设，这是邓小平整顿的目标。

8月，邓小平又指导国务院政治研究室写出了一篇有名的文章，这就是《论全党全国各项工作的总纲》。文章阐明了毛泽东提出的"学习无产阶级专政理论""还是安定团结为好""把国民经济搞上去"这三项指示是全党全国各项工作的总纲，尖锐地批判了那种把政治和经济互相割裂开来，一听到要抓好生产、搞好经济建设就说人家搞修正主义的错误做法，揭露了江青一伙在"文化大革命"中一直采用的挑动群众斗群众，对革命同志实行"残酷斗争，无情打击"的做法，讽刺了那种认为只要抓好革命、生产就自然而然会上去的极左人物是一种"沉醉在点石成金一类童话中的人"，强调发展生产、搞好经济建设、实现四化宏伟目标是各项工作的出发点和归宿。

在当时的"文化大革命"条件下，这篇文章集中体现了邓小平从整顿入手治国、把经济建设作为各项工作的出发点和归宿的思想，是一篇独树一帜的治国奇文。文章与张春桥的那篇《论对资产阶级的全面专政》的文章在重心上形成了强烈的对比，闪烁着邓小平坚持实事求是地解决中国问题、决心把祖国建成四化强国的宏伟抱负，在极左思潮十分猖獗的情况下，具有大无畏的理论勇气。它实际上是1978年拨乱反正的前奏。

坚如磐石　临危不惧

——在全面整顿之后再次被打倒

1975年,已是"文化大革命"开展后的第9个年头。江青一伙在四届全国人大组阁斗争中失败以后,又利用手中掌握的舆论宣传大权,向周恩来、邓小平、叶剑英等党内健康力量发动了一次次猖狂进攻,党内斗争更加激烈起来。

1975年初,全国掀起了学习"无产阶级专政理论"的群众运动。但是,3月1日,张春桥以解放军总政治部主任名义召开全军各大单位政治部主任座谈会,提出要批"经验主义"。同日,姚文元在《红旗》上发表《论林彪反党集团的社会基础》一文,文中引用了毛泽东曾经说过的"主要危险是经验主义"这句话,也提出要批判经验主义。4月4日和5日,江青在宣讲张春桥《论对资产阶级的全面专政》一文时又说:"现在我们的主要危险不是教条主义,而是经验主义……经验主义是修正主义的帮凶,是当前的大敌。"与周恩来、叶剑英、邓小平等一心一意搞四化的老一辈革命家相对照,"四人帮"一伙又试图以反经验主义为借口,在理论界组成一个反对周恩来、邓小平等人的大合唱,破坏和阻挠全面整顿工作。

这时,毛泽东讲话了。毛泽东不喜欢"四人帮"这一套。他说,你们只恨经验主义,不恨教条主义。提法似应提反对修正主义,包括反对经验主义和教条主义,二者都是修正马列主义的,不要只提一项,放过另一项。又说,我党真懂马列的不多,有些人自以为懂了,其实不大懂,动不动就训人。这也是不懂马列的一种表现。这段批评,迫使江青在1975年4月27日中央政治局会议上作自我批评,反"经验主义"的图谋失败了。

5月3日,毛泽东召集在京的政治局委员开会,提出了"三要三不要"的理论,并严厉批评"四人帮"不和200多中央委员搞团结。毛泽东说:"我看批判经验主义的人，自己就是经验主义。"最后，毛泽东要大家记住三句话："要搞马列主义，不要搞修正主义；要团结，不要分裂；要光明正大，不要搞阴谋诡计。"毛泽东这一批，使江青一伙处于尴尬的境地。

5月27日，邓小平主持政治局会议，根据毛泽东5月3日的指示，批评江青等人。

两军对垒，阵线分明。邓小平出语犀利，发起攻势，直指要害。邓小平说，毛主席告诫、帮助我们，再三讲"三要三不要"，联系实际讲宗派主义，讲"四人帮"的问题。主席问政治局讨论的结果。讨论，无非是对主席5月3日指示，到会同志都讲了话。有同志说，这次会上的讲话过了头，有的同志说是搞突然袭击，搞围攻。其实，百分之四十也没讲到，有没有百分之二十也难讲。谈不上突然袭击和过头。无非是讲历史上的路线斗争，有的来自经验主义，有的来自教条主义，这没有什么过。倒是要提一个问题、三件事：批周、叶……当时钻出过一个"十一次路线斗争"，这不是主席的，后来主席纠正了；批林批孔，又钻出个批走后门，提到对马列背叛，当面点很多人的名；学理论，是防修、反修，又钻出个主要是批经验主义。来势相当猛。别的事不那么雷厉风行，这几件事雷厉风行。主席提三个问题，钻出三件事。倒是问一问，为什么？

这一段话，如青天利剑，直戳江青一伙的阴谋心机。在江青一伙的围攻中，邓小平毫不畏惧，坚如磐石。在批驳江青等人的卑劣行径时，邓小平奋勇当先，攻其要害。这时，叶剑英、李先念等人也在发言中支持邓小平，质问和批评江青一伙。6月3日，政治局又一次开会批评江青等人。"文化大革命"以来江青等人在政治局会议上连续挨批，这还是第一次。这一批，逼得江青、张春桥写书面检查，王洪文作自我批评。这一个回合，江青一伙又以失败告终。不久，毛泽东找邓小平谈了一次，肯定会议有成绩。但限于历史的特定条件，毛泽东不可能下决心解决"四人帮"的问题。

正当邓小平等人全面整顿取得很大成绩，使全国的局面继周恩来1972年纠"左"之后又一次出现转机时，江青一伙又一次使用卑劣的伎俩，利用其爪牙毛远新充任毛泽东联络员的机会，从9月底到11月初连续几次向毛泽东汇报，不讲全面整顿的成绩，却攻击邓小平很少讲"文化大革命"的成绩，很少提批刘少奇的修正主义路线。说三项指示为纲，其实只剩下一项指示，即生产上去了。毛远新还告诉毛泽东，对"文化大革命"，有股风，比1972年借批极左而否定"文化大革命"还凶些。还说担心中央，怕出反复。

这样一搞，毛泽东不高兴了。对于"文化大革命"，毛泽东不容否定，他把开展"文化大革命"看成是一生中所做的"两件大事"之一。对于"文化大革命"，毛泽东的看法是"基本正确，有所不足"，"必须'三七开'"。毛泽东认为，有两种态度，"一是对文化大革命不满意，二是要算账，算文化大革命的账"。他要毛远新找邓小平、汪东兴、陈锡联开会，把他的意见讲出来。毛远新当即照办。

对于江青一伙的攻击和捣鬼，邓小平是有准备的。作为一个人民政治家，为了党和人民的利益，为了坚持真理，他素来是不向错误压力让步的。还在九十月间，他就针对江青一伙批《水浒》评宋江和攻击整顿的言论说：这样做，无非有人讲"还乡团"回来了，复辟了……让他们骂好了。打着反复辟旗号的人自己要复辟，打着反倒退旗号的人自己要倒退。他号召老干部要横下一条心，拼老命，"敢"字当头，不怕，无非是第二次被打倒，不要怕第二次被打倒，把工作做好了，打倒了也不要紧，也是个贡献。所以，当11月2日毛远新找邓小平、汪东兴、陈锡联开会时，邓小平对毛远新的观点明确表示异议，他说：说毛主席为首的中央搞了个修正主义路线，这个话不好说。从9号文件以后全国的形势是好一点，还是坏一点，这可以想想嘛。对9号文件以后的评论，远新同志的看法是不同的。是好是坏实践可以证明。并说：昨天（11月1日）晚上我问了主席，这一段工作的方针政策怎样，主席说对。这一下，毛远新碰了一鼻子灰。

可是不久，毛泽东倾向于批评邓小平。11月20日，中央政治局根据毛泽东关于对清华大学刘冰等人揭发迟群和谢静宜信的批示意见，对邓小平作了错误批评，并讨论了对"文化大革命"的评价问题。毛泽东希望在"文化大革命"问题上统一认识，提出由邓小平主持作一个肯定"文化大革命"的决议，总的评价是"三分缺点，七分成绩"。在事关历史结论的原则问题上，邓小平没有让步，他婉拒了毛泽东的提议，并引用了陶渊明《桃花源记》中的两句话说：由我主持写这个决议不适宜，我是桃花源中人，"不知有汉，无论魏晋"。这样一顶，坚持了真理，但政治上的处境逐渐转危。11月下旬，中央政治局根据毛泽东的指示，在北京召开了有130多名党政军机关负责同志参加的打招呼会议，宣读了毛泽东批准的《打招呼的讲话要点》。《要点》认为，当前有一股"右倾翻案风"，是因为"有些人总是对这次文化大革命不满意，总是要算文化大革命的账，总是要翻案"。12月14日，中共中央转发了《清华大学关于教育革命大辩论的情况报告》，《报告》中说："今年7、8、9三个月，社会上政治谣言四起，攻击和分裂以毛主席为首的党中央，否定文化大革命，翻文化大革命的案，算文化大革命的账。这是一股右倾翻案风。""这场斗争，绝不是孤立的，而是当前两个阶级、两条道路、两条路线斗争的反映，是无产阶级文化大革命的继续和深入。"同时，"四人帮"一伙借机在全国刮起了一股"批邓、反击右倾翻案风"的恶潮，矛头直指邓小平。邓小平危矣！

当此之际，周恩来在医院里全力支持邓小平。12月6日，周恩来做最后一次手术，邓小平赶来，周恩来抬起头来，握着邓小平的手，望着站在周围的叶剑英、李先念、王洪文和张春桥，大声称赞说：你这一年干得很好，比我强得多……差不多与此同时，朱德在另一个场合赞扬了邓小平整顿工作做得好，并针对江青一伙的阴谋说：要抢班夺权是不行的，林彪不是垮了吗？

然而，1976年1月8日，敬爱的周恩来总理离开了人间。1月15日，邓小平在追悼会上致悼词，最后一次公开露面。1月21日，毛泽东指定华国锋主持国务院的工作，邓小平专管外事。2月2日，中央发出"1号文件"通知全党：经毛主席提议，中央政治局一致通过，由华国锋任国务院代总理。2月25日，中共中央召集各省、市、自治区和各大军区负责人会议，传达了《毛主席重要指示》，其中说，对邓小平，"批是要批的，但不要一棍子打死"。4月5日，震惊中外的"四五事件"爆发。4月7日上午，毛泽东听完毛远新的汇报后，提出了处理天安门事件的三条意见。据此，中共中央做出了两个决议：第一，中共中央关于华国锋同志任中共中央第一副主席、中华人民共和国国务院总理的决议。第二，中共中央关于撤销邓小平党内外一切职务的决议。

在这沉重的政治打击下，邓小平已经处在政治上危如累卵的境地，但他仍然坚毅地承受着这一切。为了坚持真理，他宁愿忍受和承担这一切。事实上，为了坚持原则、坚持真理，他从不计较个人的进退。1977年3月，当华国锋提出邓小平出来之前必先承认"天安门事件是反革命事件"时，邓小平严词拒绝，他说："我不出来没关系，但天安门事件是革命行动。"表现了不屈不挠的精神。

抓住关键　正本清源

——冲破"两个凡是"后第三次复出

1976年10月，是当代中国历史上一个非常值得纪念的月份。历史老人在这个时间里重新击起了正义的战鼓：10月7日，华国锋在叶剑英、汪东兴、陈云、聂荣臻、李先念、王震等人的支持下，代表中央政治局宣布对王洪文、张春桥、江青、姚文元这臭名昭著、作恶多端的"四人帮"进行隔离审查，把他们押上了历史的审判台。在毛泽东逝世后不足1个月的时间里采取这样重大特殊的举措，实在是党内正义力量铲除邪恶势力的必然结果，举国上下人心大快！持续10年之久的"文化大革命"至此终于画上了一个失败的句号。

然而，"四人帮"尽管迅速垮台了，但"文化大革命"的余毒和极左思潮还根深蒂固地存在，在"文化大革命"运动中四处蔓延的政治迷信和政治教条仍然严重地制约着人们的思维方式和行为方式，使全国人民陷入一种意识形态的严重束缚与羁绊之中难以解脱。虽然人们的心情轻松了一些，但许多原则问题仍未解决，中国社会继续处在一种痛苦的徘徊状态。

这时候，众望所归的邓小平也仍然处在政治上被压制的状态。虽然"四人帮"已经垮台，当时，在政治上继续不公正地压制邓小平复出的，是把毛泽东的每一句话都当作圣谕的"两个凡是"。

"两个凡是"，即"凡是毛主席作出的决策，我们都坚决拥护；凡是毛主席的指示，我们都始终不渝地遵循"。1977年2月7日，《人民日报》《红旗》《解放军报》两报一刊联合发表了题为《学好文件抓住纲》的社论，公开提出了这一指导思想。按此方针，"阶级斗争为纲"不能变，"文化大革命"中的许多东西将要继续，谬误将被当作真理供奉，毛泽东晚年的许多错误根本不能纠正，邓小平也就不能复出了！

正是按照这一逻辑，粉碎"四人帮"以后，华国锋坚持1976年4月7日毛泽东口述对天安门事件和邓小平撤职问题处理意见后中共中央做出的决议，不愿意纠正上述错误。1976年10月26日，即粉碎"四人帮"后20天，当中宣部向华国锋反映广大人民群众要求邓小平复出的呼声时，华国锋迅速进行了相反的表态：第一，要集中批"四人帮"，连带批邓；第二，天安门事件要避开不说。延至1977年3月，中央委员陈云在中央工作会议上书面提出，应恢复邓小平的工作并为1976年天安门事件和其他重大冤假错案平反时，华国锋仍然坚持"两个凡是"的立场，认为"批邓，反击右倾翻案风"是"伟大领袖毛主席决定的，批是必要的"。这样，邓小平被华国锋用"两个凡是"一压，不仅不好出来工作，而且还要继续挨"批"！

在这种情况下，邓小平以一个马克思主义者的大无畏精神，向"两个凡是"率先进行了斗争。

要否定"两个凡是"的思想路线，必须用一件真正代表马克思主义的思想武器。这件武器是什么呢？是"实事求是"。长期以来，邓小平一直运用实事求是的思想方法思考问题和解决问题，为革命事业取得了一个又一个胜利。现在，他再次运用这一马克思主义的精髓和毛泽东思想活的灵魂作为思想武器，冲破"两个凡是"的束缚，进而否定这种形而上学的口号，为毛泽东思想正本清源，为全国人民冲破迷信、摆脱僵化、解放思想扫清障碍，为中国社会找出光明的出路。

1977年4月10日，邓小平致信中共中央，提出了对继承毛泽东思想的正确看法。他指出：我们必须世世代代用准确的完整的毛泽东思想来指导我们全党、全军和全国人民，把党和社会主义的事业，把国际共产主义运动的事业，胜利地推向前进。邓小平写这封信，是向中央表明继承毛泽东思想体系的态度，同时也是对"两个凡是"这一形而上学错误口号的"迂回进攻"。《孙子兵法·军争篇》说："军争之难者，以迂为直，以患为利。"又说："先知迂直之计者胜。"准确完整的毛泽东思想体系这一科学概念的提出，把如何正确对待毛泽东指示的问题，明确提到了全党、全军和全国人民的面前。对比之下，谁能真正继承和理解毛泽东思想并准确地运用毛泽东思想，已经不言而喻了。

邓小平的这封信引起了华国锋等人的注意。在叶剑英等人的推动下，中共中央政治局根据邓小平本人的提议，在5月3日讨论决定在党内印发邓小平先后于 1976 年 10 月 10 日、1977 年 4 月 10 日致华（国锋）主席、叶（剑英）副主席和党中央的两封信，供有关同志传阅和讨论。接着，1977 年 5 月 24 日，邓小平在同王震、邓力群谈话时，对"两个凡是"改"迂回进攻"为"正面出击"。邓小平说："两个凡是"不行。按照"两个凡是"，就说不通为我平反的问题，也说不通肯定 1976 年广大群众在天安门广场的活动"合乎情理"的问题。对于"两个凡是"是否正确这一关键点，邓小平引用了毛泽东的一段自我评价。邓小平说："毛泽东同志说，他自己也犯过错误。一个人讲的每一句话都对，一个人绝对正确，没有这回事情。"他说："一个人能够'三七开'就很好了，很不错了；我死了，如果后人能够给我以'三七开'的估计，我就很高兴、很满意了。"邓小平这一段引语，直截了当地击破了"两个凡是"的错误口号。那么，怎样看待"两个凡是"的口号？邓小平严肃地指出："这是个重要的理论问题，是个是否坚持历史唯物主义的问题。彻底的唯物主义者，应该像毛泽东同志说的那样对待这个问题。马克思、恩格斯没有说过'凡是'，列宁、斯大林没有说过'凡是'，毛泽东同志自己也没有说过'凡是'。"很显然，邓小平这段话，实指"两个凡是"是一种将毛泽东每一句话都绝对化的理论观点，其本质上是错误的，违背了毛泽东思想。最后，邓小平再一次重申了"用准确的完整的毛泽东思想来指导全党、全军和全国人民"的正确观点。

邓小平这段谈话很有说服力，真理在邓小平一边。在老一辈无产阶级革命家的坚决要求和广大人民群众的强烈呼声中，1977 年 7 月，中共中央十届三中全会一致通过了《关于恢复邓小平同志职务的决议》，决定恢复邓小平的中共中央政治局委员、政治局常务委员、中央副主席、中央军委副主席、国务院副总理、中国人民解放军总参谋长等职务。邓小平在经历个人历史上第三次大的政治磨难后终于再一次复出了！这一次复出，连同他 1933 年、1973 年这两次复出一起，构成了邓小平个人历史上传奇般的经历，也预示着中国的历史将再次发生巨大的转折。这一年，他已经 73 岁。

拨乱反正　解放思想

——在历史转折点上确立三中全会路线

1977年7月，邓小平在党的十届三中全会上的复出，是粉碎"四人帮"以后中国政坛上的重大事件。它标志着中国的政治发展将要发生根本性的变化，这个变化的信号就是坚持正确方向的政治家邓小平已经重新返回中共核心领导层，成为中国政治中举足轻重的人物。

但是，十届三中全会除此之外并没有纠正错误方针的内容。在身兼党中央主席、国务院总理和中央军委主席的华国锋的主持下，会议仍然继续宣扬"两个凡是"的错误方针，坚持"文化大革命"的"左"倾错误理论和立场，从总体上仍然维护"文化大革命"的错误。这样，中国社会就还是处在"文化大革命"的影响之中。而此时，邓小平已对局势看得很深刻，为了扭转这种状况，他决定从思想战线上入手，通过有力的拨乱反正，进而把全党的工作导入正确的轨道。

思想战线上最严重的问题在哪里呢？邓小平认为，问题的关键在于对毛泽东思想的理解上。"两个凡是"之所以成为华国锋的指导思想，其基本原因还是对毛泽东思想的理解和运用上有错误。因此，1977年7月21日，邓小平在十届三中全会上不失时机地再次提出了"完整准确地理解、掌握和运用毛泽东思想"的问题。他出语尖锐，分量很重，指出："林彪否定毛泽东思想，说'老三篇'就代表了毛泽东思想。林彪还把毛泽东思想同马克思列宁主义割裂开来。这是对毛泽东思想的严重歪曲，极不利于我们党和社会主义事业，极不利于国际共产主义运动。"很显然，这个讲话的开头就是有所指的，问题一下子就提到了一定的高度。

对于毛泽东思想，邓小平说："我说要用准确的完整的毛泽东思想作指导的意思是，要对毛泽东思想有一个完整的准确的认识，要善于学习、掌握和运用毛泽东思想的体系来指导我们各项工作。只有这样，才不至于割裂、歪曲毛泽东思想，损害毛泽东思想。"怎样准确地把握毛泽东思想的体系？邓小平指出："毛泽东同志倡导的作风，群众路线和实事求是这两条是最根本的东西。"很显然，邓小平在这个会议上提倡完整地理解、掌握和运用毛泽东思想体系，是要彻底解决"两个凡是"的问题。在当时个人崇拜处于高峰的政治氛围中，邓小平以他深邃的智慧和惊人的胆略，站到了思想战线斗争的最前列。

然而，主持中央工作的华国锋，在指导方针上仍然沿着"两个凡是"的逻辑前进。1个月后，党的十一次全国代表大会召开，华国锋在《政治报告》中宣布了"文化大革命"的结束，但是却进一步形成了"三个坚持"的指导思想。"三个坚持"即"坚持无产阶级专政下继续革命的理论；坚持毛泽东关于无产阶级文化大革命非常及时，完全必要，还要继续开展的论断；坚持反右，反对反'左'的立场"。这样，"三个坚持"就意味着"文化大革命"的调子将继续唱，"文化大革命"的方针将继续实行，可见，"文化大革命"在思想上并未真正结束，更谈不上工作重点的转移。对于这样一种指导思想，邓小平是完全不同意的。于是，他在党的十一大闭幕式上又进一步强调：要正确地贯彻执行毛主席的革命路线，恢复和发扬党的群众路线、实事求是、批评和自我批评等优良传统和作风，在全党努力造成一个又有集中又有民主，又有纪律又有自由，又有统一意志，又有个人心情舒畅、生动活泼，那样一种政治局面。

问题是在当时的情况下，要把全国人民引向光明大道，彻底结束"文化大革命"，就必须彻底推倒"两个凡是"；而要推倒"两个凡是"，又必须破除个人崇拜的迷信，彻底解放思想。另一方面，要让人们明白"两个凡是"是错误的，就必须让人们彻底明白"文化大革命"是错误的；而要让人们明白"文化大革命"是错误的，又必须拨乱反正，敢于否定错误的事实，包括为毛泽东本人所肯定的事实，在平反冤假错案中正本清源，恢复毛泽东思想的正确体系。因此，要推动中国历史的转折，从大的意义上来看，就必须解决好两个关键问题：一是解放思想，实事求是；一是拨乱反正，正本清源。而要真正解决这两个大问题，没有非凡的智慧和勇气是做不到的，即使有了非凡的智慧和勇气，在政治上也是很困难，很危险的，不容易做到和解决好。

邓小平决心走这两步棋。他选准了教育战线作为突破口，来实现拨乱反正、解放思想的政治目的。

教育，历来是政治斗争的一个重要阵地。"文化大革命"的发动，就是从教育战线开始的。当时，教育战线在"四人帮"的破坏下，误国十年，已经问题成堆。而且，在"文化大革命"打击下，人们已经谈虎色变，习惯于因循守旧，不敢越雷池一步，更怕被批判和打倒，其恢复真理的勇气实在不足。在这种情况下，邓小平从1977年7月开始，几次找教育和科技部门的负责同志谈话，鼓励他们大胆抓工作，不要被"文化大革命"思潮束缚。在教育战线，他所采取的第一个拨乱反正措施是坚决否定由张春桥修订、毛泽东圈阅的《全国教育工作会议纪要》。他说：《纪要》里讲了所谓"两个估计"，即"文化大革命"前17年教育战线是资产阶级专了无产阶级的政，是"黑线专政"；知识分子的大多数世界观基本上是资产阶级的，是资产阶级知识分子。这个问题究竟怎么看？新中国成立后的17年，各条战线，包括知识分子比较集中的战线，都是以毛泽东同志为代表的路线占主导地位，唯独你们教育战线不是这样，能说得通吗？《纪要》是毛泽东同志画了圈的。毛泽东同志画了圈，不等于说里面就没有是非问题了。《纪要》引用了毛泽东同志的一些话，有许多是断章取义的。《纪要》里还塞进了不少"四人帮"的东西。对这个《纪要》要进行批判，划清是非界限。

邓小平在大胆否定《纪要》之后，进一步督促教育战线解放思想，拨乱反正。针对人们被长期运动搞得前怕狼、后怕虎的现实，邓小平向教育部负责人发出了"十二道金牌"，他说，教育部要争取主动。你们还没有取得主动，至少说明你们胆子小，怕又跟着我犯"错误"。我知道科学、教育是难搞的，但是我自告奋勇来抓。不抓科学、教育，四个现代化就没有希望，就成为一句空话。你们要放手去抓，大胆去抓，要独立思考，不要东看看，西看看。把问题弄清楚，该怎么办就怎么办。现在群众劲头起来了，教育部不要成为阻力。教育部首要的问题是要思想一致。赞成中央方针的，就干；不赞成的，就改行。最后，他还就教育部门的管理体制、学制、恢复考试制度、职称制度、人才流动等一系列问题提出了拨乱反正的指导性意见。

在邓小平的亲自领导和督促下，全国教育战线率先进行了一系列拨乱反正的举措，其中恢复考试制度、择优录取和尊师工作的全面展开带有全局性，它使社会风尚为之一新，到处是"尊重知识、尊重人才"的新风气，"高考热"

和"自学热"成为亿万青年奋发向上的主旋律，一个科学、教育、文化的春天重新来临了。

教育战线上的拨乱反正带动了全国更深层次的思想解放运动。1977年底，中央党校常务副校长胡耀邦明确提出：分清路线是非，不能按党的文件，而应按革命实践。研究"文化大革命"必须解放思想。研究党史必须坚持两条原则：一条是以实践为检验真理、分辨路线是非的标准，实事求是地研究；一条是完整地、准确地理解和运用毛泽东思想。年底，中央党校《理论动态》内刊在胡耀邦支持下创刊，进行相当活跃的内部大讨论，开始触动理论禁区。1978年3月26日，《人民日报》发表了题为《标准只有一个》的思想评论，强调真理的标准只能是社会实践。接着，5月11日，《光明日报》头版发表了由南京大学哲学系胡福明初稿、光明日报社编辑部多次修改、最后经胡耀邦亲自审定的署名为光明日报特约评论员的文章《实践是检验真理的唯一标准》，把拨乱反正和思想解放运动推向理性思维层次。文章尖锐指出：检验真理的标准只能是社会实践。任何理论都要接受实践的检验。即使是已经在一定的实践阶段上证明为真理，在其发展过程中仍然要接受新的实践的标准而得到补充、丰富和纠正。躺在马列主义毛泽东思想的现成条文上，甚至拿现成的公式去限制、宰割、裁剪无限丰富的飞速发展的革命实践，这种态度是错误的。我们要有共产党人的责任心和胆略，勇于研究生动的实际生活，研究现实的确切事实，研究新的实践中提出的新问题。只有这样，才是对待马克思主义的正确态度，才能逐步地由必然王国向自由王国前进，顺利地进行新的伟大的长征。文章锋芒犀利，矛头直指"两个凡是"，力度很强，将理论斗争直接运用于政治思想领域，引起了全国上下的极大反响。当日，新华社即转发了此文。翌日，《人民日报》和《解放军报》同时转载。

这篇文章震动了当时的中央主要领导人。马上，中央某要人就向此文的作者和报社施加压力，竟说文章"在理论上是荒谬的，在思想上是反动的，在政治上是砍旗帜的"。他还指责"新华社和《人民日报》犯了错误"，并责问"这是哪个中央的意见?!"企图将这场思想解放运动一棍子打死。

在这个关键时刻，邓小平讲话了。他旗帜鲜明地支持这场真理标准问题大讨论，为他们撑腰。5月19日，即文章发表后的第8天，邓小平在接见文化部核心领导小组负责人时明确表态：文章符合马克思主义嘛，扳不倒嘛。

但是，来自中央最高领导层的压制思想解放运动的压力很大。针对这股强大的势力，邓小平决定从军队入手进行反击。他在6月2日全军政治工作会议上尖锐指出：解决问题究竟是否正确或者完全正确，还需要今后的实践来检验。但是，我们也有一些同志天天讲毛泽东思想，却往往忘记、抛弃甚至反对毛泽东同志的实事求是、一切从实际出发、理论与实践相结合的这样一个马克思主义的根本观点、根本方法。不但如此，有的人还认为谁要是坚持实事求是，从实际出发，理论和实践相结合，谁就是犯了弥天大罪。这个问题不是小问题，而是涉及怎么看待马列主义、毛泽东思想的问题。他号召全党全军：我们一定要肃清林彪、"四人帮"的流毒，拨乱反正，打破精神枷锁，使我们的思想来个大解放，这确实是一个十分严重的任务。

真理标准问题的讨论和邓小平的动员性讲话在全军引起了十分强烈的反响，军队坚定地支持举国上下的这场思想解放运动。接着，6月24日，胡耀邦组织中央党校有关同志撰写的《马克思主义的一个最基本原则》一文在中央军委秘书长罗瑞卿的支持下在《解放军报》上全文发表，从理论上回答了反对实践标准观点的种种责难，构成了与前文的姊妹篇。

9月中旬，邓小平在视察东北时进一步点出了"两个凡是"的问题。他说，大家知道，有一种议论，叫作"两个凡是"，不是很出名吗？凡是毛泽东同志圈阅的文件都不能动，凡是毛泽东同志做过的、说过的，都不能动。这是不是叫高举毛泽东思想的旗帜呢？不是！这样搞下去，要损害毛泽东思想。毛泽东思想的基本点就是实事求是，就是把马列主义的普遍原理同中国革命的具体实践相结合。如果只是毛泽东同志讲的才能做，那我们现在怎么办？马克思主义要发展嘛！毛泽东思想也要发展嘛！否则就要僵化嘛！所谓理论要通过实践来检验，也是这样一个问题。现在对这样的问题还要引起争论，可见思想僵化。根本问题还是我前边讲的那个问题，违反毛泽东同志实事求是的思想，违反辩证唯物主义、历史唯物主义的原理，实际上是唯心主义和形而上学的反映。同时，李先念在9月上旬国务院务虚会上也明确提出：实践是检验真理的标准是正确的，这是我们一贯坚持的观点。我们要解放思想，振奋大无畏的革命精神。

就在全国上下对真理标准问题展开热烈讨论的同时，中共中央机关刊物《红旗》在长达半年之久的时间里不介入，沉默。对于这种情况，邓小平决定敦促其表态。他在谭震林《井冈山斗争的实践与毛泽东思想的发展》一文批语中点到：为什么《红旗》不卷入？应该卷入。可以发表不同观点的文章。看来不卷入本身，可能就是卷入。李先念在看完谭文清样后也指出：谭震林同志讲的是历史事实，应当登，不登，《红旗》太被动了，《红旗》已经被动了。就这样，在邓小平等老一辈革命家的支持、引导和推动下，从6月到11月，全国绝大多数省、自治区、直辖市和大军区的主要负责同志都发表文章或讲话，表示支持真理标准问题的大讨论。《红旗》也改变了立场，在1978年第12期上发表了谭震林的文章，阐述了坚持实践是检验真理的唯一标准是马克思主义的基本原则这一观点。

在短短的半年时间里，中国的思想解放运动取得了空前的发展。思想文化领域的解放运动直接推动着政治局势的发展。1978年11月10日，中共中央工作会议在北京召开，华国锋在开幕式上宣布会议的主要议题是解决有关经济工作的四个问题，同时宣布在讨论经济问题之前，先讨论邓小平在会前提出并经政治局通过的从1979年1月起把全党工作着重点转移到社会主义现代化建设上来的问题，并说"这是一个关系全局的问题"，是会议的中心思想。但他仍然没有否定"两个凡是"的错误方针，也没有肯定实践是检验真理的唯一标准的大讨论，更没有打算着手拨乱反正、解放思想以及解决历史遗留问题。对此，陈云在11月12日东北组会议上率先发言，明确提出中央要考虑和解决"文化大革命"中遗留的一大批重大问题，这些全党、全军、全国人民所非常关注的问题包括：肯定天安门事件是一次伟大的群众运动；肯定彭德怀对党和革命事业所做的贡献；为所谓薄一波等61人叛徒集团案平反；为陶铸、王鹤寿以及"文化大革命"当中被错定为"叛徒"的人平反；要批判康生；等等。陈云的发言，得到与会同志的热烈响应，整个会议群情激昂，反"左"纠"左"、全面拨乱反正的呼声一时间成为大会的主旋律。在这种不可阻挡的潮流推动下，华国锋顺从大会的民主意志，在11月25日代表中共中央政治局向会议宣布了解决"文化大革命"中和"文化大革命"前遗留的一些重大政治事件与功过是非的八条平反决定。这一决定，实质上是政治上全面拨乱反正的开端。

12月13日，中央工作会议闭幕。拨乱反正、解放思想的政治运动扫清了中国社会发展在思想领域中的障碍，使全党能够目标一致地确立工作着重点，再也不会顾虑"文化大革命"的迫害。在这次会议的闭幕式上，邓小平作了《解放思想，实事求是，团结一致向前看》的重要讲话，实际上为即将召开的十一届三中全会确立了主题。他指出：在我们的干部特别是领导干部中间，不少同志的思想还很不解放，还处在僵化或半僵化的状态。一个党，一个国家，一个民族，如果一切从本本出发，思想僵化，迷信盛行，那它就不能前进，它的生机就停止了，就要亡党亡国。从这个意义上说，关于真理标准问题的争论，的确是个思想路线问题，是个政治问题，是个关系到党和国家的前途和命运的问题。怎样解放思想？邓小平提出了民主的方法。他指出：民主是解放思想的先决条件，要真正实行民主集中制，用民主手段解决党内的人民内部的政治生活中出现的问题，保障公民权利和党员的权利，坚决制止打击压制的恶劣作风，处理遗留问题，团结一致向前看，顺利实现全党工作重心的转变。

4天以后，12月18日，具有重大历史意义的党的第十一届三中全会在北京举行。会议实质上形成了以邓小平为核心的新的中央领导集体，端正了把全党工作的着重点转移到社会主义现代化建设上来的指导思想，抛弃了以阶级斗争为纲的错误路线，彻底冲破了"两个凡是"的束缚，在思想、政治和组织上全面恢复和确立了马克思主义的正确路线，结束了1976年10月以来党的工作在徘徊中前进的局面，将全党的中心工作引向了正确发展的道路。在这个艰巨的转折点上，邓小平为代表的无产阶级政治家展示了杰出的智慧。

统一思想　稳固国基

——明确四项基本原则与主持起草《决议》

邓小平发动和领导的拨乱反正和思想解放运动，引发了新中国成立以来中国共产党对极左错误的政治大清算。在短短的两年多时间里，中共中央在思想战线上重新确立了解放思想、实事求是的思想路线。在政治路线上确立了以现代化建设为中心的奋斗目标，在组织路线上全面推行了拨乱反正、全面平反冤假错案的方针，为大约 300 万名干部洗刷沉冤，使 47 万名共产党员恢复党籍，让他们重新走上工作岗位，并彻底解决了新中国成立以来的若干大案、错案和冤案，全部摘掉了"右派分子"的帽子，使整个中国出现了前所未有的生机勃勃的新气象。

但是，在拨乱反正、解放思想的滚滚大潮中，也出现了两股社会政治逆流。一些人面对巨大的思想解放运动惶恐不安，仍囿于极左的框框，用僵化的思维方式否定这场生气勃勃的思想解放运动，认为中共中央拨乱反正的一系列正确决策违背了毛泽东生前的方针，是新的"右倾翻案风"；他们怀着对毛泽东个人的忠诚，不能正确看待对毛泽东晚年错误的纠正，进而企图否定党的十一届三中全会路线，声称要恢复毛泽东生前的革命路线，把中国社会再次导入阶级斗争为纲的极左路线之下。在他们看来，实事求是和拨乱反正、解放思想就是不要毛泽东思想了，进而把邓小平等老一辈无产阶级革命家看作是毛泽东思想的对立面，从"左"的方面来反对三中全会路线。

另一方面，社会上少数极右分子利用中国社会处于思想解放大潮的时机，竭力散布各种怀疑、否定和反对毛泽东思想，反对社会主义和人民民主专政的思潮，并利用大字报的方式大搞所谓"大民主"，妄图挑起新的动乱，进而颠覆无产阶级专政。如魏京生等人在 1978 年末至 1979 年初利用"西单民主墙"

和非法刊物《探索》，公然诬蔑马列主义、毛泽东思想"是比江湖骗子的膏药更高明一些的膏药"，攻击无产阶级专政是"披着社会主义外衣的封建君主制"，把党和国家领导人说成是"野心家和野心家集团"。魏京生甚至大肆煽动人们"把怒火集中在制造人民悲惨境遇的罪恶制度上"，猖狂地鼓动要"把权力从这些老爷的手里夺过来"。与此同时，少数地区还出现了一些非法组织和冲击党政机关的恶性事件，极右势力开始猖狂活动起来。

很显然，在拨乱反正、解放思想的形势下，极左思潮企图从"左"的方面来否定三中全会路线，而极右思潮则是企图从右的方面来根本动摇中国人民拥护共产党的信念，毁掉无产阶级专政的根基。而且，在当时情况下，这两种思潮已经造成了极大的思想混乱，严重干扰三中全会路线的贯彻执行。

当此时刻，邓小平洞察全局，敏锐地抓住了两股思潮的实质，鲜明地树起了坚持四项基本原则的大旗。

邓小平提出要坚持四项基本原则，不仅及时制止了极右思潮对共产党领导的动摇和诽谤，更重要的是要回答党内少数极左人物对三中全会路线的怀疑和否定，进而进一步统一全党的思想。1979年3月30日，邓小平在党的理论工作务虚会上指出：社会主义现代化建设是我们当前最大的政治，因为它代表着人民的最大的利益、最根本的利益。我们要在中国实现四个现代化，必须在思想政治上坚持四项基本原则。这是实现四个现代化的根本前提。这四项基本原则是：第一，必须坚持社会主义道路；第二，必须坚持无产阶级专政；第三，必须坚持共产党的领导；第四，必须坚持马列主义、毛泽东思想。粉碎"四人帮"以至三中全会以来，党中央实行的一系列方针政策，一直是坚持这四项基本原则的。中央认为今天还是有很大的必要来强调宣传这四项基本原则。因为现在一方面，党内有一部分同志还深受林彪、"四人帮"极左思潮的毒害，有极少数人甚至散布流言蜚语，攻击中央在粉碎"四人帮"以来特别是三中全会以来所实行的一系列方针政策违反马列主义、毛泽东思想；另一方面，社会上有极少数人正在散布怀疑或反对这四项基本原则的思潮，而党内也有个别同志不但不承认这种思潮的危险，甚至直接间接地加以某种程度的支持。这两种思潮都是违背马列主义、毛泽东思想的，都是妨碍我们的社会主义现代化建设事业的前进的。事实证明，他们不但可以而且已经对我们的事业造成很大的危害。因此，我们必须一方面继续坚定地肃清"四人帮"的流毒，帮助一部分还在中毒的同志觉悟过来，并且对极少数人所散布的诽谤党中央的反动言论给予痛击；另一方面用巨大的努力同怀疑上面所说的四项基本原则的思潮作坚决的斗争。邓小平强调：每一个共产党员都不允许在坚持四项基本原则这个根本立场上有丝毫动摇。如果动摇了这四项基本原则中的任何一项，那就动摇了整个社会主义事业、整个现代化建设事业。

很显然，邓小平在党的理论务虚会上讲坚持四项原则，就是要以这四项基本原则为纲，从理论宣传战线入手彻底清除极左和极右两股思潮的干扰。而以四项原则为纲来治国，就是维护和巩固了共和国的制度基础，就可以顺利地推进四个现代化事业。

可是，要真正坚持四项基本原则，在实践过程中一个关键的难题，就是怎样坚持毛泽东思想。在当时，一方面，一部分人被云遮雾盖的"造神运动"和个人崇拜所迷惑，仍然在感情上和习惯上不愿意承认毛泽东晚年的错误，把坚持毛泽东思想看成是坚持毛泽东所做的一切；而另有一些人把毛泽东晚年所犯的错误扩大为全面否定毛泽东的历史功绩，甚至把林彪、"四人帮"的罪行也归罪于毛泽东，以至竭力地贬低毛泽东的历史地位，进而否定新中国的一切成就，否定四项基本原则。这样，由于这两种思想认识的影响，在中国人民的思想中出现了很大的混乱，出现了党心、民心涣散的状态。因此，统一全党思想的关键就在于如何统一对毛泽东历史功绩和晚年错误的正确认识。只有统一了这一认识，才可能正确地坚持四项基本原则。

其实，从1979年9月开始，中央组织部的部分同志已经开始着手起草正确评价毛泽东一生功绩和晚年错误的材料，党的十一届四中全会并讨论和修订了这一意见稿。不久，叶剑英在1979年9月29日国庆30周年大会上发表了这一长篇讲话。但是，对毛泽东的评价问题还没有上升到起草《关于建国以来党的若干历史问题的决议》的高度。

在形势的推动下，1979年11月，中共中央决定由邓小平、胡耀邦主持进行《关于建国以来党的若干历史问题的决议》的起草工作，并指定胡乔木具体负责文件起草小组的工作。

为了起草好这个决议，邓小平高屋建瓴，提出了起草决议的三条指导性原则：第一，确立毛泽东同志的历史地位，坚持和发展毛泽东思想。第二，对建国30年来历史上的大事，哪些是正确的，哪些是错误的，要进行实事求是的分析，包括一些负责同志的功过是非，要做出公正的评价。第三，通过这个决议对过去的事情做个基本的总结。这个总结宜粗不宜细。对于决议的起草要求，邓小平提出：决议要力求做好，能使大家的认识一致，不再发生大的分歧。对于决议的重心和关键，邓小平指出：最重要、最根本、最关键的还是第一条。

究竟怎样确立毛泽东的历史地位、坚持和发展毛泽东思想？邓小平有过两次重要的表述。一次是在1979年3月30日党的理论工作务虚会上，他说，毛泽东思想过去是中国革命的旗帜，今后将永远是中国社会主义事业和反霸权主义事业的旗帜，我们将永远高举毛泽东思想的旗帜前进。我们坚持的和要当作行动指南的是马列主义、毛泽东思想的基本原理，或者说是由这些基本原理构成的科学体系。至于个别的论断，那么，无论马克思、列宁和毛泽东同志，都不免有这样那样的失误。但是这些都不属于马列主义、毛泽东思想的基本原理所构成的科学体系。邓小平在这段表述中，把毛泽东思想的基本原理同个别论断、毛泽东思想和中国社会主义事业分别加以区别和联系起来，从而从理论上廓清了坚持和发展毛泽东思想的内涵。

另一次表述毛泽东的历史地位是在1980年8月21日和23日答意大利记者奥琳埃娜·法拉奇问时，主要的目的是回答国际国内在评价毛泽东历史地位这个问题上所产生的种种议论和谣言。邓小平告诉记者：《决议》要对毛泽东主席一生的功过作客观的评价，肯定毛主席的功绩是第一位的，他的错误是第二位的，要实事求是地讲毛主席后期的错误。我们还要继续坚持毛泽东思想。毛泽东思想不仅过去引导我们取得革命的胜利，现在和将来还应该是中国党和国家的宝贵财富。最后他说：我们不会像赫鲁晓夫对待斯大林那样对待毛主席。

邓小平这两次论断，客观、准确、公正地评价了毛泽东的历史地位，实际上为《决议》的核心评价奠定了基调，它非常有助于统一全党的思想，有助于中国人民的思想稳定和社会主义国家的稳定，有助于整治在思想解放潮流中出现的一些思想混乱状态，对于举国上下的安定团结起到了非常重要的作用。在这一思想指导下，经过陈云、胡耀邦、胡乔木等同志的共同努力和广泛深入的民主讨论，1981年6月27日至29日，党的十一届六中全会一致通过了《关于建国以来党的若干历史问题的决议》。这一展示着真理的文献从六个方面全面总结了新中国成立以后的若干重大历史问题，系统阐述了毛泽东思想的基本体系和作为毛泽东思想活的灵魂表现的三个基本方面,提出了党在社会主义现代化建设历史时期的奋斗目标,用实事求是的思想路线统一了全党、全军、全国各族人民的思想,从而结束了一段时间内出现的思想混乱状态。它标志着"文化大革命"结束以后思想战线上拨乱反正、正本清源任务的胜利完成,中国的社会主义现代化事业必将进入一个新的阶段。

新老交替　后继有人

——改革党和国家的领导制度

1980年，已是党的十一届三中全会路线确立以后的第三个年头。中国社会在全面拨乱反正之后，经济上面临着迅速发展社会生产力、政治上面临着建设社会主义民主和法制的繁重任务。但是，在这巨大的社会变迁面前，整个政治系统特别是干部队伍都无法担负起这些艰巨的历史任务，其基本原因是整个党和国家的领导制度和干部队伍在多年动乱之中已经出现了许多严重的问题和弊端，这些严重的问题和弊端使整个干部系统不仅不能有效地贯彻执行三中全会路线、推动社会的迅速发展，而且还严重地削弱了政治系统的整体功能，阻碍着新生力量的发展，甚至遏制着社会主义现代化事业的生机，成为中国社会发展的巨大障碍。于是，邓小平在解决中国的政治路线之后，开始把思想注意力转向组织制度和干部队伍方面，并着手解决这一事关现代化全局的战略问题。

邓小平首先注目于党和国家的领导制度，主要因为这一问题是解决政治体制问题的一个关键。从现象来看，邓小平指出：党和国家领导制度和干部制度中的主要弊病就是官僚主义现象、权力过分集中的现象、家长制现象、干部领导职务终身制现象和形形色色的特权现象。究其深层原因，邓小平认为，关键是制度。他说："我们过去发生的各种错误，固然与某些领导人的思想作风有关，但是组织制度、工作制度方面更重要"，"制度是决定的因素"。很显然，在邓小平的思想中，"文化大革命"的发生、干部队伍中的老化和断层、官僚主义现象、家长制现象、干部职务终身制现象等等的深层原因都在于党和国家领导制度中出现了严重的弊端。为此，邓小平决心加以革除。

革除这些主要弊端的方法是什么？邓小平的方法是改革，即大刀阔斧地进行领导体制和干部体制的改革。为了革除中国社会可能再次发生"文化大革命"的体制后患，保证新老干部能够科学、有序地交替，邓小平在1980年8月18日中央政治局会议上正式提出了改革现行的党和国家领导制度、组织制度和干部制度问题，要求各级党委坚决解放思想，克服重重障碍，"来个大转变"，"勇于改革不合时宜的组织制度、人事制度，大力培养、发现和破格使用优秀人才，坚决同一切压制和摧残人才的现象作斗争"。他还说，解决这个问题，不能太慢，必须抓住时机，"错过时机，老同志都不在了，再来解决这个问题，就晚了，要比现在难得多，对于我们这些老同志来说，就是犯了历史性的大错误"。

怎样具体地改革党和国家的领导制度？邓小平提出了四条谋略：第一，解决党和国家领导制度中权力过分集中的体制和家长制作风；第二，解决干部领导职务终身制问题；第三，设立中央顾问委员会作为新老交替的过渡机构；第四，实现干部队伍的革命化、年轻化、知识化、专业化。

权力过分集中的体制是邓小平要改革的第一大问题。对于这个问题，邓小平看得极为深刻，他说："一切权力集中于党委，党委的权力又往往集中于几个书记，特别是集中于第一书记，党的一元化领导，往往因此而变成了个人领导。"这样一种情况必然造成"多数办事的人无权决定，少数有权的人负担过重"，其结果"必然造成官僚主义，必然要犯各种错误，必然要损害各级党和政府的民主生活、集体领导、民主集中制、个人分工负责制，等等"。究其根源，邓小平点出了两条，即"同我国历史上封建专制主义的影响有关，也同共产国际时期实行的各国党的工作中领导者个人高度集权的传统有关"。邓小平认为，这个权力过分集中的体制直接成为"文化大革命"发生的一个制度原因，为根绝后患，"现在再也不能不解决了"。

与权力过分集中体制相伴随的是领导者的家长制作风问题。邓小平指出：革命队伍中的家长制作风"除了使个人高度集权以外，还使其可以凌驾于组织之上，组织成为个人的工具"。从其后果观之，"一些同志犯严重错误，同这种家长制作风有关，就是林彪、江青这两个反革命集团所以能够形成，也同残存在党内的这种家长制作风分不开"。

抓住了领导制度的要害之后，邓小平用民主的武器来革除体制的弊端。他的办法就是加强党内民主，用民主集中制中的集体领导来代替个人集权，同时分散和弱化中央最高领导人的权力，并用党章把它固定下来。按照这一思路，

1982年9月，党的十二大决定对新中国成立以后的集权体制进行重大改革，在中央组织中取消大权独揽的主席制，建立政治局常委会中的总书记制。1982年党章规定，党中央决策权属于中央政治局，总书记的职权仅限于负责召集中央政治局会议和中央政治局常务委员会会议，并主持中央书记处的工作，与政治局常委之间并不存在节制与领导关系。这就分散了党内最高领导人的权力，巩固了集体领导体制，使总书记个人在体制上再也无法形成从前主席制的权力。在中央组织中强化了党的集体领导体制，权力集中于个人与家长制作风也就自然解决了。

如果说权力集于一人和家长制作风在中央组织中比较明显，那么干部职务终身制问题就是从中央到地方的普遍现象。这样一种领导制度必然堵塞了年轻干部的进口，使新人上不来，老人走不了，最终出现严重的臃肿局面，妨碍和贻误了四化建设的大局，长此以往，必然后继无人。见此状况，邓小平大声疾呼："任何领导干部的任职都不能是无限期的。"他认为，解决问题的办法就是建立退休制度，他主张，"要健全干部的选举、招考、任免、考核、弹劾、轮换制度，对各级各类领导干部（包括选举产生、委任和聘用的）职务的任期，以及离休、退休，要按照不同情况，做出适当的、明确的规定"。

此后，中共中央和国务院相继健全了一系列重大的领导制度和干部制度，强化了干部的任期制和监督体制，完善了退休和离休制，促使干部队伍向任期制迈进。1982年宪法的通过，标志着国家机关干部系统彻底地向干部任期制转变，从而使新中国成立33年以来干部终身制的弊端得以彻底革除。

但是，在全面取消干部终身制的急剧改革中，干部系统中又出现了两个极大的问题：一是年轻干部一下子不能完全接班，缺乏相应的水平和经验，干部梯队跟不上；二是很多老同志思想上转不过弯子，不愿意一下子彻底离开领导岗位，这就又造成了新的进退两难问题。对于这样一个极其复杂难办的问题，邓小平高瞻远瞩，统筹全局，提出了设立顾问委员会的过渡办法。

对设顾问这个方案，邓小平1975年就提过。当时，干部队伍老化的问题已经很严重。1979年，条件发生了很大的变化，中国社会正在面临现代化建设的新局面，这时，干部队伍老化问题更加严重，邓小平又提出了设顾问的问题。他说："前几年，我提出搞顾问制度，但并没有完全行通，许多人不愿意当顾问。"到了1980年，邓小平再次提出了设顾问的问题。他认为，在中央设立一个顾问委员会,"就可以让一大批原来在中央和国务院工作的老同志,充分利用他们的经验,发挥他们的指导、监督和顾问作用。同时,也便于使中央和国务院的日常工作班子更加精干,逐步实现年轻化"。邓小平指出,设立顾问委员会是一种干部任职由终身制向退休制"过渡的形式",其存在期"最多不要超过十五年"。而顾问委员会的主要任务就是"以身作则","注意起传帮带的作用,而不是去发号施令"。

邓小平提出设立顾问委员会制度的谋略,连同废除干部终身制一起,实际上都是为干部的新老交替和培养新人铺平道路。为什么顾问委员会的存在时间不能太长?就是担心中顾委这个机构弄得不好会成为凌驾于中央委员会之上的权威机构,邓小平要在有生之年把它取消,不留体制上的后遗症。从这点来看,邓小平想得非常深远。对此,邓小平不仅积极倡导,而且身体力行。1982年,他在众望所归的情况下毅然退出第一线,担任中顾委的主任。1987年,身体依然健康的邓小平又毅然退出中央委员会,并不再担任中顾委主任。1989年,他最后辞去了中央军委主席职务,完全脱离了所有最重要的职务。但他仍然以卓越的智慧帮助和扶持着新的中央领导集体,指引着改革开放事业的发展。在他的努力下,1993年,党的十四大正式决定取消了中央顾问委员会这一机构。在中国的领导体制中,这个机构存在了11年,圆满地完成了过渡时期中新老交替的任务。

解决了以上几个关键的制度问题,大批年轻干部才能逐渐成长起来,在新老交替中顺利地推进现代化事业的发展,保持中国经济的持续增长。同时,解决了这几个关键问题,干部队伍才生机勃勃,整个社会才会充满活力。据统计,根据邓小平关于改革党和国家领导制度的思想精神,中共中央和国务院从1982年起,一次就将近千名年老体弱的高级干部从省、部级以上岗位中撤到二线,同时使全国各地大约近百万名中青年干部走上各级领导岗位,完成了新中国成立以来一次规模最大的干部交接班工作,使改革开放事业在大批年轻干部的作用下蓬勃开展起来。从这一意义上说,邓小平为中国干部系统的吐故纳新和新老交替解决了最关键的问题,为中国政治民主化创造了最重要的体制条件。

一个中心　两个基本点

——提出建设有中国特色社会主义的理论体系

中华人民共和国成立以后，中国领导人一直在思考党的基本路线和中国社会的发展道路问题。1956年，当社会主义"一化三改造"纳入轨道以后，中国领导人曾经提出了以经济建设和发展生产力为中心的基本路线，并把它作为党的八大的主题。但是，20世纪60年代初风云变幻的国际形势和中苏的分裂，使毛泽东过分地警觉修正主义在中国复辟的可能性，因而提出了"千万不要忘记阶级斗争"的以阶级斗争为纲的路线，并最终导致中国社会陷入了"文化大革命"的动乱之中。1978年下半年，邓小平及时提出了把全党工作的着重点转移到现代化建设上来的决策建议，从而把中国社会引向了正确发展的道路。党的十一届三中全会之所以具有深远的历史意义，就在于以全党的意志接受和明确了这一基本路线。

在拨乱反正、解放思想的时代潮流中，人们已经清醒地认识到，眼前的中国并不是像马克思在经典文献中所构想的社会主义，而是一种在生产力水平、生产方式、生活方式、意识形态基础和制度承接等方面都严重落后的与经典构想之间存在巨大差异的社会主义初级阶段。那么，中国的社会主义道路究竟怎样走呢？在周边国家特别是亚洲"四小龙"迅速发展的情况下，落后的中国究竟怎样才能发展得快些？这些重大的现实问题迫切需要中国领导人从理论上加以解答。

在国际共产主义运动史上，中国的政治设计师邓小平首先提出了"建设有中国特色社会主义"的科学命题。1982年9月，邓小平在党的十二大开幕词中指出："我们的现代化建设，必须从中国的实际出发。无论是革命还是建设，都要注意学习和借鉴外国经验。但是，照抄照搬别国经验、别国模式，从来不能得到成功。这方面我们有过不少的教训。把马克思主义的普遍真理同我国的具体实际结合起来，走自己的道路，建设有中国特色的社会主义，这就是我们总结长期历史经验得出的基本结论。"

建设有中国特色社会主义科学命题的提出，为中国社会的发展提供了指导的方针和广阔的前景，也极大地丰富和发展了马克思主义科学社会主义的基本理论。从此，中国的社会主义现代化道路有了新的科学理论指导，就不会再重犯过去所发生的各种错误。有了这一理论指导，中国人民就可以独立自主，自力更生，自尊自信，依靠自己的力量把社会主义现代化事业推向前进。

中国特色的社会主义的核心是什么？邓小平在提出20世纪80年代三大任务时指出："核心是经济建设，它是解决国际国内问题的基础。"不久，邓小平又指出：社会主义阶段的最根本任务就是发展生产力。他说："社会主义的优越性归根到底要体现在它的生产力比资本主义发展得更快一些、更高一些，并且在发展生产力的基础上不断改善人民的物质文化生活。"他还认为，明确这一点是个政治路线问题，"我们的政治路线，是把四个现代化建设作为重点，坚持发展生产力，始终扭住这个根本环节不放松"。1992年，邓小平又把发展生产力问题作为社会主义本质的中心之点来总结，他指出："社会主义的本质，是解放生产力，发展生产力，消灭剥削，消除两极分化，最终达到共同富裕。"

从马克思主义的基本观点来看，贫穷不是社会主义。那么，处于社会主义初级阶段的中国，在落后的生产力基础上，怎样才能加快发展社会生产力，从而缩短与发达国家之间的差距？邓小平的办法是改革。改革虽只有两个字，但是分量很重，意味深长。邓小平说："在建立社会主义经济基础以后，多年来没有制定出为发展生产力创造良好条件的政策。社会生产力发展缓慢，人民的物质和文化生活条件得不到理想的改善，国家也无法摆脱贫困落后状态。这种情况，迫使我们在一九七八年十二月召开的十一届三中全会上决定进行改革。"可以看出，改革是中国当代政治家长期探索的产物。

改革的内涵是什么？邓小平认为，经济上的改革就是搞活，即对内搞活经济体制，对外开放。他说："一个对外经济开放，一个对内经济搞活。改革就是搞活，对内搞活也就是对内开放，实际上都叫开放政策。"为什么还要开放？邓小平从历史的角度深刻地指出："总结历史经验，中国长期处于停滞和落后状态的一个重要原因是闭关自守。经验证明，关起门来搞建设是不能成功的，中国的发展离不开世界。当然，像中国这样大的国家搞建设，不靠自己不行，主要靠自己，这叫做自力更生。但是，在坚持自力更生的基础上，还需要对外开放，吸收外国的资金和技术来帮助我们发展。"

改革必然引起深刻的社会变革，必然冲击现存的社会制度和秩序，必然引起经济、政治、社会、文化结构的全面调整，必然会出现腐败和精神污染等一系列新问题。对此，邓小平是有预见的，他说："搞活开放也会带来消极影响，我们要意识到这一点，但有办法解决，没有什么了不起。"这个解决的办法是什么？邓小平指出：是四项基本原则。1985年，邓小平说："从政治上讲，我们的国家机器是社会主义性质的，它有能力保障社会主义制度。"1992年，邓小平在南方谈话中又说："依靠无产阶级专政保卫社会主义制度，这是马克思主义的一个基本观点。""在整个改革开放的过程中，必须始终注意坚持四项基本原则。"

在设计中国特色社会主义道路这个事关全局的问题上，邓小平的睿智是把发展社会生产力和坚持改革开放、坚持四项基本原则紧密联系起来，使之形成一个中心突出、互为配合的体系。1987年7月4日，邓小平在会见孟加拉国总统的谈话中明确地提出了"一个中心，两个基本点"的理论主架。他说："搞社会主义现代化建设是基本路线。要搞现代化建设使中国兴旺发达起来，第一，必须实行改革、开放政策；第二，必须坚持四项基本原则，主要是坚持党的领导，坚持社会主义道路，反对资产阶级自由化，反对走资本主义道路。这两个基本点是相互依存的。"为什么要坚定不移地确立两个基本点？邓小平指出：主要是存在"左"和右的干扰。反对改革开放，这是"左"的干扰；主张全盘西化，这是右的干扰。所以，必须始终不渝地坚持"一个中心，两个基本点"。

"一个中心，两个基本点"，是邓小平建设有中国特色社会主义理论的基本体系。其实，在邓小平一生所提出的全部政治思想中，他最突出强调的地方，就是"一个中心，两个基本点"的基本理论体系，并把它看作是中国特色社会主义的政治生命。他说：要坚持党的十一届三中全会以来的路线、方针、政策，关键是坚持"一个中心，两个基本点"。不坚持社会主义，不改革开放，不发展经济，不改善人民生活，只能是死路一条。基本路线要管一百年，动摇不得。只有坚持这条路线，人民才会相信你，拥护你。谁要改变三中全会以来的路线、方针、政策，老百姓不答应，谁就会被打倒。

邓小平"一个中心，两个基本点"基本理论的提出和高度概括，实际上已从路线方面解决了中国社会的发展方向、道路、途径和方法等一系列问题，不仅是全党工作的指导方针，也是马克思主义在当代中国的重大发展。围绕这一中心，邓小平还提出了社会主义初级阶段、建设社会主义精神文明、建设社会主义民主和完善社会主义法制、坚持两手抓、坚决反对腐败等一系列基本理论，从而丰富了这一理论体系。

邓小平建设有中国特色的社会主义的基本理论，实际上回答了在新的条件下，中国共产党人如何结合本国国情发展社会主义现代化的问题，也为国际共产主义运动提供了一个新的理论模式，代表着当代中国共产党人的杰出智慧。纵观10多年的历程，党的十二大、十三大和十四大实际上都坚持和遵循了这一理论，并逐步地把它概括为党的基本路线，从而推动着中国现代化的高速发展。很显然，如果没有这一理论体系，中国的社会主义实践将无所适从，必将发生新的历史反复，要走更多的历史弯路，这正显示了邓小平的杰出智慧和不朽贡献。正是依据这一理论体系，中国在20世纪80年代末90年代初苏东剧变的险恶形势下能够屹立不动，并开始了建设社会主义市场经济体制的深入改革，取得了更大的成就。对于中国的未来命运，邓小平信心坚定地说："中国肯定要沿着自己选择的社会主义道路走到底，谁也压不垮我们。只要中国不垮，世界上就有五分之一的人口坚持社会主义。我们对社会主义的前途充满信心。"很显然，只要我们正确地坚持党的基本路线，真正沿着邓小平设计的中国特色社会主义道路走下去，就一定能够实现社会主义的现代化这一既定的宏伟目标，为人类做出更大的贡献。

一个国家　两种制度

——用和平方式解决香港、澳门、台湾问题

　　1949年10月，当中华人民共和国定都北京的时候，中国领导人就面临着一个历史的责任——香港、澳门、台湾问题还没有解决。从那时起，实现包括香港、澳门、台湾在内的祖国统一，已成为新中国第一代领导人心中的宏愿。

　　自古以来，炎黄子孙最珍视的就是土地。土地，成为历代君王治国三器之首。土地，也成为海外游子、海内浪子落叶归根之向往。无数仁人志士，为了捍卫身后的寸土，而马革裹尸，献身疆场，才创下了今天中华版图的基业。据考，早在公元前200年，扫平六国的秦王朝已在今广东境地置南海郡管辖香港地区，为后代的华夏子孙立下了第一块界碑。到了三国时期，紧于备战固守的东吴孙权，也抽出了精锐之师远征台湾及澎湖列岛，而隋开皇中，已遣虎贲陈棱经略澎湖36岛；奠定了今天南海辽阔的海疆。就连与珠海毗邻相望的弹丸之地澳门，也无可争议地属于中国的领土。以后，虽然中国的王朝屡经更迭，疆土不断变更，但牢牢地守住祖先留下的国土，却是每一个王朝的头等大事，实现"大一统"，成为历代有为君王的头等抱负。据考，唐朝中期，已在屯门驻有镇兵，专门管辖香港的边防；延至明朝，已专设御所守备东莞、大鹏等地。再延至明末清初，中国统治者已正式将香港这块地区定名为香港，置于清朝广东省新安县管辖之下。而台湾岛虽然远在南海，军旅不便，但爱国者们也不曾丢掉这块美丽富饶的宝岛。据考，明万历时，在台湾地区撤巡检机构，正式设置台湾府，管理澎湖列岛所属79个岛屿、35961平方公里的领土。到了1661年，明将郑成功又率水师驱逐了荷兰人，收复台湾，并置安平镇。再到1683年，雄视海内的康熙帝又派清军攻陷台湾岛，再置台湾府，将台湾地区列入大清的版图之中。

在中国近代史上，香港、澳门、台湾问题的形成，实因清朝政府的政治腐败和外国侵略者的侵略战争所致。

1840年，英国对清王朝发动了第一次鸦片战争，并于次年1月派兵占领香港。1842年，英国在第一次鸦片战争胜利后强迫清政府签订赔款割地的《南京条约》，其中第三款规定将香港割让给英国。1860年3月，英军在第二次鸦片战争中又强占九龙半岛南端尖沙嘴一带。同年10月，英国在第二次鸦片战争胜利后又迫使清政府签订了《北京条约》，其中第六款又规定将九龙半岛南端界限街以南地区（南九龙）割让给英国。到了1898年，英国又乘列强共同瓜分中国之机逼迫清政府签订了《展拓香港界址专条》，将深圳河以南、九龙界限街以北，再称新界之地租给英国，期限为99年。此后一年，英女皇又于1899年12月27日令枢密院发布《关于九龙城寨之敕令》，竟然单方面将九龙城纳入英国殖民统治范围。这样，英国利用以上三个不平等条约及其附件，对总面积达1069平方公里的香港地区进行殖民统治。更有甚者，在事隔83年后的1982年9月，英国首相撒切尔夫人挟马岛海战之威，竟以这三个不平等条约为据，妄图向中国政府要香港的治权！

香港、澳门地区是欧洲侵略者逐步吞食的结果，而台湾地区易手日本是1895年的事。日本在甲午海战战胜中国清政府后强迫中国签订了丧权辱国的《马关条约》，将台湾地区割让给日本，并无期限。直至1945年，在世界反法西斯战争胜利后，中国政府才依据《雅尔塔协定》和《开罗宣言》，将台湾地位收回。1949年，国民党军在大陆上彻底失败之后退缩台湾。不久，美国海军第七舰队的进驻，又加剧了台湾海峡的紧张局势。因此，在中华人民共和国成立之始，香港、澳门和台湾问题，已成为三个具有不同性质和特点的带国际性的复杂问题。

当中国人民解放军平定大陆之后，毛泽东等领导人鉴于香港和澳门问题受国际条约的约束，首先考虑的是用武力收复台湾，最后消灭国民党残余势力。但是1950年6月25日朝鲜战争的爆发，使台湾问题复杂起来。6月27日，杜鲁门总统声称"台湾地位未定"，命令美国海军第七舰队进驻台湾并封锁台湾海峡，明目张胆地干涉中国内政，企图以武力阻止中国人民解放军解放台湾。对此，毛泽东在6月28日主持中央人民政府委员会第八次会议，决定对美国军队进驻台湾做出强烈反应，中国总理兼外交部长周恩来迅即发表声明，向全世界表明中国政府决不容许美国干涉中国内政、决不容许将台湾交给联合国托管的严正立场。

20世纪50年代中期，中国领导人开始考虑用和平方式解决台湾问题的可能性。1955年4月，周恩来根据毛泽东和中共中央"可相机提出在美国撤退台湾和台湾海峡的武装力量的前提下，和平解放台湾的可能"的指示，在万隆会议上提出："中国人民解放台湾有两种可能的方式，即战争方式和和平方式，中国人民愿意在可能的条件下，争取用和平的方式解放台湾。"1956年1月30日，周恩来代表中共中央在全国政协二届二次会议上正式宣布了中国政府关于和平解放台湾的方针、政策。1956年6月28日，周恩来在全国人大一届三次会议上又郑重宣布："我们愿意同台湾当局协商和平解放台湾的具体步骤和条件"，"我们对台湾决不是招降，而只要彼此商谈，只要政权统一，其他都可以坐下来共同商量安排"。同年10月，毛泽东在会见有关朋友时表示："如果台湾回归祖国，一切可以照旧，台湾现在可以实行三民主义，可以同大陆通商。"不久，毛泽东又提出："我们还准备第三次国共合作。"进入20世纪60年代以后，毛泽东等领导人实事求是地分析了各种客观条件因素，认为解放台湾的任务不一定要我们这一代完成，可以留交下一代去做；台湾只要和大陆统一，除外交必须统一于中央外，所有军政大权、人事安排大权等均由蒋介石掌握，所有军政及建设费用不足之数悉由中央拨付；双方互约不派人员去做破坏对方的事情。这是中国领导人最早提出的比较初步的"一国两制"设想。但限于当时的历史条件，这一方面的工作一直搁置下来。1972年1月，中美关系发生了历史性突破，中美联合公报中载明美国方面准备逐步撤退驻台美军的打算，从而为和平解决台湾问题又向前推进了一步。

对于香港问题，中国领导人也从20世纪50年代中期就开始运筹。1957年4月28日，周恩来在与上海工商界人士座谈时对解决香港问题提出了重要的政策性构想。他说："我们不能把香港看成内地。对香港的政策同对内地是不一样的，如果照抄，结果一定搞不好。因为香港现在还在英国统治下，是纯粹的资本主义市场，不能社会主义化，也不应该社会主义化。香港要完全按资本主义制度办事，才能存在和发展，这对我们是有利的。香港的主权总有一天我们是要收回的，连英国也可能这样想。"又说："过去我们搞得比较死，但总的说是对的，否则上不了轨道。现在既上了轨道，有些政策就要根据实际情况有所改变。"在这次谈话中，周恩来显示了三点基本思想：一、香港问题有不同于内地的特殊性；二、香港的主权一定要收回；三、香港实行资本主义制度对大陆有利，具体政策应根据实际情况加以改变。可惜，毛泽东和周恩来在世时都没有能够亲手解决香港、澳门和台湾问题，他们提出了一个基本的路子，把历史重任留给了后人。

进入 20 世纪 80 年代以后，国际形势朝着和平与发展的主流前进，中国的国内问题也已经解决就绪，党的基本路线转入了以现代化建设为中心的轨道。在这样一个历史契机下，邓小平等中共第二代领导人决心着手解决港、澳、台三大问题。1982 年 9 月，邓小平在党的十二大开幕词中庄严提出，20 世纪 80 年代三大任务之一，就是争取实现包括台湾在内的祖国统一。很显然，时机紧迫，这三大问题都再次提上了议事日程。

从现实情况来看，首先解决香港问题，对解决澳门和台湾问题有利，而解决香港问题的时机已经到来。当时，如果说第一代领导人解决香港问题的条件和时机尚不成熟，那么邓小平面临的则首先是一场激烈的外交鏖战。在首先解决香港问题这件大事上，中国的对手是曾经有过老牌帝国主义史的英国政府。由于近代史上的中国屡遭英帝国主义的侵凌，当 1982 年英国首相来到中国之后，竟仍然持着某种小视人民中国的态度，在与中国总理的会谈中仍坚持三个不平等条约有效的立场，提出如果中国同意英国 1997 年后继续管治香港，英国可以考虑中国提出的主权要求，企图以主权换取治权，在 1997 年以后继续管治香港，延续其殖民统治。对此，风格强硬的邓小平寸步不让，以实力为后盾据理力争，与撒切尔夫人进行了一次言辞冷峻的谈话。1982 年 9 月 24 日，邓小平对英国首相撒切尔夫人说，坦率地讲，主权问题不是一个可以讨论的问题。如果中国在 1997 年，也就是中华人民共和国成立 48 年后还不把香港收回，任何一个中国领导人和政府都不能向中国人民交代，甚至也不能向世界人民交代。如果不收回，就意味着中国政府是晚清政府，中国领导人是李鸿章！所以现在，当然也不是今天，但也不迟于一两年的时间，中国就要正式宣布收回香港这个决策。

对于香港的治权问题，邓小平捍卫主权，展示了高超的政治智慧。他对英国首相说，保持香港的繁荣，我们希望取得英国的合作，但这不是说，香港继续保持繁荣必须在英国的管辖之下才能实现。香港继续保持繁荣，根本上取决于中国收回香港后，在中国的管辖之下，实行适合于香港的政策。这些方针政策应该不仅是香港人民可以接受的，而且在香港的其他投资者首先是英国人也能够接受，因为对他们也有好处。我们希望中英两国政府就此进行友好的磋商，我们将非常高兴地听取英国政府对我们提出的建议。这些都需要时间。为什么还要等一二年才正式宣布收回香港呢？就是希望在这段时间里同各方面进行磋商。

考虑到英国政府有可能在香港问题上制造波动，邓小平直截了当地对英国首相说，如果说宣布收回香港就会像夫人说的"带来灾难性的影响"，那我们要勇敢地面对这个灾难，作出决策。希望从夫人这次访问开始，两国政府官员通过外交途径进行很好的磋商，讨论如何避免这种灾难。邓小平还告诉英国首相：我们还考虑了我们不愿意考虑的一个问题，就是如果在15年的过渡时期内香港发生严重的波动，那时，中国政府将被迫不得不对收回的时间和方式另作考虑。

在这次谈判中，邓小平以卓越的智慧和坚强的姿态，不仅明确提出收回主权，而且明确提出收回治权，在全世界面前树立了强大的中国的形象，也挫败了英国人的打算，迫使英国人在接受中国立场的前提下坐下来谈判。英国人输了，中国获得了外交上的巨大胜利。此后，1983年3月，英国首相写信给中国总理，做出了她准备在某个阶段向英国议会建议使整个香港主权回归中国的保证。不久，从1983年7月起，中英两国政府代表团开始了有关香港过渡问题的正式谈判。

但是，在主权回归祖国以后，采取什么具体的合理的方式管理香港，仍是解决香港问题的难关。正是在这个牵涉到中方、英方、港方和资本家利益的问题上，英方在会谈中又坚持要继续管治香港，而香港人民也希望采取现行的社会制度。正是在这样一种客观形势的推动下，邓小平从实事求是的思想路线出发，高瞻远瞩地提出了"一个国家，两种制度"的构想。

"一个国家，两种制度"的简称就是"一国两制"，它的酝酿形成是在1981年，正式提出是在1982年。1982年1月10日，邓小平在接见海外朋友时说："叶剑英委员长在1981年9月30日提出的关于台湾与祖国大陆实现和平统一的九条方针实际上就是一个国家，两种制度。"1982年9月，邓小平对英国首相撒切尔夫人说，关于香港问题，可以采用"一个国家，两种制度"的办法解决。同年 12 月，五届全国人大二次会议通过的新宪法第 31 条规定：国家在必要时得设立特别行政区，在特别行政区内实行的制度按照具体情况由全国人民代表大会以法律规定。新宪法第 31 条的设立，为"一国两制"提供了宪法保障。1983 年 9 月，邓小平在会见英国前首相希思时告诉他，英国想用主权来换治权是行不通的，劝告英国改变态度，以免出现到 1984 年 9 月中国不得不单方公布解决香港问题方针政策的局面。1984 年 6 月，邓小平在会见香港人士时再次阐释说：中国政府解决香港问题的基本政策是实行"一个国家，两种制度"，即在中华人民共和国内，10 亿人口的大陆实行社会主义制度，香港、台湾实行资本主义制度。他还说：在现时条件下，提出这一方针政策的依据是马克思主义实事求是的原则。

邓小平"一国两制"构想的提出，是对马克思主义基本原理和中国第一代领导人解决香港和台湾问题设想的重大发展。它的核心是在祖国统一的前提下，根据香港和台湾的具体情况分别设立特别行政区加以治理。它易为各方所接受，是一个可操作性的体制构想。同时，这一构想也为国际社会解决不同制度的冲突矛盾提供了和平解决的模式，对人类的和平事业做出了巨大的贡献。根据这一构想，1984 年 9 月 26 日，中英双方发表联合声明，确认和宣布了中国政府对香港问题的十条基本方针和政策，其中心是在一国两制的前提下实行港人治港，以保持香港的稳定和繁荣。1990 年 4 月 4 日，七届全国人大二次会议又庄严通过了《中华人民共和国香港特别行政区基本法》及其三个附件，以法律形式将"一国两制"的构想具体化。"一国两制"的方针为香港人民广泛接受，成为使香港回归祖国的唯一正确的方针。1997 年 7 月 1 日，香港回归祖国怀抱。

"一国两制"构想对香港问题的解决也推动着澳门问题的解决。与英国政府不同，葡萄牙王国政府早在 1974 年就声明放弃殖民主义，并于 1979 年 2 月中葡建交时正式承认"澳门是中国的领土，将交还中国"。但在 1986 年中葡会谈时，双方在澳门管制权时间的关键问题上发生分歧，葡萄牙政府想坚持在 2017 年将澳门治权交还中国。对此，中国外交部发言人在 1986 年 12 月 31 日郑重表示："任何关于超越 2000 年后交回澳门的主张都是不能接受的。"在中国的坚持下，1987 年 3 月 27 日，中葡两国政府发表联合声明，宣布中国政府将从 1999 年 12 月 20 日起恢复行使对澳门地区的主权，并按照"一国两制"的方针,在澳门地区设立特别行政区管理澳门事务。1999年12月20日,澳门回归祖国怀抱。

对于台湾问题,邓小平也提出了"一国两制"的构想,指出解决台湾问题的出路只有"一国两制"。现在,虽然台湾问题"一国两制"的条件尚未成熟,但历史会证明这一构想的成功。

发扬民主 健全法制

——确立中国政治发展的基本框架

在当代中国史上,十年内乱的惨痛教训,迫使以邓小平为代表的第二代领导人重新思考中国社会主义民主政治的发展方向问题。怎样才能在中国社会的未来发展中避免重新陷入"文化大革命"这种假民主、不民主、压制和践踏民主的历史悲剧?怎样才能在建设社会主义经济现代化的同时也大力发展社会主义的政治现代化?这是当代中国的马克思主义者所面临的重大课题。党的十一届三中全会以后,正是在这样一种情况下,邓小平从中国长期稳定的角度考虑,提出了发展社会主义民主和健全社会主义法制的政治改革思想。

对于发展社会主义民主和健全社会主义法制这两大任务,建国初期的第一代领导人曾经提过并且推行了一段时间,但是在党和国家的领导体制、人民代表大会制、建立法治社会这些重要方面做得不够,而且形成了以言代法的人治格局,甚至酿成了连国家主席都朝不保夕的千古奇冤。因此,在党的十一届三中全会以后,邓小平重新提出发展民主和健全法制的问题,其时代性和含义较建国初期已有很大的发展。他总结历史教训,把民主和社会主义、民主和现代化紧紧联系起来思考,最后提出了"没有民主就没有社会主义,就没有社会主义的现代化"的英明论断。很显然,在建设现代化事业的今天,再不发展民主,就要断送社会主义,就要断送现代化事业,中国社会就没有出路。看准了这一点,邓小平在1985年提出:就国内政策而言,最重要的有两条:一条是政治上发展民主,一条是经济上进行改革,同时相应地进行社会领域的改革。

方向明确之后,怎样发展社会主义民主呢?邓小平认为,林彪、"四人帮"宣传什么"全面专政",对人民实行封建法西斯专政,这与无产阶级专政毫无共同之点,而且完全相反。发展社会主义民主,在内容上是继续努力扩大党内民主和人民民主，在制度上就是健全社会主义法制和民主集中制。他从不抽象地谈民主，在谈到扩大社会主义民主时，总是把民主和专政、民主和集中、民主和纪律、民主和党的领导、民主和稳定联系起来，讲怎样具体地发展社会主义民主政治，怎样消除封建专制和西方自由化的东西，来发展社会主义民主和促进经济发展，巩固社会主义制度。党的十一届三中全会以后党和国家领导制度的改革和新宪法的制定与颁布，就是我国现代民主政治的一个重大发展。

在发展社会主义民主的速度上，邓小平从社会主义初级阶段的历史条件出发，认为中国的民主政治建设也有一个过程，不能太急躁，不能超越现实来讲民主。他说：民主和现代化一样，也要一步步地前进。社会主义愈发展，民主也愈发展。这是确定无疑的。

在发展中国的民主政治这一战略问题上，邓小平还纵观世界各国，比较了西方民主制度。他认为，从性质和国情两方面来看，中国只能实行社会主义的民主，完善人民代表大会制度和共产党领导的多党合作与政治协商制度，而决不能搞西方国家的多党竞选和三权分立那一套。1989年2月，邓小平在剧变的世界形势中洞察中国政局，坚定地指出：中国正处在特别需要集中注意力发展经济的过程中，如果追求形式上的民主，结果是既实现不了民主，经济也得不到发展，只会出现国家混乱、人心涣散的局面。我们是要发展社会主义民主，但匆匆忙忙地搞不行，搞西方那一套更不行。如果我们现在十亿人搞多党竞选，一定会出现"文化大革命"中那样"全面内战"的混乱局面。他明确地说：民主是我们的目标，但国家必须保持稳定。历史证明，邓小平对中国民主的论断和国情的判断是完全正确的。

在大力发展社会主义民主的同时，邓小平始终抓牢健全社会主义法制的任务。早在党的十一届三中全会召开前夕的中央工作会议上，邓小平就开始强调法制建设。他说："为了保障人民民主，必须加强法制。必须使民主制度化、法律化，使这种制度和法律不因领导人的改变而改变，不因领导人的看法和注意力的改变而改变。"他还指出：应该集中力量制定各种必要的法律，并且加强检察机关和司法机关，依法治国。1980年12月，邓小平在中央工作会议上又一次提出："要继续发展社会主义民主，健全社会主义法制。"他强调说：这是三中全会以来中央坚定不移的基本方针，今后也决不允许有任何动摇。在他的推动下，中国的社会主义法制建设在短短的几年里取得了巨大的发展，健全了整个国家的法律制度和法制系统，对于保障人民民主、保持社会稳定、推进改革开放和促进经济发展发挥了不可替代的作用。

1987年6月，邓小平提出了中国政治发展的基本框架问题，他说："政治体制改革包括民主和法制。""中国的政治体制改革，要讲社会主义的民主，也要讲社会主义的法制。"很显然，发展民主和健全法制已成为邓小平改革战略中促进经济发展的两大机制，它揭示了中国民主政治的未来方向和长远任务，具有深远的指导意义。

相辅而行　相互促进

——正确处理政治体制改革与经济体制改革的关系

20世纪80年代初，当全党工作转入以现代化建设为中心的轨道以后，中国的发展已经碰到了政治体制的障碍。1980年8月，邓小平在谈到政治体制的问题时说：就当时的政治体制而言，确实存在着权力过分集中、左右上下兼职过多、党政不分以及新老干部交接不上等严重问题。于是，改革党和国家的领导制度，就成为当务之急。

当党和国家的领导制度进行重大调整后，政治体制改革的头等任务就是消除机构庞大臃肿的问题。当时，仅国务院的各部委建制就已经达到了80多个，而中直机关人数已达10万多人。在这种情况下，邓小平把精简机构提到了是"一场革命"的严重程度。他说：精简机构是一场革命。如果不进行这场革命，不论党和政府的整个方针政策怎样正确，工作怎样有成绩，我们都只能眼睁睁地看着党和政府的机构这样地缺少朝气、缺少效率，正确的方针、政策不能充分贯彻，工作不能得到更大的成绩，我们怎么能得到人民的谅解，我们自己又怎样能安心？不管怎样，对这场革命要坚定不移。他还指出：这一次革命，不但要注意出的问题，还特别要注意进的问题。精简是革命，选贤任能也是革命。出要解决好，更重要的是要解决进。根据这一指导思想，全国自上而下进行了一次系统的精简，大批年轻干部走上了重要的领导岗位。

进入20世纪80年代中期以后，随着城市经济体制改革的展开，政治体制阻碍改革发展的问题越来越严重，致使经济体制改革无法进行。正是在这个节骨眼上，邓小平又从两制改革相互联系的角度揭示了问题，他说：现在看，不搞政治体制改革不能适应形势。改革，应该包括政治体制的改革，而且应该把它作为改革向前推进的一个标志。又说：经济体制改革每前进一步，都深深感到政治体制改革的必要性。不改革政治体制，就会阻碍生产力的发展，阻碍四化成功。1986年6月28日，邓小平在中央政治局常委会上又进一步指出：政治体制改革同经济体制改革应该相互依赖、相互配合。只搞经济体制改革，不搞政治体制改革，经济体制改革也搞不通，因为首先遇到人的障碍。事情要人来做，你提倡放权，他那里收权，你有什么办法？从这个角度来讲，我们所有的改革最终能不能成功，还是决定于政治体制的改革。很显然，邓小平把政治体制改革看成是决定整个经济体制改革的关键因素，把它和经济改革的成败紧密联系起来。

为什么政治体制改革与经济体制改革之间的内在关系如此紧密？这是因为经济结构的调整必然引起政治权力的调整，而政治权力结构不变动，经济结构的调整就无法进行。比如政企分开和权力下放，是企业搞活的先决条件，如果政府不愿意作政企分开和权力下放，则经济体制改革将无法进行下去。而政企分开的前提又是党政分开，党的系统抓住政府权力不放，又怎么好搞政企分开呢？所以，邓小平关于政治体制改革同经济体制改革相互依赖、相互配合的思想，是极为深刻的。任何情况下，搞经济体制改革必然要搞政治体制改革，如果政治体制改革最终迈不开步子，经济体制改革必然要停滞甚至要后退。

怎样使政治体制改革配合和促进经济体制改革的发展？20世纪80年代中期，邓小平针对有计划商品经济的需要，提出了政治体制改革的三项内容，他说，改革的内容，首先是党政分开，解决党如何善于领导的问题。这是关键，要放在第一位。第二个内容是权力要下放，解决中央和地方的关系，同时地方各级也都有一个权力下放问题。第三个内容是精简机构，这和权力下放有关。对于政治体制改革的总体目标，邓小平指出了三条：第一，巩固社会主义制度；第二，发展社会主义社会的生产力；第三，发扬社会主义民主，调动广大人民积极性。他强调说：其中第二条是最中心的环节。

在实际操作和处理政治体制改革和经济体制改革的内在关系方面，邓小平展示了卓越的智慧。他的策略是加快经济改革，同时谨慎进行政治体制改革，以保持国家政局的稳定。他说，政治体制改革很复杂，每一个措施都涉及千千万万人的利益。所以，政治体制改革要分步骤、有领导、有秩序地进行。他还指出：政治体制改革中，根本制度不能丢。他告诫全党：我们不能照搬资本主义国家那一套，不能搞资产阶级自由化。比如共产党的领导，这个丢不得，一丢就是动乱局面，或者是不稳定状态。一旦不稳定甚至动乱，什么建设也搞不成。我们的经济体制改革，也是有领导有秩序地进行，不能搞无政府主义。

在中国改革开放的十几年中，正是由于邓小平成功地把握了政治体制改革和经济体制改革的内在关系，才使中国的改革取得了巨大的成就，并且顶住了苏东剧变后国际上和平演变的压力，保证了中国特色社会主义现代化建设的顺利进行。今天，邓小平的这一思想智慧对于市场经济改革中的政治体制改革，也是重要的指导方针。

静由动始　动在静中

——正确处理稳定与发展的关系

新中国成立以来，协调处理好政治稳定与经济发展之间的关系，一直是个不易驾驭的难题。从 20 世纪 50 年代中期以来，中国社会已经发生了四次重大的动荡，一次比一次对社会生活的冲击加大，严重地影响着社会的稳定、经济的发展和人民生活水平的提高。改革开放以来，随着社会经济发展节奏的加快，改革力度的加大，经济发展与政治稳定之间的矛盾亦突出起来，甚至发展到政局发生剧烈波动的程度。在这种情况下，一些同志只顾经济发展，忽视控制政局的稳定，这样引起了社会生活的混乱，经济发展也受到不利影响。而另一些同志看到经济混乱的局面，又一心强调稳定，把稳定绝对化，这样也阻碍了经济的发展。

在解决稳定与发展这对矛盾的过程中，邓小平展示了改革开放总设计师卓越的领导艺术。他的眼光是辩证的，即把稳定和发展联系起来，看成是一个辩证的运动过程。他的立足点是实事求是的，即实际地观察和思考经济发展和政治稳定之间在不同条件下的运动状态和运行结果。他的解决问题的艺术是始终抓住主要矛盾，通过解决主要矛盾的方式来推动现代化建设这个大局。

从 20 世纪 70 年代末到 80 年代中期，邓小平积极倡导深化改革，大力发展经济，把发展作为第一位的任务。到了 80 年代后期，邓小平看到国内经济发展过热引起失控，通货膨胀加大，西方和平演变的活动又推动了国内的政治风波，于是主张治理，突出强调了稳定和整顿。他说："稳定压倒一切，人民民主专政不能丢。你闹资产阶级自由化，用资产阶级人权、民主那一套来搞动乱，我就坚决制止。"在这一思想的指导下，中共中央和国务院采取了一系列有力的措施，维护了稳定的大局，扭转了混乱的政治、经济形势。

然而，当中国政局趋于稳定时，邓小平又辩证地看待稳定，强调发展的作用。1991年8月20日，他在同几位中央负责同志谈话时，提出了以改革促发展的思路。他说："这一段总结经济工作的经验，重点放在哪里？我看还是放在坚持改革开放上。没有改革开放十年经济发展的那个飞跃，取得顺利调整是不可能的。"对于稳定这个问题，邓小平辩证地指出："强调稳是对的，但强调得过分就可能丧失时机。可能我们经济发展规律还是波浪式前进。过几年有一个飞跃，跳一个台阶，跳了以后，发现问题及时调整一下，再前进。总结经验，稳这个字是需要的，但并不能解决一切问题，以后还用不用这个字？还得用。什么时候用，如何用，这要具体分析。但不能只是一个稳字。"很显然，在邓小平的战略思想中，稳定是手段，是工具，不是目的，不是根本的追求。

根本的东西是什么？邓小平认为，根本的问题是以改革求发展。他说："特别要注意，根本的一条是改革开放不能丢，坚持改革开放才能抓住时机上台阶。"

1992年初，邓小平看到全国的经济形势仍处于消极的稳定状态，尚未突出发展，于是亲临南方视察，发表了带动全局的南方谈话。邓小平在这个谈话中把发展作为第一位的任务来提，他说，抓住时机，发展自己，关键是发展经济。现在，周边一些国家和地区经济发展比我们快，如果我们不发展或发展得太慢，老百姓一比较就有问题了。低速度就等于停步，甚至等于后退，要抓住机会，现在就是好机会。

为什么把发展放在第一位？邓小平指出：发展是解决一切问题的基础和关键。他说：从根本上说，手头东西多了，我们在处理各种矛盾和问题时就立于主动地位。

怎样看待稳定和发展的关系？邓小平认为，稳定只是"一个方面的政策"，而治理整顿必须从属于经济发展，为经济发展服务。他提出了"发展才是硬道理"的著名论断，并深刻指出：对于我们这样发展中的大国来说，经济要发展得快一点，不可能总是那么平平静静、稳稳当当。要注意经济稳定、协调地发展，但稳定和协调也是相对的，不是绝对的。发展才是硬道理。这个问题要搞清楚。如果分析不当，造成误解，就会变得谨小慎微，不敢解放思想，不敢放开手脚，结果是丧失时机，犹如逆水行舟，不进则退。

对于稳定，邓小平突出强调的是要有稳定的政策，即政策的稳定性和连续性。他说:"城乡改革的基本政策,一定要长期稳定。当然,随着实践的发展,该完善的完善,该修补的修补,但总的要坚定不移。即使没有新的主意也可以,就是不要变,不要使人们感到政策变了。有了这一条,中国就大有希望。"实际上,邓小平讲的稳定与发展,很大的程度上是要用稳定的政策来促进高速的发展。

在邓小平的思想中,辩证地看待稳定和发展的关系,在运动中准确地把握住主要矛盾,始终以发展为中心,对不同时期的问题加以不同的解决,以保证现代化事业的顺利高速发展,这是一个完整的联系的整体。如果忽视了中心环节,或者忽视了另一个方面,就很难解决好这个问题,就会犯大错误,现代化就会停滞。这就是他处理这个复杂问题的智慧。

反"左"防右　有过必纠

——坚持进行两条战线的斗争

当党确定了整个社会主义现代化建设时期的基本路线之后，在中国现代化道路、方针和发展手段上，"左"和右两种错误倾向交替干扰着改革开放事业的顺利发展，甚至在改革开放的每一重要阶段都造成了相当程度的思想羁绊和现实危害，动摇和妨碍着党的基本路线的正确贯彻执行。对此，邓小平以一个伟大的马克思主义者的坚定姿态和杰出智慧，领导全党为维护党的基本路线，胜利地进行了反"左"和防右两条战线的斗争。

"左"和右，是我党内部两种不符合马克思主义思想方法和政治路线的政治倾向的代名词和习惯说法。"左"倾思想错误的特征是常常把马克思主义观点奉为教条，以激进或马克思主义"正统"的姿态反对正常发展的事物，不是以"砍白旗"的形式否定健康发展的事物，就是高呼口号去做超越现实可能的事情，结果是危害革命、危害现代化建设、危害党。比如，1933年王明"左"倾冒险主义路线几乎断送了中央红军。1958年由"大跃进"引起的"共产风"，也是"左"倾错误的突出表现。"文化大革命"，更是"左"倾思想错误在党内发展到极点的表现。众所周知，"左"倾错误在党内和国家中所造成的严重危害是触目惊心的。而另一方面，右倾错误则表现之一是在革命和建设时机已经来到时不敢放手大干，不但白白延误时机，而且影响了发展，最终也损害了革命事业。如陈独秀在第一次大革命时期不敢与蒋介石右派集团展开坚决的斗争，最后在退让中让蒋介石政变成功，共产党人几乎被杀绝。表面上看，"左"与右这两种错误倾向似乎各执一端，水火不容，但是在现实运动中，这两种错误倾向却常常相互伴随，从不同的角度危害着革命和建设事业的发展。因此，总结中国共产党数十年斗争的历史经验，在革命和建设发展的每一个阶段，最怕的就是来自革命队伍内部的"左"和右两种错误思想倾向对党内正确路线、方针、政策的干扰和破坏。

1987年，邓小平一针见血地指出了现代化建设中"左"和右两种错误倾向的来源、表现形式和相互关系。他说："搞现代化建设，搞改革、开放，存在'左'和右的干扰问题。'左'的干扰更多是来自习惯势力。旧的一套搞惯了，要改不容易。右的干扰就是搞资产阶级自由化，全盘西化，包括照搬西方民主。"比较两种错误倾向的危害程度，邓小平认为，最主要的是"左"的干扰。他指出："建国后，从一九五七年到一九七八年，我们吃亏都在'左'。我们国家大，党的历史很长，建国也已经有三十八年，因此好多习惯势力不能低估，而右的干扰也帮了习惯势力的忙，所以我们也不能忽视右的干扰。"事实上，虽然改革开放只有短短十多年时间，但是"左"和右这两种错误倾向却已不同程度地危害和阻碍着现代化建设事业的健康发展。邓小平在1992年初曾满怀感慨地提醒全党：现在，有右的东西影响我们，也有"左"的东西影响我们，但根深蒂固的还是"左"的东西。"左"带有革命的色彩，好像越"左"越革命。"左"的东西在我们党的历史上可怕呀！一个好的东西，一下子被他搞掉了。右可以葬送社会主义，"左"也可以葬送社会主义。

在中国全面进入社会主义现代化建设历史时期的现实情况下，如何有效地进行反"左"和防右的斗争呢？邓小平的妙策就是始终坚持和确保改革开放政策和四项基本原则，用坚持改革开放的方针政策来战胜"左"的干扰，用坚持四项基本原则的办法来排除右的干扰。他指出："搞社会主义现代化建设是基本路线。要搞现代化建设使中国兴旺发达起来，第一，必须实行改革、开放政策；第二，必须坚持四项基本原则，主要是坚持党的领导，坚持社会主义道路，反对资产阶级自由化，反对走资本主义道路。"对于这两项基本国策，邓小平称之为"两个基本点"。他特别强调："这两个基本点是相互依存的。"

邓小平不仅提出了用"两个基本点"的方针来对付"左"和右干扰的思想方法，而且在实际斗争中又审时度势地灵活运用了这些斗争方法，从而一次又一次成功地排除了"左"和右两种错误倾向对党的基本路线贯彻执行的干扰。当"左"的思潮冒头时，邓小平坚定不移地大力倡导改革开放，领导全党用改革创新的开拓精神去突破"左"的框框束缚，战胜习惯势力对改革中新生事物的扼制；而当右的倾向来临时，邓小平又及时地高举坚持四项基本原则的大旗，坚决用人民民主专政的手段维护党的领导和社会主义道路。改革开放以来，正是由于邓小平及时领导全党战胜了"左"和右两种错误倾向的干扰和阻碍，才使中国的生产力得以高速发展，以经济建设为中心的基本路线未能反复，改革开放事业没有中途而废，社会主义政权稳如泰山，中国特色社会主义现代化建设的大局得以稳定。

两个文明　一车两轮

——提出两手抓，两手都要硬

党的十一届三中全会以后，中国进入了全面建设社会主义现代化的新时期。在改革开放政策的有力推动下，中国的经济以前所未有的速度向前发展，整个社会也由一个封闭的状态向开放的格局转型。但是，随着整个中国改革节奏的加快和对外开放的不断扩大，引起了社会内部各种问题尤其是道德、信仰、价值观念、腐败和犯罪问题的严重增多，这些问题的发展不仅动摇着社会的基础和结构，给社会体系带来了动荡和混乱，而且造成了对改革开放政策的威胁，破坏着社会主义现代化事业的新成果。正是在这样一种社会消极因素有可能改变改革开放正确方向、并严重削弱社会主义道德文明规范的情势下，邓小平富有远见地提出了坚持两手抓、两手都要硬的战略思想。

邓小平"坚持两手抓"战略思想的基本目的，就是要在加速发展社会物质文明的同时，大力发展社会主义精神文明；在促进经济高速增长的过程中，坚决惩治腐败和打击各种犯罪活动，以保证改革开放事业能够正确地坚持和发展下去，获得中国特色社会主义现代化事业的全面成功。

早在改革开放的起步阶段，邓小平就高瞻远瞩地提出了抓好"两个文明"的问题。1979年，邓小平在大力促进经济发展的同时，提出："我们要在建设高度物质文明的同时，提高全民族的科学文化水平，发展高尚的丰富多彩的社会生活，建设高度的社会主义精神文明。"1980年，邓小平为了防止少数党员干部在改革开放的起步阶段经不住西方价值观念和腐朽生活方式的诱惑，在中央工作会议上又突出提到了社会主义精神文明中道德文明建设问题，他说："党和政府愈是实行各项经济改革和对外开放的政策，党员尤其是党的高级负责干部，就愈要高度重视、愈要身体力行共产主义思想和共产主义道德。"

1983年，邓小平看到全党的注意力已经转向发展生产力方面，担心整个社会出现忽视社会主义精神文明的倾向，于是又再次提醒全党要同时抓好社会主义精神文明的建设，他指出："过去很长一段时间，我们忽视了发展生产力，所以我们要特别注意建设物质文明。与此同时，还要建设社会主义的精神文明。"对于社会主义精神文明建设的主要目标，邓小平认为，最根本的是要使广大人民有共产主义的理想，有道德，有文化，守纪律。他还指出：国际主义、爱国主义都属于精神文明的范畴。

对于"两个文明"建设的搞法，邓小平强调要"坚持两手抓"，不可在抓好一手的同时，忽视或偏废另一手。1992年初，邓小平在南方谈话中又着重提到了社会主义精神文明建设的问题，他认为，社会主义精神文明建设必须搞上去，而经济发展可以带动精神文明的进步。他说：只要我们的生产力发展，保持一定的经济增长速度，坚持两手抓，社会主义精神文明建设就可以搞上去。

为什么邓小平在整个改革开放阶段始终要求全党抓好"两个文明"的建设？就是因为"两个文明"之间存在着密切相关的联系，如果在现代化建设中只注意物质文明建设，忽视精神文明建设，一手硬一手软，社会主义改革事业非但不能正确地坚持下去，而且会中途改变性质，断送社会主义现代化事业。1986年初，邓小平在经济发展非常喜人的形势下清醒地看到只抓经济一手、忽视精神文明建设另一手有可能导致的严重后果，因而在政治局常委会上意味深长地指出："经济建设这一手我们搞得有相当成绩，形势喜人，这是我们国家的成功。但风气如果坏下去，经济搞成功又有什么意义？会在另一方面变质，反过来影响整个经济变质，发展下去会形成贪污、盗窃、贿赂横行的世界。所以，不能不讲四个坚持，不能不讲专政，这个专政可以保证我们的社会主义现代化事业顺利进行，有力地对付那些破坏建设的人和事。"

循着这一思路，邓小平提出在社会主义现代化建设中必须"一手抓改革开放，一手抓打击各种犯罪活动"的方针。而后一手的运用，正是"两手都要硬"中精神文明建设"硬"的表现。其实，邓小平对"一手抓改革开放、一手抓打击各种犯罪活动"这个问题提得比较早，其用意在于坚决扼制改革开放中不良因素的生长和发展，保证改革开放事业的健康发展。1982年，邓小平明确提出："我们要有两手，一手就是坚持对外开放和对内搞活经济的政策，一手就是坚决打击经济犯罪活动。没有打击经济犯罪活动这一手，不但对外开放政策肯定要失败，对内搞活经济的政策也肯定要失败。"这里，邓小平强调的是要用专政的强有力的手段，通过打击犯罪活动的方式，来维护社会主义精神文明建设，保证改革开放事业不偏离正确的轨道。1989年，邓小平在总结改革开放以来若干失误和教训时又指出了两手抓没有抓好的问题，他说："今天回过来看，出现了明显的不足，一手比较硬，一手比较软，一硬一软不相称，配合得不好。"

在邓小平的思想中，坚持两手抓，两手都要硬，在加速建设社会主义物质文明的同时搞好社会主义精神文明的建设，是中国特色社会主义的一个重要特征。1992年，邓小平在比较了周边国家和地区现代化经验时再一次突出强调：要坚持两手抓，一手抓改革开放，一手抓打击各种犯罪活动。这两只手都要硬。打击各种犯罪活动，扫除各种丑恶现象，手软不得。广东20年赶上亚洲"四小龙"，不仅经济要上去，社会秩序、社会风气也要搞好，两个文明建设都要超过他们，这才是有中国特色的社会主义。很显然，邓小平把坚持两手抓、搞好"两个文明"建设作为中国特色社会主义的一种内在要求和评价标准提出来，不仅具有重要的政治价值，而且给予中国共产党人以重要的理论启示。这是邓小平在解决现实问题时得出的重要结论。"坚持两手抓，搞好精神文明建设，必然要联系到社会腐败问题。"对此，邓小平毫不姑息和让步，他要求"在整个改革开放过程中都要反对腐败。对干部和共产党员来说，廉政建设要作为大事来做"。腐败现象是一个十分复杂的社会问题，怎样更有效地反对腐败？对于这个问题，邓小平提出必须依靠法制的作用，用法制的无情来惩治和防止社会生活中的各种腐败现象。1986年，邓小平提出：必须"一手抓建设，一手抓法制"。他把坚持两手抓的另一手归结为法制。1992年，邓小平又突出了法制的作用，他认为："还是要靠法制，搞法制靠得住些。"这里，邓小平深谋远虑地揭示了用法制来保障和促进社会主义精神文明建设的重要命题，给后人指明了建设法制国家来维护中国特色社会主义的长远道路。

桃李不言　下自成蹊

——不争论的主张，重实效的取向

在中国人的政治思维中，有一种比较奇怪而又司空见惯的现象：好争论。不论是什么新的方针政策出台，思想理论界总要舞文弄墨，先争论一番，仿佛这样一争，天下就已大定，万事已经成功，反之似乎不妥。改革开放以后，新事物新举措新政策愈来愈多，社会发展的节奏不断加快，而一部分同志却还是袭老谱、承旧规，每当新政策新事物出现时，总要慷慨激昂地论战一番。这样一来，迫使另一方只得迎战，双方你争我论，最后元气大伤，不仅愈争愈不清，而且延宕了改革的进程，空空贻误了大好的时机。许多有志于厉行改革的人士，面对难见高下的论局，也只好心有余悸地停在一旁，不敢跨越雷池。见此情景，邓小平的办法是不争论！他说："不搞争论，是我的一个发明。"

为什么要不争论？邓小平说，不争论，是为了争取时间干。一争论就复杂了，把时间都争掉了，什么也干不成。很显然，邓小平的"不争论"主张其实是一个重实效的价值取向，是一个抓紧时机加速发展的策略，是一个以实际效果来最终说明问题的务实观点。从这一价值取向出发，邓小平反对空谈误国，使出"不争论"这一招，说到底是为了使改革开放事业摆脱无休无止争论的纠缠，好让改革者们甩开膀子大胆干。他说：我就担心丧失机会。不抓呀，看到的机会就丢掉了，时间一晃就过去了。

邓小平是最实事求是的务实改革家。改革开放以来，对每一次重大政策出台，他总是根据最后结果和实效下结论，定是非。1992年初，他回顾改革开放起步时情景："对改革开放，一开始就有不同意见，这是正常的。不只是经济特区问题，更大的问题是农村改革，搞农村家庭联产承包，废除人民公社制度。"当时，各地区各部门对于改革不仅议论多，看法多，而且阻力大，思想不通。怎么办呢？邓小平的办法就是两个：一个是看实效断是非；二是允许看，让持异议的同志有个转弯子的过程。但是，邓小平对改革的决心是坚定的，不允许阻拦。对于农村承包制的出现，邓小平没有听信争论，而是看实践。1987年，他就这项最初的改革发展过程向外国朋友介绍说："在没有改革以前，大多数农民是处在非常贫困的状况，衣食住行都非常困难。党的十一届三中全会以后决定进行农村改革，给农民自主权，给基层自主权，这样一下子就把农民的积极性调动起来了，把基层的积极性调动起来了，面貌就改变了。农业实行多种经营，因地制宜，该种粮食的地方种粮食，该种经济作物的地方种经济作物，不仅粮食大幅度增长，经济作物也大幅度增长。农村改革见效非常快，这是我们原来没有预想到的。当然，开始的时候，并不是所有的人都赞成改革。有两个省带头，一个是四川省，那是我的家乡；一个是安徽省，那时候是万里同志主持。我们就是根据这两个省积累的经验，制定了关于改革的方针政策。还有一些省犹疑徘徊，有的观望了一年才跟上，有的观望了两年才跟上。中央的方针是等待他们，让事实教育他们。"

对待农村改革之后出现的对乡镇企业和创办经济特区这两个方面新生事物的激烈争论，邓小平的办法亦是如此。当时，对乡镇企业异军突起的议论很多，压力很大，但邓小平全面地观察分析了乡镇企业发展的利弊，充分肯定了乡镇企业的高速增长、对50%农村剩余劳动力的解决和对乡村城镇化的促进这三个方面的巨大成果。从实事求是看实效的角度出发，邓小平指出："农村改革的成功增加了我们的信心，我们把农村改革的经验运用到城市，进行以城市为重点的全面经济体制改革。"实际上，将农村改革的经验运用到城市经济改革中，完全是邓小平重实效价值取向的产物。对待经济特区的评价更是这样。一开始，对创办和试验深圳特区的意见不一，争论很多，甚至还有人采取怀疑态度。对此，邓小平风尘仆仆地来到深圳视察，看到深圳经济特区一片兴旺气象，最后下了这样一个重实效的结论："深圳的发展和经验证明，我们建立经济特区的政策是正确的。"

改革开放以来，正是由于邓小平坚持倡导了重实效的务实精神，才使"文化大革命"以来好空谈的政治风气为之一扫，中国的改革开放事业扎扎实实地取得了一系列巨大成就。邓小平提出"不争论"的政治主张，最基本的目的就是要人们在改革开放中排除顾虑，大胆地探索和进取。他斩钉截铁地指出：

"不争论,大胆地试,大胆地闯。农村改革是如此,城市改革也应如此。"

不争论,在改革中干错了怎么办?邓小平认为,一个完全新的事物不允许犯错误是不行的,虽然每一个领域还有不少问题,但是不难逐步解决。所以,我们改革、开放的政策不可能放弃,甚至于不可能放慢。他说:"改革开放胆子要大一些,敢于试验,不能像小脚女人一样。看准了的,就大胆地试,大胆地闯。深圳的重要经验就是敢闯。没有一点闯的精神,没有一点'冒'的精神,没有一股气呀、劲呀,就走不出一条好路,走不出一条新路,就干不出新的事业。"从中我们可以感到,邓小平重实效的价值取向,还包含着一种敢闯敢干、勇于进取的实干精神。

不争论,重实效,是不是不要政治上的判断标准?不是。邓小平的价值观和评判标准有一个非常宽广的范畴,他说:判断姓"资"还是姓"社"的标准,"应该主要看是否有利于发展社会主义社会的生产力,是否有利于增强社会主义国家的综合国力,是否有利于提高人民的生活水平"。这里,邓小平把评判新生事物的标准放在社会主义的本质属性上加以考察,不仅排除了许多人在认识事物过程中所产生的思想混乱,扫除了改革中的思想障碍,而且从重实效的价值取向出发,为中国的改革开放事业打开了思想上的禁区,开辟了更宽广的道路,具有更深层次的推动作用。

第三篇

使有菽粟如水火

得治有别　取守异术

——把工作重心转移到经济建设上来

据史书记载,西汉开国皇帝刘邦是一位善于听取谋臣意见,及时地把得天下的办法转变为治天下的办法的开明君主。《史记·陆贾列传》记载:"陆生时时前说称《诗》《书》。高帝骂之曰:'乃公居马上而得之,安事《诗》《书》!'陆生曰:'居马上得之,宁可以马上治之乎?且汤武逆取而以顺守之,文武并用,长久之术也。'"刘邦听陆贾一番话后,面有惭色,并请陆贾著《新语》一书,述兴亡成败之史,求治国安民之道。

西汉人离秦最近,对秦得天下复而失天下记忆最深,议论也最多。陆贾对刘邦说:"乡使秦已并天下,行仁义,法先圣,陛下安得而有之?"如果秦及时地把得天下转变为治天下,哪有刘邦的份呢?主父偃认为,秦得天下之后不思变图治,而是严法刻深,欲大无穷,建阿房宫,修骊山墓。司马迁说:"周失之弱,秦失之强,不变之患也。"贾谊说:"秦以区区之地,致万乘之势,序八州而朝同列,百有余年矣。然后以六合为家,崤函为宫。一夫作难而七庙隳,身死人手,为天下笑者,何也?仁义不施而攻守之势异也。"司马迁说:"秦取天下多暴,然世异变,成功大。"秦取天下之后,"秦王怀贪鄙之心,行自奋之智,不信功臣,不亲士民,废王道,立私权,禁文书而酷刑法,先诈力而后仁义,以暴虐为天下始"。"自群卿以下至于众庶,人怀自危之心,亲处穷苦之实,咸不安其位,故易动也。"贾谊鉴于秦取天下与失天下原因的分析,得出了这样的结论:"夫兼并者高诈力,安危者贵顺权,此言取与守不同术也。秦离战国而王天下,其道不易,其政不改,是其所以取之守之者无异也。"

西汉人对得与治、取与守的认识是深刻的。后来中国的政治家、思想家在探讨这个问题时,基本上沿袭了西汉人的看法。

得与治、取与守，取决于不同的条件，服从于不同的规律。如果沿用得天下、取天下的办法来守天下、治天下，那就难免成之于斯、败之于斯，得之于斯、失之于斯。

新中国的开国元勋们，在新中国成立前夕、成立之初就十分重视"得之"向"治之"的转变。1949年3月，毛泽东在党的七届二中全会上指出，在全国胜利的局面下，党的工作重心必须由乡村转到城市，城市工作必须以生产建设为中心。城市中其他的工作，都是围绕着生产建设这一个中心工作并为这个中心工作服务的。"如果我们在生产工作上无知，不能很快地学会生产工作，不能使生产事业尽可能迅速地恢复和发展，获得确实的成绩，首先使工人生活有所改善，并使一般人民的生活有所改善，那我们就不能维持政权，我们就会站不住脚，我们就会要失败。"在新中国成立后头三年，为了医治战争创伤，为了使今后的建设能有一个稳固的基础，在恢复生产与发展生产、经济恢复与经济建设的关系上，毛泽东、周恩来把重心放在恢复生产、恢复经济上。经济恢复之后，"一五"计划的第一年，周恩来在全国政协一届四次会议上提出了经济建设是压倒一切的中心任务的思想。他说，1953年是第一个五年计划的第一年，动员工人阶级和全国人民，集中力量，克服困难，为完成和超额完成1953年度的建设计划而奋斗，是我们贯穿全年的压倒一切的中心任务。1954年，周恩来在全国人大一届一次会议上进一步指出：由于第一个五年计划已经开始执行，"经济建设工作在整个国家生活中已经居于首要的地位"。

1956年，我国生产资料所有制的社会主义改造基本完成之后，党的八大明确指出，国内的主要矛盾已不再是无产阶级和资产阶级的矛盾，而是"人民对于建立工业国的要求同落后的农业国的现实之间的矛盾"，是"人民对于经济文化迅速发展的需要同当前经济文化不能满足人民需要的状况之间的矛盾"，"也就是先进的社会主义制度同落后的社会生产力之间的矛盾"。尽管上述提法在理论上有不完全准确的地方，但它提出了由革命向建设的转变，国家的主要任务已经由解放生产力变为在新的生产关系下保护和发展生产力这一根本性问题，其基本精神无疑是正确的。

党的八大以后，担任中央书记处总书记的邓小平指出："我们前一个阶段做的事情是干革命。""今后的主要任务是搞建设。我们党的第八次全国代表大会提出的任务，就是要调动一切积极因素，调动一切力量，为把我国建设成为一个伟大的社会主义工业国而奋斗。""搞建设这件事情比我们过去熟悉的搞革命那件事情来说要困难一些,至少不比搞革命容易。在这个问题上,我们全党还是小学生,我们的本领差得很。"搞革命主要靠阶级斗争的本领,搞建设则需要另外一套本领。邓小平说:"我们党,我们中国人民,过去在阶级斗争中的本领是不错的,否则怎么能把革命干成功了呢?从整个来说,阶级斗争这门科学,我们党、我们的干部是学会了。但在改造自然方面,这门科学对我们党来说,对我们干部来说,或者是不懂,或者是懂得太少了。"这朴实无华的话语,不仅强调了由干革命到搞建设的转变,而且强调了搞建设更困难,强调了适应转变需要学习和运用新本领的问题。

但是,1957年反右派斗争严重扩大化之后,毛泽东重提阶级斗争,并提出当前我国社会的主要矛盾仍然是无产阶级和资产阶级、社会主义道路和资本主义道路的矛盾。此后,毛泽东虽也非常重视生产力的发展,但越来越以抓阶级斗争来促生产力的发展,以阶级斗争为纲,结果南辕北辙,事与愿违,发展到"文化大革命"的全局性错误。

邓小平自党的八大以来,就明确提出不能以阶级斗争的本领来搞建设、搞生产。此后,他一直努力坚持把工作重心放在经济建设上。20世纪60年代经济调整中,他大胆提出不论黄猫、黑猫,只要捉住老鼠就是好猫。这实际上是对热衷于以阶级斗争的办法搞经济建设的否定。唯其如此,他在"文化大革命"中遭到"左"的不公正的批判。1975年,邓小平主持党中央和国务院的日常工作,巧妙、机智地利用毛泽东关于"要学习理论,反修防修""要安定团结""要把国民经济搞上去"的三项指示,并把它作为"工作的纲",以淡化"以阶级斗争为纲"。他还从正面出击,突出强调"特别是要把国民经济搞上去",并严正指出:"现在有的同志只敢抓革命,不敢抓生产,说什么'抓革命保险,抓生产危险'。这是大错特错的。"由于邓小平的努力,使混乱的经济形势迅速好转。遗憾的是,在"四人帮"的挑拨、破坏下,又由于毛泽东不容否定"文化大革命",坚持"阶级斗争是纲,其余都是目",邓小平再次受到不公正的批判。

粉碎"四人帮"之后,邓小平抓住彻底纠正指导思想上"左"的错误、真正实行工作重心转移的历史机会,以其大智大勇,第一个大声疾呼否定"以阶级斗争为纲"。1978年12月,中央工作会议和紧接着召开的党的十一届三中全会接受了邓小平的思想主张，果断地停止使用"以阶级斗争为纲"的口号，决定把全党工作的着重点和全国人民的注意力转移到社会主义现代化建设上来。在现代化建设中，经济建设、发展生产是重中之重。以现代化建设为中心与以经济建设为中心是统一的。后来，邓小平回忆道："我强调提出，要迅速地坚决地把工作重点转移到经济建设上来。十一届三中全会解决了这个问题，这是一个重要的转折。"

党的十一届三中全会以来，邓小平通过总结新中国成立以来工作重心转移问题上的教训，阐明了工作重心转移的必要性、重要性。邓小平认为，新中国成立20多年来最严重的教训就是1957年以后搞"以阶级斗争为纲""穷过渡"和"平均主义"，没有用心搞建设，没有真正实现工作重心的转移。1980年1月16日，邓小平说："过去二十多年，工作重心一直没有认真转到经济建设方面来，经济工作中积累的问题很多。""近三十年来，经过几次波折，始终没有把我们的工作重点转到社会主义建设这方面来，所以，社会主义优越性发挥得太少，社会生产力的发展不快、不稳、不协调，人民的生活没有得到多大的改善。""离开了经济建设这个中心，就有丧失物质基础的危险。其他一切任务都要服从这个中心，围绕这个中心，决不能干扰它，冲击它。过去二十多年，我们在这方面的教训太沉痛了。"1980年4月1日，他对起草《关于建国以来党的若干历史问题的决议》发表意见时说："总起来说，一九五七年以前，毛泽东同志的领导是正确的，一九五七年反右派斗争以后，错误就越来越多了。"最主要的错误就是"重提阶级斗争，提得更高了"，而且"他自己又去抓阶级斗争"。1985年9月23日，他在党的全国代表会议上指出："多少年来我们吃了一个大亏，社会主义改造基本完成了，还是'以阶级斗争为纲'，忽视发展生产力。'文化大革命'更走到了极端。党的十一届三中全会以来，全党把工作重点转移到社会主义现代化建设上来，在坚持四项基本原则的基础上，集中力量发展社会生产力。这是最根本的拨乱反正。不彻底纠正'左'的错误，坚决转移工作重点，就不会有今天的好形势。"

党的十一届三中全会以来，邓小平还反复叮嘱不论在什么情况下，无论发生了什么事，都要扭住经济建设这个中心不放。1979年3月30日，他指出："我们当前以及今后相当长一个历史时期的主要任务是什么？一句话，就是搞现代化建设。""社会主义现代化建设是我们当前最大的政治，因为它代表着人民的最大的利益、最根本的利益。"1980年1月16日,他说:"我们在八十年代要做的三件大事","核心是现代化建设。这是我们解决国际问题、国内问题的最主要的条件。一切决定于我们自己的事情干得好不好。我们在国际事务中起的作用的大小,要看我们自己经济建设成就的大小"。"必须一天也不耽误,专心致志地、聚精会神地搞四个现代化建设。""决不允许再分散精力。""现在要横下心来,除了爆发大规模战争外,就要始终如一地、贯彻始终地搞这件事,一切围绕着这件事,不受任何干扰。就是爆发大规模战争,打仗以后也要继续干,或者重新干。我们全党全民要把这个雄心壮志牢固地树立起来,扭着不放,'顽固'一点,毫不动摇。"

历史学家们喜欢把党的十一届三中全会比作遵义会议。是的,这两次会议都在生死存亡的危急关头挽救了党,这两次会议之后都发生了"山重水复疑无路,柳暗花明又一村"的历史性转折。不同的是,遵义会议是中国共产党在取天下过程中发生的由失败走向胜利的转折点;党的十一届三中全会是中国共产党成为执政党之后,在治理国家中所发生的真正把工作重心转移到经济建设上来的伟大转折。

在夺取政权的伟大转折中,那颗耀眼的智慧之星是毛泽东。

在治理国家的伟大转折中,那颗耀眼的智慧之星是邓小平。

百年图强　三步发展

——确立中国现代化发展战略目标

中国古代思想家曾说："有志者事竟成。""有志"即有追求的目标。一个人要成就一番事业，不能没有追求的目标，不能得过且过，蹉跎度日。国家的发展、民族的繁荣也需要有一个全体人民为之奋斗的目标。"预则立，不预则废。"确立国家发展的战略目标，无疑是十分重要的。

邓小平卓越的智慧之一是确立了中国现代化发展的战略目标。

他说："我们要在建设有中国特色的社会主义道路上继续前进。资本主义发展几百年了，我们干社会主义才多长时间！何况我们自己还耽误了二十年。如果从建国起，用一百年时间把我国建设成中等水平的发达国家，那就很了不起！从现在起到下世纪中叶，将是很要紧的时期，我们要埋头苦干。我们肩膀上的担子重，责任大啊！"这番情真意切、扣人心弦的话语，是邓小平1992年南方谈话的出发点和落脚点，是《邓小平文选》第三卷统领全书意味深长的结束语，是党的十一届三中全会以来邓小平反复谈论的社会主义改革开放和现代化建设的主题词，也是邓小平作为党和国家最高决策层的主要决策者强烈表达的中华民族百年图强的雄心壮志。

百年图强是一个发展过程，除去1949年到1979年的30年，邓小平把1980年到21世纪中叶的70年设计为三步发展，并形象地称作"发展战略的'三步曲'"。第一步，到20世纪80年代末实现国民生产总值翻一番，基本解决温饱；第二步，到20世纪末再翻一番，进入小康社会；第三步，到21世纪中叶再翻两番建成中等水平的发达国家。他说："我们原定的目标是，第一步在八十年代翻一番。以一九八〇年为基数，当时国民生产总值人均只有二百五十美元，翻一番，达到五百美元。第二步是到本世纪末，再翻一番，人均达到一千美元。实现这个目标意味着我们进入小康社会，把贫困的中国变成小康的中国。那时国民生产总值超过一万亿美元，虽然人均数还很低，但是国家的力量有很大增加。我们制定的目标更重要的还是第三步，在下世纪用三十年到五十年再翻两番，大体上达到人均四千美元。做到这一步，中国就达到中等发达的水平。"三步发展，从变化的角度，邓小平称之为"小变化""中变化""大变化"。1985年9月23日，他说："现在人们说中国发生了明显的变化。我对一些外宾说，这只是小变化。翻两番，达到小康水平，可以说是中变化。到下世纪中叶，能够接近世界发达国家的水平，那才是大变化。"

三步发展、百年图强是一个宏伟的目标。

近代中国无数志士仁人为之浴血奋斗的目标，一是要结束四分五裂、被侵略、受屈辱的状态，争取民族的解放、国家的独立；二是要彻底摆脱贫困落后，使中国富强起来。1949年中华人民共和国的成立，实现了国家独立的目标。三步发展、百年图强的战略则指引、激励和鼓舞着中国人民去努力实现国家富强的目标。三步发展、百年图强不仅对全党和全国各族人民有着巨大的向心力和凝聚力，而且为制订中短期社会经济发展规划提供了依据。实现三步发展、百年图强的战略目标，中国就能摆脱贫困与落后，国际地位就会大大提高，就会对世界和平和第三世界的发展做出较大的贡献，同时，还能向全世界证明社会主义的成功。

在三步发展的战略目标中，处于中心环节的是第二步翻两番实现小康的目标。"三步走的关键在第二步，第二步为第三步打基础。"对三步发展的意义和作用。邓小平谈得最多的是第二步，其次是第三步。

关于第二步目标，他说："翻两番，国民生产总值人均达到八百美元，就是到本世纪末在中国建立一个小康社会。这个小康社会，叫做中国式的现代化。翻两番、小康社会、中国式的现代化，这些都是我们的新概念。"他认为：翻两番，国民生产总值人均达到800美元，人民生活达到小康水平，"这个目标对发达国家来说是微不足道的，但对中国来说，是一个雄心壮志，是一个宏伟的目标"。为什么要特别强调翻两番是一个宏伟的目标？实现这一目标的意义和作用主要表现在哪些方面？邓小平说："翻两番的意义很大。"首先，"这意味着到本世纪末，年国民生产总值达到一万亿美元。从总量说，就居于世界前列了"。世界上没有几个国家超过一万亿美元。这个一万亿美元的总量反映中国的综合国力是个较强的国家。"到那时，如果拿国民生产总值的百分之一来搞国防，就是一百亿，要改善一点装备容易得很。"如果拿 100 亿"用于科学教育，就可以开办好多大学，普及教育也就可以用更多的力量来办了"。第二，从个量看，人均国民生产总值 800 美元，人民生活达到小康水平，"比现在要好得多"。他以苏州为例，1982 年苏州人均国民生产总值达到了 400 美元，人们的饮食、服装、住房、教育文化状况和精神面貌，都发生了很大的变化。经济发达地区实现小康目标的一半，尚且如此。全国人均 800 美元，实现小康目标，其变化之巨，是可想而知的。第三，从对外贸易看，开放的中国同整个世界经济发展的趋势一样，对外贸易的增长速度会超过经济增长的速度。1984 年 10 月 6 日，邓小平说："现在中国对外贸易额占世界贸易额的比例很小。如果我们能够实现翻两番，对外贸易额就会增加许多，中国同外国的经济关系就发展起来了，市场也发展了。"第四，从人的精神面貌看，他说："物质是基础，人民的物质生活好起来，文化水平提高了，精神面貌会有大变化。我们对刑事犯罪活动的打击是必要的，今后还要继续打击下去，但是只靠打击并不能解决根本的问题，翻两番、把经济搞上去才是真正治本的途径。"第五，从政治局面和国际影响看，"如果实现了翻两番，那时会是个什么样的政治局面？我看真正的安定团结是肯定的。国家的力量真正是强大起来了，中国在国际上的影响也会大大不同了"。第六，从第二步与第三步的联系看，"翻两番还有个重要意义，就是这是一个新的起点。再花三十年到五十年时间，就可以接近经济发达国家的水平"。

关于第三步目标，邓小平说，在本世纪末翻两番的基础上"再花五十年的时间，再翻两番，达到人均四千美元。那意味着什么？就是说，到下一个世纪中叶，我们可以达到中等发达国家的水平。如果达到这一步，第一，是完成了一项非常艰巨的、很不容易的任务；第二，是真正对人类做出了贡献；第三，就更加能够体现社会主义制度的优越性。我们实行的是社会主义的分配制度，我们的人均四千美元不同于资本主义国家的人均四千美元。特别是中国人口多，如果那时十五亿人口，人均达到四千美元，年国民生产总值就达到六万亿美元，属于世界前列。这不但是给占世界总人口四分之三的第三世界走出了一条路，更重要的是向人类表明，社会主义是必由之路，社会主义优于资本主义"。在没有摆脱贫穷，没有达到第三步目标时，"虽说我们也在搞社会主义，但事实上不够格。只有到了下世纪中叶，达到了中等发达国家的水平，才能说真的搞了社会主义，才能理直气壮地说社会主义优于资本主义"。

三步发展、百年图强是一个现实的目标。

为尽快改变贫困落后的面貌，我国曾发生过"大跃进"那样急于求成的主观蛮干，曾提出过"超英赶美"等不切实际的目标，结果是劳民伤财、欲速不达。毛泽东、周恩来提出的三届全国人大和四届全国人大确立的四个现代化的战略目标在动员人民、鼓舞人心上发挥过重大作用，但从今天的角度看，步骤还不够具体，当时用30年的时间实现四个现代化的设想也过于乐观了些，对用这样短的时间赶上并超过世界经济发达国家的艰巨性、困难性估计得还不够充分。邓小平提出的"三步曲"，把20世纪60年代毛泽东、周恩来提出的四个现代化的战略目标进一步具体化了，它不仅是一个宏伟的目标，而且是一个切实可行的目标。1984年3月25日，邓小平说："我们提出的到本世纪末翻两番的目标能不能实现，会不会落空？从提出到现在，五年过去了。从这五年看起来，这个目标不会落空。"3个月后，他又说："走了五年半，发展得不错，速度超过了预期。这样发展下去，到本世纪末翻两番的目标一定能够实现。"1984年10月22日，邓小平以具体的增长速度说明"翻两番肯定能够实现。"他说："'六五'计划的主要生产指标三年完成，今年的计划也将超额完成。过去说，如果前十年平均增长速度能够达到百分之六点五，二十年平均增长速度能够达到百分之七点二，翻两番的目标就能够实现。看来我们前十年的势头可能超过百分之七点二，因为前三年已经接近百分之八了。"几年后，他根据第一步目标的提前实现，着重分析了第二步和第三步目标的现实可能。1988年6月3日，他说："第一步是达到温饱水平，已经提前实现了。第二步是在本世纪末达到小康水平，还有十二年时间，看来可以实现。第三步是下个世纪再花五十年时间，达到中等发达国家水平，这是很不容易的。关键是本世纪内的最后十年，要为下个世纪前五十年的发展打下基础，创造比较好的条件和环境。"1989年政治风波发生后，他及时指出不能因为发生了这次政治风波就怀疑或者动摇三步发展的战略目标，再次肯定这一目标是现实可行的。他说，我们制定的目标不是一个过急的目标，现在至少不能说是失败的。"在六十一年后，一个十五亿人口的国家，达到中等发达国家的水平，是个了不起的事情。实现这样一个目标，应该是能够做到的。"

怎样确保新中国成立100年时现代化发展战略目标的实现？

对此，邓小平不仅在根本方针、基本路线上多有论列，而且在具体做法上也有许多重要见解。

在根本方针、基本路线上，首先，邓小平强调坚持社会主义道路是实现宏伟目标的根本保证。他说："一旦中国抛弃社会主义，就要回到半殖民地半封建社会，不要说实现'小康'，就连温饱也没有保证。"中国国民生产总值达到一万亿美元，"如果按资本主义的分配方法，绝大多数人还摆脱不了贫穷落后状态，按社会主义的分配原则，就可以使全国人民普遍过上小康生活。这就是我们为什么要坚持社会主义的道理，不坚持社会主义，中国的小康社会形成不了。"

第二，邓小平强调改革开放是实现宏伟目标的根本政策、主要手段。他说："改革和开放是手段，目标是分三步走发展我们的经济。"他又说："实现我们的目标，不是很容易的。讲大话，讲空话，都不行，要有一系列正确的对内对外的方针和政策。党的十一届三中全会以来，我们确定了对内经济搞活、对外经济开放的政策，没有这样的政策不可能成功。"

第三，邓小平强调"中国要实现自己的发展目标，必不可少的条件是安定的国内环境与和平的国际环境"。对于前者，尤其是在1989年政治风波之后，邓小平反复指出，中国发展的条件，关键是政局稳定。中国不能乱哄哄的，只有在安定团结的局面下搞建设才有出路。"中国不能再折腾，不能再动荡。""我们不能容忍动乱。""中国人这么多，底子这么薄，没有安定团结的政治环境，没有稳定的社会秩序，什么事也干不成。"对于后者，邓小平反复指出，为了使中国发展起来，实现我们的宏伟目标，需要一个和平的国际环境。联系三步发展所设想的过程，他说，我们希望至少有70年的和平时间。我们不要放过这段时间。针对外交工作，他指出："我们把争取和平作为对外政策的首要任务。争取和平是世界人民的要求，也是我们搞建设的需要。"

把以上三个方面概括起来，为确保新中国建立100年战略目标的实现，必须坚持党的基本路线100年不动摇。邓小平说："要坚持党的十一届三中全会以来的路线、方针、政策，关键是坚持'一个中心，两个基本点'。不坚持社会主义，不改革开放，不发展经济，不改善人民生活，只能是死路一条。基本路线要管一百年，动摇不得。"

在具体做法上，首先，邓小平指出要抓住时机，发展自己；要抓紧时间，保持一定的发展速度，确保战略目标的实现。亚太地区，继亚洲"四小龙"之后，东南亚"新四小龙"紧步其后，正千方百计迎头赶上。邓小平说："现在，周边一些国家和地区经济发展比我们快，如果我们不发展或发展得太慢，老百姓一比较就有问题了。所以，能发展就不要阻挡，有条件的地方要尽可能搞快点，只要是讲效益，讲质量，搞外向型经济，就没有什么可以担心的。低速度就等于停步，甚至等于后退。""我国的经济发展，总要力争隔几年上一个台阶。""比如广东，要上几个台阶，力争用二十年的时间赶上亚洲'四小龙'"。

其次，邓小平指出要突出重点，抓住关键，从基础做起，确保战略目标的实现。他说："战略重点，一是农业，二是能源和交通，三是教育和科学。搞好教育和科学工作，我看这是关键。"后来，他在谈到具体做法时又说："如投资方向、资金使用方向等，我赞成加强基础工业和农业。基础工业，无非是原材料工业、交通、能源等，要加强这方面的投资，要坚持十到二十年，宁肯欠债，也要加强。"1992年南方谈话中，他说："经济发展得快一点，必须依靠科技和教育。""希望大家通力合作，为加快发展我国科技和教育事业多做实事。"

中华民族曾经创造过古代人类最辉煌的历史。

中华民族将在三步发展、百年图强中再造辉煌。

依靠科技　富民兴邦

——提出科学技术是第一生产力

邓小平这位笃行务实、经世致用的政治家，不仅重视分析生产力与生产关系的相互作用，而且重视分析生产力内在诸因素的相互作用及其发展的规律。对于前者，他把解放生产力、发展生产力看成社会主义本质的一个方面；强调"社会主义阶段的最根本任务就是发展生产力，社会主义的优越性归根到底要体现在它的生产力比资本主义发展得更快一些、更高一些，并且在发展生产力的基础上不断改善人民的物质文化生活"；提出是否有利于发展社会主义社会的生产力是衡量一切工作的最根本的是非标准。对于后者，他充分论述了科学技术在生产力内在诸因素中所处的主导地位及其对富民兴邦、摆脱落后、推动社会进步所起的关键作用；由 1978 年拨乱反正肯定科学技术是生产力，到 1988 年进一步提出科学技术是第一生产力的重要命题。

"文化大革命"期间，"四人帮"贬低科学、贬低知识，甚至提出了"知识越多越反动"的谬论。早在 1975 年，邓小平领导各方面的整顿就针锋相对地指出：要发挥科技人员的积极性，科技人员应当受到重视；要重视引进国外的新技术、新设备，加强科学研究工作。他甚至说："加强企业的科学研究工作，这是多快好省地发展工业的一个重要途径。"

粉碎"四人帮"后，邓小平重新出来工作。他认为我们国家要赶上世界先进水平必须从科学和教育入手，并自告奋勇管科教方面的工作。1977 年 5 月 24 日，他说："我们要实现现代化，关键是科学技术要能上去。""科技和教育，各行各业都要抓。大的企业都要有科学技术研究机构，有科学技术研究人员。每个部门都要进行科学研究。"9 月 19 日，他又指出："不抓科学、教育，四个现代化就没有希望，就成为一句空话。"1978 年 3 月 18 日，他在全国科学大会上重申四个现代化关键是科学技术现代化的观点。他说："没有现代科学技术，就不可能建设现代农业、现代工业、现代国防。没有科学技术的高速度发展，也就不可能有国民经济的高速度发展。"

邓小平从 1979 年提出实现社会主义现代化三步发展的战略目标之后，他不仅把科学技术列为战略重点之一，而且把科学技术的发展看成百年图强、富民兴邦的关键。1982 年，他在分析党的十二大提出 20 年翻两番的奋斗目标时强调："搞好教育和科学工作，我看这是关键。"他在分析农业这个战略重点时指出："农业的发展一靠政策，二靠科学。科学技术的发展和作用是无穷无尽的。"1985 年 5 月 19 日，他在全国教育工作会议上说："我们多次说过，我国的经济，到建国一百周年时，可能接近发达国家的水平。我们这样说，根据之一，就是在这段时间里，我们完全有能力把教育搞上去，提高我国的科学技术水平，培养出数以亿计的各级各类人才。我们国家，国力的强弱，经济发展后劲的大小，越来越取决于劳动者的素质，取决于知识分子的数量和质量。"1986 年 10 月 18 日，他会见美籍华裔学者李政道夫妇和意大利学者齐吉基夫妇时说："中国要发展，离开科学不行。"他还进一步指出："实现人类的希望离不开科学，第三世界摆脱贫困离不开科学，维护世界和平也离不开科学。"1989 年 6 月 16 日，在《第三代领导集体的当务之急》这篇谈话中谈到"经济不能滑坡"时，他强调："科学是了不起的事情，要重视科学。""农业问题也要研究，最终可能是科学解决问题。"1992 年南方谈话中，他再次强调："经济发展得快一点，必须依靠科技和教育。"

邓小平如此重视科学技术，首先是基于理论上对科学技术在生产力内在诸因素中所处的主导地位的正确认识。

马克思认为："劳动生产力是由多种情况决定的，其中包括：工人的平均熟练程度，科学的发展水平和它在工艺上应用的程度，生产过程的社会结合，生产资料的规模和效能，以及自然条件。"由此，马克思得出结论："生产力里面当然包括科学在内。"对此，恩格斯进行了阐述和发挥，他说："在马克思看来，科学是一种在历史上起推动作用的革命力量"，"是历史的有力杠杆，是最高意义上的革命力量"。

1978 年 3 月 18 日，在全国科学大会上，邓小平肯定了"科学技术是生产力"的观点。首先，他引述马克思的话，说明"科学技术是生产力"是马克思主义历来的观点。其次，他分析了现代科学技术的发展对提高劳动生产率、社会生产力的决定性作用。他说："同样数量的劳动力，在同样的劳动时间里，可以生产出比过去多几十倍几百倍的产品。社会生产力有这样巨大的发展，劳动生产率有这样大幅度的提高，靠的是什么？最主要的是靠科学的力量、技术的力量。"最后，更重要的是，他从科学技术的角度对生产力内在的基本因素生产资料和劳动力进行了透彻的分析。他说："历史上的生产资料，都是同一定的科学技术相结合的；同样，历史上的劳动力，也都是掌握了一定的科学技术知识的劳动力。"

在这次全国科学大会上，邓小平不仅阐述了科学技术是生产力这一马克思主义的观点，而且还进一步表达了自己的观点，即："科学技术正在成为越来越重要的生产力。"他还说："现代科学技术的发展，使科学与生产的关系越来越密切了。科学技术作为生产力，越来越显示出巨大的作用。"他的上述观点，无疑是对马克思主义关于科学技术是生产力理论的新发展，同时，也为他后来提出"科学技术是第一生产力"这一全新的命题奠定了思想基础。

"科学技术是第一生产力"，是邓小平1988年9月5日同一位外宾谈话时率先提出来的。他说："马克思说过，科学技术是生产力，事实证明这话讲得很对。依我看，科学技术是第一生产力。"几天后，他再次指出："马克思讲过科学技术是生产力，这是非常正确的，现在看来这样说可能不够，恐怕是第一生产力。将来农业问题的出路，最终要由生物工程来解决，要靠尖端技术。对科学技术的重要性要充分认识。"

邓小平如此重视科学技术，还植根于对经济建设实践活动的观察、思考与总结。

1983年初，邓小平视察江苏，看到一派喜气洋洋的景象。江苏省从1977年到1982年的6年时间工农业总产值翻了一番。特别是苏州市1982年工农业总产值人均接近800美元。江苏的路子是怎样走的？主要的经验有哪些？邓小平了解到"一条是依靠了技术力量"。他回北京后说："江苏吸收了不少上海的退休老工人。这些老工人有本事，请来工作所费不多，只是给点工资，解决点房子，就很乐意干，在生产上发挥了很好的作用。江苏多年来是比较重视知识、重视知识分子的作用的，对知识分子使用得比较得当。"

党的十一届三中全会以来，我国农业获得了巨大的发展。究其原因，一是实行家庭联产承包责任制，放宽政策，调动了几亿农民的积极性；二是科学技术在农村、农业中发挥了重大作用。邓小平总结道："农民把科技人员看成是帮助自己摆脱贫困的亲兄弟，称他们是'财神爷'。""他们从亲身的实践中，懂得了科学技术能够使生产发展起来，使生活富裕起来。"

1992年初，邓小平在南方视察中深有感触地说："我说科学技术是第一生产力。近一二十年来，世界科学技术发展得多快啊！高科技领域的一个突破，带动一批产业的发展。我们自己这几年，离开科学技术能增长得这么快吗？要提倡科学，靠科学才有希望。"这既是从科学技术的角度总结了1978年以来我国经济发展的原因，也是对未来的经济发展、现代化战略目标的实现更多地寄希望于科学技术的突破及推动作用。

在生产力与生产关系的矛盾运动中，邓小平强调的是发展生产力，是生产力的最终决定作用；他倡导的改革开放及一系列重大政策都是为发展生产力这一中心任务服务的。

在生产力内在诸因素中，邓小平强调科学技术是越来越重要的生产力，是第一生产力，从而把科学技术的发展看成是摆脱贫困、富民兴邦、推动社会进步的关键。

在科学技术领域内，邓小平强调高科技领域的突破，提出"高科技领域，中国也要在世界占有一席之地"，号召"搞科技越高越好，越新越好"。他亲自主管我国高科技工作，利用各种方式与有关方面和国内外专家学者商议我国高科技的发展规划，亲自批准建立我国第一个高能加速器——北京正负电子对撞机国家实验室，并主持了奠基典礼。1986年3月，王大珩、王淦昌、杨嘉墀、陈芳允等4位老科学家提出了跟踪世界战略性高技术的建议，他立即首肯并批示：这个建议十分重要，发展我国高科技宜速决断，不可拖延。在他亲自过问与支持下，召集全国200多名专家、学者进行全面论证和反复修改，经中共中央政治局扩大会议和国务院会议批准，制定了中国第一个《高技术研究发展计划纲要》（863计划）。

高科技不仅是当代社会生产力加速发展的推动器，而且现代战争在某种程度上已经表现为高科技的较量。邓小平认为高科技"反映一个民族的能力，也是一个民族、一个国家兴旺发达的标志"。他回顾历史，洞察现实，瞻望未来，得出结论："过去也好，今天也好，将来也好，中国必须发展自己的高科技。"

回顾历史,"如果六十年代以来中国没有原子弹、氢弹,没有发射卫星,中国就不能叫有重要影响的大国,就没有现在这样的国际地位。"他说:"大家要记住那个年代,钱学森、李四光、钱三强那一批老科学家,在那么困难的条件下,把两弹一星和好多高科技搞起来。""我是个外行,但我要感谢科技工作者为国家做出的贡献和争得的荣誉。"

瞻望未来,邓小平说:"下一个世纪是高科技发展的世纪。"我国要在下一个世纪的中叶达到中等发达国家的水平,首先必须抓住高科技领域的突破,"要不然我们很难赶上世界的发展"。

回顾历史、瞻望未来都是立足于现在。"现在世界的发展,特别是高科技领域的发展一日千里,中国不能安于落后,必须一开始就参与这个领域的发展。……因为你不参与,不加入发展的行列,差距越来越大。"为什么中国在不富裕的情况下还要搞高能粒子加速器?原因就是要抓紧时间赶上去,"不然就赶不上,越到后来就越赶不上,而且要花更多的钱,所以现在起就要开始搞"。为了加快发展中国的高科技,他希望当代中国科技界能涌现更多的钱学森、李四光、钱三强那样的爱国的科学家,"希望所有出国学习的人回来"。

依靠科技,富民兴邦,祖国母亲正在向海外游子召唤,海外游子学成归国将大有作为。

把握本质 突破陈规

——提出计划、市场都是方法

邓小平领导我国社会主义的经济体制改革,其超人的胆略与智慧之一是:既牢牢把握社会主义的本质,又敢于突破把本不属于社会主义本质的形式、手段、方法当作社会主义来固守和把本不损害社会主义本质的形式、手段、方法当作资本主义来固拒的陈规陋俗。他总是强调要大胆地去吸收和借鉴人类社会创造的一切文明成果,吸收和借鉴当今世界各国包括资本主义发达国家的一切反映现代社会化生产规律的先进经营方式、管理方法,来发展社会主义。1980年8月,他会见意大利记者奥琳埃娜·法拉奇时曾说:"要弄清什么是资本主义。资本主义要比封建主义优越。有些东西并不能说是资本主义的。比如说,技术问题是科学,生产管理是科学,在任何社会,对任何国家都是有用的。我们学习先进的技术、先进的科学、先进的管理来为社会主义服务,而这些东西本身并没有阶级性。"他这种把握本质、突破陈规的胆略与智慧,特别突出地体现在对计划与市场的分析上。

19世纪末,马克思曾设想未来社会将有计划地组织全社会的生产和经济活动。苏联在列宁逝世后一直把计划经济和市场经济作为对立的两种社会基本制度来看待,实行指令性的高度集权管理的计划经济。我国改革前受苏联影响,也曾实行过高度集权管理的计划经济。在经济理论上,传统的马克思主义经济学家与同时代的西方经济学家是根本对立的,但有一点是相同的,即双方都认为计划经济是社会主义的基本特征之一,而市场经济则是资本主义的。

邓小平针对高度集权管理的计划经济体制的弊端,大刀阔斧地进行改革。他最先超越了很多东西方经济学家的局限及片面性,否定了把计划与市场同姓"资"、姓"社"挂钩的理论观点与做法。1979年11月26日,他会见美国《不列颠百科全书》副总编吉布尼等美国学者时指出：说市场经济只限于资本主义社会、资本主义的市场经济，这肯定是不正确的。社会主义为什么不可以搞市场经济？市场经济，在封建社会时期就有了萌芽。社会主义也可以搞市场经济。他认为："许多经营形式，都属于发展社会生产力的手段、方法，既可为资本主义所用，也可为社会主义所用，谁用得好，就为谁服务。"计划、市场亦属于发展生产力的手段、方法。1985年10月23日，在回答美国企业家代表团团长格隆瓦尔德关于社会主义和市场经济的关系的提问时，邓小平说："社会主义和市场经济之间不存在根本矛盾。问题是用什么方法才能更有力地发展社会生产力。"1987年2月在党的十三大筹备过程中，邓小平同几位中央负责同志说："为什么一谈市场就说是资本主义，只有计划才是社会主义呢？计划和市场都是方法嘛。只要对发展生产力有好处，就可以利用。它为社会主义服务，就是社会主义的；为资本主义服务，就是资本主义的。"以后在1990年底和1991年初，邓小平又两次有针对性地说："社会主义也有市场经济，资本主义也有计划控制。""不要以为，一说计划经济就是社会主义，一说市场经济就是资本主义，不是那么回事。"直到1992年初的南方谈话，他对这一问题作了一个清楚明白、透彻精辟的回答。他说："计划多一点还是市场多一点，不是社会主义与资本主义的本质区别。计划经济不等于社会主义，资本主义也有计划；市场经济不等于资本主义，社会主义也有市场。计划和市场都是经济手段。社会主义的本质，是解放生产力，发展生产力，消灭剥削，消除两极分化，最终达到共同富裕。"这一回答在把握社会主义本质中突破陈规，提出了两个"不等于"的著名论断，具有重大的理论和实践意义。

既然计划与市场同姓"资"、姓"社"毫无关系，都是发展生产力的方法、手段，都是同资源配置形式联系的，那么在对计划、市场这两种不同的形式、方法、手段的选择上只能依据三个"有利于"的标准，即"主要看是否有利于发展社会主义社会的生产力，是否有利于增强社会主义国家的综合国力，是否有利于提高人民的生活水平"。计划与市场在竞技场上各怎么样？历史地看，市场经济的存在比计划经济早得多，它促进了资本主义大发展，但也带来了周期性经济危机。市场经济明显的优点是能适应不断变化的社会经济条件而发挥优化资源配置的基础作用。计划经济从20世纪初产生有70余年的历史，在经济发展水平低、经济结构简单、建设规模小、发展目标单一等社会经济条件下，计划经济曾取得过相当的成功。但是，当社会经济条件发生变化后，特别是多样化、多元化及对外开放、国际化之后，计划经济的内在弊端就逐步暴露出来。多年前发生的苏联解体、东欧剧变，虽然原因很多，但计划经济敌不过市场经济亦是重要原因之一。从我国经济体制改革的实践看，凡是市场机制发挥比较好的地区、行业、企业，经济活力都比较强，发展态势也比较好。邓小平在改革之初就十分重视正确处理计划与市场的关系，并且越来越突出地侧重强调发挥市场的作用。1982年7月，他同国家计委负责同志谈话时指出："社会主义同资本主义比较，它的优越性就在于能做到全国一盘棋，集中力量，保证重点。缺点在于市场运用得不好，经济搞得不活。计划与市场的关系问题如何解决？解决得好，对经济的发展就很有利，解决不好，就会糟。"1985年10月23日，他说："我们过去一直搞计划经济，但多年的实践证明，在某种意义上说，只搞计划经济会束缚生产力的发展。把计划经济和市场经济结合起来，就更能解放生产力，加速经济发展。"1987年2月，在党的十三大准备过程中，他同中央几位负责同志谈话，提出要改变此前实行的"计划经济为主，市场调节为辅"的方法，"我们以前是学苏联的，搞计划经济。后来又讲计划经济为主，现在不要再讲这个了。"1990年12月24日，他又指出："计划和市场都得要。不搞市场，连世界上的信息都不知道，是自甘落后。"

既然计划、市场都是方法，都不是一定社会制度的本质属性，既然市场经济的方法优于计划经济，那么搞市场取向是明智的。我国经济体制改革由传统计划经济向社会主义市场经济转变可谓是理所当然、势在必行。

建立社会主义市场经济体制，一个关键问题是要处理好放和管的关系。1988年9月12日，邓小平说："这几年我们走的路子是对的，现在是总结经验的时候。如果不放，经济发展能搞出今天这样一个规模来吗？我们讲中央权威，宏观控制，深化综合改革，都是在这样的新的条件下提出来的。过去我们是穷管，现在不同了，是走向小康社会的宏观管理。不能再搬用过去困难时期那些方法了。现在中央说话，中央行使权力，是在大的问题上，在方向问题上。"这段话深入浅出地阐明了放与管的关系。

首先，放开是完全必要的，实践证明是卓有成效的。放开，使农民发明了家庭联产承包责任制、发明了乡镇企业，让农民家庭和集体企业有了经营自主权，从而有了积极性和创造性。放开，使一部分人、一部分企业、一部分地区先富裕起来，产生了极大的带动作用，找到了"加速发展、达到共同富裕的捷径"。放开，使国有企业真正有了经营自主权，从而有了积极性和创造性，使社会主义公有制经济在市场竞争中改造自己的实现形式，增强自身的内在活力，发挥了应有的主导作用。放开，使个体经济和私营经济有了一定程度的发展，使国外境外资本进来有了一定程度的发展，调动了这一部分的积极性。从一定的意义上说，党的十一届三中全会以来改革的道路，就是冲破统得过多、管得过死的计划经济体制，一步步地放开，一步步地走向市场的道路。正如邓小平所充分肯定的那样，"这几年我们走的路子是对的"，"如果不放，经济发展能搞出今天这样一个规模来吗？"

其次，放开不是绝对放任自由，不等于不要管理。自国家产生以来就存在着国家政权与社会经济的关系、存在着放与管的问题。无论在哪一个国家绝对的放任自由同极端的统制干预一样是行不通的。现代市场经济的一个特点，正是有一套适合市场经济的国家管理。只是在不同国家、不同时期、受不同经济学派的影响，对经济的管理方式和程度不尽相同。现代西方经济学派，即使以经济自由为圭臬的货币主义者，亦反对国家在货币方面的放任政策。米尔顿·弗里德曼曾说："我们需要使用政府为自由经济制度提供一个稳定的货币机构——这是提供一个稳定的法律机构的一部分职能。""政府必须对货币情况负责。""控制货币在造成经济活动的涨落上是一个有力的工具。"资本主义国家经济尚且高度重视在市场经济基础上的控制和管理，社会主义国家怎么能够不要管理呢？还是邓小平说得直率、精彩，"资本主义就没有控制，就那么自由？""日本就有一个企划厅嘛，美国也有计划嘛。"

最后，社会主义国家中央政府要有控制和管理，但这不是过去传统计划经济体制下高度集中的行政命令的控制和管理，绝不能像过去那样"穷管"，"绝不能重复回到过去那样，把经济搞得死死的"。那么，应该是一种什么样的控制和管理呢？邓小平提出，应该是在"新的条件下"的，"是走向小康社会的宏观管理"。怎样体现这样的控制和管理呢？中央政府要有权威，要制定法律并严格有效地督促法律的实施，要制定政策和措施并严格有效地付诸实施。各地、各部门。"不能搞'你有政策我有对策'，不能搞违背中央政策的'对策'。"总之，"宏观管理要体现在中央说话能够算数"。而"中央说话，中央行使权力，是在大的问题上，在方向问题上"。

把握本质、突破陈规，绝不是一蹴而就、一次完成的，而是一个看似容易却艰辛的探索过程。改革之初，连社会主义经济是不是商品经济都曾是一个理论禁区，更不用提市场经济了。在邓小平领导下，党的十二届三中全会制定了《中共中央关于经济体制改革的决定》，确立了社会主义商品经济的新观念，破除了把社会主义同商品经济对立起来的传统观念，这是第一个突破。到1992年初的南方谈话，邓小平反复阐明计划、市场都是方法，并为全党所接受，这是第二个突破。这一次破除了把社会主义同市场经济对立起来的传统观念，为党的十四大确立社会主义市场经济的目标奠定了理论基础。

逐步实现　共同富裕

——正确处理先富与共同富裕的关系

司马迁曾说："千乘之王，万家之侯，百室之君，尚犹患贫，而况匹夫编户之民乎！"欲富恶贫，自古至今，人之常情。然而，"文化大革命"中"四人帮"却提出"宁要穷的社会主义，不要富的资本主义"，让人民安于过贫穷的生活。结果把人们的思想搞乱了，中国停滞了。

早在1974年、1975年，邓小平重新回到中央工作时就正告"四人帮"：没有穷的共产主义，按照马克思主义观点，共产主义社会是物质极大丰富的社会。因为物质极大丰富，才能实现各尽所能、按需分配的共产主义原则。社会主义是共产主义第一阶段，当然这是一个很长很长的历史阶段。社会主义时期的主要任务是发展生产力，使社会物质财富不断增长，人民生活一天天好起来，为进入共产主义创造物质条件。不能有穷的共产主义，同样也不能有穷的社会主义。致富不是罪过。

粉碎"四人帮"之后，特别是党的十一届三中全会以来，邓小平提出："走社会主义道路，就是要逐步实现共同富裕。"

"逐步实现共同富裕"的社会主义是与"贫穷的社会主义"有根本区别的。

邓小平说："社会主义制度优于资本主义制度。这要表现在许多方面，但首先要表现在经济发展的速度和效果方面。没有这一条，再吹牛也没有用。"社会主义如果老是穷的，它就敌不过资本主义，它就站不住。他还说："从一九五八年到一九七八年这二十年的经验告诉我们：贫穷不是社会主义，社会主义要消灭贫穷。不发展生产力，不提高人民的生活水平，不能说是符合社会主义要求的。"

"逐步实现共同富裕"是与平均主义、同步富裕根本区别的。

我国原有分配制度的弊端突出表现为平均主义，责、权、利不结合，干与不干一个样，干多干少一个样，干好干坏一个样。人们形象地把这种分配制度称之为两个大锅饭：企业吃国家的大锅饭，职工吃企业的大锅饭。

我国长期是小生产者汪洋大海般众多的国家，"不患贫而患不均""均贫富，等贵贱"的绝对平均主义思想，一直根深蒂固地存在于人们的头脑中。中华人民共和国成立后，对社会主义理解上有偏差，把社会主义平等理解为平均，把共同富裕理解为平均富裕、同步富裕。由于以上两方面的原因，在分配上采取了平均主义做法。

邓小平深入分析了平均主义的弊端与危害性。他说："一九五八年'大跃进'，一哄而起搞人民公社化，片面强调'一大二公'，吃'大锅饭'，带来大灾难。""搞平均主义，吃'大锅饭'，人民生活永远改善不了，积极性永远调动不起来。"1986年3月28日，他会见新西兰总理朗伊时说："我们坚持走社会主义道路，根本目标是实现共同富裕，然而平均发展是不可能的。过去搞平均主义，吃'大锅饭'，实际上是共同落后，共同贫穷，我们就是吃了这个亏。"

平均主义之所以行不通，之所以不能调动积极性，之所以带来低效率、共同落后、共同贫穷的大灾难，根本原因在于它违背了等量的劳动获得等量的报酬的按劳分配规律和社会必要劳动时间决定商品价值量的价值规律，抹杀了不同劳动者在体力、智力、劳动支出及所提供的劳动数量和质量上的差别，抹杀了不同部门、不同企业、不同地区在经营管理水平、资源条件等方面的差别，抹杀了个别劳动时间与社会必要劳动时间的差别。

邓小平领导的改革首先是打破平均主义，打破"大锅饭"，让一部分人、一部分地区先富起来，由此逐步实现共同富裕。1978年12月13日，他在中央工作会议闭幕会上率先指出："在经济政策上，我认为要允许一部分地区、一部分企业、一部分工人农民，由于辛勤努力成绩大而收入先多一些，生活先好起来。"此后，他反复强调贯彻落实这一经济政策："农村、城市都要允许一部分人先富裕起来，勤劳致富是正当的。""要让一部分地方先富裕起来，搞平均主义不行。""我的一贯主张是，让一部分人、一部分地区先富起来，大原则是共同富裕。"

对于实行一部分人、一部分地区先富起来的政策的意义、作用、效应，邓小平也作了许多生动的描述。他说："一部分人生活先好起来，就必然产生极大的示范力量，影响左邻右舍，带动其他地区、其他单位的人们向他们学习。这样，就会使整个国民经济不断地波浪式地向前发展，使全国各族人民都能比较快地富裕起来。"他倡导实行这项政策时，曾满怀信心地说："这是一个大政策，一个能够影响和带动整个国民经济的政策，建议同志们认真加以考虑和研究。"当这项政策一出台，中国经济活跃起来时，他非常高兴地说："一部分人先富裕起来，一部分地区先富裕起来，是大家都拥护的新办法，新办法比老办法好。"

"逐步实现共同富裕"是与两极分化根本对立的。

邓小平在不同场合，针对不同情况，反复强调：共同富裕是社会主义的目的，是社会主义的根本原则，是社会主义的本质特征。1985年3月7日，他在全国科技工作会议的即席讲话中说："社会主义的目的就是要全国人民共同富裕，不是两极分化。如果我们的政策导致两极分化，我们就失败了；如果产生了什么新的资产阶级，那我们就真是走了邪路了。"1986年9月2日，他在回答美国记者迈克·华莱士的提问时说："我们允许一部分人先好起来，一部分地区先好起来，目的是更快地实现共同富裕。正因为如此，所以我们的政策是不使社会导致两极分化，就是说，不会导致富的越富，贫的越贫。坦率地说，我们不会容许产生新的资产阶级。"1992年初，他在南方视察中说："共同富裕的构想是这样提出的：一部分地区有条件先发展起来，一部分地区发展慢点，先发展起来的地区带动后发展的地区，最终达到共同富裕。如果富的愈来愈富，穷的愈来愈穷，两极分化就会产生，而社会主义制度就应该而且能够避免两极分化。"

我国处在社会主义初级阶段，允许各种经济成分存在和发展，但公有制经济居于主体地位。与此相适应，在各种分配形式中，按劳分配占主要地位。这就从根本制度上保证不会发生两极分化，不会产生资产阶级。此外，邓小平还提出了避免两极分化的具体解决办法。"对一部分先富裕起来的个人，也要有一些限制，例如，征收所得税。还有，提倡有的人富裕起来以后，自愿拿出钱来办教育、修路。当然，决不能搞摊派，现在也不宜过多宣传这样的例子，但是应该鼓励。"为解决沿海与内地、发达地区与贫困地区的贫富差别，办法之一是"先富起来的地区多交点利税，支持贫困地区的发展"。"当然，太早这样办也不行,现在不能削弱发达地区的活力,也不能鼓励吃'大锅饭'。什么时候突出地提出和解决这个问题,在什么基础上提出和解决这个问题,要研究。可以设想,在本世纪末达到小康水平的时候,就要突出地提出和解决这个问题。到那个时候,发达地区要继续发展,并通过多交利税和技术转让等方式大力支持不发达地区。"

让一部分人、一部分地区先富起来与共同富裕是目的与手段、原则与方法、目标与步骤的辩证统一。"合抱之木,生于毫末;九层之台,起于累土;千里之行,始于足下。"在中国这样经济落后、经济发展不平衡的国家,企图一夜之间实现共同富裕是不可能的。通过一部分人、一部分地区先富起来,激励、带动、帮助其他人、其他地区富起来,从而最终实现共同富裕,这是切实可行的有效途径。正如邓小平所充分肯定的那样:"这是加速发展、达到共同富裕的捷径。"

打开大门　突破封闭

——提出对外经济开放

《老子》根据"江海所以能为百谷王者,以其善下之"的认识,在国与国的关系上主张"大国者下流"。这实际上是以谦下、开放之道来保持大国的地位。《庄子·秋水》描绘:秋水时至,百川灌河,黄河因而阔大。但是,大海比黄河更加阔大。作者借北海神之口说:"计四海之在天地之间也,不似礨空(蚁穴)之在大泽乎?计中国之在海内,不似稊米之在大仓乎?"《庄子》没有把中国看成"天朝上邦",相反,反对拘于一地,关门充大。

与开放的思想相联系,中国是世界上开放的历史最早的国家之一。载入史册的"丝绸之路"和"郑和下西洋"就是中国对外友好往来和开展经济技术交流的成功范例。与开放的历史相一致,中国是世界上文明发达最早的国家之一,其灿烂的古代文明曾经为西方国家叹为观止,直到明代前期仍处于世界前列。

但是,至明成祖死后,中国开始走上了闭关锁国的道路。特别是清朝实行海禁,不许中国人到海外去经商,也不许外国商船到中国境内。由于隔绝于世界之外,闭关自守,中国在近代落伍了。

新中国成立后,美国政府顽固推行封锁、禁运政策,企图孤立中国。另一方面,"左"的指导思想把自力更生等同于万事不求人,特别是"文化大革命"期间,把引进技术设备当作"洋奴哲学""崇洋媚外"加以批判,严重阻碍了中国与世界各国的经济往来。由于闭关自守,中国的经济发展同世界发达国家之间的距离,不仅没有缩小,反而进一步拉大了。

邓小平作为党和国家最高决策层的主要决策者,其突出的贡献和卓越的智慧之一,是"在制定对内经济搞活这个方针的同时,还提出对外经济开放"。

邓小平通过总结历史经验得出了对外开放的结论。

从较长远的中国历史看，我们的老祖宗吃过闭关自守的苦头。邓小平说："恐怕明朝明成祖时候，郑和下西洋还算是开放的。明成祖死后，明朝逐渐衰落。以后清朝康乾时代，不能说是开放。如果从明朝中叶算起，到鸦片战争，有三百多年的闭关自守，把中国搞得贫穷落后，愚昧无知。"他还说："中国在西方国家产业革命以后变得落后了，一个重要原因就是闭关自守。"从新中国的历史看，我们自己也吃过闭关自守的苦头。"新中国成立以后，人家封锁我们，在某种程度上我们也还是闭关自守，这给我们带来了一些困难。三十几年的经验教训告诉我们，关起门来搞建设是不行的，发展不起来。"他又说："中华人民共和国建立以后，第一个五年计划时期是对外开放的，不过那时只能是对苏联东欧开放。以后关起门来，成就也有一些，总的说来没有多大发展。"他认为我国"五十年代在技术方面与日本差距也不是那么大。但是我们封闭了二十年，没有把国际市场竞争摆在议事日程上，而日本却在这个期间变成了经济大国"。无论是从近300年的中国历史看，还是从中华人民共和国的历史看，概括起来一句话："历史经验教训说明，不开放不行。"

邓小平通过分析当今世界经济形势，作出了"现在的世界是开放的世界"的概括。

随着现代经济的迅猛发展，世界经济一体化和科技国际化的大趋势，使国与国之间的经济贸易、科技交流、生产协作与劳务合作，都达到了空前的规模。在这种情况下，各国之间相互依赖的经济关系更加突出。任何一个国家，它的经济发展都不可能仅仅依靠本国的资源、技术与市场，都需要进口这样那样的资源与技术，出口国际价值较高的商品。从20世纪60年代末以来，世界贸易的年平均增长速度已远远超过了世界经济的增长速度，这表明各国经济发展相互依赖的程度和开放程度在不断提高。有鉴于此，邓小平指出："现在任何国家要发达起来，闭关自守都不可能。""对外开放具有重要意义，任何一个国家要发展，孤立起来，闭关自守是不可能的，不加强国际交往，不引进发达国家的先进经验、先进科学技术和资金，是不可能的。"他还说："不要搞封闭政策"，"不要关起门来"，"不要脱离世界，否则就会信息不灵，睡大觉，而世界技术革命却在蓬勃发展"。他向外宾介绍情况时说："我们要赶上时代，这是改革要达到的目的。"所谓赶上时代，就是要开放，要与开放的世界合拍，要赶上当代世界的科技和经济发展。

发展中国家需要通过对外开放、引进资金、引进技术来促进本国经济的发展。发达国家也需要通过对外开放、对外投资缓解积累过多带来的经济困境，获取原材料，发掘产品出口市场。邓小平说："经济上开放，不只是发展中国家的问题，恐怕也是发达国家的问题。"他认为经济上开放是多方受益，"帮助是相互的，贡献也是相互的。"就中国与世界关系而言，"中国的发展离不开世界"，"需要对外开放，吸收外国的资金和技术来帮助我们发展"；另一方面，"从世界的角度来看，中国的发展对世界和平和世界经济的发展有利"。就发展中国家与发达国家关系而言，"现在世界上占总人口四分之三的地区是发展中国家，还谈不上是重要市场。世界市场的扩大，如果只在发达国家中间兜圈子，那是很有限度的"。发达国家"如果不帮助发展中国家，西方面临的市场问题、经济问题，也难以解决"。

邓小平根据我国现代化建设和实现经济发展战略目标的客观要求，反复阐述实行对外经济开放的紧迫性、必要性与长期性。

我国经济技术落后，同世界发达国家比还有不小的差距。在落后的基础上进行社会主义现代化建设，不实行对外开放，不积极主动地参加国际上的经济技术合作，不学习世界先进的科学技术和管理经验，是不可能较快地缩短同发达国家之间的差距的。邓小平说，中国要谋求发展，摆脱贫困和落后，光凭自己的经验和教训还解决不了问题，还要吸收国际的经验。他认为要实现三步发展战略目标，即到 20 世纪 80 年代末实现翻一番基本解决温饱，到 20 世纪末再翻一番进入小康社会、到 21 世纪中叶再翻两番建成中等水平的发达国家，"离开对外开放政策不可能。现在我国的对外贸易额是四百多亿美元吧？这么一点进出口，就能实现翻两番呀？我国年国民生产总值达到一万亿美元的时候，我们的产品怎么办？统统在国内销？什么都自己造？还不是要从外面买进来一批，自己的卖出去一批？所以说，没有对外开放政策这一着，翻两番困难，翻两番之后再前进更困难"；"你不开放，再来个闭关自守，五十年要接近经济发达国家水平，肯定不可能"。对外经济开放是不是权宜之计？将来是不是要变？回答是否定的。"对内经济搞活，对外经济开放，这不是短期的政策，是个长期的政策，最少五十年到七十年不会变。为什么呢？因为我们第一步是实现翻两番，需要二十年，还有第二步，需要三十年到五十年，恐怕是要五十年，接近发达国家的水平。两步加起来，正好五十年至七十年。到那时，更不会改变了。即使是变，也只能变得更加开放。"

我们需要对外开放，这是问题的一个方面。另一个方面。世界形势、外部条件是否允许我们开放？在客观上是否有开放的现实可能？对此，邓小平早在1978年9月就作了肯定的回答。他说："毛泽东同志在世的时候，我们也想扩大中外经济技术交流，包括同一些资本主义国家发展经济贸易关系，甚至引进外资、合资经营等等。但是那时候没有条件，人家封锁我们。后来'四人帮'，搞得什么都是'崇洋媚外'、'卖国主义'，把我们同世界隔绝了。""经过几年的努力，有了今天这样的、比过去好得多的国际条件，使我们能够吸收国际先进技术和经营管理经验，吸收他们的资金。"

怎样坚持对外经济开放？既要警惕闭关自守、夜郎自大的"左"的倾向，也要防止不坚持独立自主、不坚持社会主义的右的倾向。对于后者，邓小平说："独立自主，自力更生，无论过去、现在和将来，都是我们的立足点。""任何外国不要指望中国做他们的附庸，不要指望中国会吞下损害我国利益的苦果。"他还强调：中国现在也还是个穷国，为什么在世界的多极格局中占有一极的地位？就是因为我们不是看着别的大国的脸色行事，不是坐在别人的车子上，而是一个独立自主的国家。"为什么说我们是独立自主的？就是因为我们坚持有中国特色的社会主义道路。"对于前者，邓小平说："开放伤害不了我们。""无论怎么样开放，公有制经济始终还是主体。同外国人合资经营，也有一半是社会主义的。合资经营的实际收益，大半是我们拿过来。不要怕，得益处的大头是国家，是人民，不会是资本主义。"他叮嘱："切不要把中国搞成一个关闭性的国家。实行关闭政策的做法对我们极为不利，连信息都不灵通。""绝不能重复回到过去那样，把经济搞得死死的。"

在对外经济开放的具体布局与框架结构上也凝结着邓小平的心血，体现着他的智慧。第一，逐级推进的开放。根据邓小平的决策和指导，我国的对外经济开放采取了经济特区——沿海开放城市——沿海经济开发区——内地这样四个层次的框架结构，滚动式地由南到北，由东到西，由沿海沿边沿江到内陆的逐级推进。在时间上，从1979年以来，前5年主要是建立沿海4个经济特区；后10年，先是进一步开放沿海14个城市，继而设立海南岛经济特区，又抓上海浦东的开发开放。第二，对一切国家、一切地区全方位开放。邓小平说：

"我们是三个方面的开放。一个是对西方发达国家的开放,我们吸收外资、引进技术等等主要从那里来。一个是对苏联和东欧国家的开放,这也是一个方面……还有一个是对第三世界发展中国家的开放,这些国家都有自己的特点和长处,这里有很多文章可以做。所以,对外开放是三个方面,不是一个方面。"

第三,多形式的开放。邓小平不仅重视扩大对外贸易、利用国外资金、引进先进技术,而且特别重视利用外国智力、吸取国际经验和掌握发展信息。他倡导:"要利用外国智力,请一些外国人来参加我们的重点建设以及各方面的建设。"开放就是睁眼看世界,不睡大觉,使信息灵通。他说:"现在不是讲信息重要吗?确实很重要。做管理工作的人没有信息,就是鼻子不通,耳目不灵。"

打开大门,突破封闭。中国正在走向世界,世界也正在走向中国。

古老的中华民族将在对外经济开放中复兴。

再造"香港" 扩大开放

——倡导创办经济特区

1957年4月28日,周恩来在上海工商界人士座谈会上就香港问题发表了自己独到的见解。周恩来说:"我们不是要动员一切可以动员的力量,化消极因素为积极因素吗?香港应该化为经济上对我们有用的港口。"为什么香港可以成为经济上对我们有用的港口?其一,"香港是自由港,原料来得容易,联系的范围很广,购置设备可以分期付款,成本低,有市场,技术人才容易训练出来。所以,香港发展生产具备很多有利条件。"其二,香港与大陆相连,95%以上的人口是华人,"香港可作为我们同国外进行经济联系的基地,可以通过它吸收外资,争取外汇。"还可以通过它了解世界各国特别是西方发达国家的经济技术状况,发展中外经济交流。

党的十一届三中全会以后,邓小平结合改革开放的伟大实践,继承和发展周恩来的上述思想,突出强调香港在对外开放中的积极作用。他说:"以香港为例,对我们就是有益处的。如果没有香港,起码我们信息就不灵通。"他一方面提出"一个国家,两种制度"的构想,在香港问题上保证其现行的资本主义制度和生活方式在1997年收回后50年不变;另一方面提出:"现在有一个香港,我们在内地还要造几个'香港',就是说。为了实现我们的发展战略目标,要更加开放。"

倡导创办深圳、珠海、汕头、厦门经济特区,开放天津、上海、大连等14个沿海港口城市,建立海南经济特区,充分显示了邓小平在内地再造几个"香港"的勇气与智慧。

1979年4月,中央工作会议期间,邓小平听取了广东省委书记习仲勋的汇报,肯定了让广东在对外经济活动中有必要的自主权的意见。他针对广东与香港、澳门相邻,商品经济较为发达,海外粤籍华侨众多的优势,指出,可以划出一块地方,叫作特区,陕甘宁就是特区嘛。中央没有钱,要你们自己搞,杀出一条血路来。在邓小平倡导下,中共中央、国务院责成广东、福建两省进一步组织论证,提出具体实施方案后报告中央审定。1979年7月15日,中共中央、国务院批转广东省委和福建省委分别提出的关于对外经济活动实行特殊政策和灵活措施的两个报告,批准在深圳、珠海两市试办出口特区,"待取得经验后,再考虑在汕头、厦门设置的问题"。此后,根据半年多筹办工作的实践,考虑到特区在其发展中不但要办工业,也要办商业、旅游等行业,不但要拓展出口贸易,还将在全国经济生活中发挥多种功能,1980年3月在广州召开的广东、福建两省会议采纳了广东提出的建议,并报经中央同意,将"出口特区"的名称改为具有丰富内涵的"经济特区"。邓小平十分赞成采用"经济特区"的名称。他曾说:"名字叫经济特区,搞政治特区就不好了。"1980年8月26日,第五届全国人民代表大会常务委员会第十五次会议审议、批准了我国第一个关于特区的法令——《中华人民共和国广东省经济特区条例》。不久,国务院相继批准深圳、珠海、汕头、厦门4个经济特区的位置和区域范围。1980年九十月份,时任国家进出口管理委员会副主任兼秘书长的江泽民,在全国人大常委会立法工作机构参加下,带领国务院有关部门和广东、福建两省、深圳和厦门两个特区负责干部组成的9人小组,到斯里兰卡、马来西亚、新加坡、菲律宾、墨西哥、爱尔兰6国的9个出口加工区、自由贸易区和"工业公园"进行考察。考察组研究国外经济性特区的做法、基本经验,归国后向中央做了汇报。经过一年多的酝酿筹备,深圳、珠海、汕头、厦门4个经济特区从1980年下半年起相继投入开发建设。此后,4个特区集中力量建设基础设施,外引内联,兴办工业生产项目,兴办商业、旅游等服务业活跃市场,到1985年底初具规模,为以后的发展打下了基础。

1984年春节前后,邓小平视察了深圳、珠海、厦门3个经济特区。他说,办特区是我倡议的,中央定的,是不是能够成功,我要来看一看。在深圳,邓小平参观了建设工地、渔民村,视察了中航技术进出口服务公司的电脑工厂和电子软件厂,视察了蛇口工业区。他十分欣赏蛇口人提出的"时间就是金钱,效率就是生命"的口号,非常满意蛇口工业区的发展速度。1月26日,他挥笔留下题词:"深圳的发展和经验证明,我们建立经济特区的政策是正确的。"在珠海，邓小平视察了毛纺厂、狮山电子厂、珠海宾馆、九洲港、直升机机场、拱北海关和石景山旅游中心。看到珠海这个特色鲜明的海滨旅游城市已初具规模，他十分高兴。1月29日，他写下题词："珠海经济特区好"。在厦门，邓小平不仅视察了经济特区，并且乘渡轮到鼓浪屿，兴致勃勃地随着游人登上日光岩，给春节的厦门增添了欢乐的气氛。2月9日，他听取了厦门市负责人的汇报。当汇报到要发挥国际机场的作用"飞"出去时，他高兴地说："飞出去好嘛！"听完汇报后，他欣然命笔："把经济特区办得更快些更好些"。

回京后，邓小平于2月24日同中央几位领导人进一步谈了特区的开放政策和怎样进一步开放的问题。他首先强调："我们建立经济特区，实行开放政策，有个指导思想要明确，就是不是收，而是放。"接着，他充分肯定了特区建设的成就和作用。关于成就，他说："这次我到深圳一看，给我的印象是一片兴旺发达。深圳的建设速度相当快，盖房子几天就是一层，一幢大楼没有多少天就盖起来了……深圳的蛇口工业区更快。"关于作用，他说："特区是个窗口，是技术的窗口，管理的窗口，知识的窗口，也是对外政策的窗口。""特区成为开放的基地，不仅在经济方面、培养人才方面使我们得到好处，而且会扩大我国的对外影响。"最后，他对怎样进一步开放提出了十分重要的指导性意见。其一，"厦门特区地方划得太小，要把整个厦门岛搞成特区。这样就能吸收大批华侨资金、港台资金，许多外国人也会来投资，而且可以把周围地区带动起来，使整个福建省的经济活跃起来"。其二，"除现在的特区之外，可以考虑再开放几个港口城市，如大连、青岛。这些地方不叫特区，但可以实行特区的某些政策"。其三，"我们还要开发海南岛，如果能把海南岛的经济迅速发展起来，那就是很大的胜利"。

在邓小平上述思想的指导下，我国对外开放的基地在扩大，步伐在加快。1984年3月26日至4月6日，中共中央、国务院在北京召开沿海部分城市座谈会，决定进一步开放天津、上海、大连、秦皇岛、烟台、青岛、连云港、南通、宁波、温州、福州、广州、湛江和北海14个沿海港口城市。会后，国务院批准厦门特区的范围扩大到厦门全岛。在此前后，还批准了珠海特区、汕头特区扩大范围。

此后几年，深圳、珠海、汕头、厦门4个经济特区，按照中央致力于发展以工业为主、工贸结合的外向型经济的要求，逐步确立了外向型经济的发展目标及其基本框架。1987年6月12日，邓小平向外宾介绍深圳经济特区的发展情况时说："深圳搞了七八年了，取得了很大的成绩……由内向型转为外向型，就是说能够变成工业基地，并能够打进国际市场。这一点明确以后，也不过两三年的时间，就改变了面貌。深圳的同志告诉我，那里的工业产品百分之五十以上出口，外汇收支可以平衡。现在我可以放胆地说，我们建立经济特区的决定不仅是正确的，而且是成功的。"

为落实邓小平"开发海南岛"的指示，1987年4月，中共中央、国务院开始研究在海南岛实行特殊经济政策，建立经济管理新体制，把海南岛办成全国面积最大的经济特区。6月12日，邓小平向外宾介绍海南岛情况时说："我们正在搞一个更大的特区，这就是海南岛经济特区。海南岛和台湾的面积差不多，那里有许多资源，有富铁矿，有石油天然气，还有橡胶和别的热带亚热带作物。海南岛好好发展起来，是很了不起的。"1988年4月13日，在做了一年准备工作的基础上，七届全国人大一次会议审议通过了国务院提出的议案，决定设立海南省，划定海南岛为海南经济特区。

海南经济特区的建立，不仅开辟了开发建设海南岛的新里程，而且为我国扩大对外开放设立了一个面积更大的基地。

海南全省成为经济特区之后，邓小平十分关注它的开发和建设。1989年4月28日，他在中共海南省委关于设立洋浦经济开发区的汇报材料上批示："我最近了解情况后，认为海南省委的决策是正确的，机会难得，不宜拖延，但须向党外不同意者说清楚。手续要迅速周全。"

步入20世纪90年代，我国经济特区在对外开放中取得了举世瞩目的成就。以深圳特区为例，与办特区前1979年相比，1991年全市国内生产总值达174.46亿元，年均递增45.4％；国民收入127.57亿元，年均递增44％；工业总产值255.2亿元，年均递增65.4％；农业总产值10.07亿元，年均递增19.8％；社会商品零售总额85.17亿元，年均递增52.7％；出口贸易总额34.46亿美元，年均递增63.7％。

1992年初，邓小平再次踏上8年前视察过的改革开放的前沿之地。他说："八年过去了，这次来看，深圳、珠海特区和其他一些地方，发展得这么快，我没有想到。看了以后，信心增加了。"深圳、珠海以及其他特区的成就证明邓小平关于在内地再造几个"香港"的战略是完全正确的。经济特区的腾飞不仅将进一步发挥对外的辐射作用，也将进一步发挥对内的辐射作用。世界在通过经济特区走向中国，中国在通过经济特区走向世界。

潜龙出头　腾飞在即

——开发浦东带动长江流域经济的发展

在1989年那场政治风波之中,邓小平提出:"要改换领导层。新的中央领导机构要使人民感到面貌一新,感到是一个实行改革的有希望的领导班子。"他嘱咐:"一个好班子,搞改革开放的班子,就要明白地做几件开放的事情。凡是遇到机会就不要丢,就是要坚持,要干起来,要体现改革开放,大开放。"以江泽民为核心的第三代中央领导集体牢记邓小平的嘱托,坚持改革开放。他们所做的第一件开放的大事是:开发浦东、开放浦东。

1990年4月18日,李鹏总理在上海大众汽车有限公司成立5周年大会上的讲话中宣布:中共中央、国务院同意上海市加快浦东地区的开发,在浦东实行经济技术开发区和某些经济特区的政策。上海市提出的准备开发的浦东新区,是指黄浦江以东、长江口西南、川杨河以北紧靠市区的一块三角形地区,东北濒长江,南临杭州湾,西靠黄浦江,面积约350平方公里,有良好的建港和水运条件,过去有一定的工业基础,具备起步开发的条件。

关于开发、开放浦东的战略意义,1990年11月26日,江泽民在《庆祝深圳经济特区建立十周年招待会上的讲话》中指出:"党中央、国务院从我国经济发展的长远战略着眼,今年又做出了开发与开放上海浦东新区的决定。这将充分发挥上海和长江沿岸腹地的经济资源优势和科学技术优势,使我国的对外开放出现一个新的局面。"如果说长江是一条巨龙,那么中国最大的城市上海则是这条巨龙之头。从上海到重庆,整个长江三角洲和长江沿江地区,涉及上海、江苏、浙江、安徽、江西、湖北、湖南、四川、重庆9个省市,土地面积约33万平方公里,占全国土地面积的3.4%,人口1.68亿,占全国总人口的14.7%。1990年国民生产总值3436亿元,占全国的19.4%。以龙头上海浦东的开发开放，带动长江三角洲和长江沿江地区的开发开放，这不仅对整个长江流域地区经济发展，而且对推动我国全方位的对外开放格局的形成，加快社会主义新经济体制的建立，胜利实现三步走的战略，都有着极为重要的意义。

对于上海的开发、开放，邓小平自一开始就给予了极大的关注。1984年初，他视察深圳、中山、珠海、广州、厦门之后到了上海。2月14日，在听取上海市负责人汇报工作时，他集中地谈了开放政策问题。他说，我这次看了几个特区，看了几个饭店，搞得比较好的、赚钱多的饭店有东方宾馆、白天鹅宾馆、中山温泉宾馆。中山温泉宾馆每年赚2000万元，是霍英东独资经营的，几年后产权归我们，像这样的事，你们也可以搞嘛。他指出，开放政策不是收的问题，而是开放得还不够。他还向上海负责人介绍了深圳蛇口采取的责任制。视察宝钢时，他挥笔题词："掌握新技术，要善于学习，更要善于创新。"回北京后，邓小平提出："除现在的特区之外，可以考虑再开放几个港口城市。"由此，4月6日，中共中央、国务院决定进一步开放天津、上海、大连等14个沿海港口城市。

几年之后，邓小平一方面肯定举办经济特区是成功的、正确的，另一方面为当初举办4个经济特区时没有加上上海而不断地引咎自责。1991年初，他说："那一年确定四个经济特区，主要是从地理条件考虑的。深圳毗邻香港，珠海靠近澳门，汕头是因为东南亚国家潮州人多，厦门是因为闽南人在外国经商的很多，但是没有考虑到上海在人才方面的优势。上海人聪明，素质好，如果当时就确定在上海也设经济特区，现在就不是这个样子。十四个沿海开放城市有上海，但那是一般化的。浦东如果像深圳经济特区那样，早几年开发就好了。"1992年初，他在南方谈话中又说："回过头看，我的一个大失误就是搞四个经济特区时没有加上上海。要不然，现在长江三角洲，整个长江流域，乃至全国改革开放的局面，都会不一样。"

对于第三代中央领导集体在20世纪90年代一开始就决定开发浦东、开放浦东，邓小平不仅大力支持，而且寄予殷切的期望。1991年初，他在上海视察时说："我们说上海开发晚了，要努力干啊！""开发浦东，这个影响就大了，不只是浦东的问题，是关系上海发展的问题，是利用上海这个基地发展长江三角洲和长江流域的问题。"他关切地叮嘱道："抓紧浦东开发，不要动摇，一直到建成。"他还指出："只有守信用，按照国际惯例办事，人家首先会把资金投到上海，竞争就要靠这个竞争。""金融很重要。是现代经济的核心。金融搞好了，一着棋活，全盘皆活。上海过去是金融中心，是货币自由兑换的地方，今后也要这样搞。中国在金融方面取得国际地位，首先要靠上海。那要好多年以后，但现在就要做起。"1992年初，邓小平视察广东之后专程赶到上海，视察了浦东，在上海度过了壬申年春节。针对开发浦东、开放浦东，他语重心长地说：90年代是你们上海最后一次机遇，这个机遇你们不要放过。

为不辜负邓小平的殷切期望，第三代中央领导集体进一步抓紧浦东开发、开放，在1989年国务院给上海浦东新区10项优惠政策的基础上，1992年初中央又给上海扩大五类项目的审批权和增加五个方面的资金筹措权。扩大和增加的项目审批权包括：授权上海市自行审批在外高桥保税区内的中资和外资从事转口贸易的企业；授权上海市自行审批浦东新区内国营大中型企业产品进出口经营权；扩大上海市有关新区内非生产性项目的审批权；扩大上海市有关新区内生产性项目的审批权，总投资2亿元以下的项目可自行审批；授权上海市在中央额定的额度范围内自行发行股票和债券，允许全国各地发行的股票在上海上市交易。增加的资金筹措权是：每年发行5亿元浦东建设债券；从1992年起每年增加2亿美元优惠利率借款；允许在原定额度外，再发行1亿元人民币股票；允许每年发行1亿美元B种股票；1992年增加1亿元人民币拨款。接着，为呼应浦东开发、开放，中央又决定开放长江沿岸芜湖、九江、岳阳、武汉、重庆5个内陆城市。至此长江沿岸10个主要中心城市已全部对外开放。1992年6月24日至27日，国务院在北京召开长江三角洲及沿江经济规划座谈会，江泽民总书记和李鹏总理出席会议，并就如何贯彻落实邓小平南方谈话及党中央关于"以上海浦东开发为龙头，进一步开放长江沿岸城市"的决策发表了重要谈话。江泽民强调，要充分认识开发开放长江三角洲及沿江地区的战略意义，要抓住重点，统筹兼顾，搞好联合，发挥整体优势。李鹏说，我们要以上海浦东的开发开放和三峡工程建设为契机，推动长江三角洲及沿江地区的开发开放和经济发展。

在邓小平关注下，在党中央、国务院的领导下，上海人民在浦东开发、开放中创造了一个又一个高速度建设的奇迹。3年建成南浦大桥，李鹏高度评价其体现了"上海水平、上海风格、上海精神，上海效率"。400天建成日商独资的上海爱丽丝制衣公司，日方投资者佐佐木说："上海是日本理想的投资场所。"1992年2月21日,我国首次对海外发行的1亿元人民币B种股票在上海证券交易所开始首场交易。这标志着上海出现全方位开放态势。以浦东开发为新的起点,上海金融市场已从多方面与国际金融市场接轨,已批准美国花旗银行、英国巴克莱银行、日本兴业银行、日本三和银行、法国里昂信贷银行、法国东方汇理银行等外国银行在上海设立分行,并建立了中外合资的国际财务公司和联合财务公司。到1992年3月,已建成外商投资企业1337个,吸收外资34.4亿美元;同时,上海外贸直接参与国际竞争,已在世界35个国家和地区建成201家海外企业,多层次拓展海外经济贸易业务。对内,一个以上海为"龙头",溯长江而上联动40多个大中城市的经济"长龙"已在逐渐形成之中。以此为动脉和中转,上海对国内上下左右的经济交流日渐活跃。一大批经贸企业结合自身业务特点,采取投资、参股、合作等形式在浦东开厂办实业。到1992年3月,各兄弟省市及国家有关部门已在浦东开办162家企业,注册资本达106亿元。几年来,通过浦东开发开放,上海在对外、对内发挥着双向的强大辐射作用。从上海到重庆,长江这条经济巨龙已不再是潜龙在渊、蓄势待发,而是潜龙出头、腾飞在即。

农业发展　国泰民安

——坚持以农业为基础

以农业为基础，特别是重视粮食生产，把解决吃饭问题放在第一位，这是邓小平一贯的思想。

早在抗日战争时期，邓小平在《太行区的经济建设》一文中针对战时粮食普遍缺乏的情景，就深刻指出："谁有了粮食，谁就有了一切。"他认为在根据地"发展生产是经济建设的基础，而发展农业和手工业，则是生产的重心"。他说："敌人在城市最缺乏的是粮食的供给，我们有了粮食，不但军民食用无缺，而且可以掌握住粮食和其他农业副产物去同敌人斗争，并能换得一切必需的东西。同时只有农业的生产，才能给手工业以原料，使手工业发展有了基础；而手工业的发展，正可以推动农业的生产，正可以抵制敌货的大量倾销，实现自给自足的经济。"

新中国成立之初，邓小平主持西南局的工作。他及时提出领导生产（主要是农业生产）是西南区今天的中心任务之一。

1958年到1960年的三年"大跃进"，我国国民经济比例严重失调，社会生产力受到严重破坏，最严重的是农业生产遭到极大破坏，1959年粮食产量3400亿斤，比1957年减少了501亿斤，跌落到1954年水平。1960年粮食产量2870亿斤，比1957年减少1071亿斤，跌落到1951年水平。整个农业生产水平也跌落到建国初期。邓小平在总结历史经验时说："一九五七年开始，我们犯了'左'的错误，政治上的'左'导致一九五八年经济上搞'大跃进'，使生产遭到很大破坏，人民生活很困难。一九五九、一九六○、一九六一年三年非常困难，人民饭都吃不饱，更不要说别的了。"

当时，怎样渡过难关？迫在眉睫的是恢复农业。首先解决人民的吃饭问题。邓小平开门见山地指出："我们要克服困难，争取财政经济状况的根本好转，要从恢复农业着手。农业搞不好，工业就没有希望，吃、穿、用的问题也解决不了。"

经过调整，坚持以农业为基础，缩小超过农业负载能力的工业规模，从1962年开始，农业逐步恢复到原来的水平。但是，由于"左"的指导思想没有解决，"文化大革命"中，农业发展受到严重阻碍。

1975年，邓小平主持党中央和国务院的日常工作，对农业、工业、商业、财贸、文教、科技、军队进行全面整顿，很快扭转了全国混乱的局势。在农业与工业、农业与其他经济部门的关系上，邓小平强调"确立以农业为基础、为农业服务的思想"。他指出："工业支援农业，促进农业现代化，是工业的重大任务。""工业越发展，越要把农业放在第一位。"

党的十一届三中全会以来，邓小平作为党和国家最高决策层的主要决策者、改革开放的总设计师，他的以农业为基础、重视发展农业的思想，不仅在全局上直接指导着实践，而且内容更丰富、认识更深刻了。

邓小平从中国有80%的人口在农村这一国情出发，把农村的稳定看成中国社会稳定的基础，把农村经济的发展看成整个中国经济发展的基础。

1978年在全国科学大会开幕式上，他分析我国生产技术水平是什么状况时指出："几亿人口搞饭吃，粮食问题还没有真正过关。"

1980年1月16日，他在中央召集的干部会议上指出："我们这个国家的特点，现在还是百分之八十的人在农村。"

此后，他在不同的场合反复强调搞好这个"百分之八十"，调动农民积极性的重要性。

1984年6月30日，邓小平会见日本朋友时说："中国稳定不稳定首先要看这百分之八十稳定不稳定。城市搞得再漂亮，没有农村这一稳定的基础是不行的。"

1984年10月16日，会见参加中外经济合作问题讨论会全体中外代表时他说："中国有百分之八十的人口在农村。中国社会是不是安定，中国经济能不能发展，首先要看农村能不能发展，农民生活是不是好起来。"

1985年4月15日，他会见坦桑尼亚副总统姆维尼时说："因为中国人口的百分之八十在农村，如果不解决这百分之八十的人的生活问题，社会就不会是安定的。工业的发展，商业的和其他的经济活动，不能建立在百分之八十的人口贫困的基础之上。"

1987年3月27日，会见喀麦隆总统比亚时，他说："我国百分之八十的人口是农民。农民没有积极性，国家就发展不起来。"

1987年6月12日，会见南斯拉夫来宾时，他说："因为农村人口占我国人口的百分之八十，农村不稳定，整个政治局势就不稳定，农民没有摆脱贫困，就是我国没有摆脱贫困。"

1987年10月13日，针对过去"左"的做法，阐述贫穷不是社会主义时，他说："占全国人口百分之八十的农民连温饱都没有保障，怎么能体现社会主义的优越性呢？"

邓小平领导的改革开放，是首先在农村取得了突破性的发展，并逐步推广到城市的。这一过程被学者们按中国革命进程的特点，形象地称之为"第二次农村包围城市"。邓小平向外宾介绍中国的改革开放，也多次谈到这一过程。他说："我们首先在农村实行搞活经济和开放政策，调动了全国百分之八十的人口的积极性。""党的十一届三中全会以来，我们逐步进行改革。改革首先从农村开始。农村改革已经见效了，农村面貌发生明显变化。有了农村改革的经验，现在我们转到城市经济改革。"由农村到城市这种改革的先后，绝不是主观随意决定的，而是从中国国情出发，遵循客观规律所采取的重大步骤；体现了对农业是国民经济的基础，农民是全国人口的绝大多数，农村是全国面积的绝大部分，农业与农村的稳定与发展是全局稳定与发展的基础这种本质关系的深刻认识。

邓小平把"重视发展农业"看成中国经济建设的基本经验之一。他说："不管天下发生什么事，只要人民吃饱肚子，一切就好办了。"他叮嘱："农业是根本，不要忘掉"，"我们从宏观上管理经济，应该把农业放到一个恰当位置上"。

从上述基本认识出发，他多次强调把农业作为社会经济发展的战略重点之一。

1982年9月18日，他向金日成介绍刚刚召开的党的十二大时说："十二大提出的奋斗目标，是二十年翻两番。二十年是从一九八一年算起，到本世纪末。大体上分两步走，前十年打好基础，后十年高速发展。战略重点，一是农业，二是能源交通，三是教育和科学。"他同国家计委负责同志谈"六五"计划和长远规划时指出："社会主义同资本主义比较，它的优越性就在于能做到全国一盘棋，集中力量，保证重点。""我们整个经济发展的战略，能源、交通是重点，农业也是重点。"对于翻两番，邓小平高度重视农村这一块，"翻两番，很重要的是这百分之八十的人口能不能达到"。把农业作为战略重点，"首先要增产粮食。二〇〇〇年要生产多少粮食，人均粮食达到多少斤才算基本过关，这要好好计算。二〇〇〇年总要做到粮食基本过关，这是一项重要的战略部署。中国每人平均每年总要吃四五百斤粮食，还要有种子、饲料和工业用粮。做到粮食基本过关不容易，要从各方面努力，在规划中要确定用什么手段来达到这个目标"。另一方面，"农业翻番不能只靠粮食，主要靠多种经营"。"因地制宜，该种粮食的地方种粮食，该种经济作物的地方种经济作物。""发展多种经营，发展新型的乡镇企业。"把农业作为战略重点，就要舍得对农业花本钱。邓小平指出："农业方面的投入要注意。""投资方向、资金使用方向等，我赞成加强基础工业和农业。"

邓小平重视农业，特别是粮食问题，还同他对农业生产特殊性的深刻认识有关。农业生产是有生命的物质生产和再生产，受自然气候、土壤、季节等多种因素的制约和影响。从生产过程来看，农业生产不同于工业，没有零部件和中间产品，耕地、播种、施肥等每一生产环节不出产品，劳动价值、经济效益都集中凝聚在最终产品上。从主要的生产资料土地来看，农民对土地的合理使用、追加投资和保养能够带来级差收入；反之农民如果粗放经营、掠夺地力，收入就会逐年减少。基于此，1986年6月10日，邓小平指出："农业上如果有一个曲折，三五年转不过来。粗略估计一下，到二〇〇〇年，以十二亿人口每人八百斤计算，粮食年产量要达到九千六百亿斤。从现在起，每年要增产一百多亿斤才能达到这个目标。但是，现在粮食增长较慢。有位专家说，农田基本建设投资少，农业生产水平降低，中国农业将进入新的徘徊时期。这是值得注意的。""要避免过几年又出现大量进口粮食的局面，如果那样，将会影响我们经济发展的速度。"1990年3月3日，他同几位中央负责同志谈话时又郑重指出："农业问题要始终抓得很紧。农村富起来容易，贫困下去也容易，地一耕不好农业就完了。"这简洁明了的语言，既是对第三代中央领导集体的重托，也是对农业振兴带动百业振兴实现中华腾飞的厚望。

一靠政策 二靠科学

——发展农业的两个轮子

重视农业是为了发展农业。怎样发展农业？怎样去实现农业现代化？邓小平在这个问题上所闪耀的智慧之光，是把正确的政策和科学技术的运用作为推动我国农业发展、实现农业现代化的两个轮子。1982年10月14日，他同国家计委负责同志谈话时，提出了"农业的发展一靠政策，二靠科学"的重要命题。

一靠政策。

今天有口皆碑的"猫论"就是针对农业政策提出来的。

20世纪50年代末60年代初，由于"大跃进"主观蛮干，农业生产受到极大破坏，不少地方饿死人，全国人民的生活处于极端困难之中。当时，十万火急是要恢复农业，解决人民的吃饭问题。怎样恢复农业？邓小平指出："农业要恢复，要有一系列的政策，主要是两个方面的政策。一个方面是把农民的积极性调动起来，使农民能够积极发展农业生产，多搞点粮食，把经济作物恢复起来。另一个方面是工业支援农业。"

这两个方面的政策主张，是针对"一大二公""纯而又纯"的农业生产关系和大办钢铁、工业挤农业的症结提出来的。

怎样才能把农民的积极性调动起来？邓小平认为"主要还得从生产关系上解决"。"生产关系究竟以什么形式为最好，恐怕要采取这样一种态度，就是哪种形式在哪个地方能够比较容易比较快地恢复和发展农业生产，就采取哪种形式；群众愿意采取哪种形式，就应该采取哪种形式，不合法的使它合法起来。""刘伯承同志经常讲一句四川话：'黄猫、黑猫，只要捉住老鼠就是好猫'。这是说的打仗。我们之所以能够打败蒋介石，就是不讲老规矩，不按老路子打，一切看情况，打赢算数。现在要恢复农业生产，也要看情况，就是在生产关系上不能完全采取一种固定不变的形式，看用哪种形式能够调动群众的积极性就采用哪种形式。"从这种思路出发，他对"包产到户""责任到田"的形式不是先入为主、横加指责，而认为是一种探索，是否可行应由农业生产的实践去检验。他说："以各种形式包产到户的恐怕不只是百分之二十，这是一个很大的问题。怎么解答这个问题，中央准备在八月会议上研究一下。"遗憾的是，这个8月中央北戴河工作会议上，毛泽东对当时在某些地区农村出现的适合生产力发展需要的包产到户等形式的生产责任制，作了错误的批判。邓小平的"猫论"及其政策主张，不仅当时未能贯彻下去，而且，"文化大革命"动乱中还被当作他的"罪状"之一。

邓小平认为除了以农业本身调动农民的积极性之外，还要解决好城市与农村、工业与农业的关系。"城市人口多了，就要挤农民的口粮"，"这要从减少城市人口方面打主意"。工业要加强支援农业。他提出："第一，为农业需要服务的工业生产不能减弱，还要改善。""第二，工业要着重解决人民吃、穿、用的问题，减轻农业的负担。"

如果说20世纪60年代初是通过调整解决农业和农村的问题，那么，1975年邓小平全面主持中央日常工作，则提出了"通过整顿，解决农村的问题"。从调整到整顿，在农业政策上都是重视调动农民的积极性、工业支援农业。1975年，邓小平反复强调从各个方面落实政策。"把政策落实好，这样才有利于调动积极性。"对于处理工业与农业的关系，他指出："工业支援农业，促进农业现代化，是工业的重大任务。""要是工人没有菜吃，没有肉吃，工业怎么能搞得好？工业支援农业，农业反过来又支援工业，这是个加强工农联盟的问题。"

党的十一届三中全会以来，邓小平作为改革开放的总设计师、党和国家最高决策层的主要决策者，他的"猫论"及其政策主张首先在农业实践中贯彻执行并显示出巨大的威力。

1978年12月13日，邓小平在中央工作会议闭幕会上作了《解放思想，实事求是，团结一致向前看》的讲话。这个讲话实际上是随后召开的三中全会的主题报告。他在讲话中强调"当前最迫切的是扩大厂矿企业和生产队的自主权"，"一个生产队有了经营自主权，一小块地没有种上东西，一小片水面没有利用起来搞养殖业，社员和干部就要睡不着觉，就要开动脑筋想办法"。"一定要使每个工人农民都对生产负责任、想办法"。三中全会在农村工作方面作出了《中共中央关于加快农业发展若干问题的决定（草案）》，规定了一系列政策措施，决定提高粮食和其他农产品的价格，调动农民的生产积极性。三中全会以后，邓小平热情支持农村涌现的联产承包责任制和农民的经营管理自主权，号召"从当地具体条件和群众意愿出发"，因地制宜、因民之心发展农村经济，从而使我国农村出现了前所未有的巨大变化。邓小平不仅多次兴致勃勃地向外宾介绍三中全会以来所实行的一系列新的农村政策，而且对这些政策所起的作用、收到的效果给予了很高的评价，并一再强调稳定农村政策的重要性。他说："我们首先解决农村政策问题，搞联产承包责任制，搞多种经营，提倡科学种田，农民有经营管理的自主权。这些政策很见效，三年农村就发生了显著变化。""一系列新的农村政策是成功的。过去农村很困难，现在可以说绝大多数的人能够吃饱，能够穿得比较好，居住情况有了很大的改善。""改变现在的政策，国家要受损失，人民要受损失，人民不会赞成，首先是8亿农民不会赞成。农村政策一变，他们的生活水平马上就会降低。"

毛泽东曾说，政策和策略是党的生命，各级领导同志，务必充分注意，万万不可粗心大意。又说："政策是革命政党一切实际行动的出发点，并且表现于行动的过程和归宿。"但是，毛泽东在农业生产关系上由于受"一大二公"、越纯越好的"左"的指导思想的影响，制定的农业政策脱离了生产力的发展水平和农民的主观愿望，束缚了农业生产的发展。邓小平在农业政策上既继承了毛泽东，又超越了毛泽东：高度重视政策的作用，这是继承了毛泽东；从农业生产力水平、农民的愿望出发，由农民自主、因地制宜地发展农村经济，这则超越了毛泽东。

二靠科学。

今天，科学技术是生产力的理论已深入人心、深入农村。邓小平说："我很高兴，现在连山沟里的农民都知道科学技术是生产力。他们未必读过我的讲话。他们从亲身的实践中，懂得了科学技术能够使生产发展起来，使生活富裕起来。农民把科技人员看成是帮助自己摆脱贫困的亲兄弟，称他们是'财神爷'。'财神爷'这个词，不是我的用语，是农民的发明。但是，他们的意思，同我在科学大会上讲的话是一样的。"

1978年3月18日，邓小平在全国科学大会开幕式上率先提出："科学技术正在成为越来越重要的生产力。"当代社会生产力的巨大发展，劳动生产率的大幅度提高，"最主要的是靠科学的力量、技术的力量"。他说："四个现代化，关键是科学技术的现代化。没有现代科学技术，就不可能建设现代农业、现代工业、现代国防。"

如果说"猫论"及其政策主张在农村的贯彻极大地调动了农民的积极性，那么"科学技术是生产力"的理论深入农村、深入人心则极大地推动了科学技术在农业、农村的运用与发展，从而极大地提高了农民的素质、劳动技能及其劳动手段。

在政策和科技这两个推动我国农业发展的轮子当中，邓小平更重视科技的作用，他认为"科学技术的发展和作用是无穷无尽的"。"将来农业问题的出路，最终要由生物工程来解决，要靠尖端技术。对科学技术的重要性要充分认识。""农业问题也要研究，最终可能是科学解决问题。科学是了不起的事情，要重视科学。"

把农业发展的希望最终寄托在科技上，这不仅因为政策能调动农民的积极性，而科技则能改变农民的技能，改变生产资料的规模和效能；还因为政策的落实往往会因时、因地、因人而异，作用有限，而科技推动农业发展的作用没有限度、永无止境。当代世界农业发展表明：农业科技的每一次突破性进展，都大大提高了农业生产力水平。发达国家农业劳动生产率的提高，60%～80%是靠采用新科技成果取得的。一些发展中国家20世纪60年代开始纷纷兴起"绿色革命""白色革命"和"蓝色革命"，也使农业生产大幅度增长。1978年以来，中国农民也尝到了科技脱贫、科技兴农、科技致富的甜头。反复强调科技对农业的最终决定作用，充分显示了邓小平发展农业的远大的战略眼光。

怎样运用科学技术推动我国农业的发展？对此，邓小平也作了许多具体论述。他说："一个种子、一个肥料，还有多种经营，潜力是很大的。种子搞好了，在同等条件下，有明显的增产效果；科学施肥潜力很大。""要大力加强农业科学研究和人才培养。提高农作物单产、发展多种经营、改革耕作栽培方法、解决农村能源、保护生态环境等等，都要靠科学。要切实组织农业科学重点项目的攻关"；要发展"适合当地自然条件和经济情况的、受到人们欢迎的机械化"。

与"一靠政策,二靠科学"的命题密切关联,邓小平还提出了"两个飞跃"。他说:"中国社会主义农业的改革和发展,从长远的观点看,要有两个飞跃。第一个飞跃,是废除人民公社,实行家庭联产承包为主的责任制。这是一个很大的前进,要长期坚持不变。第二个飞跃,是适应科学种田和生产社会化的需要,发展适度规模经营,发展集体经济。这是又一个很大的前进,当然这是很长的过程。"在第一个飞跃中,主要依靠的是政策的作用。在第二个飞跃中,主要依靠的是科学技术的作用。没有第一个飞跃,不可能有第二个飞跃。只有在实现第一个飞跃的基础上,运用科学技术的力量,经过很长的过程,实现第二个飞跃,才能彻底改变我国农村的落后面貌,实现农业现代化。

因民之欲　顺民之心

——支持家庭联产承包责任制

很久很久以前,《荀子·王制》写道:"君者,舟也;庶人者,水也。水则载舟,水则覆舟。"

中国历史上杰出的政治家无不是因民之欲、顺民之心、以民为本。孟子说:"桀纣之失天下也,失其民也;失其民者,失其心也。得天下有道:得其民,斯得天下矣;得其民有道:得其心,斯得民矣;得其心有道:所欲与之聚之,所恶勿施。"《管子》作者写道:"政之所兴,在顺民心;政之所废,在逆民心。""下令于流水之原者,令顺民心也。""民之所利立之,所害除之,则民人从。"史学之父司马迁在总结治国经验时指出:"善者因之。""俗之所欲,因而予之;俗之所否,因而去之。""有法无法,因时为业;有度无度,因物与合。""虚者道之常也,因者君之纲"。

邓小平治理国家,善于集中古今中外一切圣哲的智慧。在怎样对待人民群众的利益、要求、愿望上,他继承、发展了中国历史上因民之欲、顺民之心、以民为本的思想传统。他指出:"群众是我们力量的源泉,群众路线和群众观点是我们的传家宝。党的组织、党员和党的干部,必须同群众打成一片,绝对不能同群众相对立。如果哪个党组织严重脱离群众而不能坚决改正,那就丧失了力量的源泉,就一定要失败,就会被人民抛弃。""社会主义现代化建设的极其艰巨复杂的任务摆在我们的面前。很多旧问题需要继续解决,新问题更是层出不穷。党只有紧紧地依靠群众,密切地联系群众,随时听取群众的呼声,了解群众的情绪,代表群众的利益,才能形成强大的力量,顺利地完成自己的各项任务。"在改革开放的伟大实践中,邓小平总是着眼于"人民拥护不拥护""人民赞成不赞成""人民高兴不高兴""人民答应不答应",始终把人民的利益放在高于一切的位置上。支持农村家庭联产承包责任制就是生动的例证之一。

自全国实现农业合作化之后,广大农民针对农业集体经济集中过多、统得过死而出现的"大呼隆、大概工、大锅饭、大家穷"的弊端,多次自发兴起包产到户的责任制。第一次是1956年整顿农业合作化过程中,农民自发进行了包工包产之类的初步尝试。1957年反右派斗争扩大化后,这一尝试被当作"走资本主义道路"给压了下去。第二次是1959年整顿人民公社过程中,农村出现了包产包工到户的经营方式。不久,在"反右倾"运动中,被当作"复辟资本主义"给压了下去。第三次是1960年到1963年的经济困难时期,一些地区的农民为了生存,再次搞起包产到户,且带动了全国20%以上的农村起而效之。当时,邓小平和中央许多领导同志都站出来支持群众的创造。收入《邓小平文选》第一卷的《怎样恢复农业生产》的这篇文章,还对当时的包产到户加以科学的分析,予以明确支持,著名的"猫论"也是最先在此文中针对包产到户问题提出来的。但是,1962年中央北戴河会议,包产到户的主张遭到了批判。

党的十一届三中全会以来,邓小平领导确立的实事求是的思想路线和改革开放的政策唤起并激发了人民群众的创造精神。安徽省凤阳县农民率先创造了家庭联产承包责任制。

凤阳是明朝开国皇帝朱元璋的故乡。由于元明之际战火的洗劫和明朝以后黄河夺淮越演越烈,凤阳并没有因为出了朱皇帝而得到任何恩惠,相反,凤阳县志记载:"明中期,凤阳灾荒频繁,淮水泛滥,陆地行舟;大旱来临,井泉枯竭,田无麦禾,野无青草,流徙载道,饥民相食。"五六百年来,一首凤阳花鼓歌哀怨凄婉,一直广为流传,词曰:

说凤阳,道凤阳,

凤阳本是好地方,

自从出了朱元璋,

十年就有九年荒。

凤阳之穷,在历史上是出了名的。

新中国成立后30年,由于受"一大二公"的人民公社体制和"左"的指导思想的束缚,凤阳穷困落后的面貌没有多大的变化。不少社队人均口粮只有300斤左右,人均年收入只有50元左右。有些社队20多年来的集体积累,折价不够抵偿国家银行贷款。从20世纪60年代初开始,每年冬春季,凤阳总有大批农民扶老携幼讨饭逃荒。

凤阳农村的情况在安徽、在全国也绝不是个例外。邓小平说："从一九五八年到一九七八年整整二十年里，农民和工人的收入增加很少，生活水平很低，生产力没有多大发展。"他向外宾介绍我国改革情况时说："坦率地说，在没有改革以前，大多数农民是处在非常贫困的状况，衣食住行都非常困难。"

1978年底和1979年初，凤阳农民发起了对旧的农村经济体制的冲击。1979年初春，凤阳小岗村18户农民秘密开会，决定土地按人均平分到户，耕牛和大农具作价到户，农产品交售任务、还贷任务、公共积累和各类人员的补助款分摊到户。如果生产队长因此而坐牢，其余17户共同养活其家属。凤阳小岗农民首创的这种大包干的责任制形式，责任明确、利益直接、方法简便，同大多数农村的生产力水平、农民的经营水平、农村干部的管理水平相适应，自一开始就显示出巨大的优越性，吸引了皖东乃至其他地方的农民竞相效仿。

然而，凤阳小岗农民秘密开会的方式和坐牢的准备，一方面说明了农民坚定的决心，破除大锅饭、实行责任制乃民意所在、民心所向；另一方面说明农民对20年间"左"的紧箍咒仍心有余悸，对家庭联产承包责任制能不能合法存在下去仍存在着忧虑。

农民的担心，绝不是古老传说中的"杞人忧天"。他们的大包干出台后确实遭到了一些人的围攻。1979年3月15日，党报上发表了甘肃省一位读者以《三级所有、队为基础应当稳定》为题的来信，来信人认为："现在实行三级所有、队为基础的体制，符合当前农村的实际情况，应当稳定，不能随便变更。轻易的从队为基础退回去，搞分田到组、包产到组，也是脱离群众、不得人心的，同样会搞乱三级所有、队为基础的体制，搞乱干部群众的思想，挫伤群众积极性，给生产造成危害。"报纸还加了编者按，指出要"坚决纠正"。与皖东交界的地方刷出了"反对复辟倒退""抵制安徽的单干风"等大字标语。个别省的报纸甚至准备了十几个版面，声称要对安徽的包产到户"打排炮"。

就在农民创造的家庭联产承包责任制受到种种非议和指责，遭到有的领导同志设法阻挠时，邓小平发表了《关于农村政策问题》的讲话，旗帜鲜明地支持了包产到户、包干到户的责任制。他说："农村政策放宽以后，一些适宜搞包产到户的地方搞了包产到户，效果很好，变化很快。安徽肥西县绝大多数生产队搞了包产到户，增产幅度很大。'凤阳花鼓'中唱的那个凤阳县，绝大多数生产队搞了大包干，也是一年翻身，改变面貌。有的同志担心，这样搞会不会影响集体经济。我看这种担心是不必要的。我们总的方向是发展集体经济。实行包产到户的地方，经济的主体现在也还是生产队。这些地方将来会怎么样呢？可以肯定，只要生产发展了，农村的社会分工和商品经济发展了，低水平的集体化就会发展到高水平的集体化，集体经济不巩固的也会巩固起来。关键是发展生产力，要在这方面为集体化的进一步发展创造条件。""总的说来，现在农村工作中的主要问题还是思想不够解放。"邓小平的讲话因民之欲、顺民之心，让农民吃了"定心丸"，极大地推动了农村家庭联产承包责任制的发展。

对那些对农村家庭联产承包责任制持不同意见的人，邓小平不是采取简单压制的做法，而是因势利导、不搞争论，容许观望、反复比较，由实践的效果去做裁决。他说："当时提出农村实行家庭联产承包，有许多人不同意，家庭承包还算社会主义吗？嘴里不说，心里想不通，行动上就拖，有的顶了两年，我们等待。"又说："农村改革，搞农村家庭联产承包，废除人民公社制度。开始的时候只有三分之一的省干起来，第二年超过三分之二，第三年才差不多全都跟上，这是就全国范围讲的。开始搞并不踊跃呀，好多人在看。我们的政策就是允许看。允许看，比强制好得多。"

农村家庭联产承包责任制，从个别地方的兴起到全国范围的实行，充分显示了最高决策者顺民之心、尊重群众的首创精神所起的重要作用，充分体现了党的从群众中来再到群众中去的群众路线的巨大威力。邓小平说："农村搞家庭联产承包，这个发明权是农民的。农村改革中的好多东西，都是基层创造出来，我们把它拿来加工提高作为全国的指导。"

农村改革，特别是实行家庭联产承包责任制以来，发生了翻天覆地的巨大变化。"广大农民购买力增加了，不仅盖了大批新房子，而且自行车、缝纫机、收音机、手表'四大件'和一些高档消费品进入普通农民家庭。"

凤阳花鼓歌也因联产承包责任制带来的巨大变化而改写了新词：

说凤阳，道凤阳，凤阳变成好地方，
自从实行责任制，年年丰收粮满仓。
要饭娃子粮万斤，花鼓女儿卖余粮，
新鲜事儿说不完，光棍屋里进新娘。

必由之路　希望之光

——支持乡镇企业异军突起

随着农村改革的深入，家庭联产承包责任制的实施，8亿农民获得了对土地的经营自主权，从而大大促进了农村生产力的发展，使中国农村发生了举世瞩目的巨大变化。农业总产值从1979年至1989年11年间，增长了8.3%，年平均增长5.9%，比改革前26年的平均增长率高出3.2个百分点。农民人均纯收入从133.6元增加到601.5元，平均每年增加42.5元。

农村生产力的发展，不仅表现在农业总产值的增长、农产品绝对量的提高、农民人均纯收入的增加，而且表现在劳动手段与劳动技能的提高、社会分工的发展（专业户的出现）、以承包户为单位的农业劳动者的增加（农业承包大户的出现）。邓小平不仅高度评价了前一方面的发展变化，而且赞扬和支持了后一方面的发展变化。1983年1月12日，他说："农业搞承包大户我赞成，现在放得还不够。"

我国人多地少，在长江三角洲和珠江三角洲等经济较发达的地区尤其如此。

随着农村生产力的发展、农业承包大户的出现，如何解决广大农村大量的剩余劳动力问题也尖锐地摆到了社会面前。

中国社会几千年来，农业一直没有从根本上改变依靠手工搞饭吃的生产方式，农村生产力一直没有发生根本性的变化。封建国家历代实行的限田、均田政策，"省工贾，众农夫"的重农抑商政策，以及国家组织迁徙土狭人稠之处的人力于土旷人稀之处的做法，都是为了实现"人必称土"，"人力田畴，二者适足"，使农民固着于土地之上。这些做法既是维持中国封建社会稳定的因素之一，同时，也是中国封建社会长期停滞，发展极其缓慢的原因之一。

世界各国经济发展的历史表明，实现国家工业化的过程，就是从传统农业经济向现代工业经济发展，由二元经济转变为一元经济的过程，也是人口城市化的过程。而中华人民共和国开国之初，在整个国民经济中，农业和手工业生产的比重占90%左右，现代工业仅占10%左右。新中国成立后30年，虽然工业产值在整个国民生产总值中的比重日益提高，农业产值在整个国民生产总值中的比重不断降低，但农业人口在总人口中的比重则下降极小。这一方面说明农业生产力发展很慢，另一方面说明农村剩余劳动力未能向非农产业转移。人民公社体制下的"大锅饭、大呼隆"，既严重束缚农民的生产积极性，也强制农民束缚于土地之上，阻止了农村剩余劳动力向非农产业的转移。

改革开放以来所涌现的乡镇企业，是中国农民的又一个伟大的创造。

乡镇企业从1983年开始有了较大的发展，到1993年，乡镇企业总产值达到3.9万亿元，其中乡镇工业总产值3.2万亿元，约占农村社会总产值的三分之二以上，全国社会总产值的三分之一以上，在乡镇企业就业的农民达到1亿多人，超过了城市国有企业职工的总和，占农村劳动力总数的四分之一以上。

乡镇企业异军突起，农业分化出非农产业，农民办起了工业，乡村生长出许多新城镇，产业革命的力量开始深入农村，使根深蒂固的、汪洋大海般的我国小农经济真正发生了动摇。同时，乡镇企业吸收了大量农村剩余劳动力，农民离土不离乡、做工经商不进城，避免了农村剩余劳动力大量涌入大城市，找到了实现乡村城市化和农业工业化的具有中国特色的经济发展道路。

乡镇企业的发展，自一开始就受到了邓小平的热情支持和高度赞扬。他把它看成中国发展的必由之路、希望之光。

1987年3月27日，邓小平会见喀麦隆总统比亚时说："八年前我们提出农村搞开放政策，这个政策是很成功的。农民积极性提高，农产品大幅度增加，大量农业劳动力转到新兴的城镇和新兴的中小企业。这恐怕是必由之路。总不能老把农民束缚在小块土地上，那样有什么希望？"在这之前的1983年初，邓小平视察江苏、浙江、上海等地。他了解到当时苏州市工农业总产值人均接近800美元，江苏省6年时间工农业总产值翻了一番，肯定了江苏发展的两条经验："一条是依靠了上海的技术力量，还有一条是发展了集体所有制，也就是发展了中小企业。"

为什么说乡镇企业是中国发展的必由之路、希望之光呢？

首先，邓小平指出："乡镇企业的发展，主要是工业，还包括其他行业，解决了占农村剩余劳动力百分之五十的人的出路问题。农民不往城市跑，而是建设大批小型新型乡镇。""长期以来，我们百分之七十至八十的农村劳动力被束缚在土地上，农村每人平均只有一两亩土地，多数人连温饱都谈不上。一搞改革和开放，一搞承包责任制，经营农业的人就减少了。剩下的人怎么办？十年的经验证明，只要调动基层和农民的积极性，发展多种经营，发展新型的乡镇企业，这个问题就能解决。"

第二，乡镇企业是联系工业与农业、城市与乡村网络的纽结点。家庭联产承包责任制的实行、农业的发展推动了乡镇企业（主要是工业）的发展，"乡镇企业反过来对农业又有很大帮助。促进了农业的发展。""六五"计划期间，乡镇企业利润中用于支援农业生产的资金累计达 90.5 亿元，不少地区乡镇企业支援农业的投资大大超过国家的投资。1992 年初，邓小平在南方谈话中指出："经济发展比较快的是一九八四年至一九八八年。这五年，首先是农村改革带来许多新的变化，农作物大幅度增产，农民收入大幅度增加，乡镇企业异军突起。""农副产品的增加，农村市场的扩大，农村剩余劳动力的转移，又强有力地推动了工业的发展。这五年，共创造工业总产值六万多亿元，平均每年增长百分之二十一点七。吃、穿、住、行、用等各方面的工业品，包括彩电、冰箱、洗衣机，都大幅度增长。钢材、水泥等生产资料也大幅度增长。农业和工业，农村和城市，就是这样相互影响、相互促进。这是一个非常生动、非常有说服力的发展过程。"

第三，邓小平关于中国社会主义农业的改革和发展要有两个飞跃的理论，特别强调了乡镇企业在两个飞跃中的重大作用。"第一个飞跃，是废除人民公社，实行家庭联产承包为主的责任制。"乡镇企业既是第一个飞跃过程中的一个丰硕的果实，也是稳定和扩大家庭联产承包责任制的重要因素之一。"第二个飞跃，是适应科学种田和生产社会化的需要，发展适度规模经营，发展集体经济。"乡镇企业的发展也就是集体经济的发展，同时，乡镇企业的发展还为农业广泛运用科学技术提供了资金保证。针对两个飞跃，邓小平郑重提出："乡镇企业很重要，要发展，要提高。"

支持乡镇企业异军突起和支持家庭联产承包责任制一样，体现了邓小平因民之欲、顺民之心、善于集中人民群众的智慧的治国才能。他说："乡镇企业容纳了百分之五十的农村剩余劳动力。那不是我们领导出的主意,而是基层农业单位和农民自己创造的。""农村改革中,我们完全没有预料到的最大的收获,就是乡镇企业发展起来了,突然冒出搞多种行业,搞商品经济,搞各种小型企业,异军突起。这不是我们中央的功绩……如果说在这个问题上中央有点功绩的话,就是中央制定的搞活政策是对头的。这个政策取得了这样好的效果,使我们知道我们做了一件非常好的事情。"

在家庭联产承包责任制和乡镇企业顺利发展面前,邓小平又反复告诫大家:"农村改革见效非常快,非常显著。当然,这并不是说农村的问题都解决了。""还有新问题,还需要继续解决。"如何解决农民种粮的比较收益下降、农业投资减少、农业生产发展后劲不足的问题,如何解决更多的农村剩余劳动力的就业问题,等等,这些都需要进一步探索、进一步解决。

绿化祖国　造福万代

——倡导全民义务植树

邓小平珍贵的照片中，有不少是参加植树活动时留下的镜头。

邓小平遒劲的墨迹中，有不少是为植树造林、振兴林业泼墨挥毫留下来的。

"绿化祖国，造福万代。"这是1991年3月邓小平为全民义务植树运动10周年和全国植树造林表彰动员大会题的词。

绿，生命的色彩。森林，绿色宝库的桂冠，它不仅是人的生活、生产资料的供应者，更重要的是陆地生态系统的主体。植树造林、保护森林，这是功在当代、造福万代的伟大事业。据科学测定，日本3.75亿亩森林，每年能贮水2200万亿吨，防止土沙流失57亿立方米，栖息鸟类8100万只，供给氧气5200万吨。如果把这些换算成金额，相当于日本1972年全国的总预算。中国与日本、美国及西欧国家比较，其缺点之一是森林覆盖率低。周恩来曾说，古老文化损伤了大自然，中国有林的山只有10%，好多都是荒山，古代人只知建设不知保护森林，后代子孙深受其害。"黄土高原是我们祖宗的摇篮地，是民族文化的发源地，但是这个地方的森林被破坏了。"他还说，印度的恒河和埃及的尼罗河流域，是古代人类文化的发源地，当时土地肥沃，农业昌盛，但由于不合理开发利用，破坏了森林植被，所以后来都成了沙漠，我国甘肃省的敦煌一带恐怕也是这样。针对我国荒山多、森林覆盖率低、林木资源紧缺的国情，毛泽东、周恩来等第一代领袖们都十分重视植树造林、保护森林。但是，"大跃进"与"文化大革命"中到处"改天换地"，毁林烧炭炼铁、毁林开荒种粮，使我国本来就不丰富的森林资源再次受到严重破坏。

党的十一届三中全会以后，邓小平作为党和国家最高决策层的主要决策者十分重视植树造林工作。

首先是恢复植树节。中国首次设立植树节是在1915年7月，当时在孙中山的倡议下，北洋政府正式下令，规定以每年清明节为植树节。1929年又把植树节改为3月12日。1979年全国人大常委会决定每年3月12日为我国的植树节。3月12日这个时间适于在我国中原地区植树造林，南方开始造林比这要早些，北方比这要晚。3月12日这天是孙中山先生的逝世日。确定这天为植树节也与纪念这位伟大的民主革命先行者倡导和一贯重视植树造林有关。1924年8月3日，孙中山在《民生主义》讲演中说："近来的水灾为什么是一年多过一年呢？古时的水灾为什么是很少呢？这个原因，就是由于古代有很多森林，现在人民采伐木料过多，采伐之后又不行补种，所以森林便很少。许多山岭都是童山，一遇了大雨，山上没有森林来吸收雨水和阻止雨水，山上的水便马上流到河里去，河水便马上泛涨起来，即成水灾。所以要防水灾，种植森林是很有关系的，多种森林便是防水灾的治本方法。"对于旱灾，"治本方法也是种植森林。有了森林，天气中的水量便可以调和，便可以常常下雨，旱灾便可以减少"。"所以我们研究到防止水灾与旱灾的根本方法，都是要造森林，要造全国大规模的森林。"旧中国的植树节只是一个空洞的形式，孙中山种植森林的理想在当时条件下是难以实现的。但是，孙中山种植森林的远见卓识将永远激励着、警醒着站立起来的中国人。1979年3月12日，新中国成立以来的第一个植树节，邓小平到京郊大兴县庞各庄公社薛营大队，同干部、群众一起参加植树造林活动。这一举动，使人看到了植树节的实际内容，看到了孙中山的理想正在成为现实。

更重要的是邓小平倡导了全民义务植树运动。1981年夏天，四川、陕西等地遭受了严重水灾，长江、黄河上游都有特大洪峰经过，给国家和人民生命财产造成了重大损失。水灾发生后，邓小平惦念着国家和人民生命财产的安危，思考着治本之策。9月，他找到万里说，最近的洪灾涉及林业，涉及木材的过量采伐。看来中国的林业要上去，不采取一些有力措施不行。是否可以建议全国人民代表大会通过一项议案，规定凡是有劳动能力的中国公民，每人每年都要种几株树，比如3～5株，包栽包活，多者受奖，无故不履行此项义务者受罚。总之，要有进一步的办法。10月19日和11月9日，中共中央书记处连续两次召开会议，讨论贯彻邓小平关于植树造林的谈话精神，一致同意邓小平的意见，并由国务院向全国人大常委会提交了决议（草案）。12月13日，五届全国人大四次会议上，代表们审议通过了《关于开展全民义务植树运动的决议》，以法律形式为每个适龄公民规定了每年植树3～5株的义务。

邓小平是义务植树的身体力行者。每年植树季节，他都要拿起工具，参加到植树造林的行列，去为中华大地添绿色，去履行一个普通公民的义务。

全国人民代表大会决议实施的第一年——1982年植树节的前几天，日理万机的邓小平对身边工作人员说：植树节快到了，我们家今年每人至少要栽3棵树，要包栽包活。3月12日那天，他带领家人到西山，同部队指战员一起挥锹铲土，栽下了一棵棵翠绿的油松。他精神饱满，一锹接一锹地把土培进树坑。旁人劝他休息一下，他说："不累，一人栽三棵到五棵，我们要完成任务。"植完树后，邓小平兴致勃勃地观看了附近不同品种的树木。他说：植树，要选好树的品种，要选那些长得快，能成材的。栽下后要有人管理，保证成活。植树不要占用好地。邓小平的行动是无声的号召。1982年，各省、自治区、直辖市的负责人，中央和国家机关的负责人，工人、农民、知识分子、解放军指战员，广大青少年都纷纷参加义务植树，全国有近两亿人参加义务植树，种树10亿株。一个造福人类，荫及子孙的绿色浪潮席卷中华大地。这年12月26日，邓小平在林业部关于开展全民义务植树运动情况报告上批道："这件事，要坚持二十年，一年比一年好，一年比一年扎实。为了保证实效，应有切实可行的检查和奖惩制度。"

20世纪50年代，邓小平曾和中央其他领导人一起参加修建十三陵水库的劳动。1983年、1984年邓小平先后两次到十三陵中直机关造林基地参加植树劳动。1983年3月12日，他在植树时兴致勃勃地说："植树造林，绿化祖国，是建设社会主义，造福子孙后代的伟大事业，要坚持二十年，坚持一百年，坚持一千年，要一代一代永远干下去。"1984年3月12日，邓小平指着面前的一片山坡对胡耀邦说："这一片都种上树，这个风景区就非常漂亮了。"他栽了油松和白皮松以后，直起身来同北京市和昌平县委的负责人交谈，询问了从延庆向十三陵水库引水和1983年植树造林成活情况。他说："全国种树，主要是提高质量，提高成活率。栽的多，活的也要多。"他得知当天栽植的树木里有日本朋友送给中国的樱花树苗时，特意亲手栽植了一棵，还浇了水。

天坛公园是首都著名的游览场所之一，每年要接待中外游客1000多万人。

80多岁高龄的邓小平1985年、1986年、1987年三次在这里植树，为天坛公园增添了春色。1985年3月12日，邓小平穿着一身藏蓝色的旧衣服，领着5岁半的外孙女羊羊，高高兴兴地来到天坛公园植树区。他给一棵桧柏培上土后，就拉着外孙女来到另一棵高有3米，枝叶繁茂的桧柏树前，手把手地教羊羊握锹培土。并告诉羊羊，要在栽好的树下打上土圈以便浇水。培好土圈后，爷孙两人共同为桧柏浇了清水。这天，胡耀邦根据3月12日北京植树还太早，实际参加的人数很少的情况，建议北京市规定每年4月的第一个星期天为植树日。后来，北京市人民代表大会采纳了这个建议。1986年4月6日，邓小平身穿深灰色中山装领着外孙女来到天坛公园植树区。他高兴地对外孙女说："羊羊，咱们又来植树了。你看，这里经过绿化多好看呀！"1987年4月5日，邓小平在天坛公园植树区把一棵挺拔翠绿的桧柏栽进土坑里之后，就和他的外孙女羊羊和两岁的小孙子小弟一起，手提塑料桶，一连往树坑里浇了5桶水。他边干边向身旁的同志介绍说："我这个小孙女和我一起种了六年树，要让娃娃们养成种树、爱树的好习惯。"他还说："今年植树我又多带个小孙子。"

景山公园的职工们忘不了1988年4月3日。这一天，邓小平来到景山公园参加植树日活动。他身着蓝色中山装，领着外孙女羊羊和孙子小弟，兴致勃勃地走到一棵2米多高的油松树前，一锹接一锹地给油松培土。羊羊、小弟在爷爷身边起劲地铲土提水，干得很欢。邓小平高兴地鼓励孙子、外孙女："劳动、劳动！"

雄伟壮观的首都北郊"亚运城"也有邓小平植树劳动时洒下的汗水。1989年4月2日，邓小平一手拉着羊羊，一手拉着小弟，步履稳健地走到一棵白皮松前，一铲一铲认真地给树培土。这是他第10次参加北京植树劳动。

每年植树季节种几株树，这已成为邓小平固定的日程安排。他不仅10次参加北京植树劳动，而且出京视察期间，还多次参加当地的植树劳动。1984年1月，邓小平第一次视察深圳，沿途看到一些山头光秃秃的，特别嘱咐省市负责同志要重视植树造林，绿化环境。他说，这里好多山头不种树，经过韶关时，看到那里的山头也都是这样，荒山、水域，这些都是潜力很大的发展生产的广阔天地。1992年1月，邓小平第二次视察深圳。22日，他和杨尚昆带领两家三代人到仙湖植物园种树。1984年2月，邓小平在厦门视察。2月10日，他和王震冒着绵绵细雨到厦门万石岩植物园，在后山坡上栽下了十多株南国佳木——樟树。当天，邓小平离开厦门上火车时，双脚还沾满了黄泥巴，给人们留下了深刻的印象。

邓小平担任军委主席期间，特别重视军队在植树造林、保护森林方面起带头作用。1982年初，他向全军发出指示："军队在植树造林中，要积极地多做工作，除搞好营区植树造林外，营区外十公里范围内，要与地方共同协商搞好植树造林。"同年冬，全军植树造林总结经验表彰先进大会在京举行，邓小平为大会题词："植树造林，绿化祖国，造福后代。"

大西北是我国水土流失、沙漠化最为严重的地区。邓小平号召军队要为建设和绿化大西北做出应有的贡献。1983年初，郑维山行将赴任兰州军区司令员，行前，邓小平嘱咐郑维山，要求兰州部队制定一个支援地方建设的规划，下决心拿出20年时间，协助地方搞好西北高原的绿化工作，改变西北自然面貌，为子孙后代造福。1987年5月，黑龙江省大兴安岭发生了特大森林火灾。"火云满山凝未开，飞鸟千里不敢来。"然而，在烈烟腾空，浓烟滚滚的火场上，参加灭火的解放军指战员，迎烈火，顶热浪，舍生忘死，英勇战斗，以血肉之躯筑起了捍卫祖国绿色的新的长城。6月2日，邓小平发布通令嘉奖参加大兴安岭森林灭火的全体解放军指战员。通令写道："参加大兴安岭扑火救灾的全体指战员同志们：在大兴安岭地区发生特大森林火灾，国家和人民的生命财产受到严重危害之际，你们坚决执行党中央、国务院、中央军委的指示，在全国人民的大力支援下，同参加扑火救灾的武装森林警察、干部、职工和广大群众并肩战斗，终于取得了扑灭这场特大山火的决定性胜利，为国家、为人民立了大功。中央军委特向你们致以亲切的慰问和崇高的敬意。"十几年来，人民军队官兵们牢记中央军委主席、最高统帅邓小平的教导，无论在植树造林，还是在保护森林方面都做出了突出的贡献。

十年树木。

从1981年邓小平倡导全民义务植树，到1991年整整10年。这10年群众义务植树共达100多亿株；"三北"防护林体系建设累计造林1.63亿亩，肆虐多年的风沙初步得到控制；万里海疆的沿海防护林工程建设也取得了显著成绩；全国人工林保存面积达4.6亿亩，居世界首位。10年的实践证明，开展全民义务植树运动，符合国情，顺乎民意，充分体现了倡导者博大的胸怀、深远的眼光和卓越的智慧。

邓小平关于林业、关于植树造林的论述并不多，但短小精粹、言简意赅。从他倡议全民义务植树简短的话语中，可以看到，他把植树造林看成防治水旱灾害的根本之策，看成保持生态平衡、美化生活环境的重要之举，看成发展国民经济的重要方面。所以，他强调一定要采取有力措施把中国林业搞上去。

怎样振兴林业、植树造林？

首先，要长期坚持。"这件事，要坚持二十年，一年比一年好，一年比一年扎实。"几个月后，他又进一步指出："要坚持二十年，坚持一百年，坚持一千年，要一代一代永远干下去。"他几乎每年植树都要带着孙子、外孙女，其主旨在于"要让娃娃们养成种树、爱树的好习惯"。

其次，要保证实效。一是，植树要选好树的品种，提高质量，要选那些长得快，能成材的。二是，栽下后要有人管理，保证成活，要提高成活率，栽的多，活的也要多。三是，植树不要占用好地，既不能以农挤林，也不能以林挤农，而要农林并举，相互促进。四是，要有切实可行的检查和奖惩制度，全民义务植树，多者受奖，无故不履行义务者受罚。

长期坚持，保证实效，这对今后深入开展全民义务植树运动，将越来越显示出其重要指导意义。

开发长江　兴利除害

——兴建三峡水利工程

四川东部有一条浩浩荡荡的嘉陵江,它在合川这个地方汇合了西边的涪江和东边的渠江,然后南行到重庆,汇入奔腾的长江。

伟人邓小平就出生于渠江岸边的广安县。

孔子说:"吾十有五而志于学。"邓小平16岁那年离开广安乘船沿渠江、嘉陵江南下到达重庆,考入了在重庆开办的留法勤工俭学预备学校。第二年,他顺江东下,漂洋过海,开始了逐西潮、救国家的革命历程。

高岸为谷,深谷为陵。

60年间,中国和世界都改变了原来模样。

1980年7月,邓小平视察长江,再次从重庆顺江东下。他对60年前由长江冲出四川、走出国门的情景仍记忆犹新。他在东方红32号轮上对陪同的人员说:"1920年出川,去法国留学,船行到中途坏了,只好改变行程,起旱,走陆路出川,交通真是艰难啊!"

60年前,16岁的英发少年顺江东下,是为了冲出四川,走出国门,逐西潮,救中国。

60年后,76岁的坚强老人顺江东下,是为了探求修建长江三峡工程的可行性,探求开发长江、中华腾飞之路。

邓小平在对三峡库区及建设中的葛洲坝水利工程进行实地考察之前,先行视察了都江堰。

都江堰是战国时期李冰父子在岷江上游与中游分界处的灌县修建的著名水利工程,几千年来一直发挥着很好的社会效益。它是中国古代水利史、科技史、文明史的突出成就。毛泽东和周恩来都非常珍视都江堰的成就。1958年中共中央成都会议期间，毛泽东不仅利用休息时间借阅《华阳国志》《都江堰水利述要》《灌县志》，研究中国古代最大、最成功的水利工程——都江堰，而且怀着极大的兴趣到灌县视察了都江堰。周恩来多次向外宾介绍都江堰，夸奖它经过了两千年历史的检验，是成功的。1972年11月21日，周恩来主持葛洲坝水利工程汇报时，意味深长地说，水利至少有3000年的经验，这是科学的事，都江堰总算个科学，有水平，有创造！2000年前有水平，2000年后我们应更高。

20世纪50年代初，邓小平主持西南局工作时，曾亲自参加都江堰岁修工程的开工典礼。古代都江堰灌溉面积最大时曾达到300万亩。新中国成立之前，由于工程年久失修，一度下降到200余万亩。新中国成立初期，在西南局领导下，经过几次岁修，灌溉面积恢复到历史最高水平，对当地农业的恢复和发展发挥了重要作用。

这次，邓小平视察都江堰，同毛泽东、周恩来一样，是要从都江堰吸取历史的经验和智慧，准备研究、继承、发展、提高都江堰的水利成就，为治理长江、开发长江、修建举世瞩目的三峡水利工程服务。

视察都江堰之后，邓小平乘火车到重庆，一下火车就上船，开始了视察长江之行。在船上，邓小平同长江流域规划办公室副总工程师魏廷铮自然而然地谈论起修建三峡工程问题。邓小平说："反对建三峡大坝的人有一条很重要的理由，说是建了大坝以后水就变冷了，下游地区水稻和棉花都不长了，鱼也少了。有没有这回事？"

在长江上建造大坝，必须权衡利弊、谨慎从事，一点也不能马虎。基于此，邓小平十分重视反对意见。

魏廷铮答道："不会有这样的影响。第一，三峡水库按200米正常蓄水位，比原来河道水面只增加一千多平方公里，对气候影响不大，不会有明显改变。第二，水库水温呈垂直分布，长江流量大，可以调节。最重要的论据是丹江口水库，丹江口水库修起来后，汉江中下游解除了水患，粮食、棉花连年丰收，汉江的鱼产量也并没有减少。如果说影响，就是水库蓄水之后，上游冲下来的饵料相对减少了一点。"

邓小平认为魏廷铮持之有据、言之有理，点点头说："噢，是这么回事啊！"

船过夔门，邓小平到船尾看瞿塘峡进口。对于两个坝址的比较、发电航运、投资、工期、发电机组的制造等问题，他都一一详细询问。

船过三斗坪，邓小平站在甲板上，举起望远镜久久地凝望着坝区。

接着，邓小平到葛洲坝工地，看望正在施工的工人和工程技术人员。他还察看了荆江大堤的防洪形势。

通过实地考察、调查，邓小平得出的结论是："轻率否定三峡不好。"他不仅肯定了三峡工程在开发水电能源上的巨大利益，而且肯定了三峡工程对防洪的重大意义。他说："三峡搞起来以后，对防洪作用很大，现在洪水真的来了，很多地方是要倒大霉的。"

邓小平到达武汉后，召集姚依林、宋平等人到武汉研究三峡问题。他再次谈到建设三峡的效益和防洪问题，并指示国务院要研究三峡建设问题。

在这之前的几个月中，邓小平谈论编制长期规划的意见时，多次强调要开发长江、黄河的水利资源，发展水电。1980年3月19日，他说，能源问题是经济的首要问题。这个问题解决不好，经济建设很难前进。他要求对煤、电、油、水利、沼气、太阳能、风力要全面进行研究、规划。他特别强调要搞水电，认为长江中上游、支流，还有断层地带，黄河中上游，都有丰富的水力资源可供利用。怎样搞水电？邓小平指出，其一，要同外国人合作，和对外贸易、利用外资、引进技术结合起来考虑，现在就开始，不要等。其二，要同开发西南的有色金属、稀有金属联系起来考虑。5月20日，邓小平对怎样搞水电进一步补充说，联合国货币基金组织借给我们的钱应该主要用在打基础上，如搞水电。至于为什么我国的能源开发应该主要搞水电？邓小平分析道：水电建设虽然周期长一些，但不用煤，成本低，利润高。

在邓小平关心下，我国水电建设进入了大规模发展的新阶段。关于三峡工程，根据邓小平的意见，1980年8月，国务院在北京召开常务会议，进行了研究，决定由科委、建委组织水利、电力及其他方面的专家进行论证。

1982年7月26日、10月14日，邓小平同国家计委负责同志谈"六五"计划和长远规划时，再次提到三峡工程，强调搞水电。他指出，大的建设项目要加快前期工作。三峡已做了不少工作，当然这样大工程不能很快上。煤、电、油项目的前期工作要抓紧，尽快做在前面。他说："真想搞建设，就要搞点骨干项目，没有骨干项目不行。""火电上不去，要在水电上打主意。水电大项目上去了，能顶事。"

在邓小平描绘的宏图中，我们不仅看到了毛泽东、周恩来"高峡出平湖"的远大理想，而且，更令人振奋的是这个理想同中国现代化三步发展战略目标紧密联系，这个理想向现实的转化在一步步地接近。

1986年，国内外对三峡工程出现了一些议论。赵紫阳汇报时说："看了三峡后认为有三个问题：技术、经济、政治。技术、经济问题都可以解决，难办的是政治问题。一些反对的同志，并不是这个方面的专家。有的主要是对共产党有意见，如果将来人大审议时，有三分之一弃权或反对，就成了政治问题。"

对此，邓小平深刻指出："如果技术、经济可行，还是应该上。上有政治问题，不上也有政治问题，不上的政治问题更大。"

1992年4月，第七届全国人民代表大会第五次会议通过了《关于兴建长江三峡工程的决议》，进军三峡的序幕终于拉开了！

都江堰是古代中国治水兴邦的一座丰碑！

三峡工程一定会继承都江堰，超越都江堰！

当代中国兴建三峡工程，一定能为中华腾飞、富民兴邦再造辉煌。

治水秀山　安邦柱国

——关注江河治理、开发与保护

新中国成立后,作为党中央第一代领导集体的成员之一的中共中央总书记邓小平,十分重视黄河的治理与开发。

1961年3月初,邓小平乘火车到三门峡市,视察三门峡水利枢纽工程,看望工程技术人员和施工的工人。当时,大坝已经浇筑到设计标高353米,但还没有竣工。邓小平登上坝顶,观看了水库自1960年9月以来形成的人工湖。这个工程是苏联援建的156项工程之一。中苏关系破裂后,这里的苏联专家已于1960年撤走。当邓小平听到水库负责人介绍说,我们已有自己的专家,没有因为苏联专家的撤走而影响工作时,高兴得不断点头称赞。接着,他询问蓄水后的情况,给在场的水利建设者指示。要认识改造黄河的艰难性、复杂性。经过1961年汛期蓄水,三门峡水库泥沙淤积问题暴露出来,不仅三门峡到潼关的峡谷里淤了,而且潼关以上、渭河和北洛河的入黄口处,也淤了"拦门沙"。1962年、1963年淤积问题越来越严重。为解决这一问题,1964年春,邓小平赴陕西考察,并把黄河水利委员会主任王化云找去了解情况,讨论方案。4月17日,他又赴三门峡工程现场观察。回京后,邓小平指示中央书记处找水电部定方案。这年12月,周恩来主持召开治黄会议,邓小平积极协助解决三门峡工程的改建问题。此后,三门峡工程经过两次改建获得了成功,在防洪、防凌、灌溉、发电等方面发挥了巨大作用。黄河上游,从青海省的龙羊峡到宁夏回族自治区的青铜峡,全长918公里,坡陡流急,峡谷险滩众多,水力资源十分丰富。其中,刘家峡水电站是20世纪80年代之前我国修建的最大的水电站。刘家峡水电站1958年9月开工兴建,1961年因调整基本建设计划而暂停施工,1964年复工,1969年3月第一号机组投产发电,1974年12月工程全部竣工，装机容量 122.5 万千瓦，设计年发电量 55.8 亿千瓦时。1966 年 3 月 19 日，中共中央总书记邓小平偕同国务院副总理李富春、薄一波视察了正在紧张施工的刘家峡水电站。上午 11 时许，邓小平等乘坐专列到刘家峡水力发电工程局（后为中国水利水电第四工程局）所在地——甘肃省永靖县小川镇，在招待所会议室，听取了工程局局长兼党委书记刘书田关于刘家峡水电站 1964 年复工以来的情况汇报。然后，邓小平等驱车沿着 1720 公路来到右岸察看了施工现场。邓小平在察看中提出了"战刘家峡，装盐锅峡，看黑山峡"的黄河上游总体建设规划，为黄河上游连续进行大规模、滚动式开发指明了方向。

不仅三门峡工程、刘家峡工程留下邓小平视察的足迹，黄河上其他水利工程也留下了他操劳的心血和考察的身影。1960 年 2 月 18 日，邓小平偕同彭真、刘澜涛、杨尚昆视察了黄河花园口水利枢纽工程。1964 年 4 月上旬，邓小平视察内蒙古自治区，到黄河边的巴彦高勒观看了河套水利枢纽工程。邓小平深知水是生命之源，有了水才能农牧两旺。他对内蒙古自治区负责同志说，搞牧业也得有水，没有水，牧业也搞不起来，要好好规划一下。跑完了内蒙古，邓小平又到黄河下游的山东，重点考察了那里的水利和农田基本建设工作。他在听取山东省委负责人汇报时说："台田搞好了也能高产。""能打机井的地方多打机井。""要多疏通河道，多做田间工作，不但解决涝的问题，还要解决旱的问题。""引黄河水问题还未解决，山区、胶东、鲁南要搞水土保持。"邓小平一向言语不多，但说到水和问题，却讲得很具体。

党的十一届三中全会以来，邓小平是党中央的第二代领导集体的核心，是改革开放和社会主义现代化建设的总设计师。这一时期，邓小平仍多次关心黄河的治理与开发。

1979 年 7 月下旬，邓小平到山东视察。在青岛，当他看到几辆消防车不时地在疗养区内来回穿行时，便问：这是干什么的？陪同的青岛市负责人回答说：青岛夏季缺水比较严重，疗养区需从外面运水进来。邓小平听后指着干涸了的喷水池说：这么好的风景，没有水就把名声破坏了，条件不具备先不要开放。他还认真询问了青岛居民饮水、工业用水等问题。当他得知居民饮水难时，心情沉重地说：一定要让老百姓有水吃，青岛连水都没有，搞开放旅游业是不行的，无法接待外宾，要赶快解决水的问题。此后，山东省和青岛市政府研究决定实施"引黄济青"工程。经过努力，这一工程于 1989 年 11 月竣工，基本解决了青岛市用水问题。20世纪80年代初,黄河大堤亟待重新整修,一批治理黄河的工程正在施工。但是,当时国家决定对国民经济进行调整,压缩基本建设规模。1981年黄河下游防洪基建投资仅安排了5000万元,邓小平得知后当即表示:"黄河防御二万二千立方米每秒洪水问题,每年五千万元不行,还要增加经费。你们写个报告,我们可以研究。"在邓小平关心和支持下,中央决定动用国家预备费5000万元,用于增加黄河下游防洪工程费用。当年许多项目压缩停建时,黄河防洪工程建设速度却加快了。这又一次体现了邓小平对黄河水情的警惕,对黄河两岸人民生命财产的责任心。

针对黄河流域的水土流失问题,邓小平号召要在黄土高原上植树种草。1982年11月15日,邓小平会见前来北京参加中美能源、自然资源和环境会议的美国前驻华大使伍德科克时说:我们准备坚持植树造林,坚持它20年50年。今年才算是认真开始,这件事情耽误了。特别是在我国西北,黄土高原连草都不长,水土流失严重。黄河之所以叫"黄"河,就是水土流失造成的。我们计划在那个地方先种草后植树,把黄土高原变成草原和牧区,人们就会富裕起来,生态环境也会发生很好的变化。这是江泽民后来提出的"再造一个山川秀美的西北地区"直接的思想来源。

邓小平不仅仅关心黄河、长江,他热爱祖国的山山水水,每到一地都要号召兴修水利和植树造林。

1958年11月初,邓小平到贵州视察。他在飞机上看到贵州好多山上没有树。一下飞机,他就说:"贵州光山多,要搞绿化。"他看了贵州的自然条件后强调:"要搞水电站,先搞小的;每个水电站兼顾灌溉。只要水抓到了,综合利用是容易的。"他一再指出:"水利概念要改变,农田用小型水利来解决,山地以蓄水为主,拼命存水。"1965年12月,邓小平再次来贵州视察。他针对贵州省情,就如何充分发挥山区优势作了许多重要指示。他对李立省长说:"真正富的是山,这里副业比四川好搞。山多,稍为整一下,收入不知有多少。贵州将来比成都坝子富,单是种树,就不知有多大收入。林子太少,要大造林。山区要发展林牧业。山上可种木本粮食,如橡子树;木本油料,如核桃。林牧都要配备好品种。"邓小平强调山上多种树,既是为了发展多种经营,也是为了改善山区的生态环境。当他了解到贵州的自然灾害主要是旱灾,而地下水比较丰富时,又指出:"四川的水不流失,贵州的水都流走了,只是洞里有点水。

贵州的林木储量有多大？贵州到处可以变林区。"他强调要通过植树造林来涵养水源。

1958年在滹沱河上开工修建岗南水库，邓小平给以大力支持。水库建成后，他又直接过问了水库移民的安置问题。1958年5月25日，邓小平同毛泽东等党和国家领导人一起参加了十三陵水库的义务劳动。1961年5月10日，邓小平在彭真、刘仁陪同下视察了密云县，对如何发展山区经济，作了重要指示。他仔细询问了密云水库的库容、蓄水量、放水量，指出：水库这么大，要发展养鱼业。对密云水库浇地多少，最高可达多少，能不能用提水方法浇山地等问题，邓小平说：有水才能多打粮，反正每人几年后要有千斤粮，你们要特别注意在平原地区搞好高产。见到有人在山坡烧荒，他提醒大家：要注意水土保持，开荒得有个政策，不要烧山。他要求水库四周的山上要栽树，对种树搞得好的，要奖励。

安徽北部地处淮河中游，为根治淮河水患，开发水利，在大别山区的淮河支流上修建了众多水库、水电站。1960年2月，邓小平到大别山区的金寨县视察并参观了梅山水库。他关心大别山区经济发展，询问了水库建设造成的淹没损失。他说，山区耕地面积少，山场面积大，要抓好见效快的绿化造林工作，比如福建省山区有一种桉树，成效快，树干直，不妨引进栽培、推广种植。还有其他方面适合山区的多种经济生产，也要抓，不断增加人民群众的收入，改善人民群众的生活。

1982年9月中下旬，邓小平陪同金日成访问四川。他支持开发金沙江、雅砻江、大渡河的水力资源，在听取建设二滩水电站的汇报时说：建设二滩水电站，已经讲了很久了，我赞成。不只二滩水电站，还有一批项目要上。要搞现代化，没有大的骨干项目办不到，没有骨干工程，小项目再多也顶不了事。他指出：不要徘徊，一徘徊，一年两年就过去了。这对后来二滩水电站前期工程的开工起了重要的促进作用。

从1958年9月至1983年8月，邓小平先后五次视察黑龙江，对这个资源大省如何保持可持续发展作出许多重要指示，其中也包括森林保护、治水造林问题。1961年7月，他到黑龙江视察时说："一棵小树至少能蒸发两吨水，一棵大树可蒸发八吨水，森林就是最好的水库。"他高度重视林业对水利、保护环境的作用。在大庆，他强调在保护好环境的前提下搞开发。井边要多栽些树。树吸收水分，每棵树就等于一个小水库。在林区，邓小平强调要边伐边育保持平衡。他谈到森林保护时举例说："陈老总从日内瓦回来，说瑞士像个花园，几百年来都有一个法律，砍一棵树要种活三棵，否则犯法。我们也应当立个法。"他还指出："你们是个大林区，还要分散造林。可利用一切空间地方，搞经济林。"1978年9月，邓小平到黑龙江视察，针对大庆油、气、化工污染严重的状况，指出"我们的化学工业'三废'问题都没有解决好"，要求大庆"一定要把'三废'处理好"。他听说大庆搞了32万亩耕地，很高兴，指示："要挖土地潜力多种树。农业机械化，节约下人力种树，还可以种草，发展畜牧业。草原可以改造，排水，搞条田、方田，要改造草原。"针对农业问题，邓小平强调必须坚持土地的合理开发利用，防止过量开荒造成环境恶化。他说："韩丁非常诚恳地提出一些意见，他举了世界十多个国家开荒的情况。有的没有搞清，开了荒得不偿失，引起气候变化，黑风暴、风沙。可以开荒，采取江苏启东一带建台田的办法，一条田、一条水，像是建成岛子，一块一个岛子，这样的方法可以把水分保存起来。你们开荒方针怎么定的？后果如何，要搞一些调查研究，科学的处理。"邓小平就是这样重视水，重视林，重视生态平衡。

1981年8月，邓小平到新疆视察。他关心新疆经济的发展和人民生活的改善，也关心新疆的水利和造林。在吐鲁番，邓小平视察了防风林和坎儿井。他接见吐鲁番地区党政领导同志，指着郁郁葱葱的树林语重心长地对大家说："要发展水利，要带领群众多种树，改善生产、生活环境。"

乐山乐水 爱山爱水

——喜欢游泳和旅游，重视发展旅游业

孔子说："智者乐水，仁者乐山。"

邓小平既乐水也乐山。

他喜爱游泳，从年轻时代起就养成了冷水浴的习惯，几十年如一日，一直没有间断。

1989年9月16日，邓小平对来访的李政道说："我的身体还好，头脑还清楚，记忆力还不错。在北戴河每天游泳一个小时，我不喜欢室内游泳池，喜欢在大自然里游泳，自由度大一些，有一股气势。"此前，他还对友人说："我能游泳，特别喜欢到大海中去游泳，证明我身体还行；我打桥牌，证明我的脑筋还清楚。"

1983年夏天，邓小平在东北和华北一些地区视察之后，来到大连市延伸到黄海之滨的棒槌岛度假。棒槌岛上绿树成荫，景色宜人；岛外白浪滔天，气势壮阔。邓小平称赞大连是个好城市，棒槌岛浴场是个好浴场。

他在棒槌岛7天，除了一天因故没下海外，每天上午都下海与风浪为伍。一下海，他就舒展双臂，从容地向海的深处游去。波涛汹涌，浪花一个接一个地向他扑来。然而他泰然自若，抖抖头发上的水，继续顽强地挥臂击水向前。90分钟过去了，大海抚弄着他的身躯，海浪拍打着他的肌肤。他依然精神抖擞，没有显出丝毫倦意。人们很难相信，当时的邓小平已是年近80高龄的老人。

邓小平喜爱到大海中游泳，他的襟怀也像大海一样深沉、宽广。在一次又一次的政治风浪面前，邓小平总是沉着坚定如履平地。这与他在大海中劈波斩浪，勇往直前，精神上是相通的。

邓小平热爱祖国的山山水水，喜欢游览名山大河，从自然物象中吸取智慧。

土地革命战争时期，邓小平在左右江创建革命根据地，在赣南、闽西成为"毛派"的重要人物，在长征路上跟随毛泽东经受了万水千山的洗礼。抗日战争时期，邓小平和刘伯承率一二九师深入日本侵略军占领区的后方，以太行山为中心，依托山区向平原发展，先后创建了晋冀豫和冀鲁豫抗日根据地。解放战争时期，邓小平和刘伯承率领刘邓大军强渡黄河天险，千里跃进到大别山区，使国民党军队进攻解放区的后方变成了人民解放军夺取全国胜利的前沿阵地；接着，邓小平和刘伯承、陈毅、粟裕、谭震林指挥夺取了淮海战役和渡江战役的胜利，宣告了国民党反动统治的覆灭。邓小平没有像毛泽东那样用诗词的形式描绘高山大河来抒发革命襟怀。但是，邓小平同毛泽东一样受到了高山大河的熏陶和感染，那逶迤五岭、莽莽昆仑、巍巍太行、绵绵大别、滚滚长江、滔滔黄河，无不给他们以战斗的力量、勇气和智慧。

雄踞于华北大平原东缘的泰山，山势巍峨，松柏苍翠，云雾缭绕。孔子有"登泰山而小天下"之说。自秦始皇至清乾隆，2000年间先后有13代帝王31次到泰山封禅或祭祀，使其拥有"五岳独尊"的地位。山上自秦汉以来留下的碑碣和摩崖石刻达1800处之多，其文化遗迹堪称洋洋大观。1949年3月，邓小平和陈毅在西柏坡参加中共七届二中全会之后，趁着渡江作战前部队休整的空隙，在返回前线的途中顺道登了泰山，并到曲阜游览了孔庙。

新中国成立后，邓小平又登过井冈山、黄山、峨眉山等大山；游览过广西漓江、杭州西湖、厦门鼓浪屿、吉林长白山天池、牡丹江上的镜泊湖、新疆天池、长江三峡、大连棒槌岛等名胜风景区。

井冈山是湘赣边界罗霄山脉中段的一座大山，是中国革命的摇篮。它不仅有笔架山上的十里高山杜鹃、翡翠谷中的五瀑五潭、黄洋界上的云海、五指山上的珍禽异兽，以及不少地方分布着的中亚热带原始森林等自然景观，还有朱德、毛泽东会师，在那里点燃中国革命燎原烈火的大量历史遗迹。毛泽东诗词中有好几首是写井冈山的。朱德1962年重上井冈山时曾写下"天下第一山"5个大字。1972年11月，邓小平经樟树、吉安、永新、宁冈来到井冈山。在宁冈，他对当地干部说："井冈山精神是宝贵的，应当发扬。"在井冈山，邓小平参观了黄洋界、八面山、双马石、砂冲、桐木岭五大哨所、大小井、黄坳、茨坪，还参观了井冈山博物馆。这时正是邓小平经历"文化大革命"的第一次磨难后即将复出的前夕。他那种不怕打倒、不怕挫折、坚贞不屈的精神不正是"井冈山精神"吗?

1979年7月中旬,邓小平登上了海拔1800米高的黄山。人称"黄山天下奇",奇在叠嶂连云的山峰,盘根虬枝的苍松,缥缈多变的云海,湖、溪、潭、瀑和温泉尽有的水泉。徐霞客曾说:"五岳归来不看山,黄山归来不看岳。"他对黄山的赞誉极高。邓小平这次登黄山,既是为了一睹黄山的风采,也是为了考察黄山的旅游资源。12日早晨7点多钟,邓小平从山脚下的观瀑楼出发,迎着朝阳,步行登山。他走在前面开路,边走边观赏着沿途秀丽的景色。第一个行程有六七十里山路。黄山管理处的同志怕他过于劳累,特意备了一乘滑竿随行,但邓小平执意不要人抬,硬是走到玉屏楼,当天晚上住在玉屏楼。那海内外闻名的迎客松正在玉屏楼前,以潇洒、多彩的英姿迎接着这位伟人的到来。历经风霜雨雪而益显其铮铮铁骨,这是他们共同的性格。第二天早上,邓小平和随行人员一起踏上百步云梯,登上光明顶。在鳌鱼洞,几位姑娘为见到邓小平而激动不已。第三天,邓小平攀登了雾海苍茫、险峻壮观的西海。踏过山路崎岖的黄山群峰,饱览了天都峰、玉屏峰、莲花峰之后,邓小平风趣地说:"爬了黄山,天下的名山都不在话下嘛。"

1980年7月中旬,邓小平登上了"平畴突起三千米"的峨眉山。人称"峨眉天下秀",秀在植被覆盖率达86%,犹如"云鬟凝翠,鬓黛遥妆"之美。李白在《登峨眉山》的诗中写道:"蜀国多仙山,峨眉邈难匹。"邓小平穿着圆口黑布鞋,身着短袖白衬衫,手拄拐杖,攀登而上。碰到老乡,他就同大家亲切交谈,了解大家的生产和生活情况。当他看到山上有的地方森林被毁,种上了玉米时,用手指着痛心地说:"这么好的风景区为什么用来种玉米不种树?"

长白山天池由火山口积水而成。天池北口有168米高飞流直下的长白山瀑布。离瀑布不足1公里处又有80℃温泉终年涌流不息。天池如明镜映照着瞬息万变的云雾和周围火山堆积而成的神奇山峰。山下是一望无际的林海。牡丹江上的镜泊湖是由火山喷发流出的岩浆冷凝成坝,堵塞牡丹江而形成的湖泊。湖水清澈,平静如镜。湖北口有140余米宽、25米高的瀑布倾泻于数10米的深潭之中,狂涛翻滚声如雷鸣。天池和镜泊湖的景色壮观而迷人。1983年8月中旬,邓小平游览了镜泊湖和天池。他仰观俯瞰,兴趣盎然,为祖国大好河山的雄伟壮丽所深深吸引,在镜泊湖瀑布和天池边留下了游览的身影。

如此江山如此人。邓小平是在国家发展的转折关头，依时而作，率众而谋，拨开迷雾，给局面带来"柳暗花明又一村"的巨大变化，使国家发展步入飞速发展的康庄大道的历史伟人。他是中华大地孕育出来的中国人民最优秀的儿子。他本身就是中华大地上一道亮丽的风景线。

邓小平乐山、乐水、爱山、爱水。他把山水自然景观和古迹人文景观看成宝贵的资源，要求保护好、利用好这一资源，发展旅游业，促进对外开放和社会主义现代化建设。

1978年10月，邓小平就提出旅游这个行业很值得搞。1979年1月，他说："旅游事业大有文章可做，要突出地搞，加快地搞。旅游赚钱多，来得快，没有还不起外债的问题，为什么不能大搞呢？要狠抓一下旅游和城市建设。"又说："我们国家地方大，名胜古迹多。如果一年接待五百万人，每人花费一千美元，就是五十亿美元。""名胜旅游区要整修一番，像四川的峨眉山，长江三峡，甘肃的敦煌、嘉峪关，西安的半坡村、秦始皇陵等。"

桂林山水甲天下。漓江两岸山清水秀，洞奇石美。有人以"四绝"概括其特色，即：簪山、带水、幽洞和奇石。更美的是簪山、带水、幽洞、奇石融为一体，构成"无水无山不连洞，无山无水不入神"之境界。邓小平高度重视对漓江的治理与保护。早在1973年10月15日，时任国务院副总理的邓小平，陪同加拿大总理特鲁多从河南飞抵桂林。第二天，邓小平、韦国清陪同加拿大贵宾游览漓江风光。初游时邓小平为漓江奇绝的山水所陶醉。观赏中，邓小平看到了漓江被严重污染，江水浑浊不堪的情景。他当即找来自治区和桂林市的领导分析污染原因，商讨治理办法。邓小平回京后，主持国务院会议，讨论了对漓江的治理问题。不久，国务院颁发了《尽快恢复并很好保持桂林山水甲天下的风貌》的决定。国务院还责成广西壮族自治区党委、政府应把治理漓江提上议事日程，予以高度重视，采取切实措施，尽快把漓江治理好。1978年10月，邓小平指出："桂林漓江的水污染得很厉害，要下决心把它治理好。造成水污染的工厂要关掉。'桂林山水甲天下'，水不干净怎么行？"1979年1月，他又指出："要保护风景区。桂林那样好的山水，被一个工厂在那里严重污染，要把它关掉。"广西壮族自治区和桂林市领导研究并实施了治理与保护漓江的一系列办法，关、停、并、转、迁了几十个污染严重的工厂、车间；控制了沿江风景区的基建项目，并加强了基建项目的环境管理和游船排污的管理；对沿江实行封山育林和植树造林，几经努力，终使漓江风貌得到了恢复。1986年1月，邓小平重游漓江。他高兴地说："漓江水变清了。"

1979年1月17日，邓小平同胡厥文、胡子昂、荣毅仁等工商界负责人谈发展旅游业时说："要加强对旅游景区景点的介绍。泰国人只知道有个杭州，其实黄山的风景好得很。"1979年7月中旬，邓小平用3天时间游览了山路崎岖的黄山群峰之后，在观瀑楼接见了安徽省委和徽州地委负责人，语重心长地谈了发展黄山旅游的问题。他说："黄山是发展旅游的好地方，是你们发财的地方。"怎样发展黄山的旅游？第一，"省里要有个规划"。"要很好地创造条件，把交通、住宿、设备搞好。"第二，搞好服务工作。"凡是服务态度好、服务质量高的，工资要高，不好的要批评教育，不改正的还可以淘汰，这样就搞上去了。"他特别强调服务态度和清洁卫生。"房子要干净，伙食要适合外国人口味，服务员要有点外语知识，导游要有章程。你让人家出钱，服务态度不好，又脏，谁来？来了也不会满意。这些方面的工作要很好地研究，人员要训练，要培养这方面的人才。一定要搞得使游客方便。"第三，要保护好旅游资源。"在这里，我们的资本就是山。要搞些专业队治山。现在这里有好多秃山，种玉米干什么，既影响水土保持，收入又少。山区建设，就是看搞什么收效快就搞什么。粮食少，用别的办法解决。要有些办法，禁止破坏山林。"第四，要使游客买到当地的名牌特产。针对黄山地区的特点，邓小平说："要很好地发展竹木手工生产，搞好竹编生产，搞些好的竹编工艺品。祁红世界有名。绿茶一二两一包，包装搞得漂亮些，可以当纪念品，游客带回去送人，表示他到过黄山。"邓小平鼓励大家："要有点雄心壮志，把黄山的牌子打出去。"邓小平对黄山的考察与谈话，给黄山人以极大的鼓舞。1996年，黄山旅游接待总量达324万人次，旅游总收入达6.8亿元，创汇1870万美元。黄山由"养在深闺人未识"到"大开山门向世界"，已经成为蜚声中外的旅游胜地。

"上有天堂，下有苏杭，杭州真是个好地方。要把西湖保护好，建设好。"这是邓小平对杭州人的嘱托。邓小平热爱西湖的自然景观和人文景观。他的足迹几乎踏遍了西湖的山山水水，岳庙、灵隐、孤山、平湖秋月、苏堤、白堤、花港、龙井、九溪、六和塔，处处都留下了他的音容笑貌。1983年游龙井和九溪时，邓小平对浙江省委负责人说："杭州的绿化不错，给美丽的西湖风景添色。你们一定要保护好西湖名胜，发展旅游业啊！"几年后，旧地重游时他又说："杭州这样的风景旅游城市，在世界上可是不多的"，"要把杭州的旅游业好好发展起来"。

云南是我国旅游资源丰富的省份之一。邓小平曾五次踏上云南的红土地，熟悉云南的山山水水。他十分关心保护云南的旅游资源，发展云南的旅游业。他在一开始设想发展旅游业时就提出："昆明搞一个旅游点，包括西山和附近的石林，以及西双版纳的热带植物研究所，可以安排游客看一个星期。石林要整理一下，要种些树，让风景更优美一点，现在太荒凉了。石林很宝贵，中国有一个，意大利有一个，但我们的石林比意大利的好得多。"

西藏和新疆的旅游业也放在邓小平心上。1981年8月，邓小平西出阳关视察新疆。在天山天池，邓小平静静地伫立湖畔，深情地远眺着耸立在云烟上的博格达雪峰和眼前一泓碧水，对身边陪同的同志说："风景不错，要保护好，要发展旅游。"邓小平一生未去过西藏，他为此深感遗憾。1992年1月21日，他驻足深圳"锦绣中华"微缩景区的"布达拉宫"面前，感慨地对身边的工作人员说："这辈子我是去不了西藏了，就在这座'布达拉宫'前照张相，权作纪念吧。"早在1978年10月，邓小平谈发展旅游业时指出："要开辟到拉萨的旅游线路。外国人对拉萨感兴趣。到尼泊尔的游客也可以到拉萨来。这样做，尼泊尔会高兴，我们也可以增加收入。要在拉萨建个旅馆，价钱不要太高，每个房间要有浴室，保证热水供应。"对厦门、青岛、大连等海滨城市的旅游业，对北京、西安等人文景观丰富的城市如何发展旅游业，邓小平也一一予以关注。1984年2月，邓小平视察厦门，游览了鼓浪屿等名胜风景区。他赞美鼓浪屿，夸奖这里风景好。1979年7月，邓小平视察青岛。他一边观赏着美丽的风景，一边对山东省和青岛市的负责人说：一定要好好保护，开发旅游业。当他看到青岛严重缺少淡水时，又说：青岛连水都没有，搞开放旅游业是不行的，无法接待外宾，要赶快解决水的问题。为发展北京的旅游业，他提出："北京要搞好环境，种树种草，绿化街道，管好园林，经过若干年，做到不露一块黄土。"他认为，发展旅游必须考虑城市建设的配套。"北京就可以分若干区，分区规划，联系起来成为一个整体。公路搞立体交叉，可以搞两层三层的。北京到十三陵、长城可以修高速公路，也可以用直升机，还可以安排几个专列，边走边看。"在邓小平倡导和大力支持下，中国旅游业由小到大，获得了可喜的发展：国际旅游创汇从1978年的2.6亿美元增长到1996年的102亿美元，在世界的排名由1978年的第41位跃升到第9位。中国的旅游业正在崛起。

经济建设　交通先行

——兴建成渝铁路

在天府之国长大的唐代大诗人李白曾创作"惊天地，泣鬼神"的《蜀道难》，其中构成一唱三叹雄壮基调的"蜀道之难，难于上青天"句，代代传诵，妇孺皆知。

正是由于蜀道难，由于是四面高山的盆地，交通极不发达，在政治、经济上不能与全国同步发展。故历史上常有"天下大乱而蜀先乱，天下大治而蜀后治"之说。20世纪初，四川人民为了发展交通，修建铁路，出过无数的钱，流过不少的血，进行过许多英勇、壮烈的斗争。然而，由于社会制度腐败，直到四川解放，成渝路上始终没有铺过一条钢轨。早在孩童时代的邓小平就经受了保路运动的教育，并在心中埋下了修建人民自己的铁路的种子。

1949年，刘伯承、邓小平率领第二野战军进军大西南之前，已开始运筹大西南解放后的经济恢复与建设工作。邓小平首先想到的是兴修成渝铁路。

当年6月，在上海，邓小平向陈修和打听："成渝铁路的准备工作原来搞了多少啦？"

陈修和说："搞了不少，铁路线已经基本勘定。不少段的路基已经筑成。内江铁桥的大桥墩已经修出水面。这些都可以利用，工期可以缩短。"

邓小平请陈修和考虑一下：怎样安排能对大西南的接收和建设更有利？他还要求陈修和写一份意见书，提出建议，包括兴修成渝铁路的具体建议。

由于大西南的接收和建设急需技术人才，邓小平不仅邀请陈修和同他一起到四川去走一趟，而且请陈修和物色一批技术人才，动员他们到四川去。陈修和因为要参加即将召开的全国新政治协商会议，未能随刘邓大军进川，但帮助搜集了档案材料，写出了意见书，并邀请了几十位技术人员去四川。

9月，在北京，全国新政治协商会议胜利召开。邓小平和陈修和在会上相逢。邓小平紧紧握住陈修和的手，高兴地说："非常感谢你！陈志坚带回来的意见书、档案材料都收到了。你邀请来的几十位技术人员，全部报到。我们还组织他们学习了政策。这些留法留德的同志，跟我们有共同语言：爱国！我们决心把成渝铁路很快修起来！"

经过一段时间的筹划和准备，1950年6月15日，成渝铁路正式动工。在庆祝兴修成渝铁路开工典礼上，邓小平致词。他首先阐述了建设西南、交通先行的重要思想。他说："我们进军西南就下决心要把西南建设好，并从建设人民的交通事业开始做起。"对于立国之初、百废待举中兴修成渝铁路的困难以及如何修建这条举国瞩目的铁路，邓小平也进行了分析，提出了对策："我们今天建设成渝铁路，是在经济与设备困难的条件下开始的。因此人民对建设的希望是花钱少，事情办得好，我们调出一部分部队参加建筑，也是为着替人民少花一些钱，把铁路建设起来。""我们今天订出修路计划，开始兴工，并不等于问题解决了，真正的困难是在开工之后才能发现，所以今天是不能盲目乐观，许多的困难问题必须要以为人民服务的精神，逐步地求得解决，求得克服，并防止官僚主义的倾向发生。"

今天，经济学家们喜欢把交通部门比作社会经济发展的瓶颈，意在强调交通是社会经济发展的关键，交通上不去，整个社会经济的发展也就上不去。回顾当年邓小平阐述的建设西南、交通先行的思想，我们不能不敬佩他那高瞻远瞩的经济智慧。

当然，邓小平强调交通先行，但决不允许抓住一点不及其余。他在处理兴修成渝铁路与保护沿途义物的关系上，生动地展示了点面结合的辩证法。据说，在成渝铁路动工的时候，邓小平特派秘书将重庆大学的张圣奘教授请到浮图关赴宴。张圣奘早年为英国牛津大学博士，邓小平请张圣奘为保护成渝铁路沿途的古迹和文物出力，还专门送张圣奘一乘滑竿。张圣奘果然不负所望，在成渝铁路途经之地挖掘出原始人——"资阳人"的珍贵化石。这对四川人民可以说是兴修成渝铁路的喜上之喜。

在中共中央西南局和西南军政委员会的直接领导与高度重视下，尽管当时的财政经济极其困难，但成渝铁路的工程进展十分迅速。他们抽调部队3万人担负施工主力，并先后动员10万民工参加筑路。开工后一年还差两天就实现了从重庆铺轨至成都。

邓小平及时地把成渝铁路的工程进展情况报告中央。1952年4月17日，他致电中央人民政府：成渝铁路7月1日可全线通车。

1952年6月7日，邓小平主持西南军政委员会第73次行政会议。会议决定成立庆祝成渝铁路全线通车筹备委员会，邓小平指出，成渝铁路通车不但是西南而且是全国的一件大事。

1952年7月1日，成渝铁路全线通车，毛泽东、周恩来、朱德分别题词祝贺。毛泽东的题词是："庆贺成渝铁路通车，继续努力修筑天成路。"周恩来的题词是："修建铁路，巩固国防，发展经济，改善人民生活。"朱德的题词是："庆祝成渝铁路完工，一定要把天成路修好，并把川黔、滇桂等铁路联系起来。"邓小平出席了通车典礼，并在纪念册上签名题词："庆祝成渝铁路全线通车。"

成渝铁路起自成都，经简阳、资阳、资中、内江、隆昌、荣昌、永川、江津等县市而达重庆，全长505公里。它北接宝成铁路，东连川黔、襄渝铁路和长江航运，南通成昆铁路，是西南铁路网中的重要一环。成渝铁路通车，实现了四川人民40多年来修筑这条铁路的愿望，结束了四川没有正式铁路的历史，为沿线富饶资源的开发和经济的发展提供了先决条件。

成渝铁路是新中国建立后建成的第一条铁路干线，也是第一条全部以国产器材物资修筑起来的铁路。它体现了中国人民自力更生、勤俭建国的精神。它不仅是新中国铁道建设中的一件大事，也是新中国整个经济建设中的一件大事。它同荆江分洪工程一起，是纪念中国共产党建党31周年的一份厚礼。

成渝铁路通车典礼之后，邓小平调入中央，任政务院副总理并兼任数职，其中之一是兼任政务院交通办公室副主任。

此后，邓小平在全国经济工作的指导及全国经济发展的战略决策上反复地强调坚持交通先行的方针。

1953年6月16日至7月1日，邓小平出席全国铁路工作会议并发表重要讲话。8月下旬，邓小平出席全国交通工作会议并作关于交通工作的任务及当前工作的主要问题的报告。10月8日，政务院举行第190次政务会议讨论交通工作，邓小平在会上发言时指出：我们考虑问题必须记住我们有5.7亿人，交通任务会一天比一天重。要提高交通工作的效能，加强和改进管理。10月29

日，政务院召开第 191 次政务会议讨论关于目前铁路工作情况及今后部署的报告，邓小平出席会议并作结论性发言。仅从上述情况可以看出，刚刚调入中央工作的邓小平对全国铁路交通工作的高度重视。

"文化大革命"中，国民经济停滞不前，其中铁路交通这一国民经济的大动脉受到的干扰和阻碍最为严重。周恩来总理苦撑危局，对国民经济各部门，他最担心的是铁路交通部门。周恩来病重住医院后，邓小平主持党中央和国务院的日常工作，强调把国民经济搞上去，首先抓住铁路交通部门进行整顿，并初见成效。1975 年 3 月 5 日，邓小平说："怎样才能把国民经济搞上去？分析的结果，当前的薄弱环节是铁路。铁路运输的问题不解决，生产部署统统打乱，整个计划都会落空。所以中央下决心要解决这个问题。"在当时的"文化大革命"氛围下，义无反顾、大刀阔斧地进行整顿，体现了一个杰出政治家的超人的胆略和勇气。首先对铁路交通部门进行整顿，这不仅因其是"文化大革命"的重灾区，也再次体现邓小平关于"交通先行"的经济智慧。

在改革开放的新时期，邓小平领导中国人民"一心一意搞建设"。在整个国家建设中，邓小平指出："战略重点，一是农业，二是能源和交通，三是教育和科学。"在经济建设中，邓小平指出："我们整个经济发展的战略，能源、交通是重点，农业也是重点。"在国家建设特别是经济建设中把交通作为战略重点之一，这对于实现中国社会主义的现代化，无疑有着直接的指导意义。同时，回顾立国之初兴修成渝铁路，邓小平关于经济建设、交通先行的指导思想是首尾一贯的。

一加一 大于二

——发展经济协作与联合

战国时代，齐国有一位了不起的军事家孙膑。此人足智多谋，一生留下了许多神奇的传说。有一件小事虽与打仗无关，但却表现了孙膑非凡的智慧。齐将田忌与人赛马，上驷、中驷、下驷三匹都不如人家，硬拼硬地赛，一定要输。孙膑建议田忌，以下驷对人家的上驷，主动输了一趟。然后，以上驷对人家的中驷，以中驷对人家的下驷，赢了两趟。这样，由于孙膑改变了上、中、下驷对阵的排列组合，田忌居然用劣马胜了良马，取得了奖金。

几千年后，伟大的军事家毛泽东十分重视运用部队之间的联合、协作以提高总体战斗力。邓小平说："解放战争时期，毛泽东同志主张第二野战军和第三野战军联合起来作战。他说，两个野战军联合在一起，就不是增加一倍力量，而是增加好几倍的力量。"毛泽东关于一加一大于二的联合同孙膑赛马的方法反映了同样的谋略与智慧。

在经济工作上倡导协作与联合，这是邓小平的经济智慧之一。

首先，邓小平倡导在地区之间搞经济协作。1983年初，他到江苏、浙江、上海等地视察回北京后，同几位中央负责人说："搞经济协作区，这个路子是对的。我主张不只是搞上海和山西两个经济协作区，也不要老是试点。老是在一些具体问题上试点，几年解决不了几个问题，这就太慢了。"他列举了毛泽东关于两个野战军联合作战会发生一加一大于二的效应之后说："经济协作也是这个道理。经济协作有许多思想问题要统一，但现在要开步走。"

地区之间搞经济协作的指导思想，是与地区封锁、市场分割的做法相对立，与对内搞活、对内开放的总体设计相一致的。我国地域辽阔，各地区经济发展和资源分布很不平衡。只有实行地区之间的经济协作，合理分工，才能做到优势互补、扬长避短，才能既有利于实现地区间的比较利益，也有利于实现全国范围内的资源合理利用和优化配置。根据邓小平的指导思想，中共中央关于制定国民经济和社会发展十年规划和"八五"计划的建议指出："沿海地区要根据经济技术水平较高而资源缺乏的特点，致力于发展高、精、尖、新等层次较高的产业和出口创汇产品，将耗能高、运量大的工业逐步转移到能源充裕、资源富集的内地。加工地区和资源地区可以采取横向联合、利益兼顾的办法，把各自的优势结合起来，共同发展。""经济比较发达的沿海省、市，应当分别同内地一两个经济比较落后的省、区签订协议或合同，采取经验介绍、技术转让、人才交流、资金和物资支持等方式，负责帮助它们加快经济的发展。"

其次，邓小平倡导在企业之间搞经济联合。1986年12月19日，邓小平在听取几位中央负责同志汇报当前经济情况时指出："要搞企业联合。现在电子工业是否太分散了，为什么不可以左邻右舍挂钩，联合起来搞？太分散，各搞各的不行，那样质量上不去。汽车工业如何组织起来，也要研究一下。汽车出口我们应该是可以做到的。形成企业集团，就形成力量，信息也就比较灵通了。"没有协作和联合的"大而全、小而全"的企业是没有希望的。只有在专业化协作基础上出现的以大中型企业为骨干、以优质名牌产品为龙头、以促进科研和生产的联合为重点的企业集团才是希望之所在。这是因为，搞企业联合、形成企业集团，可以在不需要进行大量投资的条件下，促进人才、资金、技术、资源等各种生产要素的合理流动和重新组合，提高综合经济效果，创造出新的生产力。

第四篇

知彼知己，百战不殆

随时制宜　随敌践墨

——领导百色、龙州起义

《晋书·周崎传》讲："州将使求援于外，本无定指，随时制宜耳。"意为根据当时条件或需要，灵活地采取适宜的措施。此外，其他古籍上还有不少与之相似的说法，如"不必拘执，随机应变"，"见机行事"，"因时变而制宜适也"，等等。

随敌践墨，《孙子兵法·九地篇》讲"践墨随敌"。践指行动，墨指绳墨、规矩，此处指作战计划、方案。意为作战计划要随敌情变化而改变。此外，还有"因利而制权也"，"因地制宜"，等等，也与此意相似。

上述说法种种，意在强调因时间、地点等客观事物变化，来决定自己应采取的对策。可以讲，因时制宜，因地制宜，因势利导，是政治家、军事家决策和实施决策过程中的一个显著特点。

1929年七八月，邓小平（化名为邓斌）从上海出发，经香港前往广西，于9月到达广西南宁，这是中共应当时广西执掌政治、军事大权的俞作柏、李明瑞诚意邀请，派出得力干部来俞、李部帮助他们工作的。邓小平后来回忆：我们到南宁后，我同俞作柏见过几面，根据中央指示的方针进行统战工作，同时注意把中央派到俞处的干部分配到合适的地方。此外，邓小平还担负着领导广西地区党的工作，根据情况准备发动武装起义，建立人民武装的任务。

在南宁，邓小平公开身份是广西省政府秘书，他利用这一身份做广西上层人士的统战工作，同俞、李建立密切的合作关系，使俞、李很快就释放了一批"政治犯"。这批人，特别是其中的一些党团员干部，均成为后来广西红军力量的骨干。随后，邓小平等通过俞作柏同胞兄弟——中共党员俞作豫，建议李明瑞成立教导总队，培训初级军官，尽快掌握部队。邓小平等将100多名干部学员安排进教导总队，教育近千名旧军队中进步青年，并在学员中发展一批中共党员。教导总队负责人也由中共党员担任。同时，在新成立的广西警备大队的第四、第五两个大队中，也有不少中共党员。中共党员张云逸为第四大队大队长，俞作豫为第五大队大队长。这些基干部队，成为以后建立红七、红八军的基础。

在邓小平等人积极影响下，俞、李对右江的农民运动给予支持。他们不仅给东兰农民武装"右江护商大队"的正式名义，还拨出枪支数百予以支持。除兵运工作外，邓小平等还影响俞、李支持广西进步群众运动，恢复省农协、工会、妇协、学生会等进步团体组织。并向他们推荐一些共产党人和进步人士担任左右江各县县长，如东兰县韦拔群等，执掌了左右江 20 多个县的政权。农民运动如火如荼。所有这些，均为后来百色、龙州起义，建立左右江根据地奠定了广泛的社会基础。

除此而外，针对原广西党的地方组织零散、组织机构不健全等问题，邓小平和中共广西特委着力抓紧恢复和发展各地方组织。1929 年 9 月 10 日，邓小平作为中央代表主持召开中共广西第一次代表大会，并在会上介绍了当前形势，提出了任务。左、右江等地区 30 多名代表参加了会议。会议通过了开展土地革命、建立工农武装、准备武装暴动等重要决议。讨论通过了关于农村工作、宣传工作、职工运动、妇女运动、共青团等问题的文件，确定了新形势下广西党组织斗争任务和策略，选举了新的广西特委。很快，广西各地党组织恢复了活动，还举办党员学习班，出版党内刊物。所有这些，为后来举行的起义提供了组织保证。

风云突变，军阀重开战。1929 年 8 月，汪精卫企图联合与蒋介石龃龉相争的一些军阀，共同倒蒋。俞、李也决定通电反蒋。这时，邓小平等认为，俞、李来广西时间短，立足未稳，各方面基础都很薄弱，仅有的 3 个师内部指挥尚不统一，倒蒋难以成功，不如保存实力，静观局势变化。但俞、李不听劝告，选择了反蒋道路。在劝阻无效情况下，邓小平等说服俞、李，将已由我党控制的第四、第五警备大队和教导总队留下，留守后方，实际上保存了革命实力。为应付突发事变，邓小平、张云逸派遣第四、第五大队各一个营开往左、右江地区，控制南宁市内军械库等，并备好汽船，准备随时出动，这实际上是出色地运用了古老的民族智慧。

《诗经》云："迨天之未阴雨，彻彼桑土，绸缪牖户。"绸缪谓修缮之意。此话意为，欲雨而未雨之时，要修缮门窗，准备雨具。后来，人们把础润备伞、未雨绸缪比作事物欲变而未变之际，要细心观其动向、察其端倪、防患于未然。果然，在蒋介石软硬兼施、恩威并重的打击下，不过10天，俞、李部属阵前倒戈，导致反蒋失败。在反革命力量即将反扑过来，大有一举摧毁广西革命力量之际，邓小平等审时度势，认为绝不能坐以待毙。应该利用数月来革命活动创造的有利条件，举行兵变，把革命武装转移到以百色、龙州为重点的左、右江地区，开创革命斗争新局面。这一决定报党中央批准后，邓小平等指挥第四、第五大队和教导总队，采取突然动作，打开军械库，搬走枪械，然后撤往百色、龙州地区。

百色、东兰、凤山所在的右江地区，有着深厚的革命群众基础。特别是东兰、凤山两县，韦拔群曾在此建立过农民革命武装。邓小平后来也讲：这是很好的革命根据地，这给红七军的建立与活动以极大的便利。

到百色以后，邓小平等加快了武装起义准备工作的步骤。首先，在部队中宣传革命主张以发动群众；第二，掌握政权，撤换反动县长；第三，整肃军队，扩大武装；第四，建立和发展党组织；第五，消灭地主武装和土匪，巩固根据地；第六，培训干部。有的老同志还记得，邓小平曾亲自给一些学员讲解中共六大决议、苏维埃政权等问题。

邓小平为准备起义，夜以继日地工作。白天和同志谈话、开会，布置工作，晚上则与张云逸等一起商量起义事宜。不久，专程到上海向党中央请示工作的龚饮冰回到百色。邓小平得知党中央批准他们武装起义消息后十分高兴。他当即主持召开特委会议，传达党中央指示。大家表示：坚决执行党中央的指示，在一切准备工作就绪后，"就立即宣布起义"。最后决定：在1929年12月11日纪念广州起义两周年那天，宣布起义，成立红七军和右江苏维埃。经党中央批准，成立了邓小平为书记的7人中共广西前敌委员会，统一领导起义准备工作。

12月11日，由邓小平等组织领导，由张云逸等具体指挥的百色起义爆发了，百色城头飘扬起红旗，中国工农红军第七军宣告诞生。根据党中央指示，张云逸为军长，邓斌（小平）为政委，下辖3个纵队。全军共2800余人。第二天，又在右江恩隆县（今田东县）平马镇召开右江第一届工农兵代表大会，成立了以雷经天为主席、韦拔群等10人为执行委员的右江苏维埃政府。随后，百色等十几个县苏维埃政府相继建立，并开始分配土地，逐渐形成了右江革命根据地。

这时，作为百色起义主要领导人的邓小平，奉党中央电令，赶赴上海汇报工作，在起义前几天离开百色。他认为，百色起义大政方针已定，具体准备工作也已就绪，专等"霹雳一声暴动"。而在左江龙州的李明瑞等，对发动起义、举出红旗仍未下最后决心。这时，蒋介石也派人利用高官厚禄拉拢、引诱李明瑞及其亲属，遭到拒绝。李明瑞本人正想趁南宁空虚、时局混乱之机准备和右江地区部队联合反攻南宁。于是，邓小平决定去上海途经龙州时与李明瑞、俞作豫等进一步商议龙州起义事宜。在路上，邓小平、李明瑞巧遇，邓小平即不失时机地做李明瑞的工作，宣传革命道理，指出军阀混战危害，介绍全国革命形势，说明党准备发动百色、龙州起义，成立红七、红八军，由他来出任两军总指挥，建立左、右江革命根据地。希望他跟共产党走革命的道路。李明瑞从右江地区革命武装力量的发展壮大，各族人民群众热情拥护党和红军的现状中感到，只有跟共产党走，参加革命队伍，才是唯一的出路。所以，他欣然听从了邓小平等的劝告，决定发动龙州起义。

随后，邓小平和李明瑞等研究了龙州起义的具体计划。然后即经越南前往上海。按照邓小平的意见，李明瑞等在起义前抓紧进行改造旧部和筹建地方政权工作，建立了士兵委员会，成立工农赤卫队，剿匪反霸，宣传、组织、武装群众。

1930年2月1日，李明瑞等具体指挥的广西左江人民革命起义在龙州发动。中国工农红军第八军宣告成立。军长俞作豫，政委邓斌（邓小平）辖两个纵队。紧接着，左江8个县建立了工农民主政权，左江革命军事委员会、肃反委，工人、农民、妇女委员会也相继建立。

百色、龙州起义，革命势力发展到左右江地区20个县，100多万人口中间。左右江革命根据地成为当时全国瞩目的几块红色根据地之一。根据邓小平的报告，党中央经讨论决定，由李明瑞出任红七军、红八军总指挥，邓斌（小平）为总政委并兼前敌委员会书记。

运用之妙，存乎一心。毛泽东把这个"妙"叫作灵活性，认为"这是聪明的指挥员的出产品"。年仅25岁的邓小平，接受了党中央委以的重任后，利用天时、地利、人和等有利条件，临机行事，因势利导，在祖国西南边陲领导了百色、龙州起义，这是我党在少数民族地区最早发动的起义。起义后建立的红七军、红八军，后来成为中央红军的一部分。

退避三舍　后发制人

——在反顽斗争中指挥磁武涉林战役

邓小平曾回忆道："国民党同我们搞摩擦，几个大解放区都有，但最集中的是在晋冀鲁豫。"本来，国难当头，国共两党应同舟共济，全国各军应同仇敌忾，共同打击日本侵略者，光复中华。但是，蒋介石出于反动阶级本质，消极抗日，积极反共，策划了一个又一个反共阴谋。毛泽东认为，这样的事如果不加制止，中国就会在这些反动派手里灭亡。据此，邓小平政委和刘伯承司令员领导晋冀鲁豫地区军民，在日寇和顽固派虎狼夹击的危险情况下，前门打虎，后门拒狼，取得了抗击日寇、打击反共顽固派斗争的重大胜利。在反顽斗争中，刘邓按照有理、有利、有节的原则，坚持以斗争求团结。退避三舍、后发制人则是他们在斗争中采取的一个重要谋略。

据《东周列国志》记载，"退避三舍"一词出自晋文公流亡在外途经楚国时对楚成王讲的一段话中。意思是，我若回晋国掌权，为报答楚国优厚礼遇，愿与楚国结为友好之邦，如被迫兵戎相见，我将退避三舍而不战（古代将30里计为一舍），若仍战不可免，那只好奋起周旋。后来，为攻宋国与救宋国，楚晋两军果然直面对阵。晋文公诱楚军进逼后，非但未去迎敌，反而连撤90里，以履行当年许诺。这似乎是君子一言，驷马难追。其实，退避三舍本身就具有谋略性质。

《三国演义》的作者罗贯中，或许受这一著名战例影响，在作品中虚构了诸葛亮"退避三舍"、智骗司马懿的故事。书中写道：诸葛亮在祁山作战中，鉴于对手司马懿连败两阵、坚守不战的策略，传令各处皆拔寨而起，每隔10日，后退30里，连续后撤。终于将老谋深算、稳健持重，用一般调虎离山计很难调动的司马懿调出来，使其相信这是"用缓兵之计，渐退汉中"。结果，诸葛亮诱敌成功，虽对手谨慎防范，仍遭受诸葛亮巧布的多面埋伏。

上述两个"退避三舍"的例子，虽然形式相似，但因意图、条件不同，用法上也有很大区别：晋楚交兵，是在楚强晋弱，楚将骄横、急于求战情况下，两军刚刚接触，晋军就实行退却，而且一退90里，这即是《百战奇略》中的"卑辞厚礼，以骄其志"，使对手很快成为"上钩之鱼"。蜀魏相斗，蜀军连胜两阵，魏军坚守避战。面对狡猾敌手，诸葛亮布置了每旬退兵一舍，连续后退，造成缓兵回撤假象，使对方受骗上当。此例连同后来的"每日添灶"，真正撤军，都是对典故"退避三舍"，在强敌面前先退却一下，寻其破绽，奋力反击思想实质的新用。

1939年1月，国民党五届五中全会确定了溶共、防共、限共、反共方针，在全国各地蓄意制造摩擦，流血惨案不断发生。不久，鹿钟麟、石友三和朱怀冰等组成进攻晋冀豫抗日根据地的阵营。

为了巩固发展全民族抗日统一战线，联合一切抗日军队共同抗日，刘伯承、邓小平等决心对非顽固反共的将领开诚相见，并做出一定让步。1月8日，为争取石友三，刘邓派一二九师政治部副主任在南宫县乔村与石友三会谈。随后，邓小平又亲自出面同石友三会谈。会谈中，邓向石友三宣传我党团结御侮、一致抗日的主张。说明我们发动群众，建立抗日民主政权，是为了在敌后抗日需要，打消其对八路军的疑虑。同时，邓小平在向指战员们作《冀南抗日根据地的工作问题》报告时，提出的工作方针之一就是要巩固与友军友党及各阶层的团结，减少摩擦。对待友军要有诚恳的态度，帮助其解决困难，配合友军作战，对友军的胜利要宣传。

不久，邓小平和刘伯承等即接到朱德、彭德怀指示电，也提出多培养同情者，扩大我们的外围力量，培植可靠的同情我们的武装力量。

3月4日，蒋介石写密信给石友三：华北平原不能让共产党、八路军作根据地，遗患未来；要将八路军消灭或撵到北边去。石友三立即召开秘密会议，制定计划。尔后，即派军队袭击冀南、冀中八路军和抗日根据地，使当地军民遭受较大伤亡，青纵一营许多指战员被残杀。其他各地顽固派残杀抗日军民事件也有增无减。

这时，邓小平在《解放》周刊上发表文章，《敌后方的两个路线》，其中分析了抗日统一战线内部经常发生摩擦的原因。他认为，这主要是在敌后方存在着两个不同的路线。文章谴责一些国民党顽固派不顾国家民族利益，专门与八路军、与人民、与进步摩擦，加紧破坏团结和统一，把抗日第一的原则抛开，以"防共"为第一要义。文章诚恳提出，巩固团结统一，要有互助互让合作精神，不是搞摩擦，造谣中伤，乘人之危，对消力量。要减少不必要摩擦，一致对敌。应以是否有利于国家、是否有利于抗战作为确定是否让步及让步程度之标准。文章也警告：顽固守旧，自起摩擦，逼翻民众，那就是无异帮助敌人自取灭亡。

邓小平上述观点，从一个侧面反映了我们党精诚合作、相忍为国的精神，对顽固派的倒行逆施采取了有条件的克制、忍让。但是，蒋介石却变本加厉，6月下旬，又授意部下密订《共产问题处置办法》，企图借"统一""集中""服从"之名，取消中共领导的人民武装力量和抗日根据地。接着，顽固派张荫梧部包围我赞皇工作组，捕杀工作人员10余人。后以3000余人再次围攻。

对此，邓小平说，张荫梧、石友三等摩擦专家欺人太甚，应该教训他们，政治的、军事的双管齐下，对这些人也要区别对待，对搞我们最积极的张荫梧等，要毫不客气地教训一下，没有斗争，抗日统一战线就巩固不了，如果我们的部队都被搞垮了，哪里还有什么统一战线可言，就只剩他国民党一家独裁了。他认为，对石友三等目前以争取为主。8月中下旬，我军部署对张部实施反击，取得胜利。

党中央对刘邓一二九师等这一处理局部武装冲突的立场表示赞同，同时又提出"人不犯我，我不犯人，人若犯我，我必犯人"的自卫原则。一方面不给分裂者以借口，影响统一战线，另方面在自卫立场上，坚决打击与教训向我进攻的反动派。邓小平和刘伯承表示拥护党中央提出的这一原则。他们指示冀南根据地领导，我们的一切应站稳抗日而不是对内的立场，对摩擦也仅是自卫的立场，这样去孤立对方，以便于在有利时机求得适当解决。在另一份指示中还指明：要积极与顽军军官联系，诚恳地谈目前投降危险、摩擦来源及我之态度，争取好的分子。

但是，树欲静而风不止。蒋介石视中共以抗日大局为重的一再忍让为软弱可欺，于1939年11月主持制定《处理异党问题实施方案》，把进攻矛头指向陕甘宁边区和晋西、晋东南根据地，掀起第一次反共高潮。12月发生"晋西事变"，同时，国民党派朱怀冰率部进占冀西。该部则到处派兵抢占八路军要点，包围在这一地区开展工作的青年抗日纵队、冀西游击队等部，摧残抗日政权，抢劫物资，公然叫嚣"驱逐八路军"。石友三也渐露坚决反共真面目。他指使部下活埋东进抗日纵队1个排,到处捕杀抗日游击队和地方工作人员。

1940年1月15日,邓小平和朱德、彭德怀等八路军高级将领致电蒋介石,说明当我军与日寇血战时,国民党顽固派制造摩擦、破坏抗战等情况,请其杜绝摩擦,巩固团结,坚持抗日。蒋介石自以为得计,一面电令八路军撤出太南、太岳,一面令国民党军队继续进攻。

由上可见,中共以抗日大局为重,在政治上、军事上对顽固派的无理进攻已经仁至义尽,真正是"退避三舍"。但是,由于朱怀冰等对刘邓忠告置若罔闻,一意孤行,邓小平和刘伯承就只好奋起自卫、后发制人了。

后发制人是比较先发制人而言,同样是一古老的谋略。《军志》和《左传》中的"后于人以待其衰",可说是对后发制人的概括,意思说后于敌人进攻要等敌人斗志衰落。《百战奇略·后战》对此加以说明:"凡战,若敌人行阵整而且锐,未可与战,宜坚壁待之,候其阵久气衰,起而击之,无有不胜。"古往今来,后发制人的战例屡出不鲜,比较著名的有楚汉成皋之战、新汉昆阳之战、袁曹官渡之战、吴魏赤壁之战、吴蜀彝陵之战(即猇亭之战)、秦晋淝水之战等等。毛泽东认为,这些有名的大战,"都是双方强弱不同,弱者先让一步,后发制人,因而取胜的"。

对朱怀冰、石友三这类反共摩擦专家的步步紧逼,刘伯承曾当面告诉朱怀冰:我们已经是退避三舍,实在无处可退了,你们总得让我们抗日有地吧。要是逼我们太甚,我们是有人民作后盾的。此后,刘邓部署部队对朱、石两部做了有限度的反击。

但是,朱、石等部在蒋介石命令下重犯太行、冀南我根据地。朱怀冰指挥所部于2月18日制造了严重的"贾壁事件"。在磁县、武安两县围攻我军,致使我军大量伤亡和损失。马蹄到处,血花乱飞。而石友三则甚至勾结日寇公开配合日军"扫荡"。对此,刘邓决心调集一切能参战部队同时出击。分别主持制定了磁(县)武(安)涉(县)林(县)战役和卫(河)东战役计划。

邓小平在研究战役计划时说:朱怀冰是进攻我们的急先锋,根据目前顽军的态势,我们的作战意图应该是集中兵力歼灭朱怀冰部,监视鹿钟麟和孙殿英部,尽可能争取他们中立。石友三流氓成性,反复无常,坚决反共,也是我们目前的打击对象,我们不打则已,打就要打胜。应当说,这次作战成败,关系整个华北抗战局面,是一次军事、政治双管齐下的作战,目的是争取时局好转。为此，刘邓周密细致地制定了作战计划。

根据八路军总部意见，由邓小平统一指挥第一二九师主力等，分3个纵队围歼朱怀冰部。1940年3月5日2时，邓小平一声令下，磁武涉林战役发起。战报纷沓而来，根据来电，邓小平电令部队按原计划分别向东南突击消灭朱怀冰主力，如顽军南窜则追灭之。同时又把战况及时电告刘伯承并转朱德、彭德怀。

3月6日，根据各部报告，邓小平又签发第二号作战命令，号召部队坚决追歼顽军于林县以北地区。要不惜一切疲劳完成本任务。并提醒各部注意：重点仍对朱怀冰军直及九十四师，对二十四师及其他中间部队仍取争取态度，非到他向我攻击，或阻我必须经过前进之道路时，不得轻易动武，以致违反我党主张。

3月7日，邓小平电令各部：你们战果及追击情形，敌军状态如何立告。应猛追。

3月8日，邓小平电令：注意侦察，坚决截堵敌人，配合主力消灭之。

3月9日，邓小平电示各部：鉴于朱怀冰部已全被击散，朱本人南逃，其他南逃之敌大小股甚多。你们应即取平汉路向南及东南清扫，肃清散部，收散兵散枪，灭地方团队。

经数日激战，邓小平指挥3路八路军，歼灭朱怀冰第九十七军及其他游杂武装万余人。3月9日，国民党第一战区司令长官卫立煌出面要求八路军停止追击，朱德代表八路军同意这一要求。双方经过谈判，划定了两军边界，商定彼此不得越界侵犯。随后，邓小平奉命率追击部队后撤，并全部释放战俘。

3月4日至4月5日的卫东战役，最后消灭石友三部6000余人，巩固了冀南、冀鲁豫抗日阵地。此役和西线的磁武涉林战役相配合，粉碎了国民党顽固派联结太行、直南、鲁西反动势力隔断八路军南北联系阴谋，改变了虎狼夹击的严重形势。周恩来后来讲：我们的方针是有理、有利、有节。我们打了胜仗不骄傲，还是和他谈判，我们是相忍为国。

邓小平和刘伯承等在反顽斗争中运用的退避三舍和后发制人实际上是统一的，退避是为了制人。其优点是，可以避敌锋芒，骄纵对方，寻其破绽；还可以激励士气，以逸待劳。特别是在军事、政治两战场上运用这一谋略，会得到更多的同情和声援，有利于孤立敌人，各个击破。对此，毛泽东的形象比喻是：谁人不知两个拳师放对，聪明的拳师往往退让一步，而蠢人则其势汹汹，劈头就使出全副本领，结果往往被退让者打倒。

远谈近打　以打促谈

——指挥上党战役配合重庆谈判

1989年11月的北京，秋意盎然。85岁高龄的邓小平在人民大会堂，和老部下一起回忆那些艰苦而又辉煌的历史往事："整个解放战争，从头到尾，二野都处在同敌人针锋相对斗争的最前面。"抗战胜利以后，国民党蒋介石抢夺胜利果实，进攻解放区首先就是攻打晋冀鲁豫地区这个华北解放区的大门。邓小平说："我们守这个大门的力量并不强。阎锡山进攻上党区有三万八千人，我们比他们还少一点，也就是三万出头……在那样的情况下，把阎锡山的进攻部队完全消灭可不容易啊，应该说是超额完成了任务。"他的这些话，是讲44年前他和刘伯承一道，为配合国共两党在重庆进行谈判而发起的著名战役——上党战役。

1945年8月25日，一架美军运输机由延安机场摇摇晃晃地起飞，当日就降落在太行山区黎城县简陋的长宁机场。乘坐者为中共各地区的前线高级将领，计有刘伯承、邓小平、陈毅、林彪、薄一波、陈赓等20余人。这是美军驻延安观察组在不了解我方意图，不知道乘坐人员身份情况下，为刘邓等提供了飞抵太行的方便。刘邓等匆匆走下飞机，很快地奔赴各自岗位。刘邓急返太行山区前线，是为了亲自指挥上党战役。

8月28日上午，毛泽东、周恩来、王若飞，在美驻华大使赫尔利、蒋介石代表张治中陪同下，也乘坐一架美国飞机离开延安，但目的地是蒋介石国民党政府的所在地重庆。中共最高领导人此行是应蒋介石邀请，准备与国民党领导人，在和平、民主、团结基础上，合理解决国内政治上军事上所存在的各项迫切问题，"商讨团结救国大计"。

已到前线指挥的刘伯承、邓小平心里清楚，中共这种积极谈判和备战自卫的姿态，是在全面分析国内外时局后，针对蒋介石要坚持独裁和内战反动方针做出的。他们想起了8月25日离开延安时，毛泽东讲的那番话：我们的口号是和平、民主、团结，首先立足于争取和平，避免内战。我们提出的条件中，承认解放区和军队为最中心的一条，中间可能经过打打谈谈的情况，逼他承认这些条件。今后我们要向日本占领地进军，扩大解放区，取得我们在谈判中的有利地位。刘邓对这段情节记忆尤深：毛泽东用凝重、希冀的目光，缓缓地扫视着他麾下这些声名显赫的战将说："你们回到前方去，放手打就是了，不要担心我在重庆的安全问题。你们打得越好，我越安全，谈得越好。别的法子是没有的。"他们返回太行前线的第二天，中共中央就发来关于同国民党进行和平谈判的党内通知，重申：毛泽东等赴重庆和蒋介石谈判，"中国反动派的内战阴谋，可能被挫折下去"，"同时我党力量强大，有来犯者，只要好打，我党必定站在自卫立场坚决彻底干净全部消灭之（不要轻打，打则必胜），绝对不要被反动派的气势汹汹所吓倒"。

中国共产党如此所为，实在是事出有因。抗战胜利后，在抗战期间消极抗日、积极反共、保存实力、准备内战的蒋介石国民党反动集团，坚持其独裁、卖国、内战三位一体的方针，企图通过大规模内战，消灭中共和人民革命力量，恢复其在全国的反动统治。其斗争，表现在蒋介石要篡夺抗战胜利果实和我们反篡夺的斗争。但是，由于国际、国内反对内战情绪高涨，甚至国民党内部一部分人也反对内战，加上蒋介石发动全面内战的准备工作也没有完成，其400万军队半数以上还在西南、西北大后方。于是，在美国的促动下，他于8月14日、20日、30日三次电邀毛泽东赴重庆谈判，妄图利用"和平"手段，以共产党人到国民政府中去"做官"为交换条件，让中国共产党交出军队和解放区政权，达到消灭中共和革命力量之目的。同时，又向华北、华东、东北地区调兵遣将，以完成对解放区的分割包围。美国政府支持蒋介石采取这种政治欺骗和军事进攻的两手策略。可见，以中共为代表的广大人民长期以来同蒋介石国民党反动集团之间的矛盾，又上升为主要矛盾。为取得反对篡夺胜利果实，反对独裁内战卖国斗争胜利，中共便针锋相对，以革命的两手对付反革命的两手。而晋冀鲁豫战略区一开始就处于针锋相对的"针锋"上。

8月28日，邓小平和刘伯承等又在作战室里研讨"上党战役"的部署情况。他们清楚：8月16日，阎锡山按蒋介石的密令，命4个步兵师及1个挺进纵队，从临汾、浮山、翼城侵入晋冀鲁豫解放区腹心上党地区，并很快就占领了我从日伪军手中解放的襄垣、潞城及被我地方武装包围的长治、长子、壶关、屯留等城。敌占上党，用心险恶。从战略全局上是要配合北上的国民党军队主力夺取华北大城市及战略要点，并以此迫使中共在即将举行的国共两党重庆谈判中做出更大让步。从局部上看，是企图以此作为插入上党地区的一把刀子，分割我太行、太岳根据地，然后逼迫晋冀鲁豫军区主力退至山区予以消灭。对此，刘邓早已洞察其奸。在未返前线时，他们在延安就电示李达等立即行动，消灭阎顽西进部队，求得适时夺取长治，太行、太岳两区对顽军可能到达地区之游击战争及侦察必须加强。离开延安的当日，他们又向中央军委提交了部署上党战役的作战计划。飞抵太行山区的第二天，中央军委就发来了关于消灭入侵上党地区阎锡山部的指示电：集中太行、太岳军区主力，首先歼灭阎锡山进入长治的部队，收复上党地区，消灭心腹之患。据此，刘邓等决定：集中太行、太岳、冀南三军区主力部队，发起上党战役。

此时，邓小平、刘伯承等中共中央晋冀鲁豫局和晋冀鲁豫军区领导人，正根据中央军委指示精神，结合晋冀鲁豫解放区实际情况，又考虑全战略区的主要任务。

毛泽东在《中国革命战争的战略问题》一文中指出："任何一级的首长，应当把自己注意的重心，放在那些对于他所指挥的全局说来最重要最有决定意义的问题或动作上，而不应当放在其他的问题或动作上。"刘邓考虑，当时，党中央、中央军委授予晋冀鲁豫全区的战略任务是，粉碎国民党军队在平汉、同蒲两个方向的进攻，而平汉线是南北交通干线，可能成为敌人的主攻方向，由此看来，这是我防御的主要战略方向，故更应重视对平汉线的控制。但是，在国民党军队主力将大举北犯之前，蒋介石已授意阎锡山派兵入侵上党，楔入我战略纵深地带。显然，这是蒋介石的试应手，看中共如何反应，某种程度上说，也是蒋介石在重庆谈判之前放出的胜负手，据此军事动作的结果，确定谈判时对中共方面让步的多少。即便是该部伤亡，蒋嫡系部队并未受损。这样，上党问题的解决即成了燃眉之急。刘邓认为，对心腹之患上党之敌，如不迅速予以消灭，待国民党军队主力北上之时，我军将腹背受敌。经权衡当时的轻重缓急，最终做出晋冀鲁豫区的整个战略部署，并上报中央军委。其部署为：

1. 阎锡山部1.6万人深入上党，非集结重兵予以消灭不可。已令太行主力、陈赓部（即太岳军区部队）及冀南8000人共约2.8万人，"进行上党战役，坚决消灭该敌"。

2. 已令宋、杨、杨、苏留一部分继续在延津、封丘地区活动，威胁开封，破坏陇海、新乡、开封铁路，主力转向平汉线，置重点于新乡以北，求得占领一二个县城，控制平汉线一段，扫清新乡以北平汉线两侧，消灭伪军。

3. 道清路已获得基本控制，已令太行第七、第八两军分区，消灭焦作的伪军约2000人，并破坏铁路。

4. 估计上述三条战线完成现行任务，需要1个月时间，届时拟将太行、冀南主力转向平汉线，结合冀鲁豫主力及太行第七、第八军分区部队，控制平汉路更长一段，扫清伪军，相机夺取新乡或迎击蒋军北上部队。

经中央军委同意后，刘邓等会合李达，亲临前线指挥。说来也巧，次日，蒋介石授意国民政府陆军总司令何应钦密令各战区印发蒋在1933年"围剿"红军时编订的手册。也就是在当日下午，蒋介石同毛泽东进行第一次直接商谈，还表示一切问题愿听取中共方面意见。并重提所谓中国无内战的说法，提出谈判三原则。当晚，还邀毛泽东仍宿在自己的山洞官邸林园。

由此不难得知，蒋介石为首的国民党反动派发动内战蓄谋已久，步步紧逼，人民革命力量也只好针锋相对，寸土必争。据此，刘邓决心后发制人，力争主动。其实，他们下定组织上党战役决心确实不易，因为当时面临着重重困难。首先是初次集中的3个区主力部队，尚处在由分散的游击战向集中的运动战转变过程中，从思想准备到集中指挥都需有一个短暂适应期。其次，刘邓及各军区主要首长都是在临近战前才急返指挥岗位，用邓小平的话说："仗已经打得热火朝天了，我们才到，一下飞机就上前线。"另外，部队编制不充实，多数团在千人以下。装备也很差，弹药奇缺，不少步枪仅有子弹数发。当时，全军区只有山炮6门，仅半数的团有2至4门迫击炮，3至4挺重机枪。新参军的战士，竟多数使用长矛。而作战对象却是阎锡山的基干部队，装备齐全，弹药充足，长于防守，且据守着日军多年修筑的工事。

但是，为了保卫胜利果实，为了有力地支援毛泽东等在重庆同蒋介石的谈判，使我党在反对内战、争取和平的斗争中获得更加主动、有利的地位。刘邓决心咬紧牙关，挑起重担，战胜困难。在做战役动员时，许多人为在重庆的毛泽东安全担心。邓小平明确说："我们上党战役打得越好，歼灭敌人越彻底，毛主席就越安全，毛主席在谈判桌上就越有力量。"他在 28 日部署上党战役的会议上说，根本问题是抗战胜利果实落到谁手里的问题，蒋介石、阎锡山伸手来抢，决不能让他们抢走。刘伯承生动地比喻，敌人四路进犯，好像四个爪子伸开向我们扑来。敌人入侵上党，我们如芒在背，背上有一把刀子，背脊就发凉嘛。然后，他手指陈赓、陈锡联、陈再道："你们三陈都在这里，这就是本次战役的基本力量。"邓小平接着命令他们马上回到部队进行战斗动员。

战前准备中，邓小平向刘伯承、张际春、李达建议：一、估计部队集结的时间紧张，提议上党战役发起时间推迟两天。二、太行部队攻屯留，太岳部队攻长子，冀南部队攻潞城，另以一部监视可能从壶关窜至长治的敌人。三、三城攻克后，三军会攻长治。对此，刘、张、李表示同意，上党战役发起时间即由 9 月 8 日推迟到 9 月 10 日。随后，刘邓发出《关于上党战役中某些战术问题的指示》。指明："在这一战役中，我们将主要进行许多城市战斗，也进行野外战斗（运动战）。"

9 月 7 日，刘伯承、邓小平下达了第一号命令。10 日，上党战役正式发起。刘邓率指挥所置屯留、潞城之间的故县镇，以便靠前指挥。战役第一阶段，刘邓连续下达四个作战命令，参战部队相继攻克了长治外围的屯留、长子、潞城、壶关，长治守敌增援未果。战役第二阶段，刘邓于 9 月 20 日至 27 日又下发两个命令，指示部队以勇猛、速决之作战夺取长治城。随后，鉴于阎锡山派重兵增援长治这一战场上突然出现的战机，当机立断，下发第七号命令，确定佯攻长治，围城打援。为避免敌人作困兽斗，刘邓指示包围援敌部队在压缩包围同时，虚留生路，诱敌溃逃。至 10 月 6 日援敌大部被歼。

这时，蒋介石在谈判桌下面，又在部署新的进攻。他写信给阎锡山并附手册 2 册，还命令四个战区的司令长官，分别率部沿铁路线进犯解放区。他还密示部属：目前与中共谈判，乃系窥测其要求与目的，以拖延时间……我军应迅速收复中心城市，控制所有战略据点交通线……再以有利军事形势与中共具体翰旋，若不能屈服，则予以"清剿"。蒋介石险恶用心昭然若揭。党中央、中央军委决定开展交通破袭战，打击沿铁路线进犯的国民党军队，以求达到争取和平之目的。

刘邓在战场上亦不手软，10 月 8 日至 12 日，他们指挥各部展开对长治守敌西逃后的追歼。此役，共歼敌 11 个师及 1 个纵队共 3.5 万余人，缴获山炮

24门，轻重机枪2000余挺，长短枪1.6万余支。我军以3.1万人战胜了敌军的3.8万人，这一胜利，给进犯之敌以迎头痛击，巩固了晋冀鲁豫解放区的后方，鼓舞了解放区军民打败蒋军的信心，部队兵员和装备得到补充，战斗力明显提高，从而加速了向正规兵团的转变。这一胜利，有力地配合了毛泽东等在重庆与国民党蒋介石的谈判，加强了中共在重庆谈判中的地位，促进了《双十协定》的签署。同时，这也像是为10月11日胜利归来的毛泽东鸣响的欢迎礼炮。当然，蒋介石也并未甘心失败，10月13日，他密令部属：遵照中正所订的手册，督励所属，努力"进剿"，迅速达成任务。

战争是政治的继续，政治是不流血的战争。毛泽东回到延安后，在《关于重庆谈判》的报告中，对这一时期的斗争作了总结。他说："'针锋相对'，要看形势。有时候不去谈，是针锋相对；有时候去谈，也是针锋相对。从前不去是对的，这次去也是对的，都是针锋相对。这一次我们去得好，击破了国民党说共产党不要和平、不要团结的谣言。""这一回，我们'对'了，'争'了，而且'对'得很好，'争'得很好，就是说，把他们的十三个师全部消灭。""打是为了争取和平，不给敢于进攻解放区的反动派很大的打击，和平是不会来的。"这是对刘邓组织上党战役并取得巨大胜利的充分肯定。

军政兼施　攻心为上

——平汉战役中争取高树勋率部起义

1945年10月16日至11月2日，刘伯承和邓小平周密组织、亲临指挥的平汉战役（也称邯郸战役），除争取高树勋率新八军等部起义外，我军共毙伤敌3000余人，俘敌战区副司令马法五等高级军官以下1.7万余人，缴获其大量武器、弹药等装备，我军伤亡4700余人。此役是继上党战役后我军给国民党军队的又一次沉重打击，引起国民党内部很大的震动，它对阻止国民党军队沿平汉路北进，掩护我军调整部署及争取国内和平的斗争，起了巨大作用。

44年后，邓小平在和原第二野战军部分老同志交谈时回忆："平汉战役应该说主要是政治仗打得好，争取了高树勋起义。如果硬斗硬，我们伤亡会很大。"他用肯定的语气讲到高树勋："他的功劳很大。没有他起义，敌人虽然不会胜利，但是也不会失败得那么干脆，退走的能力还是有的，至少可以跑出主力。他一起义，马法五的两个军就被我们消灭了，只跑掉三千人。"争取高树勋率部起义进而达成围歼其他之敌，是刘邓运用军政兼施、攻心为上谋略取得的一次很有影响的战役胜利。

《孙子兵法·谋攻》讲：凡用兵之法，"百战百胜，非善之善者也；不战而屈人之兵，善之善者也"。又说："上兵伐谋。"

国共双方于1945年10月10日共同签订的《会谈纪要》（又称《双十协定》）墨迹未干，国民党就增兵80万，分四路进攻华北，首要目标是抢占平津，夺取东北。其中，以第十一战区副长官马法五、高树勋率领的第三十军、第四十军、新八军共4.5万余人，从新乡沿平汉线北犯，是四路敌军中主力。刘伯承比喻：蒋介石把足球朝解放区的中央大门踢来了。

刘邓作为晋冀鲁豫军区的司令员、政委，很清楚当前局势：敌举重兵进犯，而山东、华中我军主力转移至冀热辽区及东北，至快还需一个月。此后布置战场，熟悉地形，完成初步作战准备，最快也需两至三个月。因此，疲惫和消耗敌军，阻碍和迟滞其北进，以利我山东、华北主力适当集中，寻求机动，就成为刘邓所部"当前严重的战略任务"。

10月16日，根据中央军委和毛泽东的指示，刘邓下达了组织邯郸（平汉）战役作战字第八号基本命令，决定集中第一、第二、第三纵队和太行、冀南、冀鲁豫军区部队共6万人，并动员10万以上的民兵参战，准备以两个月时间连续作战，以漳河以北邯郸以南地区为预伏战场，歼灭马法五、高树勋所部。他们完全赞同军委和毛泽东的估计："即将到来的平汉战役，是为着反对国民党主要力量的进攻，为着争取和平局面的实现，这个战役的胜负，关系全局极为重大。"他们决心按照军委电示，亲临指挥，精密组织各个战斗，取得第二个上党战役的胜利。

10月21日，由于北犯之敌进展迅速，我有些参战部队尚在开进途中，为掩护主力集中，刘邓遂令第一纵队先行阻击敌人，迟滞其前进。24日，我参战兵团按作战预案已大部赶到预定地区，形成了对敌包围的态势。鉴于我部队战斗准备仓促，缺乏作战经验，攻击战果不大，刘邓果断决定：暂不与敌决战，而以部分兵力利用夜间进行近迫作战，采取逐点割歼和渗入袭扰等打法，以削弱和疲惫敌人。我主力则进行战场练兵，发动群众，研究战法，待后续部队到齐后再发起总攻。对刘邓的这一待机总攻，毛泽东复电认为，"部署甚当"。

28日，各部队小规模攻击已耗散了敌注意力，我军总攻力量和部署也得到调整。后续部队也全部到达。总攻时机已成熟，箭在弦上，一触即发。

在准备更大规模的军事打击之时，政治争取高树勋的特殊战斗，在秘密战场上加紧进行着。高树勋，河北盐山县人。1915年开始在北洋军阀陆军中当兵。后转入冯玉祥西北军。1926年以后，历任北伐国民革命军第二集团军师长、国民党第二十六路军十七师师长，河北省保安处副处长、处长，新八军军长，第三十九集团军总司令，第十一战区副司令。1942年至1944年期间，高树勋就同我们党有联系，关系比较久。1945年9月，当高树勋率部开赴平汉路前，刘伯承和邓小平就布置4个月前派到高部任冀察战区总部参议的中共地下党员王定南，抓紧做好争取高树勋的工作。为此，刘伯承还亲笔写信给高树勋，希望他不断进步，为革命、为人民做出贡献。

当高树勋部随北犯国民党军沿平汉路开进后,即派人与刘伯承、邓小平取得联系,表示了不愿打内战的意向。刘邓抓住这一时机,设法召见王定南。邓小平告诉王定南:情况变化很快,高树勋新八军和河北民军已离开新乡,到达磁县马头镇。党中央和毛主席指示我们,要不惜一切代价拦阻国民党这3个军北进,这是我们当前严重的战略任务。刘伯承接着说:蒋介石企图要第十一战区这3个军进到北平,使北平的国民党军侵占东北,因此我们必须守住南大门,掩护我们东北的部队。随后,邓小平明确向王定南交代任务:你现在就回去对高树勋将军讲,根据目前形势需要,他要就地起义,配合我们完成阻止国民党北上的战略任务。刘伯承则进一步要王定南促使高树勋痛下决心:这正是高树勋将军走向革命的大好时机,要他当机立断!同时,刘邓把有关情况及时上报中央军委。邯郸以西的峰峰矿区晋冀鲁豫野战军指挥所,成为刘邓挥师痛歼敌军和秘密策反敌军的指挥中枢。

临阵策反,必须以有力的军事实力为后盾,造成兵临城下,使其插翅难飞之势,并对反戈一击者必需要求予以满足。此种攻心为上才能奏效。高树勋、马法五长期以来受国民党中央系和孙连仲排挤,心怀不满,特别是高树勋更是久有离心倾向,不愿在新内战中充当先锋,暗中已与我党建立联络,此时被包围,表现得更为动摇,战斗不积极。我军在待机总攻时对新八军实施佯攻,又打又拉,促其进一步动摇。尽管如此,高树勋对马上举义缺乏思想准备。所以,当王定南返回马头镇向其转告刘邓的话时,他心存顾虑,长吁叹气说:"多年来和我同甘共苦的妻子,以及本军其他家属,目前还在徐州,我们在这里马上起义,国民党岂不要迫害他们?"王定南直言相告,当前正是关键时刻,机不可失,时不再来呀!至于家眷确实是一个实际问题,为此,我可以马上去请示刘司令员、邓政委设法解决。在此前后,高部所有汽车、马车都是头向南,准备南撤。

10月28日凌晨,王定南再次赶到峰峰,向刘邓汇报同高树勋谈话结果。邓小平强调:他现在起义,作用重大,时机很重要啊!刘伯承也重申:当断不断,反受其乱。至于高夫人和其他军官家属安全问题,我们可以请示中央设法解决。说完,刘邓即签发了电请党中央设法护送高部家眷脱离险境的电报。当王定南把这些情况面告高树勋时,他非常感激,当即表示:我立即起义,走革命的道路。当日晚,刘邓又委派野战军参谋长李达前往马头镇高部驻地,代表刘邓与高接洽起义具体问题。李达曾与高树勋在西北军为伍，前者于1931年宁都起义时由西北军参加工农红军。李达向高树勋转达了刘邓对他起义的欢迎之意，激励他发扬西北军冯玉祥、赵博生、董振堂等人的光荣传统，坚决投入人民的阵营。与此同时，刘邓命令所部对包围之敌发起总攻，指挥北集团狠打第四十军，以南集团钳制第三十军、佯攻新八军。战至30日，迫使敌军再次收缩阵地。

10月30日，高树勋率新八军及河北民军等约1万人阵前起义，使敌兵力骤减，防御部署出现缺口，军心动摇。刘邓根据各方面（包括高树勋方面）提供的情报判断：敌军内部恐慌，无心恋战，必以全力向南突围。故"围师必阙"，网开一面，将主力先敌隐蔽地南移至漳河以北敌退路两侧。31日黎明前，当敌主力脱离既设阵地向南突围时，刘邓指挥参战部队采取多路出击、兜击战术，将溃退之敌包围在南北旗杆樟等地，尔后，以"擒贼先擒王"的计策，于11月1日直捣敌军首脑长官部。2日，残敌大部被歼，仅少数漏网，战役宣告结束。

刘邓指挥的平汉战役，是在比组织上党战役还困难的条件下进行的。关于这一点，邓小平在后来的回忆中讲得很清楚："打了上党战役，虽然弹药有点补充，装备有点改善，但还是一个游击队的集合体。在疲惫不堪的情况下，又打平汉战役。队伍没有到齐，敌人进攻。"而"马法五的第四十军、三十军都是强的。高树勋的新八军也有战斗力呀！锡联在马头镇拼了一次，一拼就是几百人伤亡"。在如此艰难困苦的条件下取得那样大的战果，高树勋率部起义的作用是显而易见的。所以，刘邓对高树勋的义举非常重视。

10月31日，即高树勋正式宣布起义的第二天，刘伯承、薄一波并代表邓小平乘车来到马头镇会晤高树勋等。见面后，刘伯承转达了毛泽东、朱德对高树勋勇举义旗，反对内战，主张和平行动的关切和赞赏。高树勋不胜感激，并提出准备给全国发一个通电。对此，刘伯承认为非常必要，意义很大。通电稿拟好后，当天就由新华社播发了。几天后，刘邓派人告诉高树勋，党中央已责成新四军第四师师长张爱萍派人将高夫人等新八军起义军官家属，从徐州接送到解放区。高树勋感激地说：共产党办事真是言必信，行必果，实在了不起啊！第十一战区司令长官孙连仲闻知懊恼不已，说：前边有个董振堂，今天又出了个高树勋，真是该我倒霉。

起义以后，高树勋部根据党中央指示，改编为民主建国军，高树勋任总司令。刘邓为整编这支起义部队又做了很多工作，包括调派干部，筹集资金等等。1946年2月，在送别被俘的马法五返回新乡之时，刘伯承、邓小平还与高树勋等亲切会晤，合影留念。在刘伯承、邓小平、薄一波等领导人亲切关怀下，高树勋本人于1945年11月间加入了中国共产党。新中国建立后，曾出任河北省人民政府副主席、副省长、国防委员会委员，并当选为全国人大代表、全国政协委员。1955年被授予一级解放勋章。1972年1月在北京逝世。

明朝开国功臣刘伯温在其所著的兵书《百战奇略·离战》中云："凡与敌战，可密候邻国君臣交接有隙，乃遣谍者以间之。彼若猜贰，我以精兵乘之，必得所欲。法曰：亲而离之。"刘伯承、邓小平等运用此计技高一筹。他们在平汉战役胜利后总结了四条对顽作战初步经验，首要一条就是："必须以政治、军事同时进攻，此打彼拉，打打拉拉，故拉了新八军，接着消灭了三十、四十军，打退了第三十二军并十六军，在政治与军事上给了双重打击。"在总结战术经验时又充分肯定：由于奠定了战役胜利基础，"加上高树勋毅然反对内战，率新八军起义，更促成了战役的迅速结束和获得彻底胜利"。刘邓运用军政兼施、恩威并重的方法，上兵伐谋，首创了全国解放战争中利用国民党内部矛盾策动其高级将领率部阵前起义，以获得胜利的成功范例。

刘邓在解放战争之初的这一创举，引起了党中央、毛泽东的高度赞赏和极端注意。党中央和毛泽东的举措为：第一，高度评价高树勋起义。毛泽东为党中央起草的给刘邓、中共驻重庆代表团的电报中多次指出："高树勋起义意义很大，你们处置很对。"他在中央政治局扩大会议上还发言，说"高树勋起义影响很大，起义通电传得很广，现在已令各处庆祝"。第二，热情电贺高树勋率部起义："闻兄率部起义，反对内战，主张和平，凡属血气之伦，莫不同声拥护。特电驰贺，即颂戎绥。"第三，借此反击国民党诬蔑我党发动内战。中央军委和毛泽东及时电示刘邓：请从高树勋处及缴获文件中，清出最有用者用新华社明码发表。蒋介石发有手册，每师数十本，注意清查公布，至要。几天后，新华社连日发表了7件国民党发动内战的命令。第四，号召开展高树勋运动。一方面，由我军对国民党军队进行公开的广大的政治宣传和政治攻势，以瓦解国民党内战军的战斗意志。另一方面，须从国民党军队内部去准备和组织起义，"开展高树勋运动，使大量国民党军队在战争紧急关头，仿照高树勋榜样，站到人民方面来，反对内战，主张和平"。为此，各地领导机关要密切指导，设置专门部门，调派大批干部，专心致志从事此项工作，使之切实进行和迅速生效。显然，党中央和毛泽东旨在把刘邓的首创推广至全党、全军、全国，使之成为当时各项工作的重点之一。毫无疑问，党中央和毛泽东在解放战争末期，根据一系列敌军高级将领阵前起义事例总结出的"北平方式"，也有着刘邓这一首创的作用。

运筹帷幄　跃进千里

——挺进大别山的决策与实施

运筹帷幄，语出《史记·高祖本纪》："夫运筹帷幄之中，决胜千里之外。"古语指统兵将帅在军帐内对军略作全面策划，现泛指策划机要。1947年，根据党中央、毛泽东指示，刘伯承、邓小平做出率部千里跃进大别山的决策并付诸实施，生动地体现了毛泽东及刘邓运筹帷幄、决胜千里的惊人胆识，显示出他们高超的军事谋略与娴熟的指挥艺术。

在古今中外战争史上，如同刘邓率部千里跃进大别山的战略举动，并非多见，而其重大的意义，远远超出一般军事谋略的范畴。因为它是近百年来，特别是20多年来的中国革命战争中人民革命力量由防御开始大举进攻的转折点，从而扭转了历史的车轮。

审时度势，当机立断。

关于大举出击，经略中原的战略计划，早在1947年5月，就开始在党中央、毛泽东与刘伯承、邓小平及陈毅、粟裕、陈赓之间酝酿了。

刘伯承、邓小平清楚地记得：5月8日，毛泽东为军委起草发给自己的指示电中就提出，为击破重点进攻山东解放区之敌，刘邓率部于6月10日前抢渡黄河，第一步向冀鲁豫区与豫皖苏区之敌进击，第二步向中原进击。同时，为在中原地区"长期立脚"，全军应作充分政治动员，"使每个人明白政治任务，提倡吃苦耐劳、不怕困难"及做干部、经费等项的充分准备。陈粟所部准备于6月10日以后配合刘邓部大举出击。7月19日的指示电中则决定：将陈赓、谢富治等纵队使用方向由北上援陕改为渡河南进。从战略上协同西北野战军击破重点进攻陕北之敌，同时协助刘邓经略中原。

刘邓还记得：6月30日，刘邓率野战军主力强渡黄河取得成功，随即发起了鲁西南战役。这是人民解放军战略进攻的序战。当序战未结束时，军委的指示电又到了。指明：对羊山集、济宁两点之敌判断确有迅速攻歼把握，则攻歼之。否则，立即集中全军休整10天左右，除扫清过路小敌及民团外，不打陇海，不打新黄河以东，亦不打平汉路，下决心不要后方，以半个月行程，直出大别山，占领大别山为中心的数十县，肃清民团，发动群众，建立根据地，吸引敌人向我进攻打运动战。几天后，两点之敌被歼。刘邓遂依据军委指示电第一种情况，根据山东之敌不西进及部队连续作战，十分疲惫，亟须补给等情况，准备全军休整半个月，然后依托豫皖苏，保持后方接济，争取大量歼敌。两个月后看情况，或有依托地逐步向南发展，或直出大别山。

但是，当面敌情很严重，特别是党中央、毛泽东率小部兵力转战陕北，处境更艰。所以，中央军委和毛泽东于7月29日电告刘邓等："现陕北情况甚为困难（已面告陈赓），如陈谢及刘邓不能在两个月内以自己有效行动调动胡军一部，协助陕北打开局面，致陕北不能支持，则两个月后胡军主力可能东调，你们困难亦将增加。"

第二天，刘邓收到这封万分火急的绝密电报，心里十分焦急。他们联想起党中央7月23日电报中提出的方针，认为"确好"。经连日来的"再三考虑"，"决心于休整半月后出动，以适应全局之需"。鉴于将有10个旅尾追，刘邓当即致电军委，提出：直趋大别山，先与陈谢集团成掎角势，实行宽大机动，准备无后方作战。这样就初步定下提前直出大别山的决心。40多年后，邓小平还清楚地回忆道："当时我们二话没说，立即复电，半个月后行动，跃进到敌人后方去，直出大别山。"他在向子女讲述这一情况时，还重复说：真正的是二话没说，什么样的困难也不能顾了！一向不大形露感情的邓小平，说这话时声音都略带哽塞了。

7月31日，山东郓城以南赵家楼野战军司令部驻地，刘伯承、邓小平召集各纵队首长会议，此时，中央军委7月30日指示电也已到达。电报指出：如你们决心直出大别山，决心不要后方，要开一次团长以上干部会，除告以各种有利条件外，并设想各种困难条件，建立远征意志。最好每连能发一份鄂豫皖三省地图，使一切干部明白地理环境。确定征粮征税办法，方能解决大军给养，等等。同时，亦应使陈谢建立此种决心。各纵队首长会议进行得很热烈。李达参谋长用木棍指点敌情标图介绍目前军情。刘伯承司令员拿着放大镜凝视着地图，邓小平政委不时地提出一些问题，将讨论引向深入，刘邓两个人还不时地相互交谈着。

1947年8月1日，建军20周年纪念日，是刘邓定下直趋大别山具体行动部署的日子。刘伯承传达了中央军委7月23日指示电后说：我和小平同志一致认为，我军跃进大别山，是党中央、中央军委赋予我们的战略任务，是我们考虑一切问题的出发点和立足点。随后又作了具体行动部署。邓小平接着谈到了毛泽东对这一战略举措估计的三个前途：一是付了代价站不住脚准备回来，二是付了代价站不稳脚，在周围坚持斗争，三是付了代价站稳了脚。邓小平要求大家从最困难方面着想，坚决勇敢地战胜一切困难，争取最好的前途。我军必须勇往直前，不向后看，坚决勇敢地完成这一光荣而艰巨的战略任务。会后，各纵队主要首长急忙赶回驻地，召集其他纵队首长开会，传达野战军会议精神及刘邓首长指示。紧接着，各纵队又召开师团主要负责干部会议，研究各部队的任务，准备在8月中旬大举出击。

但是，军情紧急，水情严重。由于连日暴雨倾盆，黄河水位猛涨，尤其是蒋介石企图重演炸黄河大堤，水淹对方军队的旧剧。值此险象环生之时，刘伯承用"忧心如焚"4个字表述自己的焦灼心情。而邓小平也感到这一时刻是自己一生中最为紧张的时候。"听到黄河的水要来，我自己都听得到自己的心脏在怦怦地跳！"

8月6日，是令刘邓及在他们身边工作的同志难忘之日，是刘邓最后定下提前南进大别山决心之日。这一天早饭后，刘邓等野战军首长，在作战室召集司令部有关处、科的干部开会，研究下一步部队战略性动作。情报处汇报敌情，作战处报告了几天来部队休整情况，并提出黄河水位猛涨对我军威胁性增大，建议早下决心。对此，邓小平非常重视，当即明确指示：对于黄河水位变化情况必须随时掌握，及时报告、通报。

会议气氛紧张热烈，与会人员神情镇静，发言踊跃。许多人主张在内线打一仗或几仗后再实施战略进攻。有人主张按原计划休整到8月15日，然后视情况而定。不过，大家都仔细观察着刘邓首长的一举一动，一言一行，急切地盼望他们速下决心，做出决策。刘邓看大家讨论情况，简短交谈之后宣布暂时休会，让大家进一步准备意见。午饭之后，刘伯承来到作战室，当听说邓小平到三纵、六纵找陈锡联等谈话，并顺便看黄河水位上涨情况时，他若有所思地点点头，便又像上午那样仔细地察看地图，询问各方面情况。当断不断，反受其乱，刘伯承审时度势，已成竹在胸，立即派人通知邓小平等再次前来会商。之后，刘伯承在作战室严肃宣布：大军南进，必须立即行动。机不可失，时不我待，要当机立断，行动越早越快越好。随后他阐明定下决心的依据和理由，并做了进军部署。

在此期间，邓小平不时地点头。等刘伯承讲完后，他马上站起来说："刘司令员的意见和部署非常正确，我完全同意。我们下决心不要后方，直捣蒋介石的心脏——大别山，逼近长江，威胁武汉三镇和蒋介石的老巢——南京，把战线从黄河边向南推进到长江边。古人说过'卧榻之侧，岂容他人鼾睡'。我军的战略行动，必将迫使蒋介石调兵回援。这样我们就能配合全国各个战场的兄弟部队，彻底粉碎蒋介石的重点进攻，彻底扭转全国战局。"为完成这一战略任务，他强调三点：一是所有工作都要服从战略进攻任务的要求，广大指战员要准备为实现这一决策付代价，做贡献。二是要力避与敌主力纠缠和作战，千方百计直奔大别山腹地，走到大别山就是胜利。三是进入新区作战，要严守党的政策和三大纪律八项注意。最后，邓小平目光投向李达，告其起草电报，向党中央报告我们的决心和部署，并向各部下发预先号令。

正在这时，中央军委连续来电，虽然指明南进需付以较大伤亡、减员之代价，而无论起何种作用均需准备付出，但如能取得变化全局之作用，则付出此种代价更加值得，同时，出于关怀，又令刘邓部在现地休整补充 10 天，后又告诉至少 7 天不动。刘邓反复研究了中央军委来电，根据党中央和毛泽东既定战略意图，特别是根据当面敌情、水情，遂决定提前出动之决心不变，因地制宜，机断行事，按既定部署挥师南征。对此，中央军委连电答复："刘邓决心完全正确"，"刘邓部署很好"，"一切决策临机处理，不要请示。我们尽可能帮助你们"。千里跃进的壮举，战争史上的奇迹，其方略就这样在陕北的窑洞和华北农屋之中应运而生了。

出敌不意，攻其不备。

19 世纪普鲁士军事理论家卡尔·冯·克劳塞维茨说过："秘密和迅速是出敌不意的两个因素"，而两者是以统帅"具有巨大的魄力和军队能严肃地执行任务为前提的"。刘邓深知，进军大别山的千里征途河流纵横，敌交通便利，易于机动，故应制造敌人的错觉和不意，以保持行动的隐蔽突然，避免敌人及早觉察我战略企图，遂决定将主力分西、中、东三路南进，而蒋介石此时对我军战略意图毫无觉察，反认我军连续作战，疲惫不堪，伤亡较重，难以再战，可能要北渡黄河"逃窜"。刘邓将计就计，以第十一纵和冀鲁豫军区部队在黄河渡口佯动，造成我军北渡声势，以暂归刘邓指挥的华野外线兵团5个纵队的少数兵力钳制敌人，掩护刘邓主力南进。并以一部破击平汉路，其中一部破路后由平汉路西侧南进大别山，以分散迷惑敌人。部队动员时也严格保密，不暴露战略意图。

正当敌军迷惑不解之际，刘邓率野战军主力兵分三路，突破了敌人未及完成的合围圈，义无反顾地向大别山挺进。为极端保密，部队不断改变番号，有的伪装成地方部队，结果部队行动10余天，蒋介石仍未发现我军战略意图，反认为是既不能北渡，又不敢作战，只好向南"逃窜"。直到我军突破沙河，蒋介石才如梦方醒，此时，有计划组织大规模拦截封锁为时已晚，故只好仓促布防。美军顾问组对蒋介石误判我军战略企图很感失望。

出其所必趋，趋其所不意。行千里而不劳者，行于无人之地也。外军战史上，拿破仑于1813年曾两次突然由德累斯顿袭击布留赫尔，结果均未收到预期结果，不仅浪费时间和兵力，而且使德累斯顿几乎陷入险境。可见，即便是充分做到出其不意，也并非总能取得预期效果。在克劳塞维茨看来："要在战争过程中利用出敌不意取得巨大的效果，就必须积极地活动，迅速地定下决心和进行强行军。"

狭路相逢，身先士卒。

8月7日晚，刘邓率十几万人马以排山倒海之势，开始向敌辽阔空虚的战略地纵深疾进，指战员们跨陇海铁路，渡黄泛区，突破沙河。这一突然的战略之举如同一柄霍然出鞘的钢刀，直插大别山这一敌之战略腹地。23日，当刘邓率野司和六纵进到汝河北岸时，发现敌先我到达汝河南岸，占领渡口，在飞机配合下截断我军去路。此时，尾追之敌距我军后卫仅30公里。

刘伯承一改往日温儒风格，高声说："自古狭路相逢勇者胜，我们要从敌人的阵地上打开一条血路冲过去！"邓小平接着说："千钧一发啊！现在除了坚决打过去以外，没有别的出路。桥断了，再修！敌人不让路，就打！过不去或转回去，就完不成党中央和毛主席赋予的战略任务！所以，我们要不惜一切代价和牺牲，坚决打过去！"在刘邓亲临鼓舞下，指战员们浴血奋战，终于在天亮前突过汝河，从敌人防御阵地中杀开一条通路。这时，刘伯承判断：敌肯定要在汝、淮之间挫我跃进锋芒，企图使我功亏一篑。因此，部队不应恋战，要抢先渡过淮河。邓小平提出，由他指挥阻击尾追之敌，李达参谋长指挥渡河，刘伯承先行渡淮河，指挥进入大别山的部队。刘伯承说："政治委员说了就是决定，立即执行。"结果，抢渡淮河成功。8月27日，刘邓率军进入大别山区。

刘邓率部千里跃进大别山的成功之举表明："物质的原因和结果不过是刀柄，精神的原因和结果才是贵重的金属，才是真正的锋利的刀刃。"刘邓大军这把寒光闪闪的利剑，此后就一直高悬在国民党反动统治者的头上！

全局在胸　以患为利

——领导坚持大别山的斗争

邓小平注重着眼全局，善于统揽全局，深谙全局与局部相互作用的辩证关系。他强调局部要服从全局，隶属于全局。然而，全局性的东西，不能脱离局部而独立，全局是由它的一切局部构成的。在处理全局与局部关系时，邓小平的一贯指导思想是：为了全局胜利，局部应当甘愿多吃点苦头、多背点包袱、勇敢挑重担。这个指导思想在邓小平作为独立战略区领导人，领导本地区军事、政治斗争过程中，就表现得十分鲜明，非常突出。

毛泽东是长期领导中国革命斗争和经济建设的领导核心中的主要成员，他在总结中国革命战争的经验教训时，提出了这样一个战略问题：指挥全局的人，最要紧的，是把自己的注意力摆在照顾战争的全局上面。主要的是依据情况，照顾部队和兵团的组成问题，照顾两个战役之间的关系问题，照顾各个作战阶段之间的关系问题，照顾我方全部活动和敌方全部活动之间的关系问题。总之，就是注意于那些有关全局的重要的环节。有局部经验的人，有战役战术经验的人，如肯用心去想一想，就能够明白那些更高级的东西。邓小平是有着丰富革命斗争经验的领导人，当他还未进入党中央领导核心时，就能够从全局出发，坚持服从大局，必要时不惜牺牲一些局部利益也要保全大局的指导思想。他领导所部坚持在大别山区开展艰苦卓绝的斗争，从战略上配合全国战局等感人事例，充分地说明了这一点。

1947年8月下旬，晋冀鲁豫野战军司令员刘伯承、政治委员邓小平率野战军主力，千里征战，进入到鄂豫皖三省交界的大别山区，并开始了创建大别山革命根据地，立足大别山区的革命斗争。8月27日，邓小平向所属部队发出指示电，指明："今后的任务，是全心全意义无反顾地创造巩固的大别山根据地，并与友邻兵团配合，全部控制中原。"当然，实现这一历史任务，必须经过一个艰难困苦的过程。但是，邓小平坚定地说明："我们决不再走。我们的口号是与鄂豫皖人民共存亡，解放中原，使鄂豫皖人民获得解放。"31日，邓小平在河南省光山县北向店向野战军直属队连以上干部作目前形势与任务的报告。

这一天，天气炎热。邓小平站在一张方桌前，桌子上没有讲稿，连提纲也没有，只有一把水壶、一只水碗和搭在上面的衣帽。但是，邓小平深入浅出的报告内容，通俗易懂的讲解，使周围席地而坐的干部们发出会心的笑声。他一语中的：我们已到了大别山，完成了战略任务的第一步，把蒋介石逼退了一条线。这是蒋介石战略上的失败。接着，他简明扼要地分析了坚持大别山区斗争的有利和不利条件，并提出目前的具体任务。

邓小平慷慨激昂地讲道：重建鄂豫皖解放区的任务是十分光荣的，是中国现代史上重要的一页！我们的决心是十分坚定的！解放区一定要建立起来！困难一定要克服！共产党的特点是越困难，越有劲，越团结！我们要有信心克服困难！

"我们一定要站住脚，生下根！"邓小平最后以有力的手势，结束了自己这个记录下来不满1500字的简短报告。对此，大家报以热烈掌声。

关于如何坚持大别山区革命斗争，邓小平起草的并以刘邓名义发出的指示电中明确规定：在军事上，我们在最初一个月内不求打大仗，而是争取打些小胜仗，充分发动群众，开展游击战争，保持高昂的斗志。但是，当时部队要打仗的呼声很高，有急躁情绪。针对这种情况，刘邓于9月27日在光山县白雀园召开了各纵队首长会议。会议总结了部队进入大别山一个月以来的各方面情况，布置了今后的工作。邓小平告诉大家：大别山的斗争，胜败不是决定在消灭了多少敌人，而是能不能够站得住脚。这就要求对兵力的集结和分散要掌握得好，关键是不打硬仗，避开敌人主力。几十年后，他回忆起这次会议的情况时说："有的纵队司令骑马走一百多里来开会。我说服干部，不打硬仗。他们回去后，情绪稳定了，形势变了。"

刘邓指挥野战军主力在大别山区实施战略展开，面临的重重困难，真是难以想象。由于刘邓野战军主力远离后方，部队急需的弹药、粮食、被服得不到补充。指战员们水土不服，生病闹疟疾，伤病员得不到很好治疗。加之敌人以残酷手段胁迫群众对我军实行空舍清野,部队找不到向导,指战员们吃不上饭。这种困难严重威胁着部队的生存。而部队必须连续行军作战,与优势敌军周旋。由于行军多在夜间,山高路窄地形不熟,加上极度疲劳,指战员们因饥饿、劳累、迷路而牺牲的事情屡有发生。怎样对待这些困难呢?

10月的一天,邓小平给第二纵队连以上干部讲话中,专门讲到对待困难的问题。他认为,首先不要怕讲困难,相反应该勇敢地正视困难,实事求是地向大家说明困难,总之,困难是个客观存在,不能回避。

大家望着站在小山坡草坪上的邓小平政委,见他身着褪色的灰布军装,腰扎皮带,面容消瘦,而双目还是那样有神。邓小平告诉大家,越是困难越要想到全局,想到兄弟部队。他说:我们进入大别山区,插入了敌人心脏,打中敌人要害。我们把大量敌人吸引过来后,压力大了,我们远离后方,困难多了。但是,我们的兄弟部队在其他战场上就轻松了,就可以打胜仗了。他还比喻说:我们在大别山坚持斗争困难很多,这好像是在"啃骨头",但是,在其他战场上,我们的兄弟部队已经开始"吃肉"了!我们背上的敌人越多,啃的骨头越硬,兄弟部队在各大战场上消灭的敌人就越多,胜利也就越大。而各大战场的胜利,反过来也可以支援我们,减轻我们的压力。

邓小平话锋一转,讲到敌人的困境。他说:要讲困难,我们有,蒋介石也有。我们的困难是局部的、暂时的,是前进中、胜利中的困难。而敌人呢,他们面临的是解放区、蒋管区人民的重重包围,他们的困难是全局性的,是一步步走向灭亡的不可克服的困难。

他伸出一只手打着手势,继续说:"我们有困难是事实,但有困难并不可怕。我们干革命就难免要同困难打交道,就要有克服困难的耐力";"眼下,我们虽然困难一点,我们身上还要掉几斤肉,我们还要付出一些代价,这没有什么了不起,为了全国革命的胜利,这是值得的,是很光荣的。"

为了带领部队克服困难,战胜敌人,站稳脚跟,刘伯承、邓小平等亲自动手染布絮棉,制作冬装。为熟悉地形,他们不顾山高水险,由大别山北麓行至南麓,再返回来。昼夜行军,风餐露宿。经过几个月的斗争,刘邓野战军在大别山区胜利地完成了战略展开,站稳了脚跟,实现了中央军委和毛泽东所指出的三个前途中最好的前途。在此期间,陈赓、谢富治集团挺进豫陕鄂地区,陈毅、粟裕率华东野战军主力也进至豫皖苏区。这样,刘邓野战军、陈粟野战军、陈谢集团在中原就布成"品"字阵势：先头一军突入到长江北岸依托大别山作战；左后一军突入到豫东依托山东作战；右后一军突入到豫西依托伏牛山作战。三军互为犄角，密切协同，作向心的集结以突击敌人。这样，不仅调动了山东、陕北两重点战场的敌军主力回援其根本重地，而且迫使敌人把战线由黄河移到长江，把敌人进攻解放区的战略后方变成我军的战略前进基地，并直接威胁敌江南统治区。而北线的西北野战军、晋察冀野战军、东北野战军与南线三军作战略配合，协同作战，不仅粉碎了敌人的重点进攻，而且使人民解放军由战略防御转入全国规模的战略进攻。这从根本上改变了全国战局，战争主动权牢牢地掌握在党中央、毛泽东手中。

对战局的这种变化，国民党统帅部惊恐不安：既怕我军在中原立足生根，更怕我军南渡长江，突破大巴山防线进入四川。遂于11月下旬成立"国防部九江指挥所"，授权号称"小诸葛"的白崇禧，以"总力战"与我争夺中原。而首先要集中兵力肃清大别山我军。11月27日，敌军对大别山展开全面围攻。参战兵力达15个整编师又3个旅，并以驻汉口战斗机、轰炸机等及海军舰艇部队作支援。

一时间，大别山区上空战云密布，"清剿"与反"清剿"大战一触即发。千里之外的毛泽东和身临前线的刘邓敏锐地意识到：大别山是否能巩固，已成为中原解放区能否最后确立与巩固的关键，足以影响战争的发展。因此，南线三军必须长期配合，密切协同作战。根据毛泽东关于刘邓主力坚持大别山，陈粟、陈谢所部调动围攻大别山敌军，粉碎敌军对大别山区的围攻的指示，决定采取"避战"分兵的方针：由邓小平、李先念率主力留在大别山区，在内线牵制敌人，以刘伯承率野战军机关及部分兵力，跳出敌人包围圈，在外线实施战略展开。一里一外，里应外合。

关于谁率部坚守大别山，刘邓之间曾有过争论。显而易见，在敌重兵围攻，地形、供给都十分困难的条件下留守大别山，是一副重担，和中原地区以及全国各战场相比，可谓是重上加重。正因为这一点，刘邓两人都坚持自己留下，让对方到外线指挥作战。重担最后还是被邓小平抢在手里。他对刘伯承说："我到底比你年轻。我留在大别山指挥，你到淮西去指挥全局。"刘伯承表示："警卫团都给你留下，我只带一个排就行了。你在大别山行动频繁，我带电台在淮西给你提供敌情。"就这样，两个人分开了。

从 1947 年 12 月 11 日到 1948 年 2 月 24 日转出大别山的两个多月，是邓小平率部顽强坚持大别山内线斗争的时期，也是刘邓野战军挺进大别山以来最困难的时期，是我军"反攻以来面临的最大考验"。40 多年后，邓小平生动地概括了这段为时不长却终生难忘的岁月：

"我一个，先念一个，李达一个，带着几百人不到一千人的前方指挥所留在大别山，指挥其他几个纵队，方针就是避战，一切为了站稳脚。那时六纵担负的任务最多，在大别山那个丘陵地带来回穿梭，一会儿由西向东，一会儿由东向西，今天跑一趟，明天跑一趟，不知来回跑了多少趟，调动敌人，迷惑敌人。别的部队基本上不大动，适当分散，避免同敌人碰面。这样搞了两个月，我们向中央军委、毛主席报告，大别山站稳了，实现了战略任务。"

尽管我军对敌人围攻制定了正确对策，采取了有力措施，尽管邓小平后来对自己这段亲身经历轻描淡写地一言以蔽之，但当时敌情严重，地形不熟，缺乏供给，气候恶劣等诸种情况严重存在，形势可谓是相当严峻。当然，最严重的是敌情。虽然陈粟、陈谢大破平汉、陇海铁路，转入大别山的两个纵队也北向江汉、桐柏，旨在迫敌抽兵北援，"但敌仍企图保持其大别山的重点主义"，继续加紧对大别山"清剿"。这一点，远在豫皖苏区的粟裕也看得很清楚。针对敌军不改变"围剿"大别山的计划，"集中全力弄垮我大别山后再转移兵力对付其他地区之打算"，他于 12 月 19 日致电中央军委，提议陈粟、陈谢两军要长期配合刘邓，直至完全粉碎敌军对大别山的进攻。中央军委和毛泽东完全赞同这一建议，指示粟裕等以 4 个纵队迅速南下，与陈谢会合，沿平汉路直迫武汉。

邓小平等很感谢中央军委及兄弟部队对大别山地区部队的关切。身在大别山的邓小平着眼于整个战局，认为大别山形势虽比较严重，但我们已作了准备。全局仍属对我有利。所以，陈粟、陈谢对大别山的支援，不宜急躁，应作较长期的打算。"我们在大别山背重些，在三个月内，陈粟、陈谢能大量歼敌，江汉、桐柏及豫陕鄂区、淮海以北地区能深入工作，对全局则极有利。"为大量歼敌，改观局面，邓小平等还于 12 月 22 日致电中央军委，建议把自己所属的杨苏纵队留在淮北，使陈粟保持强大的野战集团。

邓小平等在艰难困苦的环境中所表现出的不畏艰险，忍苦负重，宁肯牺牲自己，坚决顾全大局的精神，给人留下了深刻印象。原第三纵队司令员陈锡联后来回忆，邓小平曾告诉他，就是要多背一些，背重一些，釜底抽薪就不要怕烫手，调动敌人回援根本重地，这是个关系全局的战略行动。我们多背一些敌人，宁愿本身多忍受一个时期的艰苦，也要拖住敌人几十个旅于自己周围，使山东、陕北的兄弟部队能腾出手来，大量消灭敌人。我们在大别山背重一些，他们就可以放手歼敌，对全局有利。

艰难困苦，玉汝于成。经过刘与邓里外应合，刘邓、陈粟、陈谢三路大军在中原相互的战略配合，积极作战，我军把南线敌军的160多个旅中的90个旅，牢牢地吸引在中原战场，并最终粉碎了国民党军队对大别山的围攻。1948年1月15日，邓小平致电毛泽东报告："现在看来，我们业已站住，不管情况如何严重，敌人是撵不走我们的。"不久，党中央和毛泽东为继续发展战略进攻的胜利，初步决定由粟裕率华野一部适时跃进到长江以南，把"品"字形的战略进攻布阵发展到梯形的战略进攻态势。遂电示刘邓率主力转出大别山区准备打大仗，并策应粟裕率部向江南出动。

对此，邓小平于2月9日复电，表示完全赞同党中央意见，并提出：为了继续拖住进攻大别山的大批敌人，更有力地配合粟裕的机动，主力兵团不宜抽得过早，"须留在大别山再打一个月圈子"。党中央立即同意了这个建议。24日，邓小平、李先念、李达率部来到安徽省临泉县以南的韦寨，与刘伯承、张际春胜利会合。自此，历时半年多的坚持大别山区的艰苦斗争宣告结束。

坚持大别山区的艰苦斗争无疑是胜利了，但一些指战员看到自身力量受到削弱，在大别山区夺取的县城失守，辛辛苦苦建立的根据地日渐缩小直至丧失，就产生了各种疑难情绪。为了回答一些同志的疑问，帮助他们正确地估计全国胜利形势，坚定信心，以利再战，邓小平多次向干部作报告。

1948年3月6日，邓小平在韦寨向野战军直属队干部作《关于反攻形势和整党问题》的报告。4月25日，他又来到河南省鲁山，在豫陕鄂前委和后委联席会议上作了《跃进中原的胜利形势与今后的政策策略》的报告。这两次报告，针对性很强，论证充分。

当时，有的同志说："反攻出来胜利不如去年大了，是不是反攻过早了呢？"

邓小平表情严肃，锐利的目光扫视着全场。他语调平静地说：这几个月的胜利意义非常重大，超过去年同期几个月的胜利。"首先，从战略上我们由防御转为进攻，前进了一千里"；"这个跃进的事实表明战略形势起了巨大变化……我们击破了蒋介石的反革命计划。"占领了 4500 万人口的区域，在敌人控制的 3 万万人口里面，去掉了将近六分之一。其次，从歼敌的数字来看，全国各战场自反攻以来 9 个月的战绩就已达到过去一年的战绩。另外，虽然地处鄂豫皖的大别山的几个纵队有削弱，减员约 15%，但江汉发展了 100%，桐柏发展了 50%，豫陕鄂发展了 100%，豫皖苏也是发展的。"从总体上说，力量比过去大了。"

有的同志说以前我们还可以消灭敌人 9 个半旅，以后就不行了。以前我们找敌人，现在敌人找我们。对此，邓小平耐心地说：我们还是行的，起码我们完成了毛主席给我们的战略任务，在大别山建立了继续向前跃进的战略基地。40 多年后，当他和原第二野战军老同志谈起这段历史时，仍坚定不移地说：大别山的斗争不决定于消灭好多敌人，而决定于能不能站住脚。这是毛主席的战略决策。

"什么叫胜利？"他眼望着大家提问，紧接着他又回答："胜利不在（于）当时消灭多少敌人。要不要消灭敌人？要消灭，要争取打几个歼灭仗。从这一点来看，我们完成得并不好，消灭的敌人不多，除地方保安部队外，一共只消灭了几个旅。但关键是能不能站得住，站得住就是胜利，结果我们站稳了。"

当时，有的同志还说："究竟大别山还没建立根据地。"有的甚至说："前进一千里，后退五百里。"意思是跃进千里到大别山，北撤淮北又后退了。对此，邓小平讲，从形式上看似乎情况越来越坏，但在实质上，情况已经变了，我们会走山路了，会打游击了，思想正在整顿，与群众联系也在改善，敌人无法将我们打出大别山了。我们仍然坚持大别山，并没有放弃，而且今后还更要坚持。

邓小平循循善诱，由坚持大别山斗争又论及全国战局，他说：战略是全国性的，打仗从来有进攻方向、牵制方向，一头担轻一头担重。第一年的山东和陕北，担着重的一头，敌军不惜一切扭着山东和陕北干，他们背住了。反攻以后，山东轻了，收复 80% 以上土地。目前整个阶段，是我们走在前头插进了敌人心脏，威胁着南京、武汉，敌军也必然拼命地扭着我们，我们担着重的一头，也要吃些苦，多走些路，把敌人背住，让华野、陈赓兵团和陕北的部队休整以后，自然会来分担我们的担子。因此，当我们担重的一头的时候，千万不要忘记整体，整个胜利是有我们一份的。虽然我们"在全国范围吃苦头最多，付出了代价，但换取了战略上的主动，取得了全局的胜利。所以，党中央和毛主席在评论战局的时候，第一讲到中原，对中原的成绩估计得很大"。

刘伯承、邓小平积极倡导并身体力行的全局观念是一贯坚持的。困难之际，为减少友邻部队损失，刘邓建议党中央不要派增援部队或运送增援物资。淮海战役中，邓小平曾坚决表示：只要歼灭南线敌人主力，中野（即刘邓所部）就是打光了，其他各路大军还可以取得全国胜利，这个代价是值得的。渡江战役后，党中央曾考虑让刘邓率二野驻守在南京、上海等大城市，由陈毅率三野进军西南，而刘邓又主动要求承担这一重任。"刘邓打得艰苦""刘邓风格高"，这样的赞扬，当时就誉满全军。

邓小平曾发表文章，称赞老战友刘伯承党性坚强，"突出表现在考虑问题从党的全局出发，事事顾全大局，服从大局。为了党的整体利益，他总是毫不犹豫地牺牲个人和局部的利益，总是主动挑起最艰巨、最危险的任务，兢兢业业，排除万难去圆满完成"。对此，邓小平也当之无愧！

围师必阙　关门打狗

——指挥夺取宿县与抢占永城

"围师必阙"是《孙子兵法·军争篇》里论及的用兵之法。意为围攻敌军，必网开一面，以示其生，使敌存去留之心，则战守不固。若四面俱围，敌必据险死守，鸟穷则搏，困兽犹斗。《谋攻篇》认为，用兵之法："十则围之，五则攻之，倍则分之，敌则能战之，少则能逃之，不若则能避之。"意思是，十倍于敌能合兵包围，五倍于敌能三面夹击，一倍于敌能前后夹攻，势均力敌能顽强抗击，我寡敌众能组织退却。的确，中国古代和近现代战争史上的一些战役、战斗，确凿无疑地证明了这个作战原则的正确性。然而，任何事物不是绝对的，很多军事原则也需要在新的历史条件下发展。邓小平和刘伯承、陈毅在淮海战役中，指挥所部夺取宿县，抢占永城，形成对敌四面包围、聚而歼之的生动战例，就是对"围师必阙"的修正。

淮海战役时敌我兵力对比是 70 万对 60 万，是人民解放军发起三大战略决战中唯有的一次敌众我寡条件下进行的战役。以邓小平为书记的总前委审时度势，多谋善断，关照全局，抓住关键，指挥中野、华野两大野战军，在战略分割基础上大胆地实施战役包围。最后歼灭了蒋介石在长江以北的主要战略集团，计 55.5 万余人。夺取宿县，截断敌重兵集团的退路；抢占永城，封闭南逃之敌的前门，可说是邓小平等在指挥战局时下出的两步好棋。

坚决夺取宿县，制造瓮中捉鳖之形。

宿县古城，地处中原战场的枢纽地带，扼南北交通要冲，是津浦路徐州、蚌埠之间的一个要点，是国民党军队徐州重兵集团要塞。该地存放大量武器、弹药、被服、装具等军需物资，是他们极为重要的后方补给基地，同时也是该集团通往南京大本营的必经之路。

1948年10月11日，中央军委、毛泽东发出《关于淮海战役的作战方针》，确定华野集中兵力歼灭徐州以东黄百韬兵团。中野部署攻击郑州、徐州，钳制孙元良集团东援。为此，刘伯承率一部继续钳制黄维等部，邓小平、陈毅指挥中野主力于10月下旬东出徐蚌线。解放郑州以后，邓小平、陈毅在同中央军委和毛泽东的往来电报中，数次提到前出徐蚌线，攻击宿县问题。毛泽东也把攻占宿县、蚌埠作为中野主力的进攻目标之一。认为我军在徐蚌线以西地区出现，"对整个敌人威胁极大，这种威胁作用，胜过在汴徐线上打一胜仗"。显然，中央军委和毛泽东、陈毅、邓小平都把进攻徐蚌线各点的行动看作是战役牵制。这就是毛泽东后来所说的："对隔断徐蚌，使徐敌完全孤立这一点，那时尚不敢作这种估计。"

　　11月2日，陈毅、邓小平发现孙元良兵团开向宿县，即判断刘汝明兵团可能放弃商丘，退守砀山、黄口地区，邱清泉兵团则可能缩回徐州，似有转入东援黄百韬的迹象。所以，他们致电中央军委并告刘伯承上述敌情，提出新的作战方案。中心意图是从西、南两个方向对徐州采取攻势行动，并准备以一部兵力攻占宿县、徐州中间地区，在孙元良北援时歼其一部。后来，邓小平多次对子女讲："宿县是关键，占了宿县，就把徐州和南面切断了。实际上形成了对徐州的战略包围。"从军事理论的意义上讲，如果切断敌军退路不是单纯的佯动，而是认真的行动，那么，只有进行决定性会战，或者至少创造决定性会战所必需的一切条件，才是真正解决问题的办法。而克劳塞维茨的《战争论》认为，"正是这种解决问题的办法包含着较大的成果和较大的危险这两个因素，因此，一个统帅必须有种种有利条件做根据，才有理由采取这种行动"。刘伯承11月3日给陈毅、邓小平并告中央军委的电报，更加明确地表现了刘、陈、邓等前线指挥员认识战局的敏锐性。

　　来电认为，敌重兵集团守徐州，其补给线只是一津浦路，怕我截断，故令孙元良兵团到宿县。邱、刘两敌也有如陈、邓所料之趋势。故来电请陈、邓切实考虑：只要不发生重大的不利变化，陈、邓主力似应力求首先截断徐、宿间铁路，造成隔断孙兵团，会攻徐州之形势，即从我军会战重点之西南面斩断敌人中枢方法，收效极大。这样，不仅孙兵团可能北援，便于我在运动中予以攻击，邱兵团亦可能被迫南顾，减轻其东援对我之压力，对整个战役帮助极大。

　　邓小平、陈毅素知刘伯承多谋深算，来电所提建议与自己想法不谋而合。

即斩断徐蚌线,当前目标是拦腰切断敌徐州集团后方补给线,把敌注意力吸引到徐州以南,减轻其主力东援黄百韬兵团的压力。最终目标是隔断徐州敌重兵集团与国民党南京大本营联系,彻底陷敌以孤立,最后徐图各个歼灭。夺取宿县,显然是"瓮中捉鳖"的要着。于是,邓小平和陈毅将所拟宿蚌地区作战方案上报中央军委,并电令粟裕等注意判明徐州敌人动向,所得情况即告。

果然,邓小平等不久就收到了粟裕等人来电,据俘敌称敌有南撤企图,建议迅速破击徐蚌路。毛泽东纵观全局,下定决心将"小淮海"战役发展为南线决战的"大淮海"。他致电邓小平、陈毅等充分肯定他们"按照敌要总退却的估计,迅速部署截断敌退路以利围歼是正确的"。从9日至11日,毛泽东三令五申,"务须不顾一切集中四个纵队全力攻取宿县","控制徐蚌段断敌退路,愈快愈好,至要至盼"。至宿县附近寻歼孙元良,此战胜利"即完成了包围徐州的战略任务","构筑几道防线阻止徐敌南逃,待其南逃时协同华野全歼徐敌"。

这时,邓小平、陈毅和于10日急赴而来的刘伯承一起,研究了从速攻取宿县,截断徐蚌间敌人联系问题。11日,下达了徐蚌线作战命令,中野指挥部还召集各纵队领导开会,进行具体部署。并指挥参战部队连夜向宿县开进。12日,包围了宿县县城。毛泽东对此举表示赞赏,认为"甚好"。随后,刘、陈、邓指挥第三纵队司令员陈锡联等,在现场侦察基础上确定了主攻方案。15日下午发起总攻,经10个多小时的激战,至16日拂晓全歼守敌,攻占了宿县。与此同时,四纵等部占领了固镇,控制了200里铁路及沿线两侧地区。

刘、陈、邓指挥中野主力等攻占宿县,然后以宿县为中心控制整个徐蚌线,使国民党军队内部为之一震。此后,国民党报纸评论说:"共军这个动作,一是截断徐州向南唯一而重要的补给线,二则为牵制徐州方面的孙元良、邱清泉两兵团,使国军不能用尽所有的力量,去解决东翼共军。此外,还有一个最重要的动机,就是阻止黄维兵团的北进。"这段话恰恰从反面说明了邓小平等决策攻占宿县的战略作用。需要补充的是,此举截断敌徐州集团南逃退路,形成了对该集团战略包围,为把国民党军队主力歼灭在长江以北创造了有利条件。

"把进攻的矛头指向敌人军队同首都之间的交通线,并在那里寻求胜利,一旦取得这一胜利,敌人的首都就唾手可得了。"时隔不到半年,中国人民解放军就占领了南京。

迅速抢占永城，造成关门打狗之势。

"我得则利，彼得亦利者，为争地。""争地吾将驱其后。"这是《孙子兵法·九地篇》中的一段话，意思是我军占领有利，敌军占领也有利的地带叫作争地。面临争地要驱赶后续部队快速进军。在淮海战役第二阶段关键时刻，永城，这个徐州西南90公里处的县城，则成为敌我双方的必争之地。

继攻占宿县之后，邓小平为书记的总前委指挥中野主力，于11月25日将东援徐州的黄维兵团包围在宿县西南的双堆集等地，参战各部进入攻击前准备。这时，蒋介石急令徐州之杜聿明集团和蚌埠之李延年兵团，取南北对进之势增援，以解黄维兵团之围。由于黄维兵团强行突围未成，南北两路对进增援解围未果，蒋介石下定决心，令杜聿明指挥徐州地区的3个兵团约30万人，于30日放弃徐州，沿徐州至永城公路向西南撤退，拊我外翼，与李延年兵团协力救出黄维，再猬集南逃，退守长江。

永城东南、宿县西北约40公里处的小李家村，是当时总前委驻地。从11月30日深夜至12月1日凌晨，邓小平等正在作战室值班，传来了杜聿明率部向西南方向突围的消息。邓小平知道，蒋介石这一决策，实际上是加速了徐州集团覆灭的进程。因为从攻占宿县决策之日起，中央军委和毛泽东及刘、陈、邓就把徐州之敌视为囊中之物，准备在消灭黄百韬兵团后发动江淮战役消灭该敌。如果该敌依托徐州工事固守，会使我军全歼该敌时日拖长，而现在杜聿明集团放弃徐州南移，时间仓促又处于无依托野战环境，这就为我军抓住该敌迅速歼灭提供了战机。

对徐州之敌弃守南撤的可能性的方向，邓小平等从粟裕等人来电和中央军委指示电中已有了解，他们也估计到黄维缩集死守，待徐敌南援，而徐敌有倾巢南犯增援黄维可能。当黄维兵团接近歼灭时，中央军委还估计到徐敌有向连云港或淮阴、淮安方向突围的可能。但是杜聿明声东击西，一面通过外国通讯社透露向连云港撤退的企图，一面倾全力沿西南方向开进去为黄维兵团解围。邓小平等深知，如果让杜聿明集团进占永城，顺涡阳、蒙城、阜阳一线继续南下，不仅该敌逃脱我精心运筹的战略包围圈，而且该敌将从我军侧后兜击我军，会同南面李延年等部南北夹击，黄维再遥相呼应，这样，敌6个兵团里外合应，将陷中野于腹背受敌的险境。

这时，中央军委发来急电，首先截住杜聿明集团，不让其西进或南下与黄维兵团会合，坚决阻击蚌埠方向之敌，加速歼灭黄维兵团。即刘伯承后来比喻的"吃一个，看一个，挟一个"。根据敌情变化和中央军委指示，邓小平为书记的总前委迅速调整部署，及时做出堵截、阻击、围歼的具体计划。自然，当务之急是堵截杜聿明集团，封紧其南逃之门，形成关门打狗之势。而当时，永城只有豫皖苏第三军分区部队守备。身为总前委书记的邓小平当机立断，打破平时由参谋人员与下级联系程序，超越层层指挥机构，直接要通三分区电话，亲自向分区司令员直接交代任务，使其了解责任的重大，任务的艰巨。

据耳闻目睹这一非常情景的工作人员回忆，当时，邓小平在电话中首先询问了永城守备部队情况，随后简洁地告诉对方杜聿明集团正逃往永城的情况及其意图，我们已命令几个纵队，日夜兼程赶往永城堵截敌人。他严令对方：在大部队到达以前，如果敌人先头部队赶到，你们无论如何不能让敌人通过永城！接着，又加重语气：打到一兵一卒也不准敌人通过，剩下你一个人也要顶住！再重复一次，增援部队正日夜兼程往你们那里赶去！对方坚定地表示战至最后一兵一卒也不让敌人通过。这支部队没有辜负邓小平的信任和重托，终于顶住了敌先头部队一天多的猛烈进攻，直到我增援的大部队到达，迎头拦住了杜聿明集团西逃去路，阖紧了大门，陷其于插翅难飞之绝境。1949年1月6日，总前委指挥华野向被围杜聿明集团发起总攻。经4昼夜激战，至10日全歼该敌，生俘杜聿明本人，实现了中央军委和毛泽东及总前委"关门打狗"的设想。

对敌实施"瓮中捉鳖"和"关门打狗"的战略，应当有足够兵力，因此，孙子讲要"围师必阙"，三十六计中"关门捉贼"只对"小敌因之"。而邓小平为书记的总前委在敌众我寡形势下"关门打狗"，与敌决战，表现了邓小平非凡的胆略和高超的指挥艺术。

破釜沉舟　殊死相搏

——指挥围歼黄维兵团

人们至今还记得，在 70 多年前发生在中原大地那场惊天地、泣鬼神的淮海战役中，邓小平在指挥中原野战军等围歼黄维兵团时说过这样一段话：只要歼灭了黄维兵团，只要歼灭了南线的敌军主力，中原野战军就是打光了，全国各路解放军还可以取得全中国的胜利，这代价是值得的！这表现了邓小平等服从全局、勇挑重担的大局观念和坚强党性，同时也表现出他们破釜沉舟、决心不惜一切代价毅然决然地与敌进行决战的革命精神和英雄气概。

破釜沉舟是紧急时刻甚至是生死关头鼓励斗志的一种谋略。公元前 624 年，秦穆公亲率连续被晋军打败三次的秦军伐晋。出征前，君王武将都下定报仇雪耻决心，并优抚从征将士家眷。秦军渡过黄河后，又焚烧所有渡船，然后长驱直入晋国。晋军认清秦军其势锐不可当，乃退而不战。秦军见晋国已胆怯和屈服，便奏凯班师。《左传》载为："秦伯伐晋，济河焚舟，取王官，及郊，晋人不出。" 100 多年后，孙子在《九地篇》中讲："帅与之深入诸侯之地，而发其机，焚舟破釜，若驱群羊，驱而往，驱而来，莫知所之。" 300 多年后，项羽率军救赵，引兵渡过漳河后，"皆沉船，破釜甑，烧庐舍，持三日粮，以示士卒必死，无一还心"。结果，大军勇往直前，九战九捷，大败秦军。

"歼击黄维为上策"。

邓小平和刘伯承指挥中野等在双堆集歼灭黄维兵团，是淮海战役承先启后的关键，是邓小平等争先走出的一步有惊无险的好棋。11 月 16 日，中央军委决定："由刘、陈、邓、粟、谭五同志组成一个总前委，可能时开五人会议讨论重要问题，经常由刘陈邓三人为常委临机处置一切，小平同志为总前委书记。"邓小平就任书记后考虑的第一个重大问题，就是在华野歼灭黄百韬后，第二阶段战役目标如何选择的问题。

当时，作战目标有三个，一是徐州敌3个兵团，二是蚌埠、固镇敌两个兵团，三是宿县以西黄维兵团。

毛泽东对徐州之敌最为关注，他主张在北线分割、围歼该敌，南线打包括黄维在内的3个兵团，并作了具体部署。粟裕等赞同毛泽东的意见，表示华野已经部署好，将集中全部兵力在北线打徐州之敌，并提出中野对付南线之敌。

邓小平和刘伯承、陈毅认为，以中野、华野两个野战军实力，同时在南北两线进行两个大的歼灭战力所不及。从中原战场敌情看，北线徐州之敌鉴于黄百韬兵团被围歼，猬集徐州地区，不易割裂，南线中有两个兵团行动谨慎，北进迟缓，只有黄维兵团骄横胆大，孤军深入。但其远道疲惫，远离后方，开来的3个军7个师中，强的只有3个师。所以，刘、陈、邓在11月14日就向中央军委和毛泽东提出：如黄维出永城和宿县，我集中8个纵队，"歼击黄维为上策"。11月19日，邓小平与刘、陈磋商后，接连起草电报致中央军委和毛泽东并粟裕等，全面陈述敌我双方情况，在知己知彼基础上重申：以六七个纵队先打黄维、李延年，似为上策。

毛泽东等认真考虑了总前委的意见，改变了原来在北线打或南北线同时打的设想，把第二阶段作战目标选在南线由蚌埠东进的黄维兵团。

11月22日，由于黄百韬兵团被歼，李延年兵团在蚌埠畏惧不前，而黄维在蒋介石封锁消息并再三催促下，继续冒进。邓小平和刘、陈经仔细研究，决定抓住战机，首先求歼黄维兵团。于是，邓小平又为总前委起草了先打黄维的请示报告，提出，此时"歼击黄维之时机甚好……只要黄维全部或大部被歼，较之歼灭李、刘更属有力"，并请粟裕等至少派4个纵队加入歼黄作战。24日，毛泽东代表中央军委复电："（一）完全同意先打黄维。（二）望粟陈张遵刘陈邓部署，派必要兵力参加打黄维。（三）情况紧急时机，一切由刘陈邓临机处置，不要请示。"这样，以中野为主，由华野配合，首歼南线黄维兵团的战役方针确立了。该方针是统观全局，以利加速决战的正确方针。

"拿出'倾家荡产'的气魄"。

刘、陈、邓确定并坚持由中野为主围歼黄维，实际上是"啃硬骨头"。用刘邓自己的话形容叫"瘦狗屙硬屎"。连日来，邓小平和刘伯承、陈毅等详细全面地了解部队状况，认真收集了黄维兵团的情报，内心感到焦虑和不安。

从敌人方面讲，黄维兵团是蒋介石嫡系精锐部队，辖第十、第十四、第十八、第八十五军和第四快速纵队等，共12万人。号称"攻如猛虎，守如泰山，静如处子，动如脱兔"。特别是第十八军（即原整编第十一师），是国民党军队"五大主力"之一，装备精良，军官一律军校出身，士兵受法西斯教育极深，军中实行连坐法，训练严格，讲究战术。整个兵团武器装备先进、机动性强。黄维本人是黄埔军校第一期学生，对蒋介石唯命是从，忠心耿耿。

相比之下，中野7个纵队也是12万人，兵力上与黄维兵团旗鼓相当，但由于坚持大别山斗争时的消耗和部分兵力留置，造成各纵队兵员不足。除第一、第四纵队各有9个团外，其余均只有6个团。第九纵队只有5个团，每纵队平均1.5万人，第二、第十一纵队各仅有1.2万人。武器装备方面，除了几十门野炮、山炮、步兵炮和200多门迫击炮外，基本武器只是轻重机枪、步马枪和手榴弹，而且弹药不足。显然，以敌我兵力相当，武器装备我处于明显劣势的情况下，来歼灭蒋介石这支王牌军队，是相当吃力的。刘、陈、邓都意识到，这是一场恶仗、硬仗。

战役结果完全证实了邓小平和刘伯承、陈毅的判断。中野参谋长李达战后陈述：淮海战役是人民解放战争中最剧烈的一次战役，而双堆集作战，则是中野在自卫战争以来规模最大而最剧烈的一次作战。这次作战，所遇到的敌人，是蒋军的第一等精锐部队黄维兵团，它的兵力之大，装备之较现代化，工事之强度，抵抗之坚决，在中野来说，也都是第一次遇到的。这表明，围歼黄维是中野逐鹿中原后遇到的一块最硬、最难啃的骨头。邓小平在给毛泽东的综合报告中也讲："在总攻的时候，中野各纵伤亡达二万余人，气已不足，结果使用了华野两个纵队才解决了战斗……战后各纵一致感觉中野不充实，以不能独歼黄维，增加华野过大负担为憾。"

但是，邓小平和刘伯承、陈毅着眼整个战局，认为歼黄作战事关整个战役进程，对解放全中原有重要作用，便义无反顾地挑起这副重担来。有卓越智力作指导的胆量是英雄的标志，这种胆量的表现，不是敢于违反事物的性质和粗暴地违背概然性的规律，而是在决策时对天才（即准确的判断）迅速而不假思索地作出的较高的决定予以有力的支持。智力和认识力受胆量的鼓舞越大，它们的作用就越大，眼界也就越广阔，结论也就越正确。当然，邓小平等还要将围歼黄维兵团的决心和魄力以及作战部署，及时传递给广大指战员并付诸于行动。这是同《孙子兵法》里的"犯三军之众,若使一人,犯之以事,勿告以言,犯之以利,勿告以害,投之亡地然后存,陷之死地然后生"的常规谋略所不同的。

"烧铺草"是南方的一种习俗,即人死后要把死者铺过的草烧掉。邓小平在各纵队首长会议上告诉大家,就是要有"烧铺草"的决心(表示以必死的决心去争取胜利),就是要拿出"倾家荡产"的气魄。他说:我们这次围歼黄维兵团是非常艰苦的,也是非常光荣的。要消灭敌人,没有牺牲精神是不行的。我们要不惜一切代价,在华野协助下,完成歼灭黄维兵团的任务。即使这一仗中野拼光了也值得,其他野战军照样渡江,中国革命照样胜利!类似的话还有:只要歼灭了南线的敌军主力,中原野战军就是打光了,全国各路解放军还可以取得全中国的胜利,这代价是值得的!在后来指挥作战中,邓小平在电话里还反复指示各纵队首长,要坚决贯彻中央军委和毛主席把敌人歼灭在淮河以北的指示,要发扬千里跃进大别山的顽强精神,服从大局,不畏艰险,不惜最大牺牲,以"破釜沉舟"的决心和勇气,争取打好中原作战的最后一个硬仗。

在总前委的领导下,各部队深入进行动员,说明战役的整体性、持久性和连续性,不顾一切地勇敢地与敌人进行决战。各参战部队首长带头,自上而下普遍开展了革命英雄主义运动,树立不获全胜决不罢休的雄心壮志,决心以最大的毅力,高度发扬我之优点,利用敌之弱点,不怕牺牲,克服一切困难,坚决完成任务,在战斗中勇立大功。

围歼黄维兵团从 11 月 23 日开始,至 12 月 15 日胜利结束,历时 23 昼夜。11 月 23 日至 24 日为阻击作战阶段。刘、陈、邓指挥中野一部,利用南坪集诱敌深入,然后分别由东西两侧向心突击,结果将敌包围于宿县西南双堆集等地。11 月 25 日至 12 月 2 日为紧缩包围、准备攻击阶段。开始,黄维奉蒋介石命令不顾一切地以主力向东攻击突围,因廖运周率一〇〇师起义和我军顽强阻击而受挫。此时,由于部队对敌混乱状态估计过高,对其防御能力估计不足,突击时又准备不够,作战时只是猛烈突击,致使部队伤亡较大,收效较小。

针对这种急躁轻敌情绪,刘、陈、邓及时传达了毛泽东的电示,提出"坚决持久围歼敌人"的方针,稳步攻击。在总攻准备中,又创造了近迫作业和飞雷等好战法,结合阵前攻势,从斗志上压倒敌人。但蒋介石孤注一掷,密令杜聿明率 3 个兵团向徐州南下,企图夹击中野侧背,以解黄维兵团之围,尔后合兵南撤，蚌埠之敌也同时北犯，已推进到距双堆集 35 公里处。战局瞬息万变，中野面临南北两大敌人的两面夹击。中野围歼黄维兵团确实起到了牵动全局、承上启下的作用。邓小平为书记的总前委当机立断，令粟裕指挥华野以强大兵力，进行多路、多层次的追击和拦击，于 12 月 4 日将杜集团包围在徐州西南陈官庄、青龙集地区。同时派一部向南防御，增强阻击南敌力量。并经中央军委同意，决心首歼黄维兵团。

12 月 4 日至 12 月 15 日为阵地歼灭战阶段。刘、陈、邓精细计算了敌兵力损耗情况后，决定调整作战部署，组成东、西、南三大集团做向心攻击，并起用总预备队华野两个纵队，调华野特种兵纵队一部参战，于 6 日发起全线总攻。此时，中野已伤亡达 2 万余人，但指战员们愈战愈勇。许多部队在战斗中，连排干部全部伤亡，班长、战士、甚至司号员、卫生员等，都自动代理连排干部，发扬不怕疲劳、不怕牺牲、坚韧不拔的顽强精神，连续战斗。各部队纷纷提出，哪怕一个旅编成一个营，也要坚决执行刘、陈、邓总攻命令，战斗到底。

连日鏖战，我各集团进展很快。但敌猬集一团，以房屋为核心，地堡群为骨干，作困兽之斗，在优势火力掩护下，疯狂向我反击。12 日，刘伯承、陈毅发出《促黄维立即投降书》，但黄维拒绝投降，继续率部防守，施放毒气，由空军掩护，企图顽抗到底。为早日全歼黄维兵团，保障华野围歼杜聿明集团，邓小平为书记的总前委以最大决心一再整编部队，继续顽强作战，同时增调华野三纵参战，华野鲁中南纵队为战役预备队。战至 15 日，敌残部向西突围，我军及时调动部队堵击、追击，当夜全歼黄维兵团，生俘兵团正副司令官黄维、吴绍周。

围歼黄维兵团以运动战始，以阵地战终；以消耗敌人始，以围歼敌人终。这一阶段是淮海战役全过程中费时最长的。以邓小平为书记的总前委，以战略家的伟大气魄和胆略，导演了淮海战役中这出蔚为壮观、惊心动魄的战争场面，创造了中野战史上的光辉战例。

得算在庙　胜券稳操

——拟定《京沪杭战役实施纲要》

1947年12月，毛泽东提出著名的十大军事原则，其中的第五项是："不打无准备之仗，不打无把握之仗，每战都应力求有准备，力求在敌我条件对比下有胜利的把握。"他主张，有准备、有把握的胜仗，战前必须进行必要的侦察，然后做出正确的判断，下定战役（斗）的决心，制定正确的作战部署。以邓小平为书记的总前委，在1949年组织领导渡江战役前夕，拟定了《京沪杭战役实施纲要》，这是精心庙算，反复运筹，以保障渡江战役获得全胜的突出范例。

庙算，指在庙堂上计算。古人视用兵为国家大事，故需在祀神的庙堂中进行战前运筹。而战之胜负，决定于"庙算胜者，得算多也"。"庙算不胜者，得算少也"。庙算内容，刘伯承认为，主要是讲战略决策上的策划和作战中的谋略思想。《孙子兵法》提出的"五事七计"，实际上就是讲决定战争胜负的五种基本因素和估计敌我优劣条件的七个方面的问题。

凡事预则立，不预则废。

渡江战役前夕，中央军委决定，对渡江作战，以邓小平为书记的总前委，"照旧行使领导军事及作战的职权"。一个月后，毛泽东在召集邓小平、陈毅等商讨渡江作战问题时又向邓小平说：交给你指挥了。

被委以重任的邓小平和刘伯承、陈毅等深知：虽然经过辽沈、淮海、平津三大战略决战，在长江以北消灭了国民党军队主力，但是，国民党反动政权并未甘心失败，而是在蒋介石"下野"、国共"和谈"烟幕掩护下，采取"直接配备"，以汤恩伯、白崇禧两个重点防御集团守备的京沪杭地区和武汉地区为要点，在1800多公里的长江沿线布防，企图凭借长江天险阻止人民解放军南进。而长江自古以来被视为天堑，下游江宽水深，四五月间水位开始上涨，特别是 5 月汛期，江水猛涨，风大浪高。

关于渡江作战计划，中央军委、毛泽东和总前委在 1948 年 12 月淮海战役战犹酣时就运筹了。1 个月后，刘伯承在中央政治局会议上代表总前委提出：这次渡江是一字长蛇阵齐头并进，稳健地集中使用兵力。1949 年 1 月 29 日，邓小平在商丘主持召开的中原扩大会议，也讨论了渡江作战准备的一些问题。2 月 8 日，邓小平在商丘主持由中原局负责同志参加的总前委会议，具体讨论了渡江作战的时间、部署、战勤准备等问题，最后形成《关于渡江作战方案和准备工作意见》上报中央军委。中共七届二中全会期间，毛泽东又召集邓小平等商谈渡江作战问题。3 月 22 日，邓小平在蚌埠以南之孙家圩子，连续主持召开总前委和华东局会议，根据中央军委指示，进一步讨论渡江南进问题。26 日，邓小平、陈毅等又听取了三野各兵团首长关于渡江作战准备情况的汇报，着重研究京沪杭地区战役实施方案。

随后，邓小平亲自动笔，拟定了《京沪杭战役实施纲要》这一历史性的军事文献。4 月 1 日，他又召集有关同志，逐段讨论，随即上报中央军委并下发野战军各兵团以上单位。3 日，中央军委批准了这一纲要。实战表明，邓小平拟定的这一作战纲要，是科学性和可行性、坚定性和灵活性的有机结合，是总前委集体智慧的结晶，同时，也体现了邓小平高屋建瓴、举重若轻、化繁为简、抓住关键、宏观决策的鲜明特点和指挥艺术。

知彼知己，百战不殆。

《京沪杭战役实施纲要》（以下简称《纲要》）准确地计算了敌我双方兵力对比情况。敌军总兵力为 24 个军，44 万人，平均每个军不到 2 万人，建制单位兵员不充实，机动兵力约有 4 个到 5 个军，上述兵力既在上海至安庆段江面布防，又担负控制浙赣线，兵力不敷使用。

我军兵力为第二、第三野战军共计 7 个兵团、21 个军，加上数个独立旅、特种兵，虽然也是将近 24 个军，但建制单位兵员充实，平均每个军超出 4 万，全部兵力达 100 万，与敌之比是 1∶0.44，尤其是我军几乎全部是机动兵力，虽然随着战事南移，将有部分兵力转为守备，但仍然占有绝对优势。

我军发起渡江作战的目标十分明确，决心非常坚定，目的是求歼上述全部或大部敌军，占领苏南、皖南及浙江全省。夺取京沪杭，彻底摧毁国民党反动统治的政治、经济中心。

针对敌战线长、兵力少，配置重点是东重西轻，纵深薄弱等弱点，根据长江地理、水情，吸取历史上渡江作战经验教训，《纲要》确定，第一阶段作战部署：以三野的八、十兵团 8 个军组成东突击集团；七、九兵团 7 个军组成中突击集团；以二野四、五兵团 9 个军组成西突击集团。采取宽大正面渡江战法，在几十个渡江点同时渡江，使敌顾此失彼。第二阶段达成割裂和包围敌人，并确实控制浙赣线一段，断敌退路，便于第三阶段分别围歼。部署要求主要之点，一是注意断敌退路，以便歼敌；二是注意与友邻部队联络，互通情报，互引渡江。

本来，开始我军只准备三野过江，后来怕力量单薄，把二野也加上去，共同实施渡江战役。还有四野这支强大预备队没有用。《纲要》居高临下，通过敌我兵力对比和我军部署，勾勒出一幅百万雄师过大江的宏伟图画，毛泽东说，这是敌人无法抗拒的。

因敌制宜，有备无患。

邓小平拟定的《纲要》，突出体现了毛泽东"不要轻敌一点，甚为重要"的指示精神，周密地判断我军渡江成功后，敌情可能发生的变化。变化主要之点是敌军收缩兵力于京沪杭三角地区和南京、芜湖地区，控制要点，集结兵力与我决战。所以，要预计可能遇到的严重战斗。在设想了困难情况后，《纲要》客观地指出：只要我军渡江成功，无论敌人采取何种处置，战局的发展均将发生有利于我之变化，并有可能演成敌人全部混乱局面。这种估计，贯穿着胜利时想到困难，困难中想到胜利这样一种辩证法思想。

《纲要》还针对敌情变化，规定了我军应采取的对策。认为我军要以能应付敌猬集一团与我决战情况为出发点，无论敌采取何种处置，情况发生何种变化，中、东两集团都要实行东西对进，力求迅速会合，打乱敌作战体系，达成割裂包围敌人之目的。《纲要》强调："此着实为全战役之关键。"故准备将三野 4 个兵团全力置于京沪线上的决战方面，西集团 3 个兵团应准备给予及时有利之支援。采取的基本步骤是：二野（西集团）解决南京，三野解决沪杭，而将上海放在最后解决。对此，刘伯承说，这一决策体现了"稳健"二字，有二野、三野形成的两个拳头直捣国民党统治中心宁沪杭，又以四野重兵进逼武汉；既集中打击汤恩伯集团，又牵制白崇禧集团，还能在渡江后以足够力量对付美国可能进行的武装干涉。

临机处置，机断行事。

兵无常势，水无常形，能因敌变化而取胜者，谓之神。《纲要》在赋予各野战军、各兵团任务时，既坚持宏观指导，提挈全军，但又注意不统得过死，束缚下级，以免影响下级指挥员的积极性、创造性。《纲要》特别规定，有关作战的战术、技术、通信联络、后勤工作诸事宜，由两野战军自行命令决定。这样，各级指挥员任务明确，责任清楚，因敌制宜，机断行事，对指挥战事极为有利。

见机行事，临阵处置，也是《纲要》指明的一条原则。《纲要》认为，以上是战役"基本纲要"，所有规定执行事宜及随着战役发展之各项处置，随时由总前委以单个命令规定之。

由邓小平拟定的《京沪杭战役实施纲要》，在渡江战役中发挥了巨大的指导作用。实战证明，《纲要》是我军作战指导时宏观决策的范例。

势如张弩　节如发机

——领导发起渡江战役

一条横断进攻方向的大河，对进攻者来说常常是很不方便的，因为江河防御具有很大的价值。"可是当进攻者兵力占优势或魄力很大，准备进行大规模决战时，防御者如果错用了这个手段，反而会给进攻者带来实际的利益"。这是130多年前克劳塞维茨在阐述渡河问题时讲过的一段话。1949年4月底，邓小平和陈毅稳健地步入国民党政府所在地南京总统府，高兴地在蒋介石的总统宝座上坐了坐。这是邓小平第一次到南京古城。促成他此行的自然是人民革命战争的胜利，直接的原因是百万雄师渡江战役的胜利。

临阵受命，精心统筹。

古今中外战争史上，大兵团强渡江河湖海，同依恃江河防御的对方决战，并获得全胜的战例并不多见。因此，蒋介石在1800公里长的长江中下游南岸部署了70万人，由海、空军协同，组成"陆海空立体防线"，企图凭长江天险"划江而治"，阻挡人民解放军向长江以南进军。毛泽东号令全军必须向长江以南进军，随后把组织指挥渡江战役的重担放在邓小平等人的肩上，指定淮海战役期间组成的总前委"照旧行使领导军事及作战的职权"。邓小平等在合肥附近瑶岗村，"统一指挥华野、中野，主持全局"。

以邓小平为书记的总前委，首先在参战指战员中贯彻落实党中央、中央军委、毛泽东将革命进行到底的指示。邓小平相继主持召开华东局、中原局、总前委会议，统一各级领导干部思想，树立打破帝国主义封锁、敢于渡江南进观念。树立以革命两手对付反革命两手，立足于以战斗渡江而不寄希望于和平渡江观念，树立坚决打倒蒋介石、彻底解放全中国的信念。

其次，邓小平把相当大的精力，投入渡江战役前的各项军事准备工作上。

第一，周密侦察，宏观决策。《百战奇略》讲：凡欲征伐，先用间谍觇敌之众寡、虚实、动静，然后兴师，则大功可立，战无不胜。在总前委领导下，参战各部专门派人了解长江水情，观测天气变化，侦察江防敌情。此外，还专门监听敌方电台，派小股部队偷渡过江深入敌配备纵深，搜集敌情。

在此基础上，邓小平多次主持召开总前委会议和总前委扩大会议，畅所欲言，群策群力。最后，在集思广益基础上，由邓小平亲自拟定了《京沪杭战役实施纲要》。这一宏观决策指导了渡江战役的顺利进行。

征集船筏，水上苦练。

"凡与敌战于江湖之间，必有舟楫须居上风、上流。"尤其在长江这样宽阔水面上进行大兵团作战，没有足够船只和相应器材简直不可想象。因此，总前委要求各部队由地方配合，从事船只征集、修理和管理工作。结果，短期内就征集到木帆船 2 万多条，加上部队自制运送大炮、车辆的竹筏、木排，基本上解决了渡江作战第一梯队的乘载问题。部队还自己训练 3 万余名水手，又从地方动员近万名船工，为百万大军渡江提供了保证。

随后，部队在内湖、夹江昼夜展开紧张的水上练兵。各部队通过谈水、看水、试水等方法，使指战员逐渐摸熟长江水性，此后便加大、加快训练强度和进度，由水上一般性科目转入航渡队形、指挥联络、步炮协同及登陆突破等战术动作。根据总前委意见，二野下达了《关于渡江战术注意事项》的指示，三野下达了《京沪杭战役预备命令》。在总前委召集的兵团司令员会议上，邓小平等着重听取渡江战术训练情况汇报，还派专人深入实地检查。经过苦练，广大指战员掌握了水上作战技能，牢固树立了强渡和偷渡、主动协同、有进无退的战术思想，增强了渡江作战的胜利信心。

第二，组织战勤，粮草先行。2 月间，总前委刘、陈、邓 3 名常委在商丘、徐州召集会议时，就对支前工作作了安排，依靠地方，组成强大的支前网络。为解决百万官兵、320 万常备民工和近 2 万随军南下干部所需的大量物资供应，总前委指示支前委、支前司令部，在苏、鲁、皖三省筹粮 3.4 亿斤，还筹集大批柴草、服装、军鞋、弹药等军用物资，组织民工完成军事行动需要的筑路、架桥、疏河、架线、运送物资、组织救护等任务，从而保障了渡江作战前线生活、交通、通信等方面需要。

相机而发，把握主动。

功难成而易败，机难得而易失。特别是敌我双方作战，战机更是稍纵即逝。因此，作战的决策人和指挥员，要认明战机，把握战机，乘机而动，以获全胜。

以邓小平为书记的总前委此番领导百万雄师南渡长江，大致时间是敌我双方均有所料之事，但是，具体日期还需精心选择。渡江战役发起时机数次变更，这主要是中央军委和毛泽东以及总前委根据政治、军事形势和天候变化而决定的。

1949年2月，邓小平根据中央军委两大野战军准备三四月渡江南进指示，主持总前委会议讨论渡江问题。会议提出3月中旬出动，3月底开始渡江作战为好，因为敌内部政治矛盾未解决，军事部署上对守江岸还是守京沪杭要点，或者退守浙赣线举棋不定。此时雨季未来，春汛未发。中央军委同意这一方案。

3月上旬，鉴于国共两党即将举行和平谈判，毛泽东等与正在西柏坡参加七届二中全会的邓小平等，经反复研究后将起渡时间推迟到4月10日。随后，邓小平回到前线主持的总前委会议认为，10日恰为阴历十五，月圆通宵，影响我军突破江防突然性，遂主张15日黄昏渡江，中央军委表示赞同。邓小平等致电二、三野首长，讲明军事斗争要服从政治斗争，渡江行动要严格受到和平谈判进程制约。要使军事、政治斗争高度统一。

4月中旬，中央军委鉴于和平谈判已有进展，电示总前委，拟将渡江时间推迟半月或1个月。根据国共和谈最终期限是4月20日，军委又提出22日、25日以后、29日三个渡江日期，征询总前委意见。邓小平等经多方面调查认为，5月江水比七八月还大，渡江将发生极大困难，现百万大军拥挤江边，过久推迟，将不得不后撤以就粮草。而签字之事，亦应设想敌人翻脸。故建议先打过江，以争取和平接收。中央军委坚持政治斗争所必需，并告总前委下达推迟渡江命令时，不要说是为了谈判，以免松懈士气。

对此，邓小平等认为不应回避"为了谈判"，而应正面讲清渡江与谈判关系。他们在下达的指示中强调：我们应在政治上最有利的地位之基础上进行渡江，"故于全局和人民有利"。如政治需要，还将再次推迟。所以，在部队中要"一面防止急性病，一面防止战斗意志的松懈"。此间，"中心工作仍应放在加强战斗准备"。对总前委这一指示，军委认为"甚好"。

与此同时，邓小平和陈毅等继续详查敌情、水情，根据谈判期限和天候有利条件，于 4 月 17 日提出于 20 日夜全线渡江作战，中央军委、毛泽东复电表示："完全同意总前委的整个部署"，20 日开始攻击，22 日实行总攻，一气打到底。同时号召全军将士在总前委领导下，同心同德，完成渡江南进的伟大任务。于是，邓小平为总前委起草电报，下达了渡江作战命令。这时，中突击集团准备先期渡江，邓小平等以总前委名义复示："只要有可能就可以这样做。总之，整个战役从 20 日晚开始后就一直打下去，能先过江就该先过江，不必等齐。因为全长 1000 余公里的战线上完全等齐是不可能的。"此时已是弹上膛、刀出鞘、帆满风，万事俱备。

腰斩蛇阵，挟首击尾。

古文记载：恒山之蛇，击其首则尾至，击其尾则首至，击其中则首尾俱至。面对长江守敌一字排列的"长蛇阵"，总前委决心采取横斩蛇腰，挟其首，击其尾战法，使敌顾此失彼，首尾难顾。4 月 20 日夜，总前委指挥中突击集团首先在贵池至芜湖间突破，拦腰斩断敌长江防线。乘其全线动摇、惊慌失措之际，总前委又命令东集团、西集团于 21 日黄昏，同时在东起江阴、西至马当约 600 公里宽正面上，有重点地对敌发起攻击。在四野等部的配合和强大炮火掩护下，我渡江部队万船齐发，以排山倒海之势驶向对岸，突破正面江防后，乘胜向纵深发展。东集团炮兵封锁长江，断绝敌舰往东的逃路，另部攻占常州、丹阳等城，切断京沪铁路交通线，并于 23 日占领国民党政府首都南京。西集团一抵达南岸，便横扫敌人，扩大突破地段，接应友邻登陆，贯穿敌人纵深，截敌退路而兜之。后续部队源源不断过江登岸，对敌实施连续突击。战役发起 4 小时后，渡江部队就达 16 个团，控制了江南岸宽 200 余里、纵深 10 至 20 里的登陆场。渡江战役第一阶段胜利结束。

陈毅当时就用"旌旗南指大江边""直下金陵澄六合"的诗句来描述渡江成功盛况。汤恩伯眼见江防部队一触即溃，为避免在沿江被分割围歼，他下令芜湖以西部队沿浙赣路撤退，芜湖以东部队分别向上海、杭州撤退。其余江防军也向南溃逃。

宜将剩勇追穷寇。以邓小平为书记的总前委，鉴于敌准备在浙赣线重新组织防御，防御不成则继续南逃的企图，紧紧把握战局发展关键环节，及时调整战役部署。当指挥西集团的刘伯承根据战况，提出二野不以主力与三野成交叉运动去南京地区，而全力直出浙赣线的建议时，邓小平等立即复电表示同意。

在与刘伯承等电商后，总前委将西集团作战部署上报中央军委追认。在刘伯承直接指挥下，西集团二野3个兵团兵分三路，排除困难，不怕疲劳，兼程前进，追歼逃敌。猛打、猛冲、猛追，实行平行追击、跟踪追击和超越追击相结合，进军速度加快，追击战果显著。左、中、右三路追击部队一鼓作气，以疾风卷残云之势，于5月上旬，控制了长达800多里的浙赣线，完全粉碎了敌在浙赣线展开以组织反抗的企图。

与此同时，邓小平、陈毅和粟裕等，又指导渡江后的东、中两集团，以钳形攻势迅速对进，首先在郎溪、广德山区合围歼灭敌5个军8万多人。随即又鉴于汤恩伯集团约20万人退集上海负隅顽抗、不成则从海上撤逃的情况，命令三野集中8个军，仍采取钳形攻势，切断敌海上逃路，然后聚而歼之。至此，战役第二阶段结束。

军政兼施，力求全胜。

上海是全国经济中心，也是蒋介石反动政权赖以支持的基础之一。对此，蒋介石决定重点防守。他于4月26日赶到上海，亲自部署上海防务。他企图凭借20万守军，依恃坚固防御设施，争取时间，抢运储存在上海的黄金和贵重物资，并准备破坏城市，挑起国际事端，促使美国直接出兵进行武装干涉。

邓小平在《京沪杭战役实施纲要》中，就预计到"将上海放在最后解决较为有利"。5月初，邓小平、陈毅、粟裕等在丹阳一起谋划渡江战役第三阶段解放上海的作战，筹备战后如何接管上海。攻占上海是一场特殊的战役，陈毅比喻，这是瓷器店里打老鼠，既要消灭敌人，又要保全城市精华。根据党中央、中央军委和毛泽东指示，邓小平与陈毅等反复研究，最终确定上海战役指导方针：既要歼灭防守上海的国民党军队，又要保全上海免遭战火破坏，以利日后建设。在具体部署上，邓小平等是慎之又慎。

5月2日，邓小平等在听取汇报时认为：在长久围困；攻敌薄弱之点；两翼钳击吴淞口，断敌海上逃路，在市郊诱歼敌人；这三个方案中，第三方案最佳。这样暂不攻市区，使城市少受破坏，又断敌逃路。据此，上海战役第一阶段战斗主要在市郊吴淞、高桥展开。激战中，邓小平等又及时电示：攻沪作战，不要性急，应立于主动地位，作好充分准备。经10天激战，我军完全击破敌淞沪外围防御体系，迫敌主力出市区防御。转入第二阶段战斗时，邓小平等又提出由南向北、总攻市区、全歼守军的意见。5月23日夜，总攻上海市区的作战开始，我各路部队以"保民何惜血沾衣"的精神，严格执行不使用重武器射击规定，采用机动灵活战术，攻占市区要点。25 日，策动敌淞沪警备副司令刘昌义起义。至 27 日下午，完全解放上海。我军血战 16 天，以伤亡 2.4 万人代价，歼灭上海守敌 15 万人。此后，邓小平又以很大精力进行教育接管干部，圆满完成接管上海的工作。至此，伟大的渡江战役胜利结束。

邓小平等领导发起的渡江战役，势如泰山压顶，攻如囊中取物，既未遭敌"半济而击"，又未使敌首尾相顾，最终大获全胜。邓小平当时就指明，此役胜利，在政治上"表示了反动的南京政府的灭亡"，在军事上"表示了敌人在长江以南的一支最大的最有组织的力量的覆灭"。

奇正相生 以谋制胜

——参加指挥进军大西南

刘伯承和邓小平指挥二野进军川黔的作战，是一次以正兵交战，以奇兵取胜的典型战例。关于奇正相生，古代兵书多有论述。《孙子兵法·势篇》讲："凡战者以正合，以奇胜。故善出奇者，无穷如天地，不竭如江海。……战势不过奇正，奇正之变，不可胜穷也。奇正相生，如循环之无端，孰能穷之？"意思说，作战总是以"正兵"与敌人相交，以"奇兵"制胜。所以善于运用奇兵的人，战术变化就像天地一样无边无际，就像江河一样源远流长。作战态势无外乎"奇""正"，但"奇""正"的变化却无穷无尽。奇和正相互依存，互相转化，就像首尾相接的圆环一般无头无尾，谁能穷尽它呢？《百战奇略·奇战》解释："所谓奇者，攻其无备，出其不意。交战之际，声东击西，使敌莫知所备，如此则胜。法曰：敌虚则我必为奇。"

刘邓熟知兵法，对奇正相生、出奇制胜的谋略烂熟于胸。关于进军西南的方针及实施步骤，刘邓在1949年7月就得到了毛泽东的明确电示：进军兵力，刘邓部50万加贺龙部10万。进军时间，由8月改为9月（后来是11月）。进军路线：二野主力取道湘西、鄂西、黔北入川，12月可占重庆一带。贺龙部经川北南下进占成都。陈赓部完成战役后前出昆明，以占领并经营云南为目标。刘、邓、贺组成西南局，经营川、滇、黔、康四省。总之，我军对白崇禧及西南各省均取大迂回动作，插至敌后，先完成包围，然后再回打之方针。

作为四川人，刘邓都很熟悉川黔易守难攻的险要地形。秦岭、大巴山、武陵山山脉，像一道天然屏障，隔断了川黔与内地联系，封建势力盘根错节，军阀土匪遍地林立，地处边陲，便于取得帝国主义直接援助。正因为如此，蒋介石想在主力丧失殆尽，江南不保的情况下，重温抗日战争时期国民党政府偏安一隅的迷梦。其部署是：以嫡系胡宗南集团等扼守秦岭等天险，阻止解放军入川，以白崇禧集团等组织湘粤联防，凭借两广作为固守西南掩护。如广东不保，白部退入老巢广西，与四川胡宗南部遥相呼应，联络云贵军阀，负隅顽抗，以待时机。

双方统帅部关于在川黔山地实施进攻与防守的会战战略方针已定，尔后就是双方作具体的军事部署了。

邓小平和刘伯承通过西南地下党组织和各种关系，了解到川黔守敌的军事计划：以主力胡宗南集团辖五、七、十八兵团，依秦岭主脉构筑主要防线，并沿大巴山等山构筑第二道防线，阻我由陕西入四川。以宋希濂集团辖十四、二十兵团与十六兵团配合，扼守川东门户。罗广文十五兵团置于南充等地，准备向川北或川东机动，另派几个军分散配置在公路沿线及两侧要点，或担任警备或监视地方实力派。

刘邓十分清楚，上述部署表明，敌人部署是以四川为防守重点，而坚守秦岭阻我由此入川为重点之重点。在敌人看来，川东方向，由于地势险要，交通极为不便，大兵团行动困难。而川南和与之毗邻的云贵后方，因有湘桂的白崇禧集团10余万人作保障，足以保证安全。而川北，既是我军入川捷径，又有陇海铁路与我解放区相连，补给问题较易解决。而历史上，确有魏国大将邓艾率精兵由川北渡险南下，以"奇兵冲其腹心"成都，最终灭蜀的先例。因此，敌人判断我军主力最大可能由这一方向入川（我地下党组织通过秘密关系，强化了敌人这种误判）。

出其所必趋，趋其所不意。行千里而不劳者，行于无人之地也。故善攻者敌不知其所守。根据敌人这种布防，刘邓下达了川黔作战命令，决心会同四野一部，首先以第三兵团主力等部围歼宋希濂部于彭水以东地区，第五兵团等部仍以大迂回动作，直出贵州，夺取贵阳、遵义，进击宜宾、纳溪、泸州，断敌逃往云南退路。刘邓认为，我军只有在敌人主要退路上迅速而不停顿地前进，只有让敌人担心可能失去退路，我军才能期望最快地取得战果，"因此必须以真正切断敌人的退路为目的"。外国军事理论家对此也深以为然。

刘邓隐蔽战略企图是十分成功的。在中央军委统一部署下，贺龙率第十六兵团向秦岭之敌发动攻势，抑留川敌主力胡宗南部于川北，中原军区部队也积极向川东方向佯攻。上述兵力是进军西南的"正兵"，尽管其人数不多，却起到了牢牢牵制敌军主力的作用。另外，第四野战军主力及二野陈赓兵团，于10月间胜利完成了衡宝战役和广东战役，分别歼灭桂系白崇禧集团主力4个师和粤军余汉谋大部，乘胜进军广西，浩浩荡荡，气吞山河。

作为进军西南的"奇兵"二野，在刘伯承、邓小平指挥下，继续迷惑敌人。他们命令野战军领导机关率第三兵团乘火车由南京、徐州向湖南开进，途经郑州时，刘邓特意出席群众大会，宣布大军进发四川，佯示西进陇海路，然后由川北南下。新华社还公开发表了刘邓率部经徐州、郑州准备西进的新闻报道，制造二野主力将由陕入川的假象。实际上，部队已秘密南下，直奔湘鄂西，第五兵团也按照刘邓指令，乘四野发动衡宝、广东战役之机，就势隐蔽地在湘西集结。二野主力潜形匿迹，迂回西南。

1949年11月1日，与四野发起广西战役同时，刘伯承和邓小平指挥二野发起进军川黔作战。担任战略迂回任务的第五兵团等部，分别由湘西的邵阳、桃源地区出动，以突然迅速的动作，于10日前就挺进至贵州境内，解放了镇远、三穗地区，并直插贵阳、遵义。第三兵团也在刘邓指挥下，会同四野一部，突破了宋希濂部两翼，解放了秀山、酉阳、恩施等城。贺龙部也在川北发起攻势。刘邓指挥二野主力等在北起湖北巴东，南至贵州天柱，宽约500公里的地段上向敌实施多路进击。这些战役行动，完全出乎敌意料之外，马上打乱了敌人西南整个防御部署。仓皇之中，川东南之敌企图重新布防，确保川敌主力侧后方安全。而我军各部排除万难，加速猛进，于11月15日解放贵阳，19日，围歼了宋希濂兵团。

这样，不仅敌"川湘鄂边防线"被粉碎，而且敌人大西南防线也被拦腰斩断。既打破了白崇禧部西撤云贵的企图，又威胁着川北胡宗南部退路。这时，坐镇重庆的蒋介石如梦方醒，开始觉察到我军由鄂、湘西进川黔，迂回重庆、成都的企图。遂急令胡部由秦岭等地急速南撤，令其第一军驰援重庆，罗广文等部在南川及其以东地区布防，迟滞我军前进，掩护胡部撤退。

外国军事论著曾认为，对正面很宽的山地防御，进攻者当然应该集中兵力实施进攻，但在这种情况下要包围敌人整个军队是不可想象的。要取得重大胜利，主要应采用突破敌人防线和击退敌人侧方部队的方法，而不是采用旨在切断敌人退路的包围手段。刘邓则认为，当前战役重心，仍在隔断罗广文等部向云南的退路，在长江南岸求歼该部。这样，我左翼迂回部队极为重要。遂令第五兵团除以必要兵力留守贵州外,主力则经黔西北迅速迂回泸州、宜宾一带。并先敌占领土城、盐津之线,三兵团主力立即强渡乌江,求歼罗广文等部,如敌后撤则暂停于川南地区,待左翼战略迂回断其退路后,再继续前进。根据军委决定,四野一部和一野一部改归二野刘邓指挥,参加入川作战,十八兵团为配合三、五兵团大迂回包围,继续在秦岭地区积极开展攻势。

克劳塞维茨讲:"突然性和不断前进是进攻的最有力的两个翅膀,尤其在以打垮敌人为目标的进攻中,它们更是不可缺少的。"根据刘邓指示,各参战部队继续对敌实施迂回包围。他们以迅速勇猛的动作和多路的迂回截击,分割包围敌人。至11月28日,将罗广文兵团等部大部歼灭,并乘势夺取重庆。12月初,我五兵团主力等已迂回至川南,完全切断了敌军南逃道路。与此同时,贺龙率领的十八兵团作为"正兵",采取"先慢后快""先松后紧"战术,在完成抑留胡部在秦岭地区任务后,兵分三路,以神速动作,由陕入川,兼程南追。

这时,蒋介石急令胡宗南部撤往成都地区,组织防御,负隅顽抗,或向西康和云南突围逃窜。对此,刘邓决定发起成都战役,以二野主力迅速西进,断胡部退往康滇道路,然后会同贺龙所率十八兵团等聚歼胡部等敌于成都盆地。第三、第五兵团不停顿地向成都方向追击。12月20日攻占蒲江、邛崃、大邑等城,消灭了先我到达之敌,完全截断了胡部逃路,从西、南、东三面对成都地区布成袋形阵地。21日,十八兵团等适时进抵合击位置。经压缩包围,全线攻击,27日,我军全歼成都地区守敌。短短数月,国民党蒋介石苦心构筑的吹嘘可与法国"马其诺防线"相比拟的大西南防线便土崩瓦解了。

刘邓指挥的向川黔进军和进行成都战役,历时2个月,前进达2000公里,歼敌90万人,解放了祖国西南地区,作战取得了巨大成功。后来,刘伯承等总结作战经验时认为,我军在部署上,以位于川陕边之第十八兵团等部故行宣扬进军四川,迷惑和抑留胡宗南集团。二野主力则以远距离的大包围、大迂回,"出敌不意,突然扑其侧背,断其逃路"。行动上猛打猛冲猛追,使敌无法苟延残喘,更来不及变动原有部署。第十八兵团等部在二野主力即将切断敌退路时,勇猛追歼胡宗南集团,使敌完全被动,全部被歼。这是此役胜利的关键。40年后,邓小平轻松地回忆道:"进军西南,同胡宗南那一仗打得很容易,同宋希濂也没有打多少仗。"这足以证明,刘邓巧用奇正相生谋略,出奇制胜,取得了巨大成功。

慈不掌兵　罚不迁列

——严明军风与整肃军纪

邓小平长期担任部队政治委员，对毛泽东"加强纪律性，革命无不胜"的名言理解颇深。他认为，从严治军、严守军纪、整肃军风是提高部队战斗力，使我军立于不败之地的重要保证，也是密切军民关系使我军无敌于天下的先决条件。在实际工作中，他在这方面的事例不胜枚举。

古往今来，富有远见的政治家、军事家均主张治军从严。《史记·孙子吴起列传》记载着这样一个脍炙人口的故事：吴王看过孙子兵法十三篇后，为检试其实际指挥能力，让孙子训练180名宫女。孙子将宫女分为左右两队，让吴王宠姬分别任队长。令她们手持长戟。然后问她们知不知道前胸后背左右手，回答皆知。孙子又告诉她们前后左右四面转要领。宫女们表示明白。"约束既布，乃设铁钺，即三令五申之"。当击鼓命她们右转时，宫女们大笑。孙子自责说："约束不明，申令不熟，将之罪也。"便又三令五申动作要领和军纪，再击鼓命令左转时，宫女们仍大笑不止。孙子说："既已明而不如法者，吏士之罪也。"于是准备将两队长斩首。吴王大惊出面劝阻，表示已知道他会用兵，没有两爱姬，自己会食不甘味。请孙子刀下留人。孙子说："臣既已受命为将，将在军，君命有所不受。"遂斩二人以严肃军纪。又指定两队排头宫女为队长。再击鼓时，宫女们"左右前后跪起皆中规矩绳墨，无敢出声"。吴王虽因宠姬被斩心中不悦，但看训练整齐的宫女，知道孙子确实善于指挥，最后还是重用孙子。

也是这位孙子，在兵法《地形篇》中分析军队败阵六种情况时，把"将弱不严，教道不明，吏卒无常，陈兵纵横"称作"乱"，认为"乱"等情况，是战败根源，也是将领最大责任。

慈不掌兵，罚不迁列。越是艰难困苦，越要严肃军纪。

刘伯承、邓小平率部挺进大别山的壮举，改变了全国战局。刚进入大别山区坚持斗争时，鉴于部队中接连出现违反群众纪律的事件，邓小平政委和刘伯承司令员、张际春副政委等于1947年9月2日在经扶（今新县）召开紧急干部会议，邓小平一针见血：部队纪律坏，这是我军政治危机的开始。张副政委代表野战军司令部宣布：以枪打老百姓者枪毙，抢掠民财者枪毙，强奸妇女者枪毙！此令一下，部队违法乱纪歪风很快被刹住。

11月某一天，邓小平等人在黄冈县看见有个军人在刺刀上挂着一捆白布、一捆粉条，马上下令追查。很快查清该人是警卫团一个副连长。为解决连里的物资供应，他违犯了群众纪律，强买小贩的东西，还开枪威吓。邓小平立即与刘伯承等商量，要枪毙这个副连长。消息传出，有人反映该人立过战功，可否不杀。邓小平等权衡利弊，斟酌再三，最后决定还是要杀。当日下午就在当地执行。刑前，李达参谋长亲自召集总直属队军人大会，并请当地小商贩参加。死刑执行后，消息不胫而走。既解除了群众对部队的疑虑，又树立起遵纪守法的新风。

古语道："罚不迁列，欲民速睹为不善之害也。"意思为行使处罚要当场进行，以便让百姓或军士立即看到为非作歹的害处。邓小平等处理的上述事件，可称为现代"罚不迁列"的典型事例。

1938年10月，毛泽东在延安亲自批准处决逼婚未遂、开枪将女方击毙的抗大第六队队长黄克功。毛泽东认为，正因为黄克功是多年的共产党员和红军，所以，我们不能不执行比一般平民更加严格的纪律，特别是当抗日战争爆发、国家危急之时，"如为赦免，便无以教育党，无以教育红军，无以教育革命者，并无以教育做一个普通的人"。几个月以后，作为新任一二九师政委的邓小平，在抗日前线山西辽县，也经手处决一个奸污妇女的老红军战士事件。宣判大会气氛十分严肃，大家都站立着。师政治部军法处宣布罪犯犯罪经过，并宣读判决书。之后，邓小平讲话。他针对"判决过重"的反映和当地群众前来说情，要求轻判的意见说：我们共产党领导的八路军同军阀队伍最大区别之一就是纪律严明，决不允许侵犯群众利益。为了揭露反动派的造谣欺骗，让群众真正了解八路军完全不同于旧军队，就需要我们用实际模范行动来打动群众。只有这样，我们才能得到群众爱戴，才能在敌后生存。我们出师以来部队纪律好，但这次一个战士犯罪一传开，就会破坏几个月来我军在群众中树立的好印象，对我军造成很坏影响。所以，尽管有群众代表来求情，我们也决不能心软，一定要严肃处理。最后，他号召大家吸取教训，严明群众纪律，遵守三大纪律八项注意，无愧为革命军人。

历史上有诸葛亮挥泪斩马谡，并自请降职三级，以维护号令统一，显示军纪严明。自然，维护军纪毕竟不能只靠杀人或惩罚，只有分清善恶，晓之以理，肃之以情，才能真正杀一儆百。明朝著名将领戚继光曾说："有斩首于前而不畏于后者，有言语之威而畏如刀锯，罚止数人而万人知惧者。此盖有机。机何物也，情也，理也。"这里的情、理是指要分清善恶，合情合理。邓小平刚调任一二九师，就紧紧抓住这件事，亲自出席军人大会，对指战员进行法规军纪教育，这极其有利于整饬全师纪律。戒满防骄，谨行励志，越是胜利到来之际，越要遵纪守法。

人们往往对胜利之师表现出宽容，而邓小平却并未因部队获得胜利而松懈军纪教育。他的老部下说过，陇海线上打了个大胜仗，却挨了大批评。1946年8月，刘邓率部发起陇海战役，这是刘邓部在内战全面爆发后的首战，歼敌1.6万人。杨勇、张霖之率第七纵队英勇作战，解放砀山城，歼敌5000多人。但在战斗中纪律不好，损坏了群众家具等，不少群众家被弄乱了。情况反映到邓小平处，他非常重视，当即脚蹬泥水，来到前线，马上召集团以上干部会议。

邓小平在讲话中首先肯定了七纵的战绩，接着严肃指出：你们在作战中牺牲那么多人为了什么？不就是为了解放人民群众吗？为什么还要损害群众利益呢？违犯群众纪律，就得不到人民的支持，没有人民支持，就不能取得战争胜利。纵队首长当场承认错误，按邓小平指示，立即令部队赔偿群众损失。

此事对指战员教育很深。在20天后的定陶战役中，七纵战士帮助家中无人群众照看牲畜，工事旁已成熟的梨、枣，战士们一个都不动。可见，邓小平的"大批评"收到显著成效。

"南京路上好八连"从进驻上海之日起，就保持发扬我军优良传统，拒腐蚀，永不沾，誉满全国。连毛泽东也作诗称赞："纪律好，如坚壁。"可是，很多人不知道，进驻上海的指战员们严守军纪（好八连仅是其中典型），与邓小平、陈毅此前在丹阳整肃军纪有直接关系。

当时，邓小平等正在丹阳领导攻占和接管上海工作。有一天吃晚饭时，邓小平和其他首长议论部队纪律状况。有人讲丹阳城满街是军人，整天兜来兜去，邓小平听后很不高兴，当听到陈毅讲部分领导放弃领导责任，不严格管理部队，致使有些军人硬闯进戏院看戏，而群众有票却进不去的情况时，他重重地放下碗筷，激愤地说：这像什么话！我们的领导同志是怎么当的？！那些人是谁给他们的权利？我们当领导的要抓军队纪律，如不好好抓一抓，进上海以后肯定会天下大乱的！陈毅也表示自己要狠抓一下。邓小平严肃地说：对，赶快抓。一连几天他都在抓严肃军纪问题，陈毅还专门向接管干部和直属机关排以上干部作报告，着重强调加强革命纪律重要性。进驻上海以后，很多部队露宿街头，秩序井然，显示出良好组织性和纪律性。丹阳整肃军纪，作用十分重大。

此外，邓小平还处理了攻占郑州以后，某纵后勤部副部长因吉普车而与地方同志发生争抢的事件。进占重庆后，还亲自参加处理过个别高级干部喜新厌旧，乱搞男女关系，强占小车大房，无限制追求生活待遇等违法乱纪、影响极坏事件。

防微杜渐，越是小事越要抓住不放。

邓小平担任师政委、野战军政委、总前委书记，每天该有多少军政大事需要解决。举重若轻，善于宏观决策和指导的邓小平，对军纪方面区区小事也十分重视，一抓到底。

从1947年12月至1948年2月，邓小平和李先念等率前方指挥所留守大别山，指挥中野主力与白崇禧展开"清剿"与反"清剿"斗争。《前指纪事》记载了这样两件"小事"：

12月27日，河南商城县西南五里畈。指挥部经整夜行军，拂晓才宿营。各部门都是按着老规矩，干部亲自动手打扫房间，借办公的桌凳，腾出通讯员挖厕所。天刚明，太阳还没有露头，邓小平就亲自到各处检查卫生。他刚走到机要处附近，发现老乡厕所里有新大便，未用土盖，便找到机要处黄兴正副主任说：这是什么人干的？赶紧追究！并嘱咐：今后你们应派人放个哨，监视这些不遵守纪律的人。

1948年2月4日，部队改善生活，欢度春节。几个同志去池塘捉鱼，因工具简陋，收获不大，便放掉池塘水，在水流口处捕捉。结果收获不小，一个池塘弄到几百斤鱼。正当大家兴高采烈欢呼时，邓小平从山坡小路走过来。先是对大家在艰苦条件下仍保持饱满乐观情绪予以鼓励，转而又严肃指出：池塘水是群众备旱用的，你们竭泽而渔，贪图眼前，损害了群众利益。经此指点，大家后悔莫及，遂向群众道歉，并赔偿了损失。为此事，邓小平亲自起草一个通知，下发给前指所属部队，号召全体指战员处处留心照顾群众利益，绝不能竭泽而渔。

《孙子兵法·地形篇》曰："厚而不能使，爱而不能令，乱而不能治，譬若骄子，不可用也。"几十年的军旅生活，使邓小平十分喜爱他和刘伯承等亲手带出来的二野这支军队，他称赞二野挑了重担，完成了任务，锻炼成一支"了不起的部队"。但他们深知，对士兵仅厚待而不能使用，只知溺爱而不能命令，违法乱纪也不能整治，如娇生惯养的孩子一样的军队不能用来打仗。由此而脱离群众，亦如鱼离开水一样而无法生存。

秣马厉兵　常备不懈

——指明教育训练的战略地位

著名军事理论家诺米尼在《战争艺术概论》中讲："在长期的和平环境中，保持军队的战斗力特别重要，因为军队的战斗力在和平时期最容易退化。"我国清朝的八旗军，曾是一支骁勇善战的军队，它为清王朝的建立和巩固立下了赫赫战功。然而，在长达100多年的优尊闲适生活中，无战事，少训练，结果使这支"常胜军"训练无素，在战场上成为一群乌合之众，不用说鸦片战争以后抵御外国侵略军，就是镇压太平天国运动清政府也是力不从心。古罗马军团在战事频繁的西庇阿时代，身穿甲胄，头顶烈日仍能斗志昂扬地进行战斗，在历史上威震一时。然而，经过长期和平年代，它退化了，以致在日耳曼和高卢凉爽天气下，却难以忍受甲胄的重量，更不用说重振军威。

可见，就军队本身而言，除了统帅部腐败无能外，缺少严格的、经常的军事训练，是其衰败的根本原因。所以，诺米尼认为，要举行大规模演习训练军队，尽管这种演习对真正的战争还模拟得很不完善，但却不可否认这是训练军队准备战争的最有效的方法。

上述古今中外的事实表明，长期的和平环境，可能导致军队退化，但也可以为军队提供一个相对稳定的进行系统军事教育训练机会，充分利用这一机会，不仅可以避免前车之鉴，而且仍会使军队保持光荣传统，提高部队战斗力。

其实，这个事关军队兴衰的重大课题，邓小平很早就注意到了。他在第一次主持中央军委工作时，于1975年7月提出："战略要研究的问题，不仅是作战问题，还包括训练。要把训练放在战略问题的一个重要位置上。"两年后他再次参加中央军委领导工作时重申："在没有战争条件下，要把军队的教育训练提高到战略地位。"以后,他又在各种场合多次论及军队教育训练的战略地位。可以说,这是邓小平在新时期中关于军队建设的一个极为重要的思想。

战略问题是研究战争全局的规律的东西。邓小平提出把教育训练提高到战略地位,正是要求把教育训练作为军队新时期建设的全局性问题来对待。本来,军队是以从事战争为主体的军事实践为基本的活动,但是,在和平时期,特别是进入我国社会主义现代化建设的历史新时期,军队经常、系统的教育训练,已经由战争年代辅助打仗而变为具有战略意义的基本的军事实践活动。这一活动对军队的其他活动,起着根本的决定作用。古语说:养兵千日,用兵一时。这里的千日养兵就是指平时好好训练、培养军队,而不是指养尊处优。一时用兵显然指战事发生后,养精蓄锐的军队能够来之能战,战之能胜。邓小平紧紧抓住教育训练和上前线打仗这两者之间辩证关系,不失时机地把教育训练突出到战略高度,充分表现了他政治上的远见卓识和军队建设问题上的深谋远虑。

那么,邓小平关于军队教育训练的基本内容是什么?我们通过他的一系列有关论述得知,就是包括军事训练、政治教育、科学文化知识教育、民用技术训练在内的"四位一体"。

关于军事训练。邓小平在1977年12月28日中央军委全体会议上的讲话中指出:军队要勤学苦练,要掌握现代战争的有关知识,要学会现代作战的本领,"特别是要训练干部学会指挥现代战争","要努力提高干部指挥现代战争的能力"。

他在讲话时,眼睛望着在座的许多老同志,意味深长地讲:指挥现代战争,随着我们装备的现代化,我们的干部指挥能力够不够?不要以为我们过去打了很多漂亮仗,立了很多战功,就觉得自己行。新的武器装备一来,行不行呀?懂不懂呀?指挥能力够不够呀?就是自己行,下面的人行不行呀?你不训练,就是不行。

邓小平在另一次讲话中还举例说,现在是合成军队作战,空中也有,地面也有,水里也有,不是过去的小米加步枪了。现在当个连长,同过去的连长可不一样了,过去的连长,驳壳枪一举,就是"冲啊!"现在连长的知识要求比过去多得多,更不用说连以上干部了。打起仗来,给你配几辆坦克,配一个炮兵连,还要进行对空联络,你怎么指挥啊?这就要求提高干部的指挥水平。如果不注意军队训练、指挥,至少在战争初期要相当倒霉。这样的话,他讲过不止一次。

关于政治教育。是指以提高部队官兵政治觉悟为目的的教育活动。邓小平于 1977 年 8 月 23 日在中央军委座谈会上说:军队的好传统、好作风,也要从苦练当中恢复和发扬起来。"军队要能打仗,靠提高政治觉悟,靠勤学苦练"。可见,教育训练不仅要培养好的军事素质,还要培养好的政治素质。要在部队官兵中组织马列主义、毛泽东思想的基本理论等方面教育。

关于科学文化教育。是指在部队中进行科学文化知识普及教育。他明确指出:军队要努力学习现代化战争知识和其他许多必要的政治文化科技知识,还可以组织部队的干部和战士学一点外语。有了必要的科学文化知识,就可以掌握现代战争知识,学会现代作战本领。

关于民用技术训练。是指在军队中进行使军队人员掌握若干民用技术的训练,将指战员们培养成军地两用人才。根据国家经济建设的需要,邓小平明确说:我们在教育训练中要给干部创造到地方工作的条件,在使干部学到现代战争知识的同时,还要学到现代科学知识和生产知识,如工业、农业的知识,有条件的,还要使他们学点专业技术,比如开汽车、开拖拉机,并且懂点原理,使军队里具有多种知识和一定专业技术的人渐渐多起来。这对国家建设有利,对军队建设和战备也有利。

上述的军、政、科、民四位一体化的训练,军事教育训练始终处于首要和中心的位置。因为人民军队首先是一个战斗队,这是它的首要任务。军队最重要的素质是军事素质,各种训练中主要的是军事素质方面的培养和训练。所以,邓小平讲得最多、最突出的还是军事训练。认为应始终把军事训练摆在中心,以此来带动其他三个方面的训练,其他方面的训练都应围绕着军事训练展开。

邓小平要求把军队教育训练从宏观上提高到战略地位,同时要求将这一方针具体化。他认为这是在目前不打仗情况下,考验干部,提高干部、军队素质,提高军队战斗力的主要方法。关于具体化,他强调主要从两个方面去做:

一是部队本身要提倡苦练苦学。邓小平在列举军队中存在的问题以后说:部队要加强政治教育,加强纪律性,要从勤学苦练中学本领。军队的好传统、好作风,也要从苦练当中恢复和培养起来。军队要能打仗,靠提高政治觉悟,靠勤学苦练,否则,不仅不能提高本领,还会出事故。"从战士到干部都要苦练。"干部更要在苦练中增长指挥能力和管理能力。通过勤学苦练,学习现代战争知识,掌握诸军兵种联合作战的能力,通过勤学苦练恢复和发扬我军的光荣传统和优良作风。

二是通过办好军事院校来解决干部问题,把更多的干部放到院校中去训练。对这方面,邓小平讲得十分详细。他提出,院校设置要有高、中、初级之分;院校要选好校址、干部,包括教员,解决好教材问题,选好学员。干部入院校学习要制度化,要切实搞好师资培训,不断提高教员队伍的水平。办好院校,并保证各级各类干部经过相应的院校培训。院校教学时间比例,军事学校的可为军七政三,政治学校政六军四。授课者除专职教员外,院校领导、大军区和所属部门的领导同志也都可以兼课。对学习比较好、指挥管理能力比较强、思想作风又好的干部,学校可以推荐提拔。

总之,邓小平希望通过教育训练,培养出大量适合我军现代化建设的、具有世界水平的、能够创造未来的人才。

披甲执锐　所向披靡

——指导华北军事大演习和国庆大阅兵

1981年9月19日,是人民解放军发展史上一个不寻常的日子。邓小平等党、国家、军队领导人在华北某地,检阅了陆海空三军将士组成的受阅大军和由这支受阅大军进行的"实战"军事演习。之后,邓小平讲了话:"这次演习,检验了部队现代化、正规化建设的成果,较好地体现了现代战争的特点,摸索了现代条件下诸军兵种协同作战的经验,提高了部队军政素质和实战水平,这对全军的建设、战备和训练是一个有力的推动。"

当代战争高度合成化的特点,要求军队也应把合成训练列为训练的重点。不少国家都经常组织不同规模和等级的诸军兵种合成演习,并将这种演习制度化、规范化。如美国等国军队规定:所有的陆军师每年都要举行一次合成演习;营以下战术合成训练要占训练时数的50%至60%。美军参谋长联席会议,每年要指挥和协调60至80次军兵种联合演习。

邓小平于1977年重新出来工作,特别是参与中央军委领导工作以后,在精简整编、全面整顿军队基础上,把军队合成的问题提到了议事日程。1980年,当有同志提出搞合成师、合成军问题时,邓小平敏锐地感到这个问题"很值得我们思考"。认为这样便于平时合成训练,便于指挥员熟悉特种兵的指挥,免得临时配属不习惯。他要求军队领导人:"通过平时训练,使大家熟悉这方面知识,学会这方面本领。"同年底,邓小平决定,搞一次大规模的实兵演习,检验我军现代化防御作战能力。他指示:我们好久没有打仗了,要搞合成军,天上、地上都要有,通过训练提高部队的实战水平。

军令如山倒,解放军各部队遵照邓小平等领导同志的指示,积极摸索、大胆改革、勇闯新路,为建设现代化国防做出了新贡献。这次华北军事演习,就是一次按照现代战争要求,在军事指挥、政治工作、后勤保障等方面都获得丰收的演习,是经过充分准备、精心组织、协同准确,各方面工作有条不紊的演习。它标志着我军在提高合成军队协同作战能力,运用现代作战手段对付敌人方面,迈出了新的一步。所以,邓小平对演习给以充分肯定,认为"演习达到了预期目的","是成功的"。

粉碎"四人帮"以后,很多人为我军战斗力状况担心,对此,邓小平坚定地告诉大家,这次演习已充分表明:我们党缔造的、用毛泽东思想武装起来的人民军队,军政素质是好的,是有优良的战斗作风和严格的组织纪律的,是有战斗力的。我们完全相信,有这样一支好的军队,又有广大人民群众的支持,一定能够打败任何侵略者。

阅兵场上,邓小平等站在检阅台上,检阅着受阅大军。先是陆海空三军仪仗队,接着学员方队、步兵行列刚过,强大的人民炮兵、工程兵、装甲兵行列威武地走来。炮车、坦克卷起的漫天烟尘尚未消散,远方天际又传来春雷般的吼声。蓝天白云间银光闪闪,人民空军的强大机群飞了过来。然后是特技飞行表演。历时1小时50分的盛大阅兵高潮迭起,掌声不断。

但是,作为高瞻远瞩、深谋远虑的政治家、军事家,邓小平并没有为眼前的初步可喜成果而陶醉,他在向参加军事演习部队指战员的讲话中,指明我国所面临的有利国际、国内形势,强调我军是"人民民主专政的坚强柱石,肩负着保卫社会主义祖国、保卫四化建设的光荣使命"。因此,他代表党中央、中央军委提出:"必须把我军建设成为一支强大的现代化、正规化的革命军队。""我们一定要加强军政训练,进一步增强部队的军政素质,努力提高现代条件下诸军兵种协同作战的能力。""我们一定要在国民经济不断发展的基础上,改善武器装备,加速国防现代化。"

几天后,邓小平主持庆贺演习成功大会,并和党政军领导人、参加演习的部队指战员及其他方面负责人合影留念。参加这次演习的有陆军、空军等军兵种、后勤、医务人员共11万多人,出动坦克、装甲车1300多辆,火炮1500多门,飞机285架,汽车1万多辆。这是人民解放军历史上规模最大的一次军事演习。

3年后,即1984年10月1日,身为中央军委主席的邓小平,在北京庆祝建国35周年阅兵式上,检阅了解放军分列式受阅部队。

据历史文献载，中国早在公元前的周朝，就有以打猎方式进行的阅兵。后来逐步发展为定期检阅士卒和战车，以及不定期在战前和战斗间隙进行"观兵""观师"。汉朝时，常在立秋之日"祭兽"时进行定期阅兵，受阅内容增加了一些打斗动作。到清朝，每3年进行一次称为"大阅"的阅兵活动。外国阅兵的历史也可上溯到公元前的古代埃及、波斯、罗马等国家。几千年以前，在没有任何通信联络情况下，东西方诸国竟不约而同地举行了阅兵仪式，这是很有意思的。

中国人民解放军在战争年代就有着阅兵的传统。每逢部队出征或重大战役前后，大都要举行阅兵。1934年8月1日，中国工农红军在江西瑞金举行了一次盛大的阅兵。中共中央、中华苏维埃政府、中革军委领导人周恩来、博古、毛泽东、朱德、刘伯承等，骑马检阅了士气高昂的红军队伍。朱德还亲自率受阅部队宣誓。最激动人心的是1949年10月1日，毛泽东等党政军领导人在开国大典上的大阅兵，这是以毛泽东为代表的老一辈革命家几十年艰辛奋斗、孜孜以求的辉煌事业取得完全胜利的鲜明坐标。

邓小平作为开国元勋之一，也参加了这次大阅兵。不过，那时的历史镜头焦点绝大部分时间是向着毛泽东。35年后，在庆祝共和国35岁生日的时候，邓小平站在毛泽东当年站的位置上，作为全军统帅，检阅了受阅部队。

关于恢复检阅部队之事，也是邓小平力主的。他知道，从1949年到1959年，天安门广场举行过11次阅兵。后来，党中央国务院改革国庆制度，实行五年一小庆，十年一大庆，"逢大庆举行阅兵"。后来，大庆时阅兵未能实现，军队内部阅兵也被当作形式主义取消了。

1980年3月，邓小平在一次听取汇报后说：部队阅兵好久没有搞了。不能说阅兵、搞分列式就是形式主义。它对部队作风培养有实际意义。通过阅兵，把军队摆出来，让人民看看，也可以密切军民关系。于是，华北实兵演习后检阅分列式阅兵仪式方案被肯定下来。3月18日，总参谋部通令全军，恢复军队内部的阅兵。同年12月，中共中央决定，1984年10月1日举行国庆大阅兵。1983年12月，阅兵领导小组和阅兵指挥部相继成立，各项准备工作迅速展开。1984年3月，邓小平等听取阅兵方案汇报，并批准了这一方案。随后，各受阅方队迅速组建，开始进行为期5个月的训练。并于9月6日、22日夜间在天安门广场进行了两次实地预演。

1984年10月1日上午10时，国歌奏响，礼炮轰鸣，五星红旗迎风招展。邓小平挺立在阅兵车上，频频向列队指战员挥手致意，还通过阅兵车上的扩音器不时地向他们亲切问候："同志们好！同志们辛苦了！"指战员们则响亮地回答："首长好！为人民服务！"

邓小平检阅完毕后回到天安门城楼发表重要讲话。他首先向解放军全体指战员和全国同胞、同志们和朋友们表示节日问候。随后宣告中国的面貌已焕然一新，重申中国实现现代化的目标，重申中国的对内对外政策，号召全军指战员，"务必时刻保持警惕，不断提高自己的军事政治素质，努力掌握应付现代战争的知识和能力"。邓小平最后高呼的四个口号之一是"伟大的中国人民解放军万岁！"

邓小平讲话结束后，在雄壮的《解放军进行曲》的节奏中，分列式开始。陆海空三军仪仗队率先走来，6个军事院校的方队、5个步兵方队、水兵方队、空降兵方队走来。随后是女卫生兵方队，这是新中国成立以后第一次出现在阅兵队列中的女卫生兵。人民武装警察、男女民兵方队也相继通过广场。

徒步方队过后，反坦克导弹、炮兵等方队接踵而至。受阅的28种武器装备，全部是中国自行研制的，其中19种是新装备，具有现代水平，有的还具有世界先进水平。与此同时，空军的4个梯队也先后低空飞过天安门上空。

这次受阅的有不少是新式武器，某些还是首次公开"亮相"，给外国军事观察家留下了很深的印象，标志着我军向现代化迈出了一大步。

邓小平参观华北某地军事大演习和国庆大阅兵，是他在推进人民军队向现代化迈进的深谋远虑之举。

整军经武　树立权威

——领导人民解放军恢复军衔制

1988年7月1日，七届全国人大常委会第二次会议，以122票赞成、1票反对、4票弃权的表决结果，通过了新的《中国人民解放军军官军衔条例》。8月1日，在人民解放军中又恢复了军衔。这是作为中央军委主席的邓小平，在推进军队现代化建设进程中的又一重大的新举措。对此，西方军事分析观察家们认为：这些行动同改革有关，旨在使中国的武装部队现代化，清除过去"左"的痕迹，同时还在于提高士气。

实际上，邓小平曾拒绝接受授予自己的元帅军衔。那是1955年实行军衔制以前，根据大家意愿，准备授予毛泽东为中华人民共和国大元帅军衔，连大元帅肩章都已制作完毕。可是，毛泽东拒不同意当大元帅，还询问当时已主要从事地方工作的周恩来、刘少奇、邓小平，接不接受准备授予他们的元帅军衔。邓小平等均表示拒绝。1955年2月8日，第一届全国人大常委会第六次会议通过了包括军官军衔制度的《中国人民解放军军官服役条例》。9月27日，毛泽东在怀仁堂授予朱德等10人中华人民共和国元帅军衔。接着，全军相继授予解放军军官将校尉军衔。到1965年，共授予将官以上军衔1613人。

1965年5月，由于"左"倾错误思想的影响，《关于取消中国人民解放军军衔制度的决定》"获全票通过"，这样，实行了10年的军衔制即告中止。人民军队向现代化迈进的进程也同时被打断。

那么，为什么时隔15年之后，军衔制又得到恢复了呢？

西方分析家发表讲话说：在中国军队1979年同越南发生短期边境战争中出现令人难堪的表现之后，恢复军衔的必要性就显而易见了。还有的外交官认为，这是中国军队为适应同越南局部作战，需要有严格的指挥系统，有明确的条款表明谁下命令、谁接受命令而采取的措施。

这些评论不无道理，评论中所言的"难堪"也确有其事。1979年对越自卫反击战中，人民解放军参战部队在急行军的路上，发生了严重的堵塞，坦克车、运输车、炮车挤成一团。军区军务部长亲自出面指挥疏导也无济于事。因为没有军衔标志，疏导命令缺乏权威性。

但是，这仅仅是一个历史的重要契机。实际上，自从粉碎"四人帮"以后，邓小平就为人民军队如何实现现代化而殚精竭虑，思考如何在全面整顿军队基础上，与世界各国的军事制度接轨。恢复军衔制，只不过是他筹划的举措之一。1980年3月，邓小平提出要搞军衔制。随后，军队统率机关在8年内召开了有4万人次参加的上千次座谈会，讨论《军官军衔条例》，先后修改了20余稿。可见，邓小平在恢复军衔问题上是积极而又慎重的。其意义也绝不是几件"难堪事"就能说明的。对此，一些外国记者看得也很清楚，说中国恢复军衔，是在多年裁减人员、紧缩预算后采取的一项使战斗部队现代化和提高士气的运动。中国的将军戴上肩章，"标志着中国军队正规化的新纪元"。

1988年9月14日，中央军委在北京怀仁堂隆重举行授予解放军上将军官军衔仪式。洪学智等17位军委、三总部、陆海空三军的高级军官被授予上将军衔。师以上军官参加了授衔仪式。授衔仪式结束后，身穿中山服的中央军委主席邓小平，精神饱满地来到列队等候的上将们面前，热情和大家一一握手，并说：我祝贺你们。上将们向邓小平敬礼、致意。随后，邓小平等和被授衔的上将们合影留念。此举军内外振奋，令世界瞩目。

精兵简编　轻装上阵

——决策百万大裁军

1985年6月4日，中央军委召开了一次重要的扩大会议。中央军委主席邓小平，首先就裁减人民解放军问题讲话："我们下这样大的决心，把中国人民解放军的员额减少一百万。""减少一百万，实际上并没有削弱军队的战斗力，而是增强了军队的战斗力，即使国际形势恶化，这个裁减也是必要的，而且更加必要。"10日，新华通讯社向全世界播发了中国政府决定裁军百万的消息。整个世界为之一震。

据《史记·淮阴侯列传》载，刘邦与韩信谈话，议论一些将领的统军才能。韩信说刘邦不过能带10万兵，称自己"多多而益善耳"。后来就以"韩信将兵，多多益善"，比喻越多越好。的确，在武器装备很落后的古代战争中，"人多势众"往往可以壮己军威，灭敌士气，只要指挥得当，一般都能最后夺取胜利。但我国古代大军事家孙子讲："兵非益多也，惟无武进，足以并力料敌，取人而已。"意思说，军队并不是越多越好，虽然在兵力上并不占据优势，但只要能充分利用自己的实力，并能掌握敌情，就能够取得胜利。

毛泽东这位当代军事大师，则用古代神话和寓言，深入浅出地讲明兵贵在精的深刻道理。他说：《西游记》中的铁扇公主虽然是一个厉害的妖精，孙行者却化为一个小虫钻进铁扇公主的肚子里去把她战败了。而黔驴技穷是一个教训，一头庞然大物的驴跑到贵州，开始小老虎见了有些害怕，但后来，大驴子还是被小老虎吃掉了。邓小平记得毛泽东还讲：我们八路军、新四军是孙行者和小老虎，是很有办法对付这个日本妖精或日本驴子的。目前我们须得变一变，把我们的身体变得小些，但是变得更扎实些，我们就会变成无敌了。

在抗战期间，作为大战略区的主要负责人之一，邓小平和刘伯承实行"精兵主义",在所属各部队中进行整编、紧缩领导机关、充实战斗连队。当时,邓小平和刘伯承把精兵简政工作作为1942年度的一项中心任务。为此,邓小平亲自参加排以上干部座谈会并作重要讲话。他说:比较起来,我们根据地的同胞比敌占区同胞的负担要轻得多。但是,由于长年不断的战争和日本强盗的掠夺,天灾人祸,生活也是困难的。我们是人民的军队,就应该特别关心民间疾苦,厉行精兵简政,减轻人民负担,人民才能更好地支援我们打败日本侵略者。

1942年1月15日,邓小平和刘伯承联名颁发了《一二九师关于实施精兵建设的命令》。规定,要紧缩统率机关,减少指挥层级与重叠机构,充实战斗连队;有计划地抽出大批干部及一部分优秀的老战士与文化水平较高的新战士,送考"抗大"及其附设的陆军中学,长期学习,使其锻炼成有真才实学的、在战略反攻时期称职的干部。1月25日、26日,邓小平和参谋长李达带领干部分赴太行军区下属军分区进行深入动员,并检查落实情况。

在邓小平和刘伯承直接领导下,第一二九师从1月至5月进行了第一期精简。全师和各军区精简整编工作都实现了预定目标,这一期重点主要是充实基层。精简整编后,每连员额由原来的50余人增加到100余人。5月以后,邓小平等根据中共北方局统一部署,领导全师进行第二期精简,重点是进一步整编机关,改变机关庞大不适应频繁转战的状况。使精简整编后的机构十分精干,行动更加灵便。在此期间,邓小平和刘伯承特别指示冀南军区,要根据平原游击战争便于小部队分散、灵活机动的特点,坚持野战兵团地方化。此外,还妥善处理编余人员,保证部队的稳定和将来发展的需要。

军队的精兵带动了地方的简政。晋冀鲁豫区党委、边区政府也做出简政方案,减少机关,调整干部,节省经费,提高了工作效率。短时期内,全区特别是一二九师、各军区的精兵简政工作取得了显著成绩,所以,毛泽东在《一个极其重要的政策》文中,赞扬邓小平等晋冀鲁豫根据地的领导人:"对这项工作抓得很紧,做出了精兵简政的模范例子。"

和平时期需要裁减军队,节省开支,支持社会主义经济建设,但是,邓小平宣布一下子就裁军百万,这的确是一个惊世之举。

然而,我国军队建设面临的形势很严重。本来,抗美援朝战争以后,人民解放军总人数逐年减少,到1958年降到最低点。自从林彪主持军委工作以后,军队人数不断增加,在"需要就是编制","早打、大打、打核战争"等不切实际地估计形势情况下,"文化大革命"后期,军队总人数竟达到战争时期最高额。

外国军事专家估计,我军1982年约420万人,1984年为340万,但军队官兵比例为1比2.45,而苏、美、德、法却分别为1比4.56、6.15、10、17。我军这种官兵比例失调主要是机关庞大、机构重叠。公开资料表明,1985年我国军费为191亿元人民币,占当年国民总产值2.2%,这对于我国经济发展水平较为落后的状况而言,已不算少。可是,这笔军费大部分被"人头费"占去,故未能最有效地用于军备更新和提高部队战斗力。1953年至1983年,我国军队用于更新武器装备的费用比美国1982年一年里的同类费用还少200亿元人民币。对上述情况,邓小平看得很清楚。

曾受到毛泽东表扬的邓小平,其精兵简编思想是一贯的。1975年,邓小平主持军委工作时,一针见血地指出军队存在着"肿、散、骄、奢、惰",把"消肿"作为整顿军队的首要任务。1977年,他复职伊始就旧话重提:这个肿,我们还没有很好解决。尽管我们部队这样大,但连队并不充实,而各级机关却十分庞大。1980年3月,他在中央军委常委扩大会议上首先讲到的还是"消肿"问题:搞四个现代化也好,把军队搞精干、提高战斗力也好,都需要"消肿"。如果不清醒地看到这个"最大问题",真正打起仗来,不要说指挥作战,就是疏散也不容易。针对弊端,他提出要按确定的编制定额精简,主要是精简各级领导班子和领导机关,首先是总部和军兵种、大军区、省军区机关。1981年底,他又指出,精简整编,要搞革命的办法,用改良的办法根本行不通。据不完全统计,从1975年至1984年的10年中,邓小平就军队"消肿"问题,大会讲,小会讲,集体谈,个别谈,多达数十次。

在这10年中,全军进行了四次大的精简、调整,总人数减去不少。不过,除1975年整编因"四人帮"干扰未进行下去外,以后三次精简、调整中,少数机关单位精简一次膨胀一次,边减边增,互相攀比。今年简编,明年扩编。干部转业一批又提一批,提了再转业。直属保障单位和院校亦然。这里下令撤销、合并或者收缩,那边又要重建、分编、扩大。结果,形成有些部门单位的精简、增编、再精简、再增编的不良循环。对这种精简、调整,邓小平很不满意。1982年,他在审批关于解放军三总部机关人员精简18.2%的方案时写道:

这个方案不是比较令人满意的方案，但可作为第一步进行，以后再进一步研究，等等。

促使邓小平1985年下定决心裁军百万的还有两个重要因素。第一，通过对国际形势的观察，在战争与和平问题上有了新的认识。他说：过去我们一直认为战争不可避免，而且迫在眉睫。好多决策，如一、二、三线建设布局，"山、散、洞"的方针，都是从这个观点出发。实际上，世界战争危险虽然存在，"但是世界和平力量的增长超过战争力量的增长"。"在较长时间内不发生大规模的世界战争是有可能的，维护世界和平是有希望的。"根据对世界大势和我国周围环境分析，邓小平等中央领导人改变了原来认为战争危险很迫切的看法。第二，改变了过去针对苏联霸权主义威胁，确定的从日本到欧洲一直到美国这样的"一条线"战略。邓小平说："中国的发展是和平力量的发展，是制约战争力量的发展。现在树立我们是一个和平力量、制约战争力量的形象十分重要，我们实际上也要担当这个角色。"根据独立自主的外交政策，我们改善同美国、苏联的关系。因此，我们立足自力更生，实行开放政策，利用国际和平环境更多地吸收对我们有用的东西，加速我们的经济发展。他认为，军队建设要服从国家经济建设这一大局，"现在就是要硬着头皮把经济搞上去"，这样，一切都好办了。所以，"一切都要服从这个大局"。

由上可见，邓小平在总结历史经验和教训的基础上，根据自己长期一贯的精兵思想，特别是冷静、客观地通观世界战略格局，科学预测世界大势的走向之后，站在国家经济建设的战略高度，作出了思考多年的重大决策：在军队几次整编基础上，再裁减员额一百万。这一果断的决策，意味着我军总人数从新中国成立后的最高点上削减一半，在我军建设史上留下了浓墨重彩的一页。

裁军百万决策做出来已属不易，实行起来更是难上加难。然而，邓小平以素有的大刀阔斧、果断务实的领导风格，正确指导了这项复杂艰巨的工作。他强调，解放军三总部要带头，整编方案就把精简三总部机关作为首要一条原则列出。他提出"消肿"必须改革体制，精简整编中就采取了撤、并、降、交、改、理等方法，既达到了减人"消肿"目的，又革除旧体制弊端，促进军队体制编制的科学合理。他提出建设强大的现代化、正规化革命军队，搞些合成军、合成师。精简整编中又经他批准，陆军和其他特种兵部队统一整编为陆军集团军，海、空军中也加强了诸兵种的合成。

1985年是中国的裁军年。中央军委所属的总参、总政、总后三总部机关人员精简了近一半,处以上机构减少了近六分之一;原有11个大军区精简合并成7个;军级以上单位减少31个,师团级单位撤销4054个;县、市人民武装部不再归军分区管辖,改为地方建制,干部战士退出现役;军队内部管理的76种干部职务改由战士担任,官兵比例达到1比3.3。从1985年起,3年内将有60万名干部退出现役转业到地方。裁军百万的战略性行动在1986年"国际和平年"到来之际,已从总体上完成,至1987年,这一浩繁的"工程"胜利完成。

第五篇

十年树木，百年树人

国家振兴 教育为本

——确立教育的战略地位

邓小平在绘制祖国现代化建设的宏伟蓝图时,一直十分关心教育。他倡导人们从现代化建设、科学技术、教育三者的有机联系来认识教育的重要性。他认为:"四个现代化,关键是科学技术的现代化,没有现代科学技术,就不可能建设现代农业、现代工业、现代国防。没有科学技术的高速度发展,也就不可能有国民经济的高速度发展。"怎样发展科技呢?邓小平明确指出:"科学技术人才的培养,基础在教育","抓科技必须同时抓教育"。他把教育提高到现代化建设的基础的地位,为确立"百年大计,教育为本"的观念,奠定了思想基础。

邓小平站在社会主义现代化建设战略全局的高度,一贯强调要从战略高度来认识并搞好教育工作。1977年他刚一恢复工作就自告奋勇抓科技和教育。他指出:"我们国家要赶上世界先进水平,从何着手呢?我想,要从科学和教育着手。"5年后,即1982年,在谈到党的十二大提出的到20世纪末国民生产总值翻两番的目标时,邓小平指出:"战略重点,一是农业,二是能源交通,三是教育和科学。搞好教育和科学工作,我看这是关键。没有人才不行,没有知识不行,'文化大革命'的一个大错误是耽误了十年人才的培养。现在要抓紧发展教育事业。"又过了10年,1992年在视察南方时他仍然认为,"经济发展得快一点,必须依靠科技和教育"。邓小平的论断是对教育的发展促进科技进步,进而推动经济建设的发展这样一种客观规律的科学概括。

教育是推动经济发展的重要基础,教育劳动是直接把劳动能力本身生产、训练、发展、维持再生产出来的劳动。当代科学技术的发展对教育提出了培养大量掌握科学知识的劳动者的任务。为了适应经济、社会的发展,世界各国,特别是工业发达国家纷纷采取对策，而且都不约而同地把目光瞄准了教育。这是因为教育是科学技术转化为现实生产力的基础和关键。在生产力诸要素中，最活跃最重要的因素是劳动者，而"历史上的劳动力，也都是掌握了一定的科学技术知识的劳动力。我们常说，人是生产力中最活跃的因素。这里讲的人，是指有一定的科学知识、生产经验和劳动技能来使用生产工具、实现物质资料生产的人"。邓小平关于生产力中人的因素的论述，特别强调要掌握一定的科学技术知识，这是完全符合马克思主义的。因为随着大工业的不断发展，相对地说，现实财富的创造越来越少地取决于劳动时间和已耗费的劳动量，而越来越多地取决于一般的科学水平和技术进步，即取决于科学在生产上的应用。在今天，"劳动者只有具备较高的科学文化水平，丰富的生产经验，先进的劳动技能，才能在现代化的生产中发挥更大的作用"。而劳动者对文化科学技术的掌握是离不开现代教育的。教育是科学技术转化为现实生产力的中介。

另外，现代科学技术发展的历程还证明，教育是科学知识再生产的手段，没有教育，前人积累的知识就无法被后人掌握，科学知识也就无从继承和发展。教育还是发展、创造、传播科学技术及其成果的重要手段。教育工作的超前性和其效益的滞后性，使得今天的教育决定着明天的科技水平和后天的生产力水平。国外流行这样一句话："现在的教育，就是十年后的工业。"

邓小平把教育看作是面向未来的事业，把教育与国家民族的前途紧紧联系起来考虑。他在1985年全国教育工作会议上讲道："我们多次说过，我国的经济，到建国一百周年时，可能接近发达国家的水平。我们这样说，根据之一，就是在这段时间里，我们完全有能力把教育搞上去，提高我国的科学技术水平，培养出数以亿计的各级各类人才……一个十亿人口的大国，教育搞上去了，人才资源的巨大优势是任何国家比不了的。有了人才优势，再加上先进的社会主义制度，我们的目标就有把握达到。"邓小平意味深长地说，如果全党不以极大的努力搞好教育工作，"就会误大事，就要负历史的责任"。1988年，他又谆谆告诫大家："从长远看，要注意教育和科学技术。否则，我们已经耽误了二十年，影响了发展，还要再耽误二十年。后果不堪设想。"从这些语重心长的话语中，我们不难感到邓小平对教育工作的高度重视。

正因如此，邓小平总是从改革开放和现代化建设的战略全局考虑教育问题。在1978年的全国教育工作会议上，他要求"使教育事业的计划成为国民经济计划的一个重要组成部分"。在1985年的全国教育工作会议上,他指出,全党全国工作重点的转移本来就应该包括教育,"一个地区,一个部门,如果只抓经济,不抓教育,那里的工作重点就是没有转移好,或者说转移得不完全"。1988年,他提出:"我们要千方百计,在别的方面忍耐一些,甚至于牺牲一点速度,把教育问题解决好。"并特别强调,这"是作为一个战略方针,一个战略措施来说的"。

邓小平关于教育战略地位的论述,充分表现了他的远见卓识和深邃的洞察力,已越来越成为我们整个社会的共识。党的十四大报告指出:"科技进步,经济繁荣和社会发展,从根本上说取决于提高劳动者的素质,培养大批人才。我们必须把教育摆在优先发展的战略地位,努力提高全民族的思想道德和科学文化水平,这是实现我国现代化的根本大计。"在邓小平建设有中国特色社会主义理论指引下,在建立社会主义市场经济体制的过程中,教育的战略地位将得到进一步落实,教育改革和发展将跃入一个新的阶段。

抓紧抓好　重在落实

——对教育领导工作的基本要求

邓小平不仅在理论上确立了教育在社会主义现代化建设中优先发展的战略地位，而且更加注重在社会主义建设的实践中落实教育的战略地位。为此，他反复强调各级党委和政府要把教育工作认真抓起来，并且要切实抓紧、抓好。

谈到领导教育工作的方法时，邓小平说："我的抓法就是抓头头，抓方针。重要的政策、措施，也是方针性的东西，这些我是要管的。"这里，他提出了党和政府领导教育的根本方针、政策、措施，规定着教育方向、教育目标、教育内容等；头头，即领导者，则是教育方针政策的贯彻、执行者。抓住这两条，就抓住了办好教育的根本问题。"抓头头、抓方针"的教育领导方法，是邓小平作为一个杰出政治家高超的领导艺术在教育工作上的具体体现。

党和政府要抓好教育工作，是邓小平一贯的主张。早在1951年，他担任中共中央西南局第一书记时就指出，要改变那种对教育不闻不问的现象。领导机关一定要建立对学校教育的领导。1985年，他又指出，近几年从中央到地方有越来越多的同志懂得了知识和人才的重要，懂得教育的重要，这是我们党的一大进步。邓小平对于如何领导好教育有一系列意见和主张，从中我们可以领会到他对教育领导工作的基本要求。

第一，领导者要真正认识教育的重要性。

邓小平要求领导者首先要在思想上真正重视教育，明确教育是社会主义建设的基础。他要求各级领导要像抓好经济工作那样抓好教育工作。邓小平在大力唤起全社会重视教育的基础作用的同时，首先强调各级领导要达成这样的共识,即经济要发展,除了经济工作本身要不断改革之外,更为重要的是要充分发挥科技,最终是教育对经济增长的作用。如果没有这种认识,认为经济是硬任务,教育是软指标,那么,不仅当前的经济建设不能搞好,而且会制约经济的长远发展。因此,邓小平批评一些同志,对于发展和改革教育的必要性认识不足,缺乏紧迫感,或者口头上承认教育重要,到了解决实际问题时又变得不那么重要了。

第二,领导者要少说空话,多干实事。

邓小平说:"什么叫领导?领导就是服务。"他要求教育领导者转变工作作风,应当"勤勤恳恳、扎扎实实,甘当无名英雄",为教育工作创造条件,全心全意为广大教育工作者服务,这样才能得到大家的拥护,才能实现对教育工作的有效领导。邓小平还特别强调领导者要少讲空话,多干实事。"领导者必须多干实事。那种只靠发指示、说空话过日子的坏作风,一定要转过来。"他提醒各个部门和地方的主要负责同志,就要注意这个问题。

邓小平认为各级领导能否真正扎扎实实地为教育多干实事,是教育改革的关键一环。在1985年5月,谈到中央关于教育体制改革的决定时,他就要求把改革的方案落到实处,"组织好施工"。他还具体讲道,像校舍和教学设备的增添、教育经费的筹集、师资培训的组织、思想教育的改进等等实际问题,都要一件一件具体落实。他多次表示,愿意当教育、科技事业的"后勤部长",勉励大家通力合作,"为加快发展我国科技和教育事业多做实事"。

第三,领导者要成为懂教育的内行。

邓小平在1977年的科学和教育工作座谈会上讲到调整教育部门的领导班子时就提出过"领导科研或教学的人,要内行,至少是接近内行或者比较接近内行的外行"。1978年他又强调,党的各级领导干部,不能长期安于当外行,要逐渐成为内行。1980年他再次谈到:"学校党委的领导同志,应不应该是个专业人员呢?应该是。他可以不是教学人员,但至少应该是懂得教育的有管理学校专长的专业人员,会管某一类学校。"教育领导者要成为懂教育的内行,这是现代教育对管理者的客观要求。教育管理者只有掌握了教育规律,才能够更好地深入教育实际,才能更有效地领导和管理好教育工作。邓小平深感在干部中懂得各行各业专业知识的人太少了,希望大家努力使自己学会本行的专业知识,而且"要下苦功夫学"。

邓小平关于教育领导工作的基本要求,他自己是身体力行的,他那富有远见和智慧的教育领导方法,对我国教育事业的发展具有重要的指导作用,正如李岚清所说的:"邓小平同志为我们树立了光辉的典范,他用行动教育我们如何领导教育,如何办好中国的教育事业。"

千方百计　优先发展

——要求努力增加教育投入

教育投入，是教育发展的物质基础。邓小平始终要求各级党政领导，真正把教育的优先发展作为一项重要任务来抓，把努力增加教育投入当作落实教育战略地位的根本措施。

邓小平在1978年4月召开的全国教育工作会议上提出了"教育事业必须同国民经济发展的要求相适应"的科学观点，这一观点阐明了教育与经济相互促进、相互依存的辩证统一关系。一方面，国民经济的发展要靠教育提供人才等智力资源，另一方面，经济为教育的发展提供资金等物质条件。在这样立论的基础上考虑教育投入问题，邓小平要求"国家计委、教育部和各部门，要共同努力，使教育事业的计划成为国民经济计划的一个重要组成部分"。但是，在教育事业发展中投入不足一直是一个未能很好解决的问题。邓小平始终反复强调要解决教育发展与经济发展比例失调的问题。1980年1月16日，在中央召集的干部会议上，他又一次谈到了这个问题。他说处理好教育发展和经济发展的关系是很重要的。二者之间的比例失调，其表现就是教育经费太少，这是一个很大的缺点。他明确地说："经济与教育……都有相互依存的关系，不能顾此失彼。"为了建设现代化的社会主义强国，必须重视发展教育事业，保证有足够的教育投入，提高教育投入在国家财政支出中的比例，因此邓小平提出："我们非要大力增加教科文卫的费用不可"，"无论如何要逐年加重这方面，否则现代化就化不了"。

教育投入不仅仅是一种消费，而且具有生产性。它是有效扩大再生产的必要投入，而且是比物质资源的投入更有效益的投资。世界许多国家的经验都证明了这一点。邓小平在呼吁增加教育投入时，以许多国家的经验作为借鉴，用以说明我们解决这一问题的现实性和紧迫性。1977 年，在谈到日本经济发展的成功经验时，邓小平强调了日本现代化与兴办教育的关系，他说："日本人从明治维新就开始注意科技，注意教育，花了很大力量。明治维新是新兴资产阶级干的现代化，我们是无产阶级，应该也可能干得比他们好。"1980 年，他在谈到教育经费问题时，还举例说甚至有些第三世界的国家在这方面也比我们重视得多："印度在教育方面花的钱就比我们多。像埃及这样的国家，人口只有四千万，按人口平均计算，他们在教育方面花的钱，也比我们多几倍。"这样，他提醒人们把眼界放宽些，看清我们的差距，急起直追，干好我们自己的事。

在实际工作中，教育的战略地位远未真正落实，一些同志还不能自觉地摆正教育与经济的关系，只强调教育要为经济发展服务，而一谈到依靠教育发展经济，就认为不那么必要，认为教育是"软"任务，甚至把教育视为"包袱"。具体到经费问题上，甚至错误地认为，在财力有限的条件下，"经济要大上，教育顾不上"，"一工交，二财贸，剩多剩少给文教"。针对这种情况，邓小平及时指出："还有相当一部分同志，包括一些高级干部，对于发展和改革教育的必要性，认识不足，缺乏紧迫感，或者口头上承认教育重要，到了解决实际问题时又变得不那么重要了。我们不是已经实现了全党全国工作重点的转移吗？这个重点，本来就应该包括教育。"他还指出，有些地方的所谓没钱办教育，只是借口而已："再拿出一点钱来建校舍和宿舍，我看也可以拿得出来。"

目前，我国生产力水平还比较低，教育规模大，教育投入仍然处于较低水平。在这种条件下，更应该处理好经济发展与教育发展的关系。邓小平号召"再穷，也要照顾科教经费"，"我们要千方百计，在别的方面忍耐一些，甚至于牺牲一点速度，把教育问题解决好"。这是他根据社会经济与教育相互依存、相互促进的辩证关系，从社会主义现代化建设的总体布局的高度做出的发展教育的部署和决策。

总体要求　全面谋划

——为北京景山学校题词

1983年9月9日，北京景山学校校园内一片欢腾，因为，在这一天，邓小平的题词"教育要面向现代化，面向世界，面向未来"传到了该校。

邓小平为什么要为景山学校题词呢？

北京景山学校是中共中央宣传部在1960年创办的一所用来进行教学改革实验的学校，学校根据毛泽东、刘少奇、周恩来、邓小平等同志有关教育改革的意见，进行了综合改革的实验，取得了显著成效。但在"文化大革命"期间，景山学校却被诬为"复辟资本主义的黑样板"，该校师生被套上了沉重的精神枷锁。

1977年，邓小平重新出来工作后，亲自抓科技和教育。景山学校的同志向他汇报过工作，他要秘书回信，鼓励景山学校把教改实验搞好，在几次接见外宾时，也多次提到景山学校的教改实验。

1977年底，景山学校成为教育部20所重点学校之一。到1983年，景山学校基本恢复了"文化大革命"前的各单项教改实验，进入了全面改革中小学教育的新阶段。在新的历史时期，如何进一步搞好教育工作？中小学整体改革如何进行？应确立怎样的办学方向？景山学校的领导和教师想到了邓小平。于是在1983年9月7日，景山学校给邓小平写了一封信。信中汇报了学校的教育改革情况和面临的难题，请邓小平为他们的工作作些指示。邓小平在第二天（即9月8日）就挥笔题写了"教育要面向现代化，面向世界，面向未来"16个苍劲有力的大字（落款上标的时间是1983年国庆节）。

"三个面向"的题词9月9日传到了景山学校，9月23日在《人民日报》上公开发表，接着全国各主要报刊都作了登载。"三个面向"的精神很快得到了广泛传播，它不仅是邓小平对景山学校一所学校的希望，而且成为我国新时期教育工作的重要指导方针。

"三个面向"是一个科学的概括，具有丰富的内涵；同时，又是一个有机整体，三方面既相互联系，又各有侧重。

"面向现代化"：深刻地论述了教育和社会主义现代化建设的关系。首先，努力提高全民族的思想道德和科学文化水平，提高劳动者的素质，为经济建设输送足够数量的、掌握现代科学技术的、具有时代精神的人才。教育事业的改革和发展，必须与社会经济的改革和发展相适应，发挥出教育作为现代化建设战略重点之一的作用。其次，教育自身要实现现代化，即要求在教育观念、教育制度、教育内容、教育方法、教育手段等方面的现代化。

"面向世界"：是我国对外开放政策在教育上的集中反映，是现代经济、社会发展对教育提出的客观要求。随着世界各国间交往和联系的愈益密切和频繁，一个国家的教育不可能在封闭的环境中进行。教育面向世界，已成为一种必然的趋势。我们要了解和研究世界教育的发展动向和经验教训，吸收和借鉴人类社会创造的一切文明成果，来改进我们的教育工作，同时，我们要培养学生放眼世界的开放意识，适应新的历史条件下实行改革开放的需要，而且要敢于竞争，勇于赶超世界先进水平，使我们国家立于世界先进民族之林。

"面向未来"：教育自身周期长、见效慢的特点决定了它是面向未来的前瞻性事业。教育是为未来培养人才的，今天在校学生的素质如何，直接关系着我国现代化建设的成败和国家民族的前途。今天的教育决定着明天的科技水平和后天的生产力水平。因此，教育要走在现代化建设的前面，教育的改革和发展，要具有超前性和预见性。要根据经济和社会发展水平对人才素质的要求来改革和发展今天的教育。

"三个面向"的核心是"面向现代化"，它是"面向世界""面向未来"的基本出发点。"面向世界"是"面向现代化"在空间上的拓展，"面向未来"则是"面向现代化"在时间上的延伸。"三个面向"的提出，体现了邓小平从社会主义现代化建设的全局来认识教育地位和作用的一贯思想。"三个面向"既反映了建设有中国特色社会主义对教育的客观要求，又准确把握了时代特征和对世界未来的科学预测；既总结了教育改革的基本经验，又阐述了教育发展的必然趋势，是从世界发展和民族命运的高度对教育提出的总体要求，是当代中国教育改革和发展的战略指导方针，是邓小平关于中国教育的全面性、长远性、根本性的谋划和对策。

拨乱反正 突破禁区

——1977年批判、推翻"两个估计"

1977年7月,党的十届三中全会通过决议,恢复了邓小平在党内外的职务。刚刚恢复工作后,邓小平便亲自抓科学和教育工作。

教育界是"文化大革命"十年浩劫中的重灾区,问题很多且十分严重。对这种状况邓小平是深知的。但是,"我们国家要赶上世界先进水平,从何着手呢?我想,要从科学和教育着手",因此,他说,尽管"我知道科学、教育是难搞的,但是我自告奋勇来抓"。在积极推动教育战线的拨乱反正过程中,邓小平以他马克思主义者的理论勇气和卓越的政治智慧,坚决果断地推翻了在教育界影响甚大,危害甚广,在当时仍是"左"的禁区的"两个估计",成为全面拨乱反正的先声。

所谓"两个估计",是"四人帮"在1971年炮制的《全国教育工作会议纪要》中的两个荒谬结论,即"文化大革命"前17年教育战线是资产阶级专了无产阶级的政,是黑线专政;知识分子的大多数世界观基本上是资产阶级的,是资产阶级知识分子。"两个估计"这个精神枷锁,禁锢了广大教育工作者,极大地挫伤了他们献身社会主义教育事业的积极性和创造性,给教育事业带来严重损失。

对"两个估计",广大教育工作者是坚决抵制和反对的。周恩来也曾针对那次全国教育工作会议上关于17年教育工作估计的争论,义正辞严地指出"毛主席的红线也是照耀了教育战线的","知识分子的大多数是接受共产党领导的,是为社会主义服务的","对教师队伍和解放后培养的学生要作具体分析,要辩证地看问题"。但是,由于当时周恩来的处境也十分困难,他并未能够改变当时的整个局面。

粉碎"四人帮"以后,教育战线的广大干部和知识分子强烈要求解决"两个估计"的问题。但是,解决这一问题阻力很大。因为《全国教育工作会议纪要》是以中央文件的形式下达的,是经过毛泽东圈阅同意的。在盛行"两个凡是"的错误观点,人们的头脑还被个人崇拜和教条主义禁锢着的情况下,解决"两个估计"困难之大是可想而知的。"两个估计"是教育战线拨乱反正的严重障碍。

面对这种情况,邓小平以马克思主义者深厚的理论修养和丰富的革命经验,进行了深思熟虑,并以过人的胆识和魄力,挺身而出,下决心纠正继续严重束缚广大教育工作者的"两个估计"。

1977年8月4日至8日,他亲自主持召开了科学和教育工作座谈会。8月8日在《关于科学和教育工作的几点意见》中,他旗帜鲜明地批判了"两个估计"。对于前一个估计,他驳斥说:"对全国教育战线十七年的工作怎样估计?我看,主导方面是红线。应当肯定,十七年中,绝大多数知识分子,不管是科学工作者还是教育工作者,在毛泽东思想的光辉照耀下,在党的正确领导下,辛勤劳动,努力工作,取得了很大成绩。特别是教育工作者,他们的劳动更辛苦。现在差不多各条战线的骨干力量,大都是建国以后我们自己培养的,特别是前十几年培养出来的。如果对十七年不作这样的估计,就无法解释我们所取得的一切成就了。"对后一个估计,他说道:"就知识分子的世界观改造方面来说,应该怎样估计呢?世界观的重要表现是为谁服务。我国的知识分子绝大多数是自觉自愿地为社会主义服务的。"邓小平8月8日的讲话说出了广大教育工作者多年想说而不能说不敢说的话,这个讲话很快就传到全国各地,极大地鼓舞了他们的工作热情。

邓小平抓教育战线的拨乱反正雷厉风行。在8月8日讲话一个月以后,他又同当时教育部主要负责同志谈话,进一步发表了对"两个估计"问题的意见。他指出,应完整准确地理解毛泽东思想的体系,他说:"《纪要》是毛泽东同志画了圈的。毛泽东同志画了圈,不等于说里面就没有是非问题了。我们不能简单地处理。"他还指出"两个估计"是不符合实际的。"建国后的十七年,各条战线,包括知识分子比较集中的战线,都是以毛泽东同志为代表的路线占主导地位,惟独你们教育战线不是这样,能说得通吗?"他明确指出,"《纪要》引用了毛泽东同志的一些话,有许多是断章取义的。《纪要》里还塞进了不少

'四人帮'的东西。对这个《纪要》要进行批判，划清是非界限"。他还严肃地说道：你们的思想还没有解放出来。你们管教育的不为广大知识分子说话，还背着"两个估计"的包袱，将来要摔筋斗的。现在教育工作者对你们教育部有议论，你们要心中有数，要敢于大胆讲话。

在邓小平的直接推动和组织下，教育部在当年 11 月份以大批判组名义在《人民日报》和《红旗》杂志上发表了题为《教育战线的一场大论战》的文章，对"两个估计"进行了公开批判，冲破了禁区。

严格考试　择优选才

——力主恢复高考制度

高等学校招生工作，是基础教育与高等教育的连接点，它关系着大学新生的质量，也影响中等学校的教育教学，是整个学校教育工作中的一个重要环节。邓小平在1977年亲自领导教育战线的拨乱反正过程中，敏锐地抓住高校招生制度这个关键性、重要性问题，果断地提出恢复高考制度，以此促进学校教学秩序的恢复和教学质量的提高，表现了他善于重点突破、以点带面的运筹策略。

考试是学校教育中最基本的检测手段。考试一般分为两种：一种是作为检测学生知识水平、智能状况和教师教学效果的达标性考试；一种是挑选合格人才的选拔性考试。在中国教育史上，考试，曾经是选拔人才的重要手段。从隋唐开始，中国就采取了科举考试制度。当今世界上许多国家也把考试作为高校录取新生的手段。

新中国成立后，经过对旧的考试制度的扬弃，于1952年开始实行大学招生全国统一考试的高考制度。生源主要是应届高中毕业生，此外还有其他具有高中毕业文化程度的人。这种招考办法对保证高校新生的质量，起到了比较好的作用。但从"文化大革命"开始以后，在"左"的思想干扰下，高等院校被迫4年（1966～1969年）停止招生。1970年和1971年开始试点招收工农兵学员。1972年，全国大多数高校恢复招生，但规定不招收应届高中毕业生，而是从工人、农民、战士中有实践经验者（主要是看工作年限）选拔，采取"自愿报名，群众推荐，领导审批"的办法，文化考试则被取消了。

由于不进行严格的文化考试，高校招收的工农兵学员文化程度参差不齐，甚至还出现了"白卷英雄"上大学的怪事。加上当时的社会风气被破坏了，招生工作中存在"走后门"现象，根本谈不上公平竞争，一些品学兼优的青年人得不到进大学深造的机会，广大青年学习文化科学知识的积极性被严重挫伤了。高校教学质量也受到影响。据统计，从1966年至1977年，高校至少少为国家培养100万合格的大专毕业生。各条战线人才奇缺，后继乏人。

粉碎"四人帮"后，"群众推荐"上大学的招生办法并没立即废止。1977年6月29日至7月15日，教育部召开的高等学校招生工作座谈会上提出继续采取这种办法，同时试招应届高中毕业生，但只约占全国招生总数的2%至5%。

邓小平认识到"文化大革命"期间这种招生办法存在严重弊病，它阻碍教育事业的发展，进而危害了整个国家的建设事业，必须进行改革。因此，在1977年8月8日，刚刚恢复工作的邓小平就在科学和教育工作座谈会上明确指出："今年就要下决心恢复从高中毕业生中直接招考学生，不要再搞群众推荐。从高中直接招生，我看可能是早出人才、早出成果的一个好办法。"同年9月19日，在同教育部主要负责同志谈话时，他进一步提出这个问题："为什么要直接招生呢？道理很简单，就是不能中断学习的连续性。十八岁到二十岁正是学习的最好时期。"

谈到考试的作用，邓小平认为："考试是检查学习情况和教学效果的一种重要方法，如同检验产品质量是保证工厂生产水平的必要制度一样。当然也不能迷信考试，把它当作检查学习效果的唯一方法。要认真研究、试验，改进考试的内容和形式，使它完善起来。"

邓小平还对招生的条件发表意见："关于招生的条件，我改了一下。政审，主要看本人的政治表现。政治历史清楚，热爱社会主义，热爱劳动，遵守纪律，决心为革命学习，有这几条，就可以了。总之，招生主要抓两条：第一是本人表现好，第二是择优录取。"

邓小平恢复高考制度的主张，直接推动了高校招生制度的改革。根据邓小平的指示精神，1977年8月13日至9月25日，教育部再次召开高等学校招生工作会议，制定了新的招生条件。10月12日，国务院批转了教育部《关于1977年高等学校招生工作的意见》。这个文件明确规定在招生中废止推荐制度，恢复文化考试；恢复从应届高中毕业生中招生；实行德智体全面考核，择优录取。1978年6月，国务院批转教育部《关于1978年高等学校和中等专业学校招生工作的意见》，提出从 1978 年起，高校招生不再限定录取应届高中毕业生的比例，实行全国统一命题，采取分段择优录取的方法。

恢复高考制度，在社会上引起强烈反响。严格考试，择优录取，实现公平竞争，一个"考"字，调动了广大青少年学习文化科学知识、上进求学的积极性，广大教师的工作热情也空前高涨。大学的教育质量得到提高，也促进了中小学教学质量的提高。高考对各级学校教学秩序的恢复是一个有力促进，整个社会风气也为之一新。看到这样的局面，邓小平感到十分欣慰："高等学校招生制度改革之后，发现了一批勤奋努力的、有才华的优秀青少年。看到他们的优异成绩，我们都感到高兴。"

从恢复高考到现在，国家已培养出 1.2 亿大学生，他们已在社会主义建设中发挥出越来越大的作用，成为各个领域的骨干力量。今天看来，邓小平当年力主恢复高考制度，确实是具有战略眼光的一着。

明确要求　造就新人

——提出"四有"的人才培养目标

教育是培养人的社会实践活动。为了确保社会主义事业兴旺发达,后继有人,邓小平始终高度重视人才培养工作,重视教育。他坚持和发展了马克思主义关于人的全面发展的理论,明确提出了"四有"的人才标准,规定了新时期的教育培养目标。

"四有"即"有理想、有道德、有文化、有纪律"。这是邓小平从20世纪80年代初就开始提出,又在不同场合反复强调的一个观点。1982年7月,他在中央军委召开的座谈会上明确指出:"搞社会主义精神文明,主要是使我们的各族人民都成为有理想、有道德、有文化、守纪律的人民。"1983年4月29日,在会见印共中央代表团时,他又说:"在建设物质文明的同时,还要建设社会主义的精神文明,最根本的是要使广大人民有共产主义的理想,有道德,有文化,守纪律。"在1985年的全国科技工作会议上,他说:"我们在建设具有中国特色的社会主义社会时,一定要坚持发展物质文明和精神文明,坚持五讲四美三热爱,教育全国人民做到有理想、有道德、有文化、有纪律。"1986年11月9日,在会见日本首相中曾根康弘时,他告诉客人:"现在中国提出'四有',有理想、有道德、有文化、有纪律。"1987年3月3日,在会见美国国务卿舒尔茨时,他强调:"我们历来提倡有理想、有道德、有文化、有纪律。"1989年9月4日,在同几位中央负责同志谈话时,他指出:"我们的目标是'四有'。"我们从邓小平的多次谈话可以看出,他在讲到"四有"时,使用了"主要""最根本"等词语,用以说明"四有"的重要性,并一再说明"四有"是我们始终坚持的人才标准。

邓小平如此强调"四有",是因为他从中国的实际出发,站在历史发展的高度，科学地认识社会主义事业发展的客观规律，深刻地分析了在新的历史时期，时代和社会对教育的根本要求。"有理想、有道德、有文化、有纪律"，这几方面既是社会主义的基本经济制度、基本政治制度对全体社会成员总体素质的要求，又体现了当今激烈的国际竞争对民族素质的要求，表现了邓小平的远见卓识。正因如此，他的这一重要思想被《中共中央关于社会主义精神文明建设指导方针的决议》确定为社会主义精神文明建设的根本任务。

"有理想、有道德、有文化、有纪律"，涵盖了建设有中国特色社会主义事业对人才素质的主要要求，同时就"四有"中的每一方面而言，又都有其内在的含义。其中，有理想、有道德、有纪律，是对社会主义新人思想道德方面的要求；有文化，是对社会主义新人科学文化素质的要求。这几方面是紧密联系、互相补充、缺一不可的。

"四有"中，邓小平特别强调理想和纪律。这既是他长期革命斗争经验的总结，又是进行社会主义现代化建设的客观需要。邓小平说，根据他长期从事政治和军事活动的经验，搞革命和建设，最重要的是人的团结，要团结就要有共同的理想和坚定的信念。"为什么我们过去能在非常困难的情况下奋斗出来，战胜千难万险使革命胜利呢？就是因为我们有理想，有马克思主义信念、有共产主义信念。"过去我们党无论遇到什么困难，一直有强大的战斗力，因为我们有马克思主义和共产主义的信念。有了共同的理想，也就有了铁的纪律。无论过去、现在和将来，这都是我们的真正优势。

邓小平结合中国的具体情况，还把理想和纪律作为实现现代化和向共产主义前进的基本保证。他指出，我们国家这么大，要团结起来，组织起来，一要靠理想，二要靠纪律。如果没有理想，没有纪律，那就会是一盘散沙，革命和建设都不会成功。他还谆谆告诫大家："要特别教育我们的下一代下两代，一定要树立共产主义的远大理想。一定不能让我们的青少年作资本主义腐朽思想的俘虏，那绝对不行。"

理想和道德是紧密联系在一起的，"有理想"和"有道德"是一致的。邓小平特别重视德育工作，他在各种场合多次强调过培养高尚的共产主义道德的问题。他谈到，为了国家和集体的利益，为了人民大众的利益，一切有革命觉悟的先进分子必要时都应当牺牲自己的利益。我们要向全体人民、全体青少年努力宣传这种高尚的道德。他还要求各级各类学校加强政治教育、形势教育、思想教育，包括人生观教育、道德教育。希望青少年从小养成守纪律、讲礼貌、维护公共利益的良好习惯。

在改革开放过程中，一些资产阶级腐朽思想趁机涌了进来，这些腐朽的思想意识同封建思想意识结合起来，严重影响着我国的社会主义精神文明建设。1980年，邓小平严肃地指出，我们在新民主主义时期，就已经坚持用共产主义的思想体系指导整个工作；用共产主义道德约束共产党员和先进分子的言行；提倡和表彰"全心全意为人民服务""个人服从组织""大公无私""毫不利己、专门利人""一不怕苦、二不怕死"。现在有人居然对这些革命口号进行荒唐的"批判"，而这种荒唐的"批判"不仅没有受到应有的抵制，居然还得到我们队伍中一些人的同情和支持。每一个有党性、有革命性的共产党员，都不能容忍这种状况继续下去。进入90年代后，他在提出深化改革，加快经济发展步伐的同时，仍关注着思想道德建设，强调"加强思想政治工作，讲艰苦奋斗，都很必要"。1992年初，在视察南方时，他指出，"广东二十年赶上亚洲'四小龙'，不仅经济要上去，社会秩序、社会风气也要搞好"。他还指出要坚决取缔和打击吸毒、嫖娼、经济犯罪等丑恶现象。

文化建设和思想建设是相互渗透的，文化知识对于人们的理想确立、道德养成、纪律观念来说，是一个重要的条件。邓小平认为，法制观念与人们的文化素质就有关系。现在许多青年人犯罪，一个原因就是文化素质太低。1989年3月，他说："十年来我们的最大失误是在教育方面，对青年的政治思想教育抓得不够，教育发展不够。"这也说明了科学文化知识在青少年素质结构中的重要地位。

关于人才的作用，邓小平这样讲过："我们国家，国力的强弱，经济发展后劲的大小，越来越取决于劳动者的素质，取决于知识分子的数量和质量。一个十亿人口的大国，教育搞上去了，人才资源的巨大优势是任何国家比不了的。有了人才优势，再加上先进的社会主义制度，我们的目标就有把握达到。"联系这段话，我们来看"四有"人才标准，它是立足于我国人民的根本利益，放眼世界，着眼未来提出的振兴中华民族的具有战略意义的对策。

相辅相成　相互促进

——主张青少年德、智、体全面发展

培养德、智、体全面发展的人，是马克思主义经典作家共同的教育主张。毛泽东曾在《关于正确处理人民内部矛盾的问题》中提出过"使受教育者在德育、智育、体育几方面都得到发展"的教育方针。

在新的历史时期，邓小平继承、发展了毛泽东教育思想。他多次提出学生要在德、智、体几方面全面发展，对全面发展赋予了新的内容。

1977年8月，邓小平在科学和教育工作座谈会上说："毛泽东同志主张要德、智、体全面发展嘛。中小学都要这样做。"1978年4月，他在全国教育工作会议上再次提出：学校培养人才的质量标准就是毛泽东同志说的，应该使受教育者在德育、智育、体育几方面都得到发展，成为有社会主义觉悟的有文化的劳动者。而且还提出要把德智体全面发展的方针贯彻到整个社会的各个方面。

邓小平认为全面发展中占第一位的是德育，学校"应该永远把坚定正确的政治方向放在第一位"，因为从长远来看，这个问题关系到我们的事业将由什么样的一代人来接班，关系到党和国家的命运和前途。他说，革命的理想，共产主义的品质，要从小开始培养。并且强调："学生从到学校的第一天起，就要对他们进行政治思想工作，学校的党团组织和所有的教员都要做学生的政治思想工作。"对于思想政治工作中出现的偏差，他总是尖锐提出，及时纠正。特别是在1989年中，他先后四次在不同场合提出10年来我们最大的失误是在教育方面，主要是思想政治工作薄弱了，对青年的思想政治教育抓得不够。1992年初，在视察南方时，他又语重心长地说：十一届三中全会确立的这条中国的发展路线，是否能够坚持住，要靠大家努力，"特别是要教育后代"。

同时，邓小平也十分重视智育，多次强调学生学好科学文化知识的重要性。他指出："文化大革命"中"四人帮"反对学生学习科学文化，把大力提高教育质量，提高学生的科学文化水平说成是"智育第一"，"这不但是彻底的荒谬，而且是对于无产阶级政治的实际上的取消和背叛"。在谈到学习科学文化的重要性时，他特别引述了列宁所说的，工人一分钟也不会忘记自己需要知识的力量。没有知识，工人就无法自卫；有了知识，工人就有了力量。邓小平着重指出，列宁阐明的"这个真理在今天更加显出它的重要性"。针对"文化大革命"造成的整个学校教育教学质量下降的状况，他强调要狠抓教育教学质量。他在1978年全国教育工作会议上讲的几点意见中，第一点就谈到要提高教育质量，提高科学文化的教学水平，更好地为社会主义建设服务。在他对科学文化内容的要求上，突出了现代科学的先进内容，他提出教材要反映现代科学的先进水平，要按照中小学生所能接受的程度，用先进的科学知识来充实中小学的教育内容。

对于学生的身体健康，邓小平同样重视。他说："从事脑力劳动的青年，也应该经过一段时间的体力劳动，这对于他们的德育、智育、体育的全面发展是必要的。"1980年5月，他给《中国少年报》和《辅导员》杂志题词，在希望全国小朋友有理想、有道德、有知识之外，还加上了"有体力"。在这一年12月的中央工作会议上，他又对全国青少年重申了这一希望。

邓小平认为，全面发展是一个有机整体，德育、智育、体育之间是相辅相成、相互促进、不可偏废的，并对如何处理好全面发展中各部分之间的关系作了透彻的分析。

在谈到德与智的关系时，他指出："只靠坚持社会主义道路，没有真才实学，还是不能实现四个现代化。"他要求把坚持正确的政治方向，与学好科学文化知识统一起来。他说，学校把坚定正确的政治方向放在第一位，并不意味着要把大量课时用于思想政治教育，并不排斥学习科学文化，二者不是对立的。相反，"政治觉悟越是高，为革命学习科学文化就应该越加自觉，越加刻苦"。

他还要求处理好学生学习和健康的关系。指出学生学习负担太重是不好的，要采取有效措施来防止和纠正。但这也并不意味着降低学习的质量要求。他认为，同样明显的是，如果没有从难从严的要求，没有严格训练，也不能达到极大地提高科学文化水平的目的。

邓小平指出，促进学生德智体全面发展，不但是学校课堂教学的任务，课外活动也是很重要的一个方面。"要恢复对学生课外活动的指导，增长学生的知识和志气，推动学生的全面发展。"同时，在学校教育教学之外，校外、家庭教育也是促进学生德、智、体全面发展的有效途径，他要求"从事教育工作的同志，各个有关部门的同志，整个社会的家家户户，都来关心青少年思想政治的进步"。

提倡学生德、智、体全面发展，会不会妨碍他们的个性发展？应该说，在社会主义条件下，社会为个人的全面发展和个性特长的充分发展创造了前所未有的条件。当然，在实际操作过程中，确实由于思想认识的片面性和教育工作方法的简单化，出现了压抑学生个性、阻碍学生个性健康发展的偏向，这是应当正视并加以克服的。在这方面，邓小平给我们提出了正确的态度和方法："在鼓励帮助每个人勤奋努力的同时，仍然不能不承认各个人在成长过程中所表现出来的才能和品德的差异，并且按照这种差异给以区别对待，尽可能使每个人按不同的条件向社会主义和共产主义的总目标前进。"邓小平的精辟论述，对于贯彻好全面发展的教育方针有特别重要的指导意义。

尊重知识　尊重人才

——全面落实党的知识分子政策

邓小平十分重视科技、教育在社会主义现代化建设中的地位和作用，对于从事科学文化教育事业的广大知识分子，给予了充分肯定和爱护。他在1977年就指出："靠空讲不能实现现代化，必须有知识，有人才。"他倡导："一定要在党内造成一种空气：尊重知识，尊重人才。""尊重知识，尊重人才"思想的提出，极大地鼓舞了广大知识分子献身现代化建设的热情，有力地推动了我们国家科学文化教育事业的发展。

在政治上如何估计和看待知识分子，这是正确解决知识分子问题的前提。党的正确的知识分子政策的贯彻，曾经历了曲折的历程。"文化大革命"中，教育战线广大知识分子的社会主义积极性受到极大打击和束缚。禁锢广大知识分子的"两个估计"（即所谓："文化大革命"前17年教育战线是资产阶级专了无产阶级的政，是黑线专政；知识分子的大多数世界观基本上是资产阶级的，是资产阶级知识分子），更是套在广大知识分子身上的精神枷锁。邓小平1978年3月《在全国科学大会开幕式上的讲话》中，运用马克思主义的阶级分析方法，对我国知识分子的阶级属性问题作了历史和现实的考察。他分析说，在剥削阶级统治的社会里，有各种各样的脑力劳动者。有些人是完全为反动统治阶级服务的，这部分人同从事体力劳动的劳动者处在对立的地位。但在那个时候，也有很多从事科学技术工作的知识分子，尽管浸透了资产阶级偏见，但是他们本人并不是资本家，而是学者。他们的劳动成果被剥削者利用，这一般是社会制度决定的，并不是出于他们的自由选择。他接着特别指出："在社会主义社会里，工人阶级自己培养的脑力劳动者，与历史上的剥削社会中的知识分子不同了。"他重申：知识分子"总的说来，他们的绝大多数已经是工人阶级和劳动人民自己的知识分子,因此也可以说,已经是工人阶级自己的一部分"。这就在知识分子的阶级属性这一根本问题上重新确立了马克思主义的观点,为落实党的知识分子政策奠定了理论基础。

"尊重知识,尊重人才",就是要承认、肯定知识的价值,充分发挥知识分子的作用。这一政策是否落实,是否落实得好,关系到我国科学、教育事业是否能够迅速发展。知识和人才的重要性,将越来越随着科学技术的发展而凸显出来。邓小平指出:"随着现代科学技术的发展,随着四个现代化的进展,大量繁重的体力劳动将逐步被机器所代替,直接从事生产的劳动者,体力劳动会不断减少,脑力劳动会不断增加,并且,越来越要求有更多的人从事科学研究工作,造就更宏大的科学技术队伍。""造就这样的队伍,是摆在我们面前的一个严重任务。"

"人才不断涌出,我们的事业才有希望。"邓小平从社会主义现代化建设战略全局的高度来提出和论述知识分子问题的重要性,把"尊重知识,尊重人才"看作社会主义现代化建设的必然要求。他号召"全党和全社会都要真正尊重知识,真正发挥知识分子的作用"。1977年8月,他针对"四人帮"把知识分子诬蔑为"臭老九",驳斥说:"'老九'并不坏,《智取威虎山》里的'老九'杨子荣是好人嘛!错就错在那个'臭'字上。毛泽东同志说,'老九'不能走。这就对了。知识分子的名誉要恢复。"在同一次讲话里,他强调要珍视人才,人才难得。1984年,在谈到《关于经济体制改革的决定》时,邓小平特别强调:这个文件一共10条,最重要的是第九条,概括地说就是"尊重知识,尊重人才"8个字,"事情成败的关键就是能不能发现人才,能不能用人才"。1985年3月,他又指出:"改革经济体制,最重要的、我最关心的,是人才。改革科技体制,我最关心的,还是人才。"1988年,他讲道:"要把'文化大革命'时的'老九'提到第一,科学技术是第一生产力嘛,知识分子是工人阶级一部分嘛。"这充分肯定了知识分子作为工人阶级中掌握科学文化知识较多的一部分,作为科学技术知识活的载体,作为先进生产力的开拓者,在社会主义现代化建设中的特殊重要作用。

邓小平鼓励知识分子投身于四化建设,他亲切地说:"你们的工作做得越好,越有成绩,就会使全国人民越加懂得知识的可贵,推动大家都来尊重知识,学习知识,掌握知识。人们正是通过你们的工作,来评价科学技术在现代化建设中的地位，评价科学技术人员的作用。"与此同时，邓小平还十分关心知识分子的工作和生活待遇。他指出，落实知识分子政策，第一位的就是科技队伍的管理使用问题。提出要保证科研时间，让科研工作者把主要精力放到科研上去。他说，对知识分子在科学研究上的成就，要给予鼓励，"重点在奖"。"对知识分子除了精神上的鼓励，还要采取其他一些鼓励措施，包括改善他们的物质待遇。""要注意解决好少数高级知识分子的待遇问题，调动他们的积极性，尊重他们，会有一批人做出更大贡献……知识分子待遇问题要分几年解决，使他们感到有希望。"

培育良材　功在园丁

——倡导尊师重教

古人云:"国将兴,必尊师而重傅。"中华民族历来有尊师重教的传统和风尚。邓小平非常重视教育工作在国家振兴中的作用,因而,他对于从事人才培养工作的广大人民教师十分关心,倍加爱护。他大力倡导尊重人民教师,提高他们的社会地位和生活待遇,对于促进全社会尊师重教良好风气的形成,起到了重要的作用。

第一,邓小平把教师工作放在一个极为重要的位置加以认识。

教育过程中的基本矛盾是教与学,教师是教育活动的主导,对学生的思想道德素质、文化科学素质和身体素质的发展,乃至个性的形成都有重要的影响。邓小平早在1954年4月的政务院第212次政务会议上就提出过:学校办得好坏,教师在其中起很大的作用。1978年,邓小平进一步阐述了这一观点:"一个学校能不能为社会主义建设培养合格的人才,培养德智体全面发展、有社会主义觉悟的有文化的劳动者,关键在教师。"这就把建设好一支高水平的教师队伍摆在了教育事业能否健康发展,社会主义现代化建设事业能否成功,中华民族能否腾飞的关键地位。从而把尊重教师的思想建立在了一个很高的认识基点上,反映出邓小平对待教师问题的战略眼光。

第二,邓小平充分肯定了教师劳动的价值,倡导全社会都尊重人民教师。

教师是知识分子的一部分,正确认识和评价知识分子,是形成尊重教师风气的前提。1977年8月,在科学和教育工作座谈会上,邓小平针对"两个估计",明确指出,新中国成立后17年教育战线的主导方面是红线,广大知识分子是在党的正确领导下勤奋工作的,其中教育工作者的劳动更辛苦。他肯定地说:"无论从事科研工作的,还是从事教育工作的,都是劳动者。"接着,在

1978年3月的全国教育工作会议上,他又重申了知识分子(包括人民教师)是工人阶级的一部分的正确观点,从而为正确评价教师的工作奠定了思想基础。

邓小平不仅肯定教师是劳动者,而且进一步肯定教师从事的是一种培养人才的创造性的劳动。他指出:"人民教师是培养革命后代的园丁。他们的创造性劳动,应该受到党和人民的尊重。""我们的科学家、教师发现人才,培养人才,本身就是一种成就,就是对国家的贡献。"他称赞人民教师全身心投身于教育事业的可贵精神,说教师工作是很光荣的。他号召要特别注意调动教育工作者的积极性,要尊重教师。"不但学生应该尊重教师,整个社会都应该尊重教师。"1980年春节,邓小平在北京人民大会堂亲切会见北京市1.8万名大、中、小学和幼儿园教师,对他们的辛勤劳动表示慰问,令广大教师备受鼓舞。

第三,邓小平主张提高人民教师的政治地位和社会地位,使教师职业成为令人羡慕的职业。

他说,"对于优秀的教育工作者,应该大张旗鼓地予以表扬和奖励",并提出了一系列具体措施。就教师职称来说,1977年9月的科学和教育工作座谈会上,他提出大专院校要恢复教授、讲师、助教等职称,并且建议在第二年召开全国教育大会,总结交流办学经验,奖励有成就的各级各类学校教师。他在1978年3月提出:成绩突出的小学教员,工资可以评为特级。1978年4月的全国教育工作会议上,他说,特别优秀的教师,可以定为特级教师。在邓小平的大力倡导下,党和政府在提高教师社会地位方面做了大量工作,制定了一些具体规定。如中小学也逐步实行了职称制度,一批中小学教师被授予特级教师称号,还有许多教师被授予劳动模范的称号或成为"五一"劳动奖章获得者,不少人还被推选为各级人大代表和政协委员。1985年1月,国家还确定每年的9月10日为教师节。这些,都极大地激发了广大教师教书育人的积极性和创造性。

第四,邓小平要求不断改善教师的工作条件和物质待遇。

邓小平非常了解教师的困难,指出调动教育工作者的积极性,光空讲不行,还要切实帮助他们解决实际问题。

根据教师工作的特点,他提出要确实保证教师的教学活动时间,"各级党政负责同志,要经常深入学校,倾听广大教师的意见和呼声,为他们排忧解难"。他说,教师的劳动是相当繁重的,要让教师搞好劳逸结合,让教师们休假，给教师以消除疲劳、思考问题、总结经验的时间，给他们以休整的时间，不能把他们的假期时间都占用了。

邓小平还指出："对知识分子除了精神上的鼓励，还要采取其他一些鼓励措施，包括改善他们的物质待遇。"他多次呼吁，根据按劳分配的原则，必须提高教师特别是中小学教师的物质待遇。早在1954年，在政务院第221次政务会议讨论教育工作时他就说过："中小学教员中间，工资也应该有很高的，他们付出的劳动多，贡献大嘛。"1978年3月，他提出，小学教员的工资太低，要提高他们的工资。同年4月，他又一次提出：要研究教师首先是中小学教师的工资制度。要采取适当的措施，鼓励人们终身从事教育事业。1988年9月，他再次强调："我们不论怎样困难，也要提高教师的待遇。"邓小平关于提高教师工资的主张，已体现在《中国教育改革和发展纲要》和《中华人民共和国教师法》中，这两个文件规定教师平均工资水平不低于国家公务员的平均工资水平，并且随着国民收入的增长逐步提高。

第五，邓小平要求采取各种措施，提高教师队伍的素质。

邓小平认为"只有教师教得好，学生才能学得好"。社会主义现代化建设的发展，对教育事业提出了越来越高的要求，教育的改革和发展，也要求教师队伍质量不断提高。因此"各级教育部门不能不努力提高现有教师队伍的教学能力和教学质量"，"要提高教师的水平，包括政治思想水平、业务工作能力以及改进作风等"。他还提出培训师资的一些具体意见，如充分利用广播电视，举办各种训练班、进修班，编写教学参考资料等等。为了保证不断补充合格的新师资，他还要求办好师范教育。

邓小平关于尊重教师、加强教师队伍建设的思想，内容十分丰富，既有理论上的分析，又有具体操作上的主张；既表现了在重大原则问题上的坚定立场和态度，又表现了在解决实际问题上的细致作风。他的有关思想、主张，对于《中华人民共和国教师法》的形成和颁布，起了指导作用。

打破常规　不拘一格

——关于选拔和培养杰出人才的主张

邓小平十分重视人才问题,在谈到改革经济体制和科技体制时,他认为最主要的就是人才问题。他说,我们事业"成败的关键就是能不能发现人才,能不能用人才"。在人才问题上,他还特别强调选拔和培养杰出人才,指出"只有有了成批的杰出人才,才能带动我们整个中华民族科学文化水平的提高"。

如何发现、选拔和培养杰出人才?邓小平的对策是打破常规,创造一切环境,使拔尖人才能够脱颖而出。这一对策的提出,是建立在对我国人才状况和世界科学技术发展趋势的考察的基础上的。

当代科学技术的发展,使科学技术知识在深度、广度和数量方面急剧增加,彼此之间纵横交叉和依赖,某些比较复杂的研究项目或前沿性的尖端项目,往往不是单一学科和少数人所能承担和解决的。据有关资料显示,法国在开始搞遗传工程时,他们在这一领域每年培养 200 名博士研究生。日本遗传工程起步较晚,但据 1982 年统计,也已有 4000 名博士在从事这方面的研究。美国一家基因公司的 350 名雇员中,有 70 人具有博士学位。凡此种种,都说明迎接新的技术革命,必须重视杰出科技人才的培养。

在我们国家,"由于林彪、'四人帮'的破坏,我们的科学技术队伍出现了青黄不接的现象,这就使加速培养年轻一代的科学技术人才的任务更加迫切了"。我国教育战线遭受"文化大革命"十年摧残,从 1966 年至 1976 年至少少为国家培养 10 万研究生、100 万合格的大专毕业生和 200 万以上中专毕业生,更为严重的是,"读书无用""知识越多越反动"等流毒腐蚀了不少青少年,严重影响了他们学习科学文化知识的积极性。这样,我国教育事业同世界发达国家之间在许多方面本来已经缩小的差距又拉大了。各条战线人才奇缺,后继乏人。面对国际科技飞速发展的挑战，人才的需要更加迫切。我们教育工作负有为国家四化培养人才的重任。特别是为了迎接世界新技术革命的挑战，急需教育事业发展各种前沿学科，培养大批高水平的科技人才。

对于培养高水平的科技人才，邓小平明确指出："要创造一切环境，使拔尖人才能够脱颖而出。"他在1977年力主恢复了高考制度，发现、选拔了一大批优秀青年，为我国科技队伍补充了新生力量。在教育工作方面，他还提出了一系列有利于优秀人才培养的建议。

邓小平说："在人才的问题上，要特别强调一下，必须打破常规去发现、选拔和培养杰出的人才。"关于"打破常规"，邓小平具体指出："还有个跳级、留级问题。这涉及的只是少数人。我个人倾向于允许跳级，这样，人才出得更快嘛。"

在邓小平这些思想的引导下，我国教育界进行了一系列改革创新工作。如中国科技大学"少年班"，培养自然科学方面智力超常少年成为科技人才，取得了成功的经验。科大少年班招收的都是15岁以下的在校初、高中学生，最小的才11岁。他们多数都在小学、初中阶段跳过级。科大在少年班培养上，不仅在学制上允许跳跃升迁，而且因材施教，允许超前学习，横向选课。总之，打破了一些常规的做法，从而取得了可喜的成果。有的学生半年里就完成一年的学业，有的三年里取得双学位。

又如清华大学对于智力优秀的学生实行特殊培养，开设"因材施教"班，选定"因材施教"生，使在某方面有特殊能力的学生能成长得更快。现在一批"娃娃博士"已崭露头角，在一些前沿学科领域做出了重要贡献。另外，我国有10多所大学也建立了少年班。

邓小平还指出："我们培养、选拔人才，有广阔的源泉，有巨大的潜力。"我国心理学工作者对20万人的调查表明，智力特别高的约占千分之三，智力特别低的也约占千分之三。在我国广大中小学生中，这千分之三智力超常者是一个不小的数字，这是十分巨大的智力资源。如何通过教育帮助这些智力超常少年显露他们智慧的光彩，做到早期发现，早期培养，成为科技事业的英才，是值得重视和研究的一个课题。

根据邓小平打破常规、不拘一格选拔人才的主张，我国教育部门对于智力超常的儿童、少年注意发现和培养。现已有一批中学建立了超常儿童实验班。

特别值得提出的是，我国近些年来对于中学理科方面优秀学生的发现和培养，已形成独特的选才体系。一批尖子学生脱颖而出，自1985年中国队首次参加国际奥林匹克学科竞赛以来，在各学科奥赛中均取得优异的成绩。参赛选手后来几乎都成为有关研究领域的拔尖人才。

事实证明，邓小平关于不拘一格培养杰出人才的思想是体现了教育科学规律和人的身心发展规律的，他提出的建议是行之有效的，是我们在教育工作中应认真遵循的。

新的内容　新的高度

——对"教育与生产劳动相结合"原则的发展

"教育与生产劳动相结合",是社会化大生产的客观要求,是现代教育的特征和规律,是马克思主义关于教育工作的基本原理之一。邓小平在1978年4月的全国教育工作会议上对这一原则作了这样的概括:"马克思、恩格斯、列宁和毛泽东同志都非常重视教育与生产劳动的结合,认为在资本主义社会里这是改造社会的最强有力的手段之一;在无产阶级取得政权之后,这是培养理论与实际结合、学用一致、全面发展的新人的根本途径,是逐步消灭脑力劳动和体力劳动差别的重要措施。"

党的十一届三中全会以后,全党工作转移到了以经济建设为中心,社会主义建设事业进入了一个新的历史时期,经济和社会发展对教育工作提出了新的要求。在这新的历史条件下,从国家进行社会主义现代化建设的新的要求出发,邓小平提出要更好地贯彻"教育与生产劳动相结合"的方针。他说:"为了培养社会主义建设需要的合格人才,我们必须认真研究在新的条件下,如何更好地贯彻教育与生产劳动相结合的方针。……现代经济和技术的迅速发展,要求教育质量和教育效率的迅速提高,要求我们在教育与生产劳动结合的内容上、方法上不断有新的发展。"

那么,这种新的条件是什么样的呢?新的条件就是科学技术和经济发展的速度非常迅猛。而在现代经济和技术突飞猛进的情况下,教育目的和教育内容应适应这种发展,教育与生产劳动相结合在内容和方法上要有新的发展。

现代生产力的发展是教育与生产劳动相结合的客观基础。随着现代科技的发展,生产劳动的内涵更加扩大了,科学研究日益成为生产劳动的一部分,经济社会发展对劳动者智能的要求越来越高,对教育与生产劳动相结合的要求也越来越高。

在谈到"教育与生产劳动相结合"的内容和方法的改进和完善时，邓小平特别强调，教劳结合已不能再简单地理解为学生参加劳动，"更重要的是整个教育事业必须同国民经济发展的要求相适应……使教育事业的计划成为国民经济计划的一个重要组成部分……我们制订教育规划应该与国家的劳动计划结合起来，切实考虑劳动就业发展的需要"。邓小平是站在实现四个现代化的战略高度，围绕经济建设这个中心，对"教育与生产劳动相结合"作了新的解释，赋予了新的内容，并没有把"教劳"结合的原则仅仅限于学校内部，而是深刻揭示了教育与经济建设之间的内在联系；不仅把教劳结合看成青少年健康、全面发展的重要途径，更特别强调了教育是为社会主义建设提供人才资源的基础性工作，明确指出教育要为发展社会生产力服务，教育的改革和发展，都要围绕和服从于发展社会生产力这一根本要求。这是邓小平从新的历史条件出发，对马克思主义"教育与生产劳动相结合"原则的发展。

关于同国民经济发展的要求相适应，革除教育与经济建设相脱节的弊病，邓小平特别引述了列宁的一段话："无论是脱离生产劳动的教学和教育，或是没有同时进行教学和教育的生产劳动，都不能达到现代技术水平和科学知识现状所要求的高度。"

根据我国的现实情况，邓小平进一步提出了全面贯彻教育与生产劳动相结合原则的正确途径，那就是把同国民经济发展的要求相适应，作为教育与生产劳动相结合的最基本内容和最基本要求。根据这一基本要求，他提出了一系列更好地贯彻"教育与生产劳动相结合"原则的指示。比如，他提出大力发展职业技术教育和劳动技术教育，调整中等教育结构，"扩大农业中学、各种中等专业学校、技工学校的比例；……生产劳动、科学实验和科学研究在学校教育中怎样组织得更有计划，使之更符合于经济计划和教育计划的需要，应该加以深入的研究"。又比如，邓小平提出重点大学既是办教育的中心，又是办科研的中心，为把科学技术作为教劳结合的中介点，提出了具体方向，体现了现代教育的发展规律和现代教育与现代经济相结合的时代特征。改革开放以来，我国各级各类教育中出现了许多教劳结合的新形式、新经验，呈现多样化、层次化、综合化的特点，在内容、方式方法等方面有许多创新和发展。诸如"农科教结合""教育、科研、生产一体化""勤工俭学"等，都体现了邓小平的这一思想，并取得了显著的成效。

一要普及　二要提高

——处理教育普及与提高的关系

我国是一个幅员辽阔、经济文化发展不平衡的社会主义国家,在我们这样一个国家里,普及与提高的关系,是教育发展中一个战略性问题。邓小平一直十分重视正确处理好教育普及与提高的关系。早在1958年,他就提出当时教育方面要解决的问题主要是普及与提高的关系问题。他认为教育"一要普及,二要提高,两者不能偏废。光普及不提高,科学文化不能很快进步;只提高不普及,也不能适应国家各方面的需要"。他强调:"我们在任何时候都要坚持'两条腿走路',做到在普及基础上的提高和在提高指导下的普及。"

"两条腿走路",是一种十分形象的说法。正如人走路一样,只有同时发挥两条腿的作用,才能稳健而协调地前进。教育的发展,同样是这个道理,只有普及与提高并举,充分调动各方面的积极性,教育事业才会健康发展。只片面地强调一方面而忽视另一方面,就会影响教育的效益。"两条腿走路"是辩证法在教育发展规划中的具体运用。

普及与提高并举,"两条腿走路"的方针,是我们党在教育方面的宝贵经验。毛泽东早在土地革命时期,就根据江西苏区的实际情况,提出要多种形式办学。以后在抗日战争、解放战争时期和全国解放以后,也一直提倡"两条腿走路"的办学方针。刘少奇也曾在50年代后期提出过"两种教育制度,两种劳动制度"。他们的主张,使我国教育事业获得了迅速的发展。

"文化大革命"期间,教育事业遭到严重破坏,人民群众的文化素质降低了,各行各业的专业人才更是缺乏。粉碎"四人帮"后,百废待兴,百业待举。邓小平深深感到,中国要实现现代化,首先必须有知识,有人才,整个中华民族的思想道德素质和科学文化水平亟待提高,他希望中国的教育"五年小见成效,十年中见成效，十五年二十年大见成效"。为了达到快出人才、多出人才、出好人才的目的，邓小平在总结历史经验的基础上，根据我国现实的基本国情，明确提出办教育还是要"两条腿走路，既注意普及，又注意提高"。

邓小平在领导教育工作的过程中，还就贯彻"两条腿走路"的方针，提出一系列意见和主张。

第一，基础教育和高等教育并重。

基础教育和高等教育是教育结构中的两个主要部分。在我国，目前基础教育的主要任务是普及，是为提高全民族的素质打好基础；高等教育的主要任务是提高，是培养各类专门人才，提供科技成果。邓小平对这两个层次的教育都给予重视，他是这样概括二者的辩证关系的：只有"在广泛的群众基础上，才能不断涌现出杰出人才。也只有有了成批的杰出人才，才能带动我们整个中华民族科学文化水平的提高"。他提出，我们要在科学技术上赶超世界先进水平，不但要提高高等教育的质量，而且首先要提高中小学教育的质量。1977年，他力主恢复了高考制度，为提高高校教育教学质量创造了基础条件。他主张把高等院校特别是重点高等院校办成教学和科研两个中心，以提高高等教育的整体水平。同时他又指出高等院校学生是来源于中学的，中学学生又是来源于小学的，"因此要重视中小学教育"。在他的支持下，我国开展了普及九年制义务教育的工作，并于1986年颁布了《中华人民共和国义务教育法》。1993年2月颁布的《中国教育改革和发展纲要》规定了在20世纪末基本普及九年义务教育的任务。总之，正如邓小平自己所说的，他抓教育是"从小学抓起，一直到中学、大学"。

第二，坚持多种形式办学。

邓小平主张，办学不能只有一种形式，应根据实际情况，实行统一性与多样性相结合的原则，多层次、多规格、多种形式办学。他的多种形式办学的主张，充分考虑了我国经济、社会发展对教育的需求，他认为"制定教育规划应该与国家的劳动计划结合起来，切实考虑劳动就业发展的需要"。在基础教育方面，他提出在发展普及基础教育的同时，应该考虑扩大农业中学、各种中等专业学校、技工学校的比例，倡导发展职业技术教育。就高等教育来说，邓小平也提出"两条腿走路"。"大专院校是一条腿，各种半工半读的和业余的大学是一条腿。"1978年，他还具体强调"要制订加速发展电视、广播等现代化教育手段的措施,这是多快好省发展教育事业的重要途径,必须引起充分的重视"。在他的支持下,中央广播电视大学于 1979 年 2 月正式开学。据国家教委统计,近 10 年内,全国每 100 名大学毕业生中,就有 17 名毕业于电视大学。

第三,恢复和办好重点学校。

集中力量办好一批重点学校,是新中国成立后教育上曾采取的重要措施。实践证明,重点学校无论是在出人才方面,还是在出经验方面,都取得了很大成效,起到了示范和带头作用。新时期开始后,邓小平根据既注意普及又注意提高的原则,提出在大力发展教育事业中,要恢复和办好重点学校。1977 年 5 月,他提出"要办重点小学、重点中学、重点大学。要经过严格考试,把最优秀的人集中在重点中学和大学"。同年 8 月 8 日,在科学和教育工作座谈会上,邓小平又说:"在大专院校中先集中力量办好一批重点院校。重点院校除了教育部要有以外,各省、市、自治区和各个业务部门也要有一点。"1978 年 4 月,在全国教育工作会议上他又一次提出:"为了加速造就人才和带动整个教育水平的提高,必须考虑集中力量加强重点大学和重点中小学的建设,尽快提高它们的教学水平和教学质量。"根据邓小平的建议,我国在现有的财力、师资力量都不十分充足的条件下,集中力量办了一批重点学校,在提高教育质量,培养优秀学生,推动教育改革等方面都发挥了积极作用,带动了整个教育事业的发展。实践证明,办好重点学校的主张既符合我国的国情,又符合教育发展的客观规律。同任何事物一样,学校的发展也有一个从低级向高级发展的过程。这个过程是通过不平衡向平衡,新的平衡又被打破这样一个螺旋上升的发展来实现的。

立足实用　保持先进

——关于教材建设的五个原则

教材，是学校教育教学的基本手段，是教学内容的物质载体，是搞好教学工作的基础。邓小平历来十分重视和关注学校教材的建设。早在1958年4月7日，在中共中央书记处会议讨论教育工作时，邓小平就曾强调"教育部要管教材"。他还说，对于教材等方面的基础建设，"教育部要出主意，提方案"，要作为主要工作抓好。他对教材建设做出过一系列指示，可以概括为关于教材建设的五个原则。

第一，强调教材建设的关键性作用。

课程教材的现代化，对整个教育工作来讲具有关键作用，是教育现代化的核心。如果只注重校舍、设备等"硬件"的投入，忽视教材这一"软件"的建设，教育改革是不会成功的。"文化大革命"中原有的中小学教材被全盘否定，教材混乱不堪，教材的质量低下，直接影响到学校的教育教学质量。1977年，恢复工作后的邓小平面对教育园地的荒芜景象，对教育领域的诸多问题进行梳理，明确指出："教育制度中有很多具体问题。……关键是教材。"他把教材问题看作教育改革过程中的关键问题，明确提出要抓紧编好新教材。

第二，保持教材的先进性。

邓小平指出，"教材要反映出现代科学文化的先进水平"，"教书非教最先进的内容不可"。当今时代，在新的科技革命的推动下，科学技术发展迅猛异常，知识更新的周期缩短，为了跟上科学技术迅猛发展的步伐，教材的内容就需要不断更新。特别是一个时期以来，闭关锁国等原因造成我国教材内容陈旧落后，不能适应青少年掌握现代科学文化知识的需要。正如邓小平1977年所说："现在看来，同发达国家相比，我们的科学技术和教育整整落后了二十年。"科技人才的培养，基础在教育。提高中小学教育，其关键的一点就是"用先进的科学知识来充实中小学的教育内容"。邓小平关于教材内容的先进性的论述，抓住了我国教材建设的症结所在，反映了现代教育的客观要求，是尽快缩短我国在教材建设上与国外差距的良策。

第三，注重教材的实用性。

邓小平在谈到"教材要反映出现代科学文化的先进水平"的同时，特别指出"要符合我国的实际情况"，这体现了他一贯坚持实事求是、一切从实际出发的思想。学习、吸收外国的先进东西，不能简单地照抄照搬，而要结合我国的国情，加以改造创新。教材应适合于我国文化发展的现实水平和教育发展状况。

邓小平指出教材的实用性的另一内容就是照顾到"中小学生所能接受的程度"。这一点也非常重要。学生是学习活动的主体，教学内容和方法要适合于他们的心理和生理发展水平，有助于提高他们学习的积极性、主动性，促进他们知识和能力的发展。

教材的编写"要符合我国的实际情况"，明确指出了我国教材建设的出发点和归宿。

第四，教材改革要从基础教育搞起。

中小学教育是整个教育事业的基础，中小学的教材建设是整个教材建设的基础，因此"教材非从中小学抓起不可"。正如邓小平说的："我们要在科学技术上赶超世界先进水平，不但要提高高等教育的质量，而且首先要提高中小学教育的质量。"

最后，教材编写要照顾地区差异。由于我国幅员辽阔，各地经济、文化发展不平衡，这是编写教材时应注意的一个客观情况。如何处理好坚持统一基本要求和适应地区之间发展的不平衡性的关系呢？邓小平在1958年就注意到这一问题，并且提出了处理这一问题的方法："中小学教材可以组织各地去编，不一定要教育部自己关起门来搞。"同时，他要求教育部注意总结各地编写教材的先进经验，并加以推广。实践证明，邓小平的这一方法至今仍然行之有效。近几年来，教育部组织了人民教育出版社和各省市分别编写了多套义务教育教材，这些教材都既体现了国家颁布的教学大纲的基本要求，又比较好地适应了城市与乡村、沿海地区和内地地区等发展的不平衡性，收到了较好的教学效益。

发挥优势 科教并重

——提出重点高校应办成教学、科研两个中心

一个国家的高等学校的办学水平和教育质量是国家综合国力的重要标志之一。邓小平历来重视高等学校在科学技术领域特别是高科技领域中的作用。他认为，高校不仅负有培育一代新人的任务，而且应当担负起进行科学研究、提供科技成果的任务，发挥它在国家科技进步中的重要作用。早在20世纪50年代，邓小平就指出："今后大学有三大任务，一是学习，二是生产，三是科学研究。三者互相联系，互相促进，不可偏废。"

在新时期，邓小平继续坚持这一观点。1977年7月29日，邓小平在关于教育工作的谈话中强调，重点大学既是办教学的中心，又是办科研的中心。同年8月8日，他在科学和教育工作座谈会上又明确讲道："高等院校，特别是重点高等院校，应当是科研的一个重要方面军，这一点要定下来。它们有这个能力，有这方面的人才。事实上，高等院校过去也承担了不少科研任务，随着高等院校的整顿，学生质量的提高，学校的科研能力会逐步增强，科研的任务还要加重。朝这个方向走，我们的科学事业的发展就可以快一些。"

邓小平关于高校特别是重点高校既是教学的中心又是科研的中心的观点，是在分析当代科学技术发展的特点的基础上，对高等学校社会功能发展情况的科学概括，是发展我国科学教育事业的正确举措。

高教发展的历史表明，高等学校的社会功能不是一成不变的，而是随着经济、科技的进步而逐渐扩大的。起初的大学只有单一的功能，即传授知识，这时的大学仅仅是教学的中心。产业革命之后，大学逐步承担了科学研究的任务，它不仅致力于传授知识，而且还创造新知识，因而它既是教学的中心，又是科研的中心。特别是在新技术革命的条件下，高等学校科学研究中心的地位

更加突出了。"科学——教育一体化"趋势在高等教育范围内，特别是在重点高校尤为明显。研究工作被视为教学过程的主要动力，反过来教学过程又在推动研究工作。由于高等学校在科研人才、学科设置、技术设备等方面为从事高新技术研制开发提供了优越条件，因此世界上许多高技术园区都依托于高校，许多国家都把高等教育作为本国在新技术革命竞争中制胜的武器。

高科技竞争对世界的科技、经济、军事、政治、文化乃至整个人类社会正在产生越来越大的影响，谁在这个领域占领制高点，谁就能取得 21 世纪的主动权。邓小平敏锐地注意到这一情况，进入 80 年代以后，他对于世界高科技的发展给予极大关注，作了许多具有战略远见的指示，对高校的高科技研制工作起到很大的推动作用。在跟踪和发展高新技术的"863 计划"中，高校承担了一批重要任务；在推进高技术成果产业化的"火炬"计划中，高校共列入 122 项，占总数的 13％；在国家科委负责的五个领域中，高校参加了占总数 54％的课题。

邓小平关于重点高校既是教学的中心又是科研的中心的意见，充分估计到了当今时代高等教育结构多层次化，向两端发展的趋向（大量的高校向大众化、普及化、多样化发展，少数大学向技术的"高、精、尖"发展），是符合我国国情的发展高等教育的有效措施。为了发挥重点高校在科技攻关和经济发展中的重要作用和在提高高教整体水平中的主导、带动作用，国家采取了一些十分重要的措施，如在重点大学建立国家重点学科、建立博士后流动站等，都取得了明显的效果。现在，国家"211"工程已经起动，将面向 21 世纪，重点建设 100 所大学和一批重点学科点，其中一批大学将成为高层次人才培养和科学研究的中心。所有这些，都体现了邓小平的主张。事实证明，邓小平关于高校办成"两个中心"的主张是根据国际局势和我国实际情况作出的具有深谋远虑的决策。

他山之石　可以攻玉

——提出"要利用外国智力"

当代科学技术的一个突出特点就是门类繁多，发展速度加快，据有关资料统计表明，全世界每年大约有100万项技术可供利用，国与国之间的科技交流已成为一种十分普遍的现象。当代技术发展的另一个特点是组合性技术在技术发展过程中的作用日益增加，许多技术都是在转移后由引进方创新的。

邓小平针对当代科技发展的上述特点，站在我们国家和民族发展的高度，指出："科学技术是人类共同创造的财富。任何一个民族，一个国家，都需要学习别的民族、别的国家的长处，学习人家的先进科学技术。""学习先进，才有可能赶超先进"。

党的十一届三中全会以来，从建设有中国特色的社会主义这一总的要求出发，党中央提出了对内搞活、对外开放的政策，加快改革开放的步伐，推动经济建设。我国科学技术落后、科技人员不足的困难十分突出，因此，在充分利用外资和引进先进技术的同时，应当有计划地大胆地引进国外智力和人才。邓小平于1983年7月指出"要利用外国智力"。

邓小平"要利用外国智力"的主张，是在冷静分析我国科技水平与世界发达国家的差距后提出的。他讲，我国"科学技术水平从总体上看要比世界先进国家落后二三十年"，在教育水平上，同样有不小的差距。新中国成立后，我们在科学、教育方面获得了很大的发展，但是，我们的社会生产力水平还很低，经济基础还比较薄弱，文化教育还很落后，"文化大革命"又对教育事业造成了严重破坏，教师队伍受到严重的摧残，不仅耽误了一代人，而且使教育水平严重下降。特别是高等学校受到的破坏极为严重，教师业务被荒疏了，当新时期开始时，一时还难以适应教学和科研工作。高校的教学仪器、设备也遭到严重破坏。而我国现代化建设又尤其缺乏具备国际先进技术水平的各类专门人才，必须加快培养。在世界新技术革命蓬勃发展的形势面前，我们要发展教育，就要努力吸收和借鉴世界科学文化的优秀成果，为我所用，以便能逐步缩小同发达国家的差距，在国际竞争中取胜。

邓小平"要利用外国智力"的主张，也是在对"独立自主、自力更生"方针与对外开放、交流合作的相互关系进行辩证分析后提出的。"提高我国的科学技术水平，当然必须依靠我们自己努力，必须发展我们自己的创造，必须坚持独立自主、自力更生的方针。但是，独立自主不是闭关自守，自力更生不是盲目排外。"我们要自力更生，进行现代化建设，最根本的条件，就是我们自己要有一支宏大的人才队伍。在独立自主、自力更生的基础上利用外国的智力，是培养我们的建设人才的一个途径，这与自力更生并不矛盾。相反，尽快建立起我们自己的科技队伍，将进一步增强我们自力更生的实力。而中国长期处于停滞和落后状态的原因，诚如邓小平所尖锐指出的："一个重要因素是闭关自守。"邓小平"要利用外国智力"的主张体现了实事求是的科学态度，也体现了巨大的勇气和远见卓识。

邓小平还提出可以利用华侨、国外的力量帮助我们培养人才。他在1977年科学和教育工作座谈会上讲道，请外国著名学者来我国讲学是一种很好的办法。1984年他在视察广东、福建等地回京后同几位中央领导同志谈到吸引华侨到深圳投资办大学时说："华侨在那里办大学，由他们聘请国外水平高的教授，从国外购买教学设备，这样可以给我们培养一批人才。"他在1977年还讲到，"接受华裔学者回国是我们发展科学技术的一项具体措施，派人出国留学也是一项具体措施"。

在邓小平主张的推动下，根据党中央制定的改革开放的方针政策，我国教育界打破了对外封闭局面，加强了国际交流，恢复和加强了派遣留学生工作。1979年12月原教育部和国务院科技干部局联合召开了全国留学人员工作会议，提出对于派遣留学人员，在确保质量的前提下，根据国家需要与可能，广开渠道，力争多派。后来，党中央国务院又多次研究了留学生的工作，并相应地制定了有关文件、决定和条例。据统计，改革开放以来，我国共有21万留学生（包括自费出国留学生）到世界100个国家和地区学习、进修。

对于出国留学的青年学生和科技人员，邓小平热诚欢迎他们学成归来为祖国服务，他在不同场合多次讲到要为留学人员回来工作创造条件，妥善解决他们的工作问题、工资和住房等生活问题。他说："我们的留学生有几万人，如何创造他们回来工作的条件，很重要。有些留学生，回来以后没有工作条件，也没有接纳他们的机构，有些学科我们还没有。可以搞个综合的科研中心，他们回来后先到这个科研中心，然后再找对口的专业，攻一个方面，总会有些人做出重大贡献……否则，这些人不回来，实在可惜啊。"表现了他对科技人才的一贯重视和爱护。

更新知识　提高素质

——重视职业培训和继续教育

当代科学技术的发展迅猛异常，知识的总量急剧增长，而且随着科学技术新成果的迅速出现，从科学的发明、发现到应用的周期的缩短，导致科技知识陈旧周期也相应缩短。因此，一个人在学校里学到的知识，无论如何也无法满足今后工作、生活的需要。要接受继续教育、终身培训，才能适应科学技术不断发展变化的新形势。工业发达国家的实践表明，个人的知识90％是在工作中通过继续教育获得的，因此继续教育引起了世界各国的重视。继续教育已成为在新技术革命条件下开发劳动者智力的重要手段之一。

邓小平站在领导社会主义现代化建设的高度，对世界科技发展的趋势作了科学的描述。他说，由于现代科学技术日新月异，生产设备的更新，生产工艺的变革，都非常迅速。许多产品，往往不要几年的时间就有新一代的产品来代替。劳动者只有具备较高的科学文化水平，丰富的生产经验，先进的劳动技能，才能在现代化的生产中发挥更大的作用。在1977年的一次谈话中，他曾举例说，发达资本主义国家有许多工人的工作就是按电钮，将来，脑力劳动和体力劳动是分不开的。

由于"文化大革命"造成的破坏，形成我国广大职工文化科学水平偏低的状况。在1979年，在我国工交系统的2000多万职工中，初中以下文化程度的占到80％；1982年全国人口普查统计，在10亿人口中，受过高等教育的（包括在校学生）只有600万人，占总人口的0.6％，而文盲、半文盲却有2.3亿多人，占总人口的23％。面对世界经济、科技飞速发展的形势，邓小平在1980年就明确指出，对于岗位和职业培训问题"我们长期都没有重视，现在再不特别重视，就不可能进行现代化建设"。1983年3月2日，他在视察了江苏等地回到北京后,与几位中央负责同志谈到,"智力开发是很重要的,我说的是包括职工教育在内的智力开发,要更好地注意这个问题"。同年 6 月 18 日,他再次提出进行四化建设的关键是知识问题,强调智力开发是我国投资的重点之一。

邓小平认为,搞经济建设,劳动者无论在什么岗位上,都要有一定的专业知识和专业能力,因此,面对知识更新速度加快的普遍趋势,除了通过普及国民基础教育和加强职业技术教育,培养新型的劳动后备力量外,还要进行职业培训和继续教育,这是进一步提高劳动者素质的有效途径。他指出,提高劳动者素质的"办法就是学。一个是办学校、办训练班进行教学,一个是自学"。而且说"没有的要学,有的要继续学"。

邓小平所讲的职业培训和继续教育,并不限于简单生产操作的范围,而是包括政治水平、文化水平、技术水平和经营管理水平等在内的整体素质水平的提高。同时,他还极富远见地认为这种培训和教育并不是一种权宜之计,而应成为一种有计划的活动。他要求人们充分理解这种培训的重大意义,"逐步把这种培训变为适用于全体干部和工人的经常制度"。这一观点对于发展成人继续教育等类型的教育具有重要的指导意义。

科学启蒙　从小开始

——提出在少年儿童中普及计算机教育

1984年2月,邓小平视察上海。16日,他参观上海微电子技术及其应用汇报展览。参观过程中,邓小平饶有兴趣地观看了一个13岁男孩子操作计算机的表演。表演完毕,他亲切地抚摸着孩子的头,对在场的人们说道:"计算机的普及要从娃娃做起。"

"计算机的普及要从娃娃做起",这是邓小平站在放眼世界的高度,对国内外科学技术发展状况和教育现状作了综合全面考察后作出的一个具有战略眼光的决策。

邓小平曾多次强调,四个现代化,关键是科学技术现代化。同时,他冷静地认识到,在科学技术方面,我们还比较落后。为了坚持社会主义,发展我国的生产力,在日趋激烈的国际竞争中立于不败之地,"离开科学不行","要提倡科学,靠科学才有希望"。怎样发展科技呢?邓小平说:"抓科技必须同时抓教育","科学技术人才的培养,基础在教育"。

邓小平主张教育要"面向未来",因为教育的效能具有滞后性,它的效果要在若干年后才能显示出来,今天的教育水平决定着明天的科技水平和后天的生产力水平。今天在校学生的科学素养如何,将直接决定着我国今后乃至21世纪科学技术发展的水平。邓小平以伟大战略家的深邃眼光看待教育问题,提出我们的教育内容和方法都要现代化。他要求教育在培养人才方面"不但要看到近期的需要,而且必须预见到远期的需要;不但要依据生产建设发展的要求,而且必须充分估计到现代科学技术的发展趋势"。他还要求"用先进的科学知识来充实中小学的教育内容""教材要反映出现代科学文化的先进水平"。

作为20世纪人类杰出科技成果的电子计算机,在人类社会生产、生活中的应用越来越广。现在计算机的数量和质量以及计算机的应用程度已成为衡量一个国家科技和经济水平的重要标志之一。为了发展经济和科技，在21世纪的高科技竞争中取胜，世界上许多国家都非常重视中小学计算机教育的普及，以使计算机知识和技能，成为未来劳动者应有的素质。而我国作为发展中国家，与发达国家相比，在计算机普及教育方面还有较大差距，需要急起直追。邓小平"计算机的普及要从娃娃做起"的决策，则直接推动了我国中小学计算机教育的开展。

我国中小学开展计算机教育以来，经过不断探索和实验，取得了可喜的成绩。据1993年初的不完全统计，全国开展计算机活动的学校已将近1万所，拥有计算机12万余台，有计算机教师1万余名，有近400万中小学生接受了计算机知识的初级培训。

在普及计算机教育的基础上，涌现了一批本学科的优秀青少年。在国际信息学（计算机）奥林匹克竞赛中，由我国中学生组成的中国队连续五次夺得优异成绩，其中两届总分第一，两届总分第二。而当年为邓小平表演计算机操作的那个男孩李劲，也没有辜负老人家的期望。他在1986年的全国青少年计算机程序设计竞赛中获得冠军，1988年被保送进入清华大学电子工程系，只用3年的时间就学完了5年的本科课程，学习成绩名列前茅，获准直接攻读博士。他在读博士学位期间，深入研究了最新的多媒体计算机中一项关键技术——图像压缩编码，取得了国际前沿水平的研究成果。1994年，李劲被评为清华大学"十佳"学生之一，后取得博士学位，成为一名"娃娃博士"。

第六篇

选贤与能，讲信修睦

针锋相对　以理抗争

——在莫斯科舌战赫鲁晓夫

1956年苏共二十大后，特别是从50年代末期起，赫鲁晓夫等苏联领导人，不仅在国际共运内部压制不同意见，而且把意识形态上的分歧扩大到国家关系上。尤其是赫鲁晓夫，不尊重中国主权，要中国在军事上和外交上听命于苏联、服从苏联全球战略需要的事情不断发生，这就使中苏之间控制与反控制的斗争日趋激烈。邓小平曾多次率领中国代表团赴莫斯科，为反对大国主义、霸权主义，为捍卫中国的独立、主权和领土完整，为维护社会主义国家相互关系中应该遵守的和平共处五项原则，同赫鲁晓夫面对面地进行了针锋相对的斗争。

1956年2月，邓小平、谭震林、王稼祥、刘晓到莫斯科同已在莫斯科的朱德一起出席了苏共二十大。2月24日晚间，赫鲁晓夫作了《关于个人崇拜及其后果》的秘密报告，整整讲了一夜，25日东方既白时才结束。赫鲁晓夫在秘密报告中全盘否定斯大林。邓小平看了赫鲁晓夫秘密报告速记稿后，坚定地说：斯大林是国际人物，这样对待他是胡来！不能这样对待革命领袖斯大林。苏共二十大闭幕后，邓小平乘飞机回国，向毛泽东作了汇报。不久，《人民日报》发表了由中共中央政治局扩大会议讨论通过的《关于无产阶级专政的历史经验》一文。文章对斯大林作了客观而公正的评价，指出："我们应当用历史的观点看斯大林，对于他的正确的地方和错误的地方作出全面的和适当的分析，从而吸取有益的教训。"

1960年世界81国共产党、工人党代表会议召开之前，先由26国党的起草委员会协商起草会议文件。中国共产党决定派出以邓小平为首的代表团，赴莫斯科参加26国党的起草委员会。邓小平时年56岁，精力充沛。1957年毛泽东曾赞扬邓小平既有原则性又有灵活性。1959年毛泽东谈权力集中的问题时又说：我要挂帅，总书记为副帅。这次，中共派人参加26国党的起草委员会，既要针锋相对、坚持原则，反对赫鲁晓夫将苏共一家的观点强加于人的错误做法，又要有理、有利、有节，从世界大局出发，维护国际共运的团结。无疑，邓小平是最合适的人选。

邓小平率领中国代表团乘飞机抵达莫斯科后，苏共中央在叶卡捷琳娜大厅举行了高规格的欢迎宴会，赫鲁晓夫等苏共中央主席团成员都参加了。赫鲁晓夫同邓小平坐在一起。记者照相结束后，宴会开始。赫鲁晓夫一端起酒杯就张口指责："阿尔巴尼亚对不起苏联共产党。"

阿尔巴尼亚劳动党因为支持中国共产党的立场才与苏联共产党发生对立，此时，赫鲁晓夫名为骂阿尔巴尼亚劳动党，实则是攻击中国共产党。

这种指桑骂槐的小把戏，邓小平一眼就看穿了。但他没有立即捅破那层窗户纸，而是接着赫鲁晓夫的话，从容而坦诚地说："阿尔巴尼亚劳动党是小党，能够坚持独立自主，你应该更好地尊重人家，不应该施加压力。"

赫鲁晓夫没有收敛，红着脸继续大声说："这不仅仅是苏共和中共之间的分歧问题。他们拿了我们的金子和粮食，可是反过来又骂我们……"

听到这里，邓小平严肃地说："援助是为了实行无产阶级国际主义义务，而不是为了控制和干涉。你援助了人家，人家也援助了你嘛！"

这柔中有刚、绵里藏针、话中之话，使赫鲁晓夫一时语塞。赫鲁晓夫记得，1958年4月苏联提出由中国和苏联共同建设一座大功率的长波发报无线电中心和一座远程通信的特种收报无线电中心（即长波电台），接着，又向中国提出建立共同潜艇舰队，遭到了毛泽东等中国领导人的断然拒绝。因为这两项建议借援助之名，损害中国主权，企图在军事上控制中国。赫鲁晓夫更记得，两个月前的7月16日，苏联政府撕毁了同中国政府签订的几百个合同，突然照会中国，要把苏联专家和顾问从中国召回，而且不等中国答复，在7月25日就通知说，在华工作的全部苏联专家均将于7月28日至9月1日离境。同时，苏联还片面中止派遣按照两国协议应该派遣的900多名专家。他还命令苏联专家撤走时，带走全部图纸、计划和资料，并停止供应中国建设急需的重要设备，大量减少成套设备和各种设备中的关键部件的供应，使中国250多个大中型企业和事业单位的建设处于停顿、半停顿的状态。这哪是什么援助，分明是卡脖子。

宴会上，赫鲁晓夫不再绕山绕水，不再谈援助，也不再谈阿尔巴尼亚，他自己捅破了那层窗户纸，锋芒毕露，直接攻击他正在接待的客人。

"邓小平同志，你们中国在斯大林问题上态度前后不一致。"

"我们的态度是一贯的。"

"你们开始拥护我们，后来又反对我们。"

"拥护什么？反对什么？这个问题要说清哟。反对个人迷信我们过去拥护，现在仍然坚持。在我们党的八大上，对这个问题已经明确表示了态度，少奇同志向尤金大使讲明了我们的态度。你问问米高扬，他到北京来时我们对他讲没讲？我们赞成反对个人迷信。斯大林的功绩和错误不仅关系苏联国内，也关系到整个国际共运。错误当然要批，功绩也一定要肯定。我们反对的是全盘否定，尤其不能采取秘密报告的办法，恶毒攻击。这种做法所带来的后果，你一直认识不足。"

"因为我们比任何人对个人迷信的体会更深切，受害也最深。"

"要批判，但不能全盘否定，尤其不允许以反个人迷信来影射攻击其他兄弟党。"

围绕斯大林问题的舌战，邓小平谈锋犀利，入木三分；赫鲁晓夫只有招架之功，没有还手之力。

赫鲁晓夫没有占到上风，越发暴躁起来，大声嚷道："高岗是我们的朋友，你们清除了高岗，但他仍然是我们的朋友。"

邓小平以一种历史的庄严正告赫鲁晓夫："这可是你说的话啊。把你这个讲法要记录在案。"

赫鲁晓夫控制不住自己的情绪，进一步发泄道："你们不是喜欢莫洛托夫吗？你们把他拿去好了，把他给你们。但高岗是我们的朋友！"

"荒唐！简直是无稽之谈。"邓小平对赫鲁晓夫的蛮不讲理回之以轻蔑的一笑，接着，郑重其事地问赫鲁晓夫："高岗是我们党内事情，莫洛托夫是你们党内事情，你在这个场合把这些拿出来干什么？"

出席欢迎宴会的苏共中央主席团的其他委员们，见赫鲁晓夫越说破绽越多，纷纷起来打圆场，互相敬酒，借此堵住赫鲁晓夫的嘴。

宴会上的舌战尚且如此激烈，会谈中的紧张争论可想而知。邓小平在整个会谈中，始终坚定地维护着中国党、中国政府独立自主的原则。在谈到赫鲁晓夫等苏联领导人把两党分歧扩大到国家关系时，邓小平坦率地说："中国共产党永远不会接受父子党、父子国的关系。你们撤退专家使我们受到了损失，给我们造成了困难，影响了我们国家经济建设的整个计划和外贸计划，这些计划都要重新进行安排。中国人民准备吞下这个损失，决心用自己双手的劳动来弥补这个损失，建设自己的国家。"

当时中国坚持独立自主不得不吞下经济损失的苦果，不得不付出沉重的代价。30年后，经过了1989年到1991年从东欧剧变到苏联解体，中国能够安然无恙、傲然挺立，真正感受到了独立自主的珍贵。道理很简单，既然你从来都是在人家后面亦步亦趋，人家变了，你还能幸免吗？

历史是有情的。邓小平在莫斯科舌战赫鲁晓夫，坚持独立自主，誓不低头，其雄才大略终在历史的长河中得到了验证。

历史也是无情的。赫鲁晓夫骄横跋扈，以势欺人，很快被赶下了政治舞台。

对于赫鲁晓夫可悲的结局，邓小平早有所料。

1963年7月，邓小平率领中共代表团在莫斯科和苏共代表团举行会谈。7月19日晚，苏共中央在列宁山举行宴会，给中共代表团送行。宴会开始前，赫鲁晓夫走近邓小平身边举起酒杯和邓小平互致祝酒词。

邓小平说："我们打了九年交道，往后机会不多了。我再到这个地方来，怕是要见不到你了。"

赫鲁晓夫未解其中味，说："我是不会走的。"

"许多事情是不以人的意志为转移的。"

赫鲁晓夫终于尝到了邓小平话中之味，心中一阵慌乱，在台上还能待多久？这正是自己日夜担心的啊！

1964年10月，赫鲁晓夫下台。

沉稳机智　泰然自若

——在莫斯科巧答"白旗"与笑谈"兔子吃鸡"

1960年9月，在莫斯科26国党的起草委员会讨论即将召开的世界共产党、工人党代表大会文件过程中，邓小平与苏斯洛夫曾发生过面对面的争论。在争论中，邓小平的沉稳机智给与会人员留下了深刻的印象。

苏斯洛夫是长期主管意识形态工作的苏联领导人，当时是苏共中央主席团成员。在争论中，苏斯洛夫极力把苏联撕毁合同、撤走专家的责任推到中国方面。苏斯洛夫说："苏联专家在中国已经很难开展工作。你们的气氛，无法工作。"他瞥一眼邓小平继续慢条斯理地说："比如你们的大跃进，搞什么拔白旗。重庆发电厂的苏联专家也叫你们给送来了一面白旗。可见你们对我们专家的态度已使得我们无法工作。撤走苏联专家的责任并不在我们，恰恰是你们的做法造成的……"

果真有这件事吗？邓小平听后马上暗示中方翻译人员李越然去核实。

李越然离开现场马上给国内打长途电话，核实情况，尔后向邓小平悄悄作了详细汇报。

轮到邓小平发言了。他一边悠然地抽着香烟，一边巧妙地回答着"白旗"问题。

"苏斯洛夫同志讲我们给苏联专家送了白旗，所以苏联才撤走了专家。我们核实了。确实送了一面'白旗'。是用白色锦缎做底，镶有金边，上面精心绣了八个红字：真诚友谊，无私援助。"邓小平稍稍停了一下，嘴角漾出一丝浅笑，同时将目光缓缓掠过表情各异的各国党的代表们，最后，目光停在苏斯洛夫身上，笑容也消失了。苏斯洛夫不自在地互搓着两只手。

"可见，苏斯洛夫同志，你掌握的情况与事实有何等大的距离！"邓小平这句话显得沉稳而极有分量。苏斯洛夫赧颜喃喃:"这种枝节问题不值得纠缠。"

"那么,到底为了什么撤走专家呢?你们撤专家,我们一再挽留,因为涉及我国各重要经济部门。你们片面撕毁合同到底要达到一个什么目的?你们的做法不仅造成我们国民经济上的巨大损失,而且严重损害了中国人民的感情。你们在这个问题上不要近视,要有历史眼光!"

邓小平的话铿锵有力,掷地有声。苏斯洛夫本想借"白旗"问题先声夺人,掩人耳目。没想到邓小平沉稳机智,巧妙作答,后发制人,大获全胜。

当时,会上的交锋异常紧张激烈,邓小平始终是泰然自若,会下更是谈笑风生。

有一天,经过会上的激烈争论后,回到使馆吃饭,大家一时话不多,胃口也不好。这时,邓小平忽然招呼刘晓大使的夫人,笑着问:"张毅啊,你是江西人,你知道'兔子吃鸡'这个掌故吗?"

"什么,兔子吃鸡?兔——子?"张毅以为听错了。

"对,兔子吃鸡。"邓小平一本正经地说。

"哎呀,小平同志,我只听说过黄鼠狼吃鸡,可从来还没听说过兔子会吃鸡。"张毅边笑边摇头说,"而且还有什么掌故?"

"当然有掌故,此事发生在三十年代。"邓小平含笑望着大家,大家都睁大眼睛等着下文。

"你们谁知道?不知道我就告诉你们,这事出在陆定一身上……"

"是在延安吗?"有人问。

"不是在延安养兔子,是在延安作报告。谈到托洛茨基什么什么,他这个无锡话可就糟了,说来说去总是'兔子吃鸡'。我们有些同志听完报告,总不相信兔子吃鸡,就像张毅现在一样,边出会场边四处打问:'兔子吃鸡怎么回事?没听说兔子还会吃鸡呀'……"

大家早笑得前仰后合,会议争论时留下的紧张气氛一扫而光,吃饭的胃口立即好起来。

沧海横流,方显出英雄本色。在中苏论战那样大的压力,那样紧张激烈的气氛下,仍能如此泰然自若,这正是邓小平的过人胸怀。

折冲樽俎　合纵连横

——率中国代表团出席联大第六届特别会议

1974年1月，在发达国家以不等价交换的贸易方式从整个发展中国家掠取财富达数千亿美元、发展中国家外债总额已超800亿美元的严重的经济压力下，阿尔及利亚领导人布迈丁代表77国集团向联合国大会提出了召开研究原料和发展问题的特别会议，以改变因贱买贵卖等不等价交换所形成的旧的国际经济秩序的建议。这个建议提出以后，迅即得到全世界100多个国家的赞同和支持。尽管美国和苏联这两个当时最具掠夺性的超级大国表示反对，但当这一建议很快获半数以上会员国通过后，美苏两霸也就不好加以反对，只好处于"被告"地位。这样，此次联大特别会议最终决定于同年4月在纽约联合国总部举行。发展中国家联合起来要求维护民族经济与保护自然资源，同时反对美苏超级大国在掠夺和剥削中形成的旧的国际经济秩序，这在联合国史上还是第一次。

对于这次具有反对超级大国和霸权主义意义的联大特别会议，中国是高度重视和全力支持的。在世界处于激变的动荡局势中，毛泽东提出了用"三个世界"划分国际社会基本力量的理论，从而超越了以国家利益和地区间关系所形成的国际政治经济格局的学说，对于促进全世界人民的团结反霸事业具有崭新的意义。现在，中国领导人决定乘此良机，在联合国大会上阐述"三个世界"的战略，最大限度地团结和支持广大第三世界国家争取反霸事业的新胜利。

国策确定后，派员担任中华人民共和国代表团团长去完成这一重要的使命，就是中国领导层中一件极其重要的事情。这是中国在恢复联合国常任理事国席位后首次派遣高级代表团出席这样一个重要的会议，必须派出在外交和国际经验上都卓有声望的强有力的人物率团参加。当时，周恩来已染重病，不宜远行。而邓小平刚从"牛棚"里解放出来不到一年，虽然在政府中担任副总理职务，但还不是中央政治局常委，资格虽老，身份不够。然而，毛泽东没有因为这一点而排斥邓小平，他大胆地决定派邓小平担此重任。虽然江青在政治局会议上出来反对，但是没有动摇毛泽东的决心。对于毛泽东的这一英明决定，周恩来是全力支持的。为了给这位自旅欧时期起风雨同舟数十年的战友壮行，周恩来在北京机场组织了一个盛大的欢送仪式，并破例地率领中央政治局委员和在京党、政、军各部门负责人以及各届群众4000余人，于4月6日上午为邓小平和全体代表团成员送行，祝他们凯旋。

作为一位杰出的政治家，邓小平驾驭国际事务的能力也是卓越的。临行之前，他清晰地分析了这次特别会议的各种因素和国际社会中的各派政治力量，考虑了在会议过程中可能发生的各种变化，确定以毛泽东"三个世界"的理论为红线，在这次特别会议上全面阐述中国政府对当前国际形势以及对原料和发展问题的基本观点和原则立场，进而坚决支持第三世界国家提出的一切正义主张，并且做好了出席这次联大特别会议的准备。

1974年4月9日上午，研究原料和发展问题的联合国大会第六届特别会议在纽约联合国总部开幕。有100多个国家要求在大会上发言。按照惯例，大会决定从4月10日起开始一般性辩论。4月10日下午，在一片期待和关注的气氛中，中华人民共和国代表团团长、政府副总理邓小平健步走上讲台，双手从容老练地摊开讲稿，面对100多个国家的代表团和众多的记者，开始了他明快而富有斗争性的发言。

首先，邓小平纵观国际形势全局，精辟地阐述了"三个世界"的著名理论。他说："在'天下大乱'的形势下，世界上各种政治力量经过长期的较量和斗争，发生了急剧的分化和改组。一系列亚非拉国家纷纷取得独立，在国际事务中起着愈来愈大的作用。在战后一个时期内曾经存在的社会主义阵营，因为出现了社会帝国主义，现已不复存在。由于资本主义发展不平衡的规律，西方帝国主义集团，也已四分五裂。从国际关系的变化看，现在的世界实际上存在着互相联系又互相矛盾着的三个方面、三个世界。美国、苏联是第一世界。亚非拉发展中国家和其他地区的发展中国家，是第三世界。处于这两者之间的发达国家是第二世界。"在国际政治舞台上，这是中国领导人首次向国际社会阐述"三个世界"的理论，对于最大限度地团结发展中国家一致地对付美苏两个超级大国，无疑具有重大的现实意义和长远的战略意义。

接着，邓小平循着"三个世界"理论的分析框架，精辟地分析了处于第一世界的美国和苏联在20世纪六七十年代从经济上剥削、掠夺、攫取别国财富，从政治上控制、威胁或欺负、颠覆别国内政的各种表现形式，指出广大发展中国家长期遭受殖民主义、帝国主义的压迫和剥削，是反对殖民主义、帝国主义，特别是超级大国的主要力量。广大的第三世界国家和人民，既然能够通过长期斗争取得自己的政治独立，就一定也能够在这个基础上，加强团结，联合受到超级大国欺负的国家，联合包含美国人民和苏联人民在内的全世界人民，通过持续不断的斗争，彻底改变建立在不平等、控制和剥削的基础上的国际经济关系，为独立自主地发展民族经济创造必不可少的条件。

邓小平认为，原料和发展问题的实质，就是发展中国家维护国家主权，发展民族经济，反对帝国主义、特别是超级大国的掠夺和控制的问题。这是当前第三世界国家和人民反殖、反帝、反霸斗争的一个极其重要的方面。第三世界的国家要发展自己的经济，首要的前提是维护政治独立，并且巩固这个独立。发展中国家在独立发展经济方面拥有巨大的潜力。只要各国根据自己的特点和条件，沿着独立自主、自力更生的道路进行坚持不懈的努力，完全有可能在工农业现代化方面逐步地达到我们的前人所没有达到的高度生产水平，为早日摆脱贫穷落后状态，铺平道路。我们发展中国家之间的某些分歧，完全可以而且应当在有关发展中国家内部，通过协商，求得解决。发展中国家不仅在政治上应该互相支持，在经济上也应该互相帮助。这种合作是真正平等的合作，具有广阔的前景。

最后，邓小平代表中国政府向国际社会提出了建立新的国际经济新秩序的基本主张，这就是：国家之间的政治和经济关系都应当建立在和平共处五项原则的基础上。各国的事务应当由各国人民自己来管。发展中国家人民有权自行选择和决定他们自己的社会、经济制度。国家不论大小，不论贫富，应该一律平等，国际经济事务应该由世界各国共同来管，中国支持发展中国家对自己的自然资源享有和行使永久主权。国际贸易应当建立在平等互利、互通有无的原则基础上。对发展中国家的经济援助，应当严格尊重受援国的主权，不附带任何政治、军事条件，不要求任何特权或借机牟取暴利。对发展中国家的技术转让必须实用、有效、廉价、方便，而不应当要求特殊待遇。邓小平庄严声明：

中国是一个社会主义国家，也是一个发展中的国家。中国属于第三世界。中国政府和中国人民坚决支持一切被压迫人民和被压迫民族争取和维护民族独立，发展民族经济，反对殖民主义、帝国主义、霸权主义的斗争。中国现在不是，将来也不做超级大国。

邓小平这篇长达数小时的发言博得了广大发展中国家的高度称赞，极大地震动了整个会场，不仅给予第三世界的广大发展中国家以有力的支持，而且及时地抨击了美苏两霸，形成大会的主旋律。发言结束后，许多国家的代表纷纷与邓小平握手致意，表示热烈欢迎邓小平的发言。同时，世界各大报和电台也纷纷报道了邓小平的发言，使中国政府的外交影响又一次震动了全世界。邓小平的精彩演说，使广大发展中国家在改变旧的国际经济秩序这一主要问题上与中国取得了共识，不仅增进了第三世界的广泛团结，而且为最后形成的《关于建立新的国际经济秩序的宣言》和《行动纲领》增添了重要内容。中国的国际威望进一步增强。

避轻就重　镇定自若

——在日本出席"西欧式"记者招待会

出席记者招待会，面对面地回答记者提出的各种问题，并且借此来表达自己的主张，这对于中国共产党领导人来说并不多见，尤其是中国刚刚对外开放之时。因此，当邓小平于1978年10月访问日本，出席"西欧式"记者招待会时，很自然引起了不小的轰动。据说这是中华人民共和国领导人，也是邓小平本人出访时首次公开回答记者提出的问题。

10月25日下午4点，来自时事社、共同社、路透社、合众国际社、美联社、法新社、德新社等著名通讯社的400多名记者们云集东京日比谷的日本记者俱乐部，纷纷准备毫不留情地向邓小平"发难"，以期能从这位共产党领导人的即席发挥中找出些破绽来，满足一下猎奇的心理。

但是，邓小平的表现让他们既失望又满足。

在众多电视摄像机和照相机的焦距中，邓小平镇定自若地简要介绍了中日和平友好条约缔结的意义、反霸问题和中国的内外政策，随后，他摊开双手，幽默地说："如果我的回答有错误，请大家批评。"

一句话，使会场的气氛活跃起来，时事社记者率先"发难"："在刚才的讲话中，您说由于霸权主义存在，就有世界大战的危险。不过，我国采取全方位外交，同所有国家友好相处。你以为两国对世界形势的认识有没有分歧呢？"

日本政府对于反霸问题一直采取不明朗的态度。在23日福田首相举行的正式欢迎宴会上，邓小平只是含蓄地谈到中日联合反霸的话。现在，日本记者既然在这种场合挑破了这个话题，邓小平也就不客气、毫不掩饰地表了态："反对霸权主义是中日和平友好条约的核心。因为我们要和平友好，谋求亚洲太平洋地区的和平与安全，谋求世界的和平与安全，不反霸是不行的。""按照中日和平友好条约包含的意义来说，我想，如果有人把霸权强加在日本头上，恐怕日本人民也不会赞成。"

一席话，情真意切，语重心长，说得这位日本记者口服心服，连连点头称是。事后，这位新闻记者说："邓小平以前虽然几乎没有在这种场合下会见过记者，但在巧妙地运用新闻界来宣传自己某些在正式场合不便表达的思想上，丝毫也不逊色于那些天天会见记者的西方领导人。"

记者们个个都是提问尖刻、不留情面的，接着又提出了"尖阁列岛"的归属问题。尖阁列岛，中国称"钓鱼岛"，是甲午战争后被割让给日本的台湾省附属岛屿，自古属中国领土。1972年中日邦交正常化时，为了不使该岛归属问题成为中日关系之间的障碍，周恩来曾对当时的田中首相表示过："现在还是不要讨论，地图上又没有标，出了石油就成了问题了。"对此，日方也表示同意。长期以来，日本某些势力妄图在这个问题上找碴，制造是非，以此来阻碍中日关系的发展，而日本政府也觉得这是个棘手的问题，因此，当日本记者提出这一微妙的困难问题时，会场刹那间紧张起来，大家都屏住呼吸，等着看邓小平怎样回答。

邓小平显得非常镇定，他神态自若地说："'尖阁列岛'我们叫钓鱼岛，这个名字我们叫法不同，双方有着不同的看法，实现中日邦交正常化的时候，我们双方约定不涉及这一问题。这次谈中日和平友好条约的时候，双方也约定不涉及这一问题。"邓小平顿了顿，"倒是有些人想在这个问题上挑些刺，来障碍中日关系的发展。我们认为两国政府把这个问题避开是比较明智的。这样的问题放一下不要紧，等十年也没有关系。我们这一代缺少智慧，谈这个问题达不成一致意见，下一代总比我们聪明，一定会找到彼此都能接受的方法。"

会场上又恢复了轻松的气氛，众人怎么也想不到邓小平竟把许多国家多年来一直大动干戈的领土归属问题以如此容易、如此巧妙的中国方式给"解决"了。《东京新闻》评论说，邓小平"既诙谐，又善于雄辩，有时还岔开话题，很有谈话技巧——这位'矮个子巨人'真是名不虚传"。

当一位记者提出亚洲紧张局势的中心在朝鲜和越南时，邓小平以其独特的广阔视野，由此谈及了被人为分裂的国家实行统一的问题："我们历来认为，人为地把一个国家一分为二，分割开来，这个问题迟早要解决。两个越南的问题解决了。尽管越南现在反对我们，但是，它解决自己国家的统一，这是正义的。除'两个朝鲜'之外，还有'两个德国'，'两个中国'，……这些问题总是要解决的。十年解决不了，一百年，一百年解决不了，一千年总能解决了吧！这种民族的愿望，这种潮流是不可抗拒的。"

随后，邓小平以坦率、务实的语言回答了有关中国的现代化问题。他说，为了要实现现代化，"首先要承认我们的落后，老老实实承认落后就有希望。再就是善于学习。这次到日本来，就是要向日本请教。我们向一切发达国家请教，向第三世界穷朋友中的好经验请教。相信本着这样的态度、政策、方针，我们是有希望的。"

26日，日本各大报纸都在显著位置报道了这次会见。《每日新闻》以《邓副总理首次举行"西欧式"记者招待会》为题评论邓小平说："既不显威风，也不摆架子……始终笑容满面地谈日中友好和世界形势。一想起被称为'长生鸟'一再倒台和上台的坎坷的人生，就令人觉得他是一个多么难得的'人才'。"《朝日新闻》评论说，举行这次记者招待会充分显示了邓小平为伟大人物的风度。

宽宏大度　着眼未来

——拜会日本天皇夫妇

如何评价与处理历史上日本军国主义侵略中国及其后果的问题，一直是中日关系中的重要问题。这个问题处理好了，两国关系就能不断前进，反之就会出现波折。周恩来以其深邃的历史感，运用"前事不忘，后事之师"这句富于哲理的中国古训，为双方正确处理这一问题提供了必须遵循的基本原则。在1978年访日期间，邓小平本着从大局出发、向前看的精神，愉快地拜会了天皇夫妇，有力地推动了两国和平友好关系的进一步发展。

按照预定的日程，10月23日中午，邓小平前往皇宫，拜会天皇夫妇。这是二战以后，中国领导人第一次会见天皇，因而日本方面颇为不安，天皇本人也有些惶惶，生怕邓小平会代表全体中国人民追究天皇的战争责任。然而，会见是出乎意料的轻松和愉快。

在皇宫正殿行厅，身着西服的天皇首先伸手同邓小平及其夫人握手，对邓小平访问日本表示热烈欢迎。邓小平微笑着表示感谢。

在宾主互致问候后，天皇首先开口："你在百忙中不辞远道到日本来，尤其是日中条约签订了，还交换了批准书，我非常高兴。"

邓小平回答说，经过两国政府和人民的长期努力，终于签订了中日和平友好条约。中日条约可能具有出乎我们预料的深远意义。中日友好源远流长，过去的事情就让它过去吧，我们要着眼未来，积极向前看，从各个方面建立和发展两国人民的和平友好关系。

邓小平真挚坦率的话语打动了天皇，他一直悬着的心也放了下来，他松了一口气，话也开始多了起来。

"在两国悠久的历史中，虽然其间一度发生过不幸的事情，但正如您所说，那已成为过去。两国之间缔结了和平友好条约，这实是件好事情。今后，两国要永远和平友好下去。"

这段话是天皇离开讲稿所作的"现场发挥"。在通常情况下，天皇会见外宾时，日本外务省同宫内厅事先都要拟就一个讲话提纲，以免初次会面讲话不当而造成失礼。在天皇访问联邦德国和美国时，外务省和宫内厅准备的讲话提纲中都有对战争感到痛心的话。这次邓小平来访，在讲稿中虽没有写有关战争责任的话语，但对每个有良知的日本人来讲，战争责任都是无法否认的客观事实。就中日关系而言，天皇的脑海里大概一直萦绕着战争责任问题，因而在邓小平的触动之下，一气讲出原稿上没有提纲上也没有的心里话。共同社的报道后来评论说："陛下在首次会见中国最高领导人时使用'不幸的事件'这一措词，是从天皇的战争责任这个角度，间接向中国人民表明谢罪之意。"

无独有偶，福田首相继天皇之后，再次脱离讲稿，对侵华战争表示遗憾。

23日下午，福田与邓小平在首相官邸举行了第一次会谈。当晚7点半，福田在首相官邸举行盛大宴会，欢迎邓小平一行。

在吃过餐后的茶点之后，福田和邓小平分别致了祝酒词。福田在回顾了日中两国具有两千年以上的友好交流的悠久历史，并举出阿倍仲麻吕和修建唐招提寺的鉴真和尚的事例，之后说："在漫长的历史中，我们两国交流关系的发展是无法分开的。到了本世纪，经历了不幸关系的苦难。"讲到这里，他离开了眼前的讲稿，像上午天皇的表现一样，突然冒出一句："这的确是遗憾的事情。"然后，他再接上讲稿说："这种事情是绝不能让它重演的。这次的日中和平友好条约正是为了做到这一点而相互宣誓。"对于福田突然冒出的这句话，在场的日方译员没有翻译。不过，这话还是传到邓小平的耳朵里，并在第二天的《人民日报》上登了出来。宴会后，有记者就此追问福田时，他避而不作正面回答，只是说："由于原稿字小，有三处不能读。"

这两件"突发事件"看似偶然，实际上反映了日本朝野绝大多数人对日本军国主义所发动的侵华战争给中国人民带来的灾难表示深切忏悔；同时也表明了邓小平宽宏大度、着眼未来、一切向前看的巨大感召力和中国人民发展中日和平友好关系、维护世界和平的良好愿望对日本各界的影响。

邓小平和天皇夫妇的会谈自始至终充满了和平友好的气氛。

会见结束后，在皇宫的丰明殿举行了午餐会。在宫内雅乐和《越天乐》

《五棠乐急》等轻快优美的乐曲声中，邓小平和天皇、皇太子及福田等人频频举杯，互祝健康。当邓小平说要"子子孙孙、世世代代友好"时，天皇马上接过话头说："日中两国建立起这样的友好关系，还是历史上第一次。要永远继续下去。"后来，据一位侍从说，他是第一次见到天皇陛下心情这样愉快。福田首相也非常高兴，他见天皇和邓小平的历史性会面结束得这样圆满，心里像一块石头落了地。他从皇宫一回到官邸，就喜不自禁地自语道："气氛非常愉快，陛下的心情似乎也很好。"

临渊羡鱼　进而结网

——在日本落实建立上海宝山钢铁厂

坚持改革开放，学习外国先进技术和经验，加速我国现代化建设，是邓小平的一贯主张。1978年10月访日期间，邓小平利用一切机会，多次参观日本的企业、公司，广泛地与日本经济界朋友交谈，要求他们在各方面与中国进行合作，特别是他与日本"钢铁帝王"稻山嘉宽在谈笑之间所订立的君子协定——建立上海宝山钢铁厂，充分反映邓小平作为一个卓越领导人所具有的虚怀若谷的宽阔胸襟和面向未来的战略眼光。

24日下午，邓小平参观了日产汽车公司神奈川县座间市的日产工厂。站在设备最现代化的车体工厂和组装工厂，听着厂方经理的介绍，邓小平不由得陷入了深深的沉思：这个工厂的人均年产量是94辆汽车，比中国最先进的长春第一汽车制造厂的人均年产量多出93辆！中国的汽车普及率基本上和孟加拉国一样，处于世界最低水平。这是多么大的差距啊！在告别谢川董事长时，邓小时即席讲了话，他说："我懂得什么是现代化了。欢迎工业发达的国家，特别是日本产业界的朋友们对中国的现代化进行合作。这也将加深两国的政治关系。"

在25日由日本经济团体联合会等六大经济团体举行的午餐会上，邓小平就与日本企业界的元老级人物、人称"强大的日本经济的主宰"的土光敏夫就经济问题"切磋"了一番。

邓小平向土光强调了他对致力于中国的生产管理现代化的坚定信念。他说："一定要抓管理。""不能只是生产东西。还要提高质量，严格地进行管理。"他还告诉土光说，中国的经济发展水平要比世界落后20年，因此，中国要努力学习外国的一切先进经验和先进技术，迎头赶上去。邓小平的一席话，说得一向以沉默寡言、谦逊谨慎、严肃刻苦著称的土光对这位历经磨难而幸存下来的中国领导人油然升起一股敬意，他感慨地说："我深刻地感受到了他说中国还很落后，必须进行学习，必须向先进的日本学习这种谦虚态度和对于实现现代化的坚强决心。从历来的中华思想来说，这是不可想象的。"他盛赞邓小平是"有胆量的人，有信心的人"。

最有建设性成果的是 26 日上午在稻山嘉宽陪同下参观日本的钢铁大本营——新日钢铁公司君萍钢铁厂。

稻山嘉宽是新日钢铁公司董事长，同时还担任日中经济协会会长。他是日本现代钢铁业的创始人，被人们誉为日本的"钢铁帝王"。1977 年 11 月，他曾访问过中国，李先念当时同他探讨了由日本协助在中国沿海地区建造大型钢厂的设想——这就是创建上海宝山钢铁厂的最初动议。这次邓小平专程访问新日铁，就是为了进一步落实这一合作项目。

在乘船去新日铁的路上，稻山首先向邓小平介绍了从战前到现在世界钢铁生产的发展情况，然后不无自豪地说："日本的钢铁，从战前的七百万吨增加到一亿两千万吨，这是由于实现了工厂的现代化。在这些工厂中，君萍钢铁厂是最新式的。"他还热切地表示要进一步加强新日铁同中国的合作，他说："我们公司同贵国的交易过去达到三十八亿美元。其中你们买了约十五亿美元的货，建设武汉钢铁厂的订货是三亿美元，建设宝山钢铁厂的合同是二十亿美元，是了不起的主顾。今后也希望大批订货。"对此，邓小平点头表示同意。

到达工厂后，邓小平乘汽车仔细地参观了新日铁承包建设上海宝山钢铁厂任务的模范高炉和号称具有世界水平的四号高炉，还特地下车去看了与新日铁将在 1979 年向武汉钢铁公司出口的轧钢成套设备相同的工厂，历时一个小时。

在参观中，邓小平问稻山："能不能帮我们搞个比这个还好的钢铁厂？""当然可以。"稻山高兴地答道。当见到工厂的整个生产系统都采用电子计算机控制，人很少时，邓小平感慨地说："我国管理能力差，想学习。"他说："如果在管理方面不教我们，就不好办了。"他还说："咱们订一个君子协定。如果（在管理方面）上海搞不好，那就不是学生的责任，而是教师不好。"他用这种半认真、半开玩笑的话，把想讲的都讲出来了。对此，稻山后来多次表示，一定要帮助中国把宝钢建得比君萍钢铁厂更好些。

随后，邓小平与稻山就宝钢的投资、设备等问题作了交谈。

后来由于多种原因，在宝山钢铁厂的建设过程中，发生了一些曲折，但在邓小平的亲自关注下，宝钢被建为真正世界一流的现代化钢厂，在我国的现代化建设中发挥着重要的作用。

求同存异　维护和平

—— 与美国总统卡特会晤

1979年1月28日，农历大年初一，在这个万民欢庆的吉祥日子里，邓小平应美国总统卡特邀请，前往美国访问。这是中华人民共和国成立后，中国领导人对美国的第一次访问。

1月29日上午，卡特总统在白宫南草坪为邓小平访美举行了正式的欢迎仪式。五星红旗首次飘扬在美国国旗和华盛顿哥伦比亚特区的旗帜之间。美国政府许多高级官员和1000多名挥舞着小型的中美两国国旗的群众参加了欢迎仪式。在卡特和夫人的陪同下，邓小平和夫人登上了铺有红地毯的讲台。这时，军乐队奏起了中美两国国歌，鸣礼炮19响。这一切都表明，美国政府是把邓小平作为一个友好国家的政府首脑来接待的。作为资本主义世界中头号的反共国家，美国在历史上几乎很少对一个社会主义国家的领导人给予过这么隆重的礼遇。据说，当年苏联的赫鲁晓夫要去纽约参加联合国大会，美国移民局坚持要他打指纹才能入境。苏联认为这是侮辱，美国认为这是原则，双方僵持不下。最后，赫氏也不得不打了指纹才进了联合国。而今天，邓小平的到来却使美国政府打破了对待共产党领袖的惯例。能够赢得自己的敌人尊敬的人，在当代中国外交史上，周恩来之后，当推邓小平。

在简短的欢迎仪式后，邓小平和卡特走进白宫椭圆形办公室，开始举行两国最高级会谈。

这里要提的是，会谈前，卡特和邓小平照例寒暄了几句。卡特说："1949年4月，我作为一名年轻的潜艇军官曾经在青岛待过。"邓小平机智地说："我们的部队当时已经包围了那个城市。""那你们早就见过面？"布热津斯基插话道。邓小平诙谐地笑道："是的。"短短的几句话，卡特就对邓小平产生了好感。他觉得，在这个身材矮小却很健壮的人身上，机智、豪爽、魄力、风度、自信、友善，都和谐地体现了出来。

会谈一开始，卡特首先提出了自己特别关心的两桩事：一是从东南亚、印度洋北部到非洲这一地区动荡不安的局势以及某些外来强国企图利用这一局势来达到自己的目的；二是苏联军事力量的迅速增长。卡特认为"像中华人民共和国这样的国家影响的日益扩大是积极的事态发展，并且相信同这些国家建立良好的关系将维护我们未来的安全"。邓小平在谈话中首先高度评价了中美关系正常化的意义，赞扬了两个伟大的国家和两国伟大的人民，并意味深长地说："世界人民的当务之急，就是要加倍努力维护世界和平、安全和稳定。我们两国有不可推卸的责任，通过共同努力对此做出应有的贡献。"

当时，美国政府正在同苏联进行第二阶段限制战略核武器的谈判。对此，邓小平说："我们并不反对第二阶段限制战略武器条约。问题是目前的第四次会谈结果必然同前三次一样，不能限制苏联的战略军事力量。"他着重指出："中华人民共和国不希望发生战争，中国人需要长期的和平以全面实现现代化。通过努力，我们可以把战争推迟到本世纪末。"

卡特不无忧虑地谈到了苏联在世界各地的势力扩张，认为有必要联合反苏。

邓小平明确地说，中美联合反苏将铸成大错。他指出："现在美国同中国有许多共同利益。"毛泽东和周恩来早就指出存在战争危险，这一战争可能由苏联或美国发动。现在，我们已逐步认识到，来自美国的危险已越来越小，因而世界各国有必要联合起来反对霸权主义。

遏制苏联的霸权主义，维护世界和平，不仅符合中国人民的利益，也是世界各国人民的共同愿望。而这不仅要靠中国自身的力量和广大第三世界人民，也要借助西欧、日本和美国的力量。这也是邓小平此次访问的一个重要目的。因而，在与卡特的首次会晤中，邓小平就明确地指出这一点。对此，卡特也点头称是。

29日晚，卡特和夫人在华盛顿举行盛大国宴，欢迎邓小平和夫人。

卡特总统首先慷慨激昂地发表了祝酒词，他称赞两国的新关系可以为世界和平事业服务，特别能对亚太地区的和平与稳定做出贡献。

邓小平的答词也赞扬了两国的友谊，但措词要冷静、具体、沉稳得多，他没有用动人的词藻来掩饰两国的差别，但也没有忘记中美两国共同面对的苏联霸权主义，他懂得如何掌握求同存异的原则：

"我们两国社会制度不同，意识形态不同。但是，两国政府都意识到，两国人民的利益和世界和平的利益要求我们从国际形势的全局，用长远的战略观点来看待两国关系。正因为这样，我们双方顺利地达成了实现关系正常化的协议。不仅如此，双方还在关于建交的联合公报中庄严地作出承诺，任何一方都不应当谋求霸权，并且反对任何其他国家和国家集团建立这种霸权的努力。这一承诺既约束了我们自己，也使我们对世界的和平和稳定增添了责任感。"

在宴会上，邓小平与卡特就世界局势进行了广泛交谈，取得了很多共识。邓小平还与中国人民的老朋友、前总统尼克松及哈佛大学的中国问题专家费正清进行了亲切的交谈。

宴会结束后，邓小平和夫人在卡特总统和夫人的陪同下，出席了在肯尼迪中心举办的文艺晚会。晚会上，群星荟萃，高潮迭起。晚会的最后一个节目是一群天真活泼的儿童演唱中国歌曲，从而使晚会的轻松和愉快气氛达到了高潮。演出结束后，邓小平流露了真诚的感情。他亲吻了许多儿童，后来记者们报道说不少观众甚至感动得流泪了。

谈笑风生　纵论天下

——接受华莱士电视专访

　　华莱士是著名的美国哥伦比亚广播公司"六十分钟"节目主持人。在他的主持下，这个节目在竞争激烈的美国电视界享有极高的收视率，多次获得大奖，他也因此而成为世界第一流的新闻记者。

　　作为新闻节目的特派记者，华莱士采访过水门事件、越南战争和中东战争；他单独采访过的国际风云人物就有10多个：约翰逊、尼克松、里根、霍梅尼、萨达特、贝京、巴列维国王……这一次，他把镜头对准了中国的邓小平，决意要在他成功的道路上，再留下一个辉煌的足迹。

　　作为推进中国现阶段改革的主要人物，邓小平是许多中外记者渴望采访的对象。邓小平的所思所想所为，不仅具有极高的新闻价值，而且对研究中国的现状和未来有着重要的科学价值。在要求邓小平接见的新闻记者名单上，早已排上了长长的队伍。这一次，邓小平终于接受了美国记者华莱士的采访要求，按他的说法，是想借这个机会同美国人民见见面，使美国人民更好地了解他，了解中国。

　　采访的地点安排在中南海紫光阁，时间是1986年9月2日上午。

　　采访开始，华莱士首先从中苏关系入手："您对最近戈尔巴乔夫在海参崴的讲话有何看法？"

　　这是指同年7月28日戈尔巴乔夫在中国大门口的海参崴就苏联的亚洲太平洋政策发表的讲话。戈尔巴乔夫表示愿意与中国改善关系。他说，苏联愿意从阿富汗撤出8000军队，安排从中苏边界撤军，依照中国的意见谈判黑龙江边界问题。他还表示，苏联准备同中国在任何时候任何级别上举行最严肃认真的会谈。当时，中国的反应是"有新意、将仔细研究"。现在，华莱士开门见山提出这一问题，实际上是要邓小平对戈尔巴乔夫的倡议作出中国的正式答复。

邓小平答道："戈尔巴乔夫在海参崴的讲话有点新东西，但戈尔巴乔夫的讲话也表明，他的步子迈得不大。苏联对中国政策究竟怎么样，我们还要观察。"

华莱士问："您是否想见见他？因为他说过，他愿意同你们在任何时候任何级别上谈判任何问题。您愿意同他进行最高级会晤吗？"

"如果戈尔巴乔夫在消除中苏三大障碍，特别是在促进越南停止侵略柬埔寨和从柬埔寨撤军问题上走出扎扎实实的一步，我本人愿意同他见面。"

在华莱士看来，就邓小平和戈尔巴乔夫举行最高级会晤来说，球在戈尔巴乔夫一边。因此，他紧接着追问："您准备怎么与戈尔巴乔夫见面？在什么地方见面？"

这一问，引出了邓小平在这次采访中最精彩，后来被新闻界评述最多的一段谈话：

"我刚才说了，越南入侵柬埔寨问题是中苏关系的主要障碍。三大障碍主要是越南侵柬，因为中苏实际上处于热点和对峙，不过方式是通过越南军队向中国对峙。只要这个问题消除了，我愿意跟戈尔巴乔夫见面。我可以告诉你，我现在年龄不小了，过了八十二了，我老早已经完成了出国访问的历史任务。我是决心不出国了。但如果消除了这个障碍，我愿意破例地到苏联任何地方同戈尔巴乔夫见面。我相信这样的见面对改善中苏关系，使中苏国家关系正常化很有意义。"

邓小平关于中苏关系的谈话，显示了他作为一个老练的战略家所具备的机敏和胆识。中国最高领导人愿意前往苏联举行两国首脑会晤，这在双方关系破裂 20 多年来还是第一次。但邓小平在作这种表示时，并没有放弃中国的一贯立场，即中苏关系正常化必须排除三大障碍。苏联向来对排除三大障碍表示拒绝，戈尔巴乔夫最近的讲话虽然在其中两大障碍上作了让步，但丝毫未提及柬埔寨问题，这表明苏联的亚洲战略并未改变，它绝不会轻易放弃几经辛苦才在越南建立的海空军基地。而在中国看来，只要越南搞霸权，亚洲就永无宁日。所以，邓小平在谈话中紧紧抓住这一要害问题，强调把苏联敦促越南撤军作为中苏首脑会晤的先决条件，这在两国关系正常化时机尚未成熟的时候，实际上是在促使苏联在改善两国关系上拿出新的东西来。邓小平巧妙地在没有作出任何让步的情况下从戈尔巴乔夫手里把球夺了回来。

"目前中美双方是否存在大的分歧问题?"话题从中苏关系转到中美关系,华莱士立即触到了最敏感之处。

邓小平坦率地说:"有。如果说中苏关系有三大障碍,中美关系也有个障碍,就是台湾问题,就是海峡两岸中国统一的问题。"

华莱士并不满足:"美国在处理美台关系时是否不能按照它承担的义务去做?"

邓小平避免正面回答:"我认为美国应该在这个问题上采取更明智的态度。"

"什么态度?"华莱士一定要追根问底。

邓小平谈到:"很遗憾地说,在卡特执政的后期,美国国会通过了《与台湾关系法》,这就变成了中美关系的一个很大的障碍。刚才我说,希望里根总统执政期间,能够使中美关系得到进一步发展,其中就包括美国在中国统一问题上能有所作为。美国可以鼓励、劝说台湾首先跟我们搞'三通':通商、通航、通邮。通过这种接触,增进海峡两岸的相互了解。这就为双方进一步商谈统一问题,实现统一创造条件。"

华莱士认为,中国如果真的希望美国帮助中国统一,那么,就应该让美国人知道中国统一的根据何在。他问道:"台湾有什么必要同大陆统一?"

台湾回归祖国的问题长期以来是邓小平心中的一桩大事。1980年初,他就把祖国统一作为80年代的三大任务之一。进入80年代后半期,在邓小平"一国两制"的构想指导下,香港、澳门问题都已基本得到解决,就剩下最棘手的台湾问题。他是多么希望在有生之年看到海峡两岸炎黄子孙的大团圆啊!邓小平严肃地说:

"这首先是个民族问题,民族的感情问题。凡是炎黄子孙——我们老祖宗是炎帝、黄帝——都希望中国能统一,那种分裂状况是违背民族意志的。其次,只要台湾不同大陆统一,台湾的地位,台湾作为中国领土的地位是不肯定的,不知道哪一天又被别人拿去了。"他稍作停顿,"第三点理由是,我们采取'一国两制'的方式解决统一问题。大陆搞社会主义,台湾搞它的资本主义。这对台湾人民的生活方式不会改变,对台湾人没有损失"。

接着,邓小平针对台湾与大陆经济发展水平的差异,提出了自己的看法:"至于比较台湾和大陆的发展程度,这个问题要客观地看。差距是暂时的。……我相信大陆在若干年内至少不会低于台湾的发展速度。道理很简单,台湾资源很缺乏,大陆有丰富的资源。如果说台湾已发挥了自己的潜力,大陆的潜力还没有发挥,肯定会很快发挥出来的。而且就整体力量来说,现在大陆要比台湾强得多。所以单就台湾国民平均收入比大陆略高一些这一点来看两方面的优势是不全面的。"

邓小平这番透彻的分析,既阐明了民族感情、国家利益之所在,又照顾到目前海峡两岸的差距,实在入情入理。

随后,针对华莱士提出的一系列关于中国改革开放问题,邓小平都一一给予透彻而满意的答复。

邓小平坦率质朴的言语、平易近人的风度,使他在同华莱士一个多小时的谈话中,就像老熟人之间的聊天,娓娓道来。

此前,在邓小平所接见的无数外国记者中,谈话最长的是作风泼辣、提问尖锐的意大利记者法拉奇。对那次著名的谈话,世界舆论反映极好,认为邓小平向记者交了一份水平很高的答卷。事隔6年,面对另一位不易对付的名记者的采访,而且是从未经历过的一对一的电视采访,虽然年事已高,但邓小平再次显示出他的智慧和精力。

1986年9月7日晚,哥伦比亚广播公司播放了邓小平接受华莱士电视采访的全过程。当人们看到那张熟悉的东方人的面容在美国电视屏幕上谈笑风生时,美国轰动了,世界轰动了。

一时间,几乎全球所有的新闻机构都以最快的速度报道了邓小平同华莱士的谈话。邓小平的谈话成了世界舆论评论的中心话题。

搁置争议　共同开发

——提出解决国际上领土争端新办法

1978年10月，邓小平访问日本。在一次有400多名世界著名通讯社记者参加的招待会上，有人以钓鱼岛归属问题向邓小平发难。邓小平沉着、机智地提出了共同开发的主张，极其巧妙地应对了诘难。

几年后，他在中央顾问委员会第三次全体会议上的讲话回顾了在日本答记者问的情景。他说，"共同开发"的设想，最早也是从我们自己的实际提出来的。我们有个钓鱼岛问题，还有个南沙群岛问题。我访问日本的时候，在记者招待会上他们提出钓鱼岛问题，我当时答复说，这个问题我们同日本有争议，钓鱼岛日本叫尖阁列岛，名字就不同。这个问题可以把它放一下，也许下一代人比我们更聪明些，会找到实际解决的办法。当时我脑子里在考虑，这样的问题是不是可以不涉及两国的主权争议，共同开发。共同开发的无非是那个岛屿附近的海底石油之类，可以合资经营嘛，共同得利嘛。不用打仗，也不要好多轮谈判。1989年5月16日，邓小平会见戈尔巴乔夫时，再次谈到采用共同开发的办法解决钓鱼岛问题的主张。

对于南沙群岛问题，他说："南沙群岛，历来世界地图是划到中国的，属中国，现在除台湾占了一个岛以外，菲律宾占了几个岛，越南占了几个岛，马来西亚占了几个岛。将来怎么办？一个办法是我们用武力统统把这些岛收回来；一个办法是把主权问题搁置起来，共同开发，这就可以消除多年积累下来的问题。"他是倾向于后一种办法的。

邓小平把尊重现实、共同开发作为稳定世界局势的新办法之一。他说，世界上有许多争端，总要找个解决问题的出路。我多年来一直在想，找个什么办法，不用战争手段而用和平方式，来解决这种问题。否则始终顶着，僵持下去，总会爆发冲突，甚至武力冲突。所谓和平方式就是要找出一个能为各方所接受的方式，使问题得到解决。"假如能够采取合情合理的办法，就可以消除爆发点，稳定国际局势。"邓小平认为"尊重现实""共同开发"就是一个合情合理、能为各方所接受的解决问题的新路子。他说："有些国际上的领土争端，可以先不谈主权，先进行共同开发。这样的问题，要从尊重现实出发，找条新的路子来解决。"

邓小平的"共同开发"与"一国两制"的主张是互相影响、紧密相连的。处理中国内部的大陆与香港、澳门、台湾的关系主张实行"一国两制"；处理国与国间的历史遗留下来的领土争端问题，主张"共同开发"。两者之间贯穿着同一种思路，即不用战争手段而用和平方式解决争端，解决的办法不伤害哪一方，不是你吃掉我，也不是我吃掉你，而是共同存在、共同得利、共同发展。两者都体现了邓小平解决棘手的政治难题的智慧与胆略，都显示了邓小平"海纳百川"的广阔胸怀。

"共同开发"与"一国两制"一样，是邓小平在新的形势下，根据和平与发展的时代要求，创造性地运用与发展了周恩来提出的和平共处五项原则。它将同和平共处五项原则一起永载史册。

和平共处　共同发展

——提出增进中印友谊加强南南合作

中国和印度是相邻的两个亚洲大国和文明古国,两国人民有着悠久的交往历史,建立了深厚的友谊。在近代,两国都曾遭受殖民主义侵略和压迫之苦,两国人民一直相互同情和支持。印度独立和新中国成立后,两国之间建立起睦邻友好、团结合作的关系。周恩来总理曾多次访问印度。尼赫鲁总理也曾于1954年10月访问中国。他们共同倡导的和平共处五项原则为世界所公认。遗憾的是,中印关系因边界争端从20世纪50年代末走上了曲折的道路。

1977年,邓小平复出后,十分重视建立和增进中印友谊。1978年2月,邓小平访问尼泊尔时见到印度外长瓦杰帕伊,便请他带信给甘地夫人,指出,我们应该改善关系,我们没有理由不友好,没有理由不改善我们之间的关系。此后,中印两国之间有了一些接触。

1979年2月,邓小平会见来访的印度外长瓦杰帕伊,提出"一揽子解决"中印边界问题。他说:你们让一点,我们让一点,就解决了嘛。因为这是历史遗留下来的问题,你们有人民感情的问题,我们也有人民感情的问题。只有采取"一揽子解决"的办法,才有可能各自说服自己的人民。

1982年10月22日,邓小平会见戈帕尔斯瓦米·帕塔萨拉蒂率领的印度社会科学理事会代表团时,发表了重要谈话,提出增进中印友谊加强南南合作。戈帕尔斯瓦米·帕塔萨拉蒂在1958～1961年间担任印度驻中国大使,这次来访看到中国发生了很大变化。他希望中印两国关系能恢复到50年代那样好。

1988年12月,印度总理拉吉夫·甘地访问中国。这是中印两国高级领导人在中断了30多年的相互交往之后的首次访问。李鹏总理在祝酒辞中说,时隔34年,我们很高兴在北京欢迎伟大邻邦印度的总理来我国进行正式访问,这次来访无疑是中印两国关系中的一件大事。12月21日，邓小平在人民大会堂会见拉·甘地。他在谈到1954年尼赫鲁总理访华时说，那时候我们两国之间的关系非常好。中间相当一段时间的情况是彼此不愉快的，忘掉它，一切着眼于未来。拉吉夫·甘地对此表示同意，并说，希望两国关系能恢复到从前那样。邓小平同拉吉夫·甘地谈了许多许多，他感谢拉吉夫·甘地这次来访，使中印关系真正开始改善。

邓小平在1982年10月22日和1988年12月21日的两次谈话中，既阐明了改善和发展中印关系的必要性，也指出了怎样改善和发展中印关系的具体途径。

邓小平认为中印两国"不相互了解、不建立友谊是不行的"。

中印两国都是发展中国家，同属第三世界。邓小平对拉吉夫·甘地说："当今世界只有四分之一的人口生活在发达国家，其他四分之三的人口是生活在发展中国家，或者叫不发达国家。国际社会虽然提出要解决南北问题，但讲了多少年了，南北之间的差距不是在缩小，而是在扩大，并且越来越大。我们两国是上述占世界人口四分之三的行列里的最大的队伍。"两个最大的发展中国家应该改善关系。

中印两国都是世界上人口最多的大国，都共同面临着发展问题。邓小平说："中印两国对人类有一个共同的责任，就是要利用现在有利的和平国际环境来发展自己。为什么这样说呢？因为中印两国共有十八亿人口，占世界总人口三分之一以上。"他还针对下个世纪是亚洲太平洋世纪的观点，指出，中印两国不发展起来就不是亚洲世纪。真正的亚太世纪或亚洲世纪，只有等到中国、印度和其他一些邻国发展起来，才算到来。这就像巴西不发展就不是拉丁美洲世纪一样。己欲立而立人，己欲达而达人。中国对印度更是这样。"我们希望自己发达，也希望你们发达。""中印两国如果发展起来了，那就可以说我们对人类做出了贡献。也正是在这个伟大的目标下，中国政府提出，所有发展中国家应该改善相互之间的关系，加强相互之间的合作。中印两国尤其应该这样做。"

中印两国是近邻，"两国之间的问题并不是很大，既不存在中国对印度的威胁，也不存在印度对中国的威胁，无非就是一个边界问题。双方都应该做些事情来恢复五十年代的友谊"。

怎样改善、发展中印关系？最根本的就是要遵循周恩来总理和尼赫鲁总理共同倡导、创造的和平共处五项原则。邓小平对拉·甘地说："这五项原则非常明确，干净利落，清清楚楚。我们应当用和平共处五项原则作为指导国际关系的准则。我们向国际社会推荐这些原则来指导国际关系，首先我们两国之间的关系要遵循这些原则，而且我们同各自的邻国之间的关系也要遵循这些原则。"他还说："从我们自己的角度来考虑，我们两国同邻国的关系应该做些调整。我提出这一建议，请阁下考虑。这是件了不起的事情，不赞成的人会有不少，但只要有高度的智慧和战略胆识，就一定可以完成。"

对于中印边界问题，1982 年 10 月 22 日，邓小平说："只要双方采取合情合理的方式，边界问题我看是不难解决的。""我们和好多国家解决了边界问题，解决的办法无非是双方相互让步。我相信，我们之间最终是会找到一个好的解决方案的。即使一时解决不了，可以先放一放，在贸易、经济、文化等各个领域还可以做很多事情，发展往来，增进了解和友谊，双方合作仍然有广阔的前景。"这里生动地体现了邓小平求同存异、共同发展的指导思想。

在改善和发展中印关系的实践中，邓小平所言所行，真正显示了一个杰出政治家"高度的智慧和战略胆识"。

结束过去　开辟未来

——在北京会晤戈尔巴乔夫

1989年5月16日，在人民大会堂东大厅邓小平会晤了戈尔巴乔夫，他们宣布，中苏两国关系实现了正常化。这是一次世界瞩目的历史性会晤，它标志着中苏两国关系在经历了30年的长期隔阂后，结束过去，开辟未来，走到了一个新的起点。

这次会晤来之不易。

3年前，即1985年10月，罗马尼亚共和国总统齐奥塞斯库访华，邓小平请他带口信给戈尔巴乔夫，希望中苏之间能够消除三大障碍，早日实现中苏高层领导人之间的见面和对话。三大障碍是指当时苏联在蒙古人民共和国大量驻军并在中苏边境地区驻扎重兵，苏联支持越南入侵柬埔寨，苏联出兵侵略阿富汗。

当时托人捎口信给戈尔巴乔夫是需要勇气、智慧与胆略的。冰冻三尺，非一日之寒。中苏积怨已久、隔阂很深，消除障碍，实现关系正常化，绝非易事。邓小平洞察世界风云，顺乎时代发展，从而作出了上述重大决策。正如邓小平后来对戈尔巴乔夫所介绍的那样：当时我们看到，美苏军备竞赛可能有一个转折，有一个解决的途径，美苏关系可能由对抗转向对话，这是全人类的希望。这就在中国人民面前提出了一个问题：中苏关系可不可以得到改善。出于这样的动机，才给你带信，时间过了3年多，我们才见了面。听了邓小平的介绍，戈尔巴乔夫风趣地说：你提出了三个障碍，所以需要3年的时间，消除每一个障碍得需要一年的时间。

当齐奥塞斯库把邓小平的口信捎到莫斯科，戈尔巴乔夫是认真对待的。1986年7月28日，戈尔巴乔夫在苏联远东大城市符拉迪沃斯托克（海参崴）

就苏联的亚洲政策和中苏关系发表讲话。关于中苏关系，他指出：苏联准备在任何时候任何级别上同中国最认真地讨论关于创造睦邻气氛的补充措施问题，希望在不久的将来苏中边界能成为和平与友好的地区；苏联愿以黑龙江主航道为界划分中苏边界的正式走向；苏联正同蒙古领导人一起研究关于相当大一部分苏军撤出蒙古的问题；1989年底以前苏联将从阿富汗撤回6个团；理解和尊重中国的现代化目标。

一个多月后，1986年9月2日，邓小平在接受美国哥伦比亚广播公司"六十分钟"节目记者迈克·华莱士电视采访时，谈了他对戈尔巴乔夫在海参崴讲话的看法。一方面，邓小平说："戈尔巴乔夫在海参崴的讲话有点新东西，所以我们对他的新的带积极性的东西表示了谨慎的欢迎。"另一方面，邓小平认为"他的步子迈得并不大"，特别是在促使越南停止侵略柬埔寨和从柬埔寨撤军问题上不仅没有迈出扎扎实实的一步，而且讲话一直回避这个问题。对此，邓小平指出："如果苏联不帮助越南，越南一天仗都打不了。""三大障碍主要是越南侵柬，因为中苏实际上处于热点和对峙，不过方式是通过越南军队同中国对峙。"82岁高龄的邓小平说："我早已经完成了出国访问的历史任务。我是决心不出国的。但如果消除了这个障碍，我愿意破例地到苏联任何地方同戈尔巴乔夫见面。我相信这样的见面对改善中苏关系，实现中苏国家关系正常化很有意义。"邓小平的看法直指问题的实质与关键，既恳切坦诚，又当仁不让，这无疑向莫斯科传递了最重要的信息，对中苏关系向正常化发展起了积极的推动作用。

1988年10月，齐奥塞斯库再次访华。邓小平对齐奥塞斯库说，3年前托你带给戈尔巴乔夫的信看来有成果。"可能明年能够实现中苏高层会晤"。当齐奥塞斯库说："最近一周，我访问了莫斯科。我向你转达戈尔巴乔夫对你的问候。"邓小平也请齐奥塞斯库用电话转达他对戈尔巴乔夫的问候，并说，我们见面时不准备纠缠历史。

正如邓小平所预料的，1989年5月实现了中苏高层会晤。

在人民大会堂东大厅，邓小平同戈尔巴乔夫的晤谈，始终围绕着"结束过去，开辟未来"这一主题。

此前，邓小平在会见东欧国家领导人时就提出过"结束过去，开辟未来"的主张。1988年9月5日，他会见捷克斯洛伐克总统胡萨克时说："我们要把经历过的好的时期记住,坏的时期忘掉,我们都是乐观主义者。""总结历史,不要着眼于个人功过,而是为了开辟未来。"

这次,邓小平对戈尔巴乔夫说:"我们这次会见的目的是八个字:结束过去,开辟未来。"结束过去就是不纠缠历史账,但要把看法讲出来,不要求回答,也不要辩论,可以各讲各的。邓小平简单讲了两点:

第一,从鸦片战争起,中国在列强的压迫下遭受种种损害。从中国得利最大的一个是日本,一个是沙俄,在一定时期一定问题上也包括苏联。沙俄通过不平等条约侵占中国的土地超过 150 万平方公里。第二次世界大战接近胜利时,美、英、苏三国在雅尔塔签订秘密协定,划分势力范围,也极大地损害了中国的利益。

第二,中华人民共和国成立后受到外国的威胁。开始时威胁来自美国,最突出的就是朝鲜战争,后来还有越南战争。20 世纪 60 年代,在整个中苏、中蒙边界上苏联加强军事设施,导弹不断增加,相当于苏联全部导弹的三分之一,军队不断增加,包括派军队到蒙古,总数达到了 100 万人。对中国的威胁从何而来?很自然地,中国得出了结论。对于 60 年代的中苏意识形态之争,邓小平说:"这方面现在我们也不认为自己当时说的都是对的。真正的实质问题是不平等,中国人感到受屈辱。虽然如此,我们从来没有忘记在中国第一个五年计划时期苏联帮我们搞了一个工业基础。"

邓小平强调:结束过去,开辟未来,"重点放在开辟未来的事情上"。"历史账讲了,这些问题一风吹。""双方讲了,就完了,过去就结束了。"他还建议开辟未来要"多做实事,少说空话"。

结束过去,开辟未来。这一方针并没有因后来苏联解体而受到影响。相反,在这一方针的指引下,中国同俄罗斯及独联体内其他国家的正常关系得到了进一步的发展。

一是和平　一是发展

——提出当代世界东西、南北两大问题

进入 20 世纪 80 年代以后，邓小平综观国际大势，反复阐明和平与发展是当代世界的两大问题。

1984 年 5 月 29 日，邓小平会见巴西总统菲格雷多时说，现在世界上问题很多，有两个比较突出：一是和平问题，二是南北问题。同年 10 月 31 日，他对缅甸总统吴山友说："国际上有两大问题非常突出，一个是和平问题，一个是南北问题。还有其他许多问题，但都不像这两个问题关系全局，带有全球性、战略性的意义。"1985 年 3 月 4 日，邓小平会见日本商工会议所访华团时进一步指出："现在世界上真正大的问题，带全球性的战略问题，一个是和平问题，一个是经济问题或者说发展问题。和平问题是东西问题，发展问题是南北问题。概括起来，就是东西南北四个字。南北问题是核心问题。"

和平的对立面是战争。第二次世界大战之后，东西方一直处于冷战与对抗的氛围之中，战争因素居于主导地位。

中华人民共和国成立后，一直坚持和平的外交政策。中国不侵略别人，对任何国家都不构成威胁，却受到别国的威胁，开始是主要来自美国的威胁，后来是主要来自苏联的威胁。根据对当时国际形势下战争与和平的判断，中国在较长的一段时间内处于"备战、备荒、为人民"，"深挖洞、广积粮、不称霸"，"要准备打仗"的状态之中，使经济建设服从于备战。这既有迫不得已的一面，也有对战争威胁估计过于严重的一面。1978 年后，由于实现了中美建交，缔结了中日和平友好条约，与西欧一些发达国家及第三世界的合作进一步得到增强，使中国经济建设有了比较好的国际条件。邓小平及时而敏锐地觉察到国际形势的变化。1977 年 12 月 28 日，在中央军委全体会议上，邓小平阐述了这样

的观点：我们有可能争取多一点时间不打仗。因为，苏联的全球战略部署还没有准备好，美国打世界大战也没有准备好。"所以，可以争取延缓战争的爆发"。

进入 80 年代后，由于世界和平力量的增长超过战争力量的增长，和平因素逐渐居于主导地位。在这种情况下，邓小平把和平问题作为当代世界的两大问题之一，包含以下内容：

其一，当代世界不是长矛、步枪时代，而是核武器时代，在战争与和平的抉择中，只能选择和平。"现在有核武器，一旦发生战争，核武器就会给人类带来巨大的损失。"

其二，要争取和平就必须反对霸权主义，反对强权政治。霸权主义、强权政治是世界战争的根源。1985 年，邓小平多次指出，打世界大战只有两个超级大国有资格，一个苏联，一个美国。苏美两家原子弹多，常规武器也多，都有毁灭对手的力量。除苏美之外，别人没有资格，中国没有资格，日本没有资格，欧洲也没有资格。"所以，反对超级大国的霸权主义也就是维护世界和平。"

其三，虽然战争的危险还存在，但世界和平力量的增长超过战争力量的增长，维护世界和平是有现实可能性的。邓小平详细分析了世界和平力量：这个和平力量，首先是第三世界，我们中国也属于第三世界。第三世界的人口占世界人口的四分之三，是不希望战争的。第三世界，包括中国，希望自己发展起来，而战争对他们毫无好处。第三世界的力量，特别是第三世界国家中人口最多的中国的力量，是世界和平力量发展的重要因素。中国的发展对世界、对亚太地区的和平和稳定都是有利的。这个和平力量，还包括美苏以外的发达国家。日本人民不希望有战争。欧洲人民也不希望有战争。特别是欧洲，西欧和东欧都是维护和平的力量。因为欧洲经历了两次世界大战的灾难，第三次世界大战一旦打起来，首先受害的还将是欧洲。邓小平说："只要欧洲，包括东欧和西欧，不绑在别人的战车上，战争就打不起来。""如果下一个世纪五十年里，第三世界包括中国有一个可喜的发展，整个欧洲有一个可喜的发展，我看那个时候可以真正消除战争的危险。"这个和平力量也包括美苏两国人民，美国人民、苏联人民也是不支持战争的。总起来看，真正支持战争的没有多少，维护世界和平是有希望的。

中国怎样发挥自己维护和平的作用？对此，邓小平说："我们坚持独立自主的和平外交政策，不参加任何集团。同谁都来往，同谁都交朋友，谁搞霸权主义我们就反对谁，谁侵略别人我们就反对谁。"他还指出，我们不打别人的牌，就是说不打苏联的牌，也不打美国的牌。我们也不让别人打中国牌。这就增强了中国在国际上的地位，增强了中国在国际问题上的发言权。

发展的对立面是停滞、贫困与落后。当代世界的发展问题又称南北问题，实质上是南方发展中国家同北方发达国家之间的经济关系问题。邓小平说："发达国家越来越富，相对的是发展中国家越来越穷。南北问题不解决，就会对世界经济的发展带来障碍。解决这个问题当然要靠南北对话，我们主张南北对话。不过，单靠南北对话还不行，还要加强第三世界国家之间的合作，也就是南南合作。"

邓小平不仅分析了解决南北问题的必要性，而且指出了解决南北问题的具体途径。

解决南北问题不仅对发展中国家摆脱贫困与落后有着重要意义，而且对发达国家经济继续发展也至关重要。他说："南北问题不解决，第三世界负债那么多，日子怎么过啊！如果发达国家不拿出钱来帮助发展中国家发展，发达国家在第三世界的市场也就没有。"发展中国家的发展问题不仅是其自身问题，也是发达国家的问题。应当把发展问题提到全人类的高度来认识，要从这个高度去观察问题和解决问题。只有这样，才会明了发展问题既是发展中国家自己的责任，也是发达国家的责任。"南方要改变贫困和落后，北方也需要南方发展。"他进一步分析道：发达国家要继续发展下去面临的是资本、贸易、市场要找出路。第三世界人口大约占世界人口的四分之三，发达国家的十一二亿人口的继续发展是不能建筑在 30 多亿人口继续贫困的基础上的。"南方得不到适当的发展，北方的资本和商品出路就有限得很，如果南方继续贫困下去，北方就可能没有出路。"

怎样解决南北问题？需要南北对话，南方国家不能闭关自守，要设法同发达国家合作，尽可能争取其资金、技术帮助。但是，愈富愈悭吝。要富国多拿点钱出来，它不肯，技术转让更不愿意，南方国家仅仅寄希望于南北对话是不行的，还要进行南南合作。"第三世界国家相互交流，相互学习，相互合作，可以解决许多问题，前景是很好的。"加强南南合作还可以推动南北合作。最后，也是最重要的，每一个发展中国家都要靠自己来摆脱贫困，靠自己发展自己。一个国家同一个人一样，如果自己不能自立，靠别人去扶是扶不起来的。

和平问题与发展问题是紧密相连、相互依存的。和平的国际环境是发展的必要条件，争取和平是为了发展。世界越是发展，特别是占世界人口四分之三的第三世界越发展，和平的力量就越大。发展问题是当代世界各国遇到的最大问题，也是全人类的最大问题。正如邓小平所概括的那样，东西南北，南北问题即发展问题是核心问题。就中国而言，发展才是硬道理。中国经济发展了，才能对人类做出较大的贡献，才能进一步发挥维护世界和平的作用。有鉴于此，邓小平说："中国对外政策的目标是争取世界和平。在争取和平的前提下，一心一意搞现代化建设，发展自己的国家，建设具有中国特色的社会主义。"

潜移默化　水到渠成

——帮助李明瑞走上革命道路

　　1930年5月底，邓小平从武篆风尘仆仆地赶到河池，与红七军总指挥李明瑞、军长张云逸会合。在这里，邓小平根据中共中央的批准，接受李明瑞加入中国共产党。从此，李明瑞由一位具有爱国民主思想的旧军事将领，成为一名具有坚定的共产主义信仰的革命战士。他的这一转变是与邓小平的影响与帮助分不开的。

　　邓小平初次见到李明瑞是1929年12月初在由百色去龙州布置检查工作的路上，但在此之前，他们俩早已相互久闻大名。一方面邓小平通过第三者向李明瑞提了许多促其革命、使其军队革命化的建议。另一方面李明瑞则采纳邓小平的建议，做了不少有利于革命的事。然而，直到这次路遇，邓小平同李明瑞进行了几次长谈后，李明瑞才毅然决然地放弃了高官厚禄和舒适安逸的生活环境，走上革命的道路，开始了他同邓小平并肩作战、生死与共的战斗历程。

　　李明瑞对共产党并非素昧平生。早在第一次国共合作期间，就有黄日葵、姜祖武等一批共产党员在李明瑞的部队工作。他衷心拥护孙中山先生的"联俄、联共、扶助农工"的三大政策，是桂系军队中的国民党左派人物。"四一二"反革命政变后，他对于蒋桂军阀以"清党"名义迫害共产党人十分气愤，忍痛送走了所部共产党员。1929年，蒋（介石）倒桂（李宗仁）成功后，为了支撑广西局面，李明瑞同他的表兄俞作柏一道，通过其表弟、中共秘密党员俞作豫请求共产党帮助。正是在他的要求下，中共中央陆续派了几十名军政干部，利用各种渠道和关系进入他的军队和其表兄所在的广西政府中工作。邓小平也是在这一背景下，由中共中央以中共代表的身份派往广西的。

　　邓小平是1929年9月抵达广西的。他当时化名邓斌，公开身份是广西省政府秘书。他到广西后，即根据中共中央的指示方针进行统战工作。他首先同俞作柏建立了密切的合作关系，并把中央派到广西的干部分配到合适的地方，有不少共产党员就是此后不断被安排到李明瑞的军队中去的。然后他通过俞作豫等秘密共产党员向李明瑞施加革命影响。就是在这种影响下，李明瑞间接或直接地采纳了邓小平不少建议，采取了许多革命行动。例如，释放全部在押"政治犯"。中共南宁区委负责人罗少彦、工人运动领导人何健南，以及共产党员谢鹤筹、吴西等，就是这时释放的。这些人，后来都成为建立广西红军的骨干。再例如，李明瑞采纳邓小平的建议，建立了以共产党员为骨干的警备大队和教导总队以及支持农民武装，给东兰农民武装革命军以"右江护商大队"的正式名义，并发拨几百支枪等等。

正由于李明瑞（也包括他的表兄俞作柏在内）采取了上述革命行动，在全国处于一片白色恐怖中时，广西却出现了革命的新高潮，不仅农民协会恢复了活动，并拥有自己合法的武装组织"右江护商大队"，而且工会、妇女协会、学生会等进步组织也相继恢复，整个广西，好像又回到了大革命时那种生气勃勃的革命热潮之中。这种变化，连反动人士也感觉到了。他们惊呼：俞作柏、李明瑞"南归后，为虎附翼，共福始炽，桂省已成为共产党之西南根据地"。

尽管如此，这时的李明瑞充其量只能算作革命的同情者和支持者，对于是否打红旗，彻底走革命之路，仍然拿不定主意。邓小平第一次见到李明瑞，通过短时间的交谈便发现了他的这种犹豫态度。当时，李明瑞向邓小平提出，希望右江的部队与他率领的左江部队联合攻取南宁，帮助他重新割据广西。

为了引导李明瑞朝革命的道路上走，原本想到龙州布置检查工作后，再由龙州经越南海防、香港去上海向中共中央汇报工作的邓小平，决定改变计划，与李明瑞一起返回百色。

在百色，邓小平与李明瑞进行了几次长谈，向他宣传革命道理，指出军阀混战的危害，并明确告诉他，中国共产党的计划是建立左右江革命根据地，准备百色、龙州起义，成立红七军、红八军，不断发展壮大革命武装，最后消灭反动军阀等。在谈话中，邓小平向李明瑞表示，希望他跟着共产党搞革命，只有这样，他才有前途。为表示对他的信任，邓小平请他出任红七军、红八军的总指挥。在此期间，邓小平还介绍了一些革命书籍给李明瑞看，如《共产党宣言》等。

邓小平的话，深深启发了李明瑞，使他思绪万千、浮想联翩。他想到了自己多年的苦斗，虽然为桂系，为国民党出生入死、勇猛杀敌，并在北伐中会同友军连克长沙、咸宁、贺胜桥,又在南京附近的龙潭战役中,全歼渡江北来的孙传芳部,立下了赫赫战功,可是得到的先是桂系李宗仁等的嫉恨和排挤,后又是蒋介石的猜疑和威吓,最后,若不是邓小平等共产党人的帮助,差不多被蒋介石整得全军覆没,连一块容身之地也找不到。回过头来看看现实,共产党在广西初无一兵一卒,但不到半年的时间,右江红军就发展到几千人,比他自己的力量还强大,并且得到了各族群众的拥护,呈日益扩大之势,前景光明。思前想后,再回味邓小平的教导,李明瑞越来越认识到,只有跟着共产党走,参加革命队伍,才是唯一的出路。于是他毅然决然地向邓小平表示,他愿意加入中国共产党,扛着红旗干革命。

对李明瑞的进步,邓小平无比高兴,并表示热烈欢迎。他随即请李明瑞与他一起研究龙州起义的准备工作和具体部署。一切妥当之后,邓小平才愉快地踏上了已经推迟的去上海向党中央汇报工作的路程。

到上海后,邓小平向党中央和中央军委汇报了广西的情况,并参加了随后的讨论。在讨论中,不少同志对广西的工作提了意见和建议。其中有些人对李明瑞表现了极大的不信任和排斥。他们发言指出,对李明瑞绝对不要存"丝毫的幻想",而要加紧与之斗争,否则将为其出卖。对此,邓小平作了十分诚恳和耐心的解释。他说:"对于李明瑞,我们当然不好存幻想,但是现在,在左江我们主观的力量还不够赶走他,而以为暂时利用他的线索去发动其下层群众工作也不是不可以的。当然,主要的要发动下层群众工作是对的,但是我们不能把建立工作的上层线索忽视掉!"

在邓小平看来,李明瑞虽为旧军官,但他毕竟是北伐名将、反蒋勇士,而且他已经接受了共产党的感召,毅然投身到革命队伍的行列,李明瑞需要革命。同时,革命也需要李明瑞,因为开创左右江根据地还必须借助于他的力量,他毕竟是在广西经营多年、在广西颇有影响的人物。为此,邓小平慎重地向党中央建议,批准李明瑞加入中国共产党,允许他革命。当时的中央尽管已经笼罩一种"左"倾情绪,许多人对李明瑞旧军人出身的背景存在疑虑,但在邓小平的争取下,还是批准接受李明瑞加入中国共产党。

邓小平没有看错人,李明瑞也没有辜负邓小平的教导与帮助。他投身革命后,即表现了一个革命者所具有的坚定不移的高贵品质。李明瑞投身革命之初,正在准备龙州起义时,一度让李明瑞几乎无容身之地的蒋介石,为离间李明瑞与共产党的关系，防止他走共产党的路，多次派心腹带着广西省政府主席、第十五军军长的委任状和巨款到龙州等地，向李明瑞及其亲属进行拉拢、引诱，都被李明瑞断然拒绝。

龙州起义后，李明瑞作为红七军、红八军的总指挥，同总政委邓小平一道为创建左右江根据地，进行了艰苦卓绝的斗争。他指挥军队先后收复百色、奉议、恩隆、思林、果德等右江沿岸各县县城，为在这里开展以土地革命为中心的根据地建设创造了条件。后来，他又同邓小平一道，率领红七军转战数千里，在井冈山革命根据地与朱毛红军会合，并被毛泽东、朱德任命为河西总指挥，直接指挥红七军、红二十军、湘赣苏区红军独立第一师三支部队。正当他准备为革命再立新功时，不幸被执行王明路线的人诬为"改组派首要"于1931年10月惨遭枪杀，时年仅35岁。1945年，在党的第七次全国代表大会上，党中央为他公开平反昭雪，恢复名誉，追认他为革命烈士。

邓小平得知李明瑞被错杀后，为党和红军失去一位战将而痛惜，也为自己不能保护他而内疚和难过。1931年2月，邓小平在江西崇义与李明瑞告别，第二次去上海向党中央汇报工作。不料，他这次到上海，党中央和中央军委领导既不召见他，也不对他的报告《七军工作报告》给予批复，他被扣以"犯有极端严重的右倾机会主义与富农路线"的帽子打入了冷宫。他曾通过交通要求返回七军工作，但没有得到中央批准，直到1931年6月，他才被批准去中央苏区工作。在中央苏区的一次集会上，邓小平曾远远地看见李明瑞。老战友相见，本应是十分激动和高兴的事，但邓小平知道中央对他本人的不悦，为了不影响李明瑞，邓小平没有上前去与李明瑞打招呼。他不知道，甚至没有想到，李明瑞此时也遇到了"麻烦"。他们二人，只是远远地相望了一下。但是，他们怎么也没有想到，这竟是他们这对生死与共的战友见的最后一面。这次集会后不久，李明瑞就含冤被杀了。

在长达几十年的岁月中，邓小平一直怀念着李明瑞。70年代时，他曾几次对毛泽东说过："李明瑞是错杀的！"1986年，他去广西视察，在回忆起红七军、红八军的情形时说："我同李明瑞第一次见面是从百色到龙州的路上，李明瑞入党是我到上海请中央批准的，我们两人一路走向江西。李明瑞是红七、红八军的总指挥，我是总政委，苏维埃主席是雷经天。八军被打垮了，七军能打。俞作柏跑到香港去了，李明瑞是坚决的！"据邓小平的女儿萧榕著书说，至今提起李明瑞，在她的父亲的言词之中，还总是闪露着激动难平之情。

防骄破满　从严要求

——安陵集"不握手会议"

握手,在外交场合是最常见的礼节。许多紧张的气氛,常因握手而得到缓和。1954年日内瓦会议时,杜勒斯敌视新中国,亲口下令:禁止任何美国代表团的人员同任何中国代表团的人员握手。周恩来同杜勒斯副手史密斯的一次接触十分有趣。一次会议休息时,周恩来步入大厅,看到史密斯正在酒吧的柜台那里喝饮料,两人的目光碰到了一起。周恩来坦然地向史密斯走去,史密斯慌忙把杯子捧到右手上。当周恩来走近史密斯伸出右手时,史密斯像演戏一样似乎右手腾不出,顺势用左手握住周恩来的右腕摇了几下胳膊。周恩来毫未介意,用友好的语气同史密斯聊了一阵。当时众目睽睽之下,周恩来从容不迫、豁达大度,完全是一个智者,而史密斯却被美国僵硬的对华政策搞得窘态百出。18年后,周恩来同尼克松握手,结束了中美隔绝的历史,打开了中美关系的大门。

邓小平同周恩来一样,也是一位豁达大度、大智大勇的政治家。他不会像某些心胸狭窄者拒绝与自己意气不合的人握手,也不会像某些高居官位、傲慢无礼者拒绝与"小人物"握手。但是,1946年9月,邓小平主持召开的安陵集"不握手会议",则通过"不握手"达到了对部下从严要求、防骄破满的目的,充分展现了一个智者管理部下的风采。

事情是这样的。

1946年6月,大规模内战全面爆发。晋冀鲁豫解放区的刘邓大军,由于所处的地理位置是联结各解放区的枢纽,因此,亦成为国民党军队进攻的重点之一。为了粉碎敌人的进攻,刘邓将全野战军组成左、右两路军,左路军由七纵司令员杨勇、政委张霖之统率,右路军由三纵司令员陈锡联、政委彭涛率领,于 8 月至 9 月接连发起了陇海战役和定陶战役。陇海战役 8 月 10 日打响，8 月 22 日结束，我军共歼敌 1.6 万余人，攻克县城 5 座，车站 10 处，破坏铁路 150 余公里。定陶战役 9 月 2 日打响，9 月 8 日结束，歼敌 4 个旅约 1.7 万人，俘虏敌整编第三师中将师长赵锡田。是役结束后，毛泽东致电刘邓：庆祝你们歼灭第三师的大胜利，望传令全军嘉奖。

定陶战役结束后的第二天，即 9 月 10 日，邓小平在定陶城东边的安陵集召开高级干部会议。当参加会议的纵队首长，满面春风地向野战军政委邓小平伸出手来的时候，邓小平却用手摇一摇说："这次开的是不握手会议。"

这话使纵队首长们面面相觑，疑惑不解。

原来是邓小平察觉到野战军陇海、定陶两役连战皆捷，士气高昂，信心十足，但少数领导干部滋长了居功骄傲情绪，个别部队群众纪律不好。早在陇海战役进行中，邓小平到前线检查，发现杨勇、张霖之的部队打了胜仗，但没有注意保护群众的东西。他严肃地说："陇海战役已经打了四天。第一阶段你们打得很好，解放了砀山，俘虏了几千人，缴获武器也不少。但必须指出，你们有人却违犯了群众纪律。你们打仗牺牲了那么多人，为了什么？为什么又这样损害群众的利益？你们要认真赔偿群众的损失。"

这次会议一开始，邓小平就宣布了会议宗旨："今天，开个不握手会议，不要刚打两个胜仗，就沾沾自喜，握手言欢，心满意足，你好我好，什么都好。要更多地想想自己的不足，邯郸出发以来做得怎么样？群众纪律怎么样？内部的团结搞得好不好？部队的指挥、战斗作风都还存在着哪些问题？现在发言吧！"

接着，刘伯承司令员、李达参谋长和张际春副政委发言，指出了部队中大量存在着这样或那样的问题。

与会的各纵队首长很快理解了"不握手会议"的真谛，疑惑从心中消失了。他们各自检查了自己部队的问题，并认真地做了自我批评。

各纵队首长回部队后迅速传达了安陵集会议精神，部队干部战士中也纷纷传开了"不握手会议"。

"封疆"大员　不忘故旧

——宴请汪云松

1949年11月30日，大西南的心脏——重庆解放。12月8日，刘伯承、邓小平率第二野战军机关进入重庆。邓小平担任中共中央西南局第一书记，开始在这里全面主持大西南的工作，时年45岁。

29年前，邓小平还是一个16岁的青年，在重庆乘着一艘名叫"吉庆"号的客轮，顺着"青山遮不住，毕竟东流去"的长江，走出了四川，走出了国门，开始了旅法勤工俭学的生活。29年后，邓小平作为共和国的"封疆"大员回到了四川，回到了重庆，回到了故乡。

29年过去了，多少事烟消云散。但是，29年间，邓小平心中一直记着培养他出国深造的汪云松先生。

汪云松，字德薰。他曾经当过清朝的四品道台，具有维新思想。他看到西方国家实业发达、国力强盛，看到中国实业落后，国力衰弱，主张培养搞实业的人，走实业救国的道路。

汪云松担任重庆商会会长时，筹办了留法勤工俭学学会重庆分会和重庆留法勤工俭学预备学校，是重庆留法勤工俭学的功臣。他先任留法勤工俭学重庆分会会长，后任重庆留法勤工俭学预备学校董事长。汪先生从筹办分会、建立学校、募集资金、办理签证，直到最后送走毕业生都亲力亲为，极其热心，给学生们留下了深刻的印象。

后来成为共和国元帅、国务院副总理的聂荣臻，就是1919年暑期在重庆通过汪云松到法国领事馆办了护照，于1919年12月9日乘"凤凰"号（司芬克司号）赴法勤工俭学的。聂荣臻可以说是邓小平在法国勤工俭学的学长。

邓小平，时名邓希贤，1919年9月，经过严格的考试后，进入重庆留法勤工俭学预备学校就读，一年后毕业。1920年8月28日，他登上了"吉庆"轮，告别了故乡，这一别就是29年。

1949年12月的一天，西南军区派了几个人到汪云松家，汪云松不知吉凶祸福，没敢见面。第二天来了辆吉普车，把汪云松接到军区，原来是西南局第一书记、西南军区政委邓小平请他吃饭。汪云松回来十分高兴，逢人就说："小平真不错呀，我现在才晓得，共产党也不忘故旧！"1950年第二届全国政协开会时，汪云松应邀前去北京列席会议。在中南海怀仁堂举行的宴会上，头一桌的主人是毛泽东，第二桌有邓小平，汪云松也坐在第二桌。当时，邓小平和陈毅还分了工，邓小平请客，陈毅宴会后用自己的车子送汪云松回招待所。

汪云松通过邓小平认识了中国共产党，他由热爱祖国而发展到热爱中国共产党。他把自己珍藏的文物都捐献给了国家。汪先生有一对心爱的古瓷瓶，装瓶子的是珍贵的楠木盒子，他把这个盒子刻上"东方红"3个字，送给毛泽东作为祝寿之用。按一般规矩，中国共产党领导人是不祝寿、不收寿礼的。当负责统战工作的同志将这一情况汇报到邓小平那里时，邓小平说："要了解汪云松。"于是，作为特例，收下了这份礼物。

十年树木，百年树人；兴邦强国，教育为本。汪云松先生当年筹办重庆留法勤工俭学预备学校为国家的未来培养了栋梁之材，值得敬重，应该敬重。邓小平敬重汪云松不仅仅是不忘故旧，而且是深刻而生动地体现了尊师重教的品德与思想。

维护团结　反对分裂

——与高岗的斗争

1953年，正当我国进入有计划的大规模的经济建设，党中央在战略指导上实行重大转变的过程中，党内发生了高岗、饶漱石阴谋分裂党、篡夺党和国家最高权力的重大事件。这是新中国成立初期，党内发生的一次十分严重的政治斗争。在这场斗争中，邓小平为维护党的团结，对高岗的分裂阴谋进行了坚决揭露和批判，其中正面交锋有两次。一次是在1953年夏季的全国财经会议上；一次是当面拒绝高岗的拉拢，反对拱倒刘少奇，并向毛泽东报告了高岗的所作所为。

1953年6月至8月，全国财经会议在北京召开。这次会议起初是按照中央财经委员会的例会进行准备的，后来改由周恩来主持，实际上变成了中共中央召开的全党性质的重要会议。会议的主要议题是讨论贯彻过渡时期总路线、第一个五年计划以及财经方面的一些具体问题。中央各部门、各大区、各省市委和财委的负责人参加了大会。薄一波回忆说，前几周会议都进行得比较正常，到第五周出现了转折。高岗看到在分组讨论中人们对新税制的意见较多，就鼓动一些人"放炮"，进行不适当的指责。他本人也发言批判薄一波，指责薄一波"打击别人，抬高自己，投机取巧"，"品质不良"，并上纲上线，硬说财经工作中的错误是路线错误。此外，高岗在发言中还采取移花接木的手法，把刘少奇曾经说过的一些话，比如1947年土改中说过的"村村点火，户户冒烟"，1949年在天津讲话中的一些观点，1950年有关东北富农党员问题谈话中的观点，1951年有关山西互助合作批语中的观点，统统安到薄一波头上加以批判，搞"明批薄，暗攻刘"的诡计。会议中心从此转为批判薄一波。

在会外，高岗"大肆散布各种流言蜚语"，指名道姓地攻击刘少奇、周恩来，说什么，中国革命的大正统是井冈山，小正统是陕北，现在刘少奇有一个"圈圈"，周恩来有一个"摊摊"，诬蔑刘少奇、周恩来搞宗派活动。他还到处散布中央组织部副部长安子文未经中央授权拟了一个政治局委员"名单"，并编造说，名单"有薄无林"，即有薄一波，无林彪，连朱总司令也没有了。他还挑拨中央领导之间的关系，说刘少奇不赞成陈正人担任建委副主任或中组部副部长，不支持陶铸在广西的工作，妄图制造党内不和。

由于高岗在会内会外煽动起哄，使周恩来无法作会议结论。周恩来是会议的主持者，如果话说轻了，不大好通过，且有开脱、庇护之嫌；如果话说重了，就会被高岗等人利用。薄一波回忆说，会议一拖再拖，"最后还是毛主席出了个主意，他对周总理说：结论做不下来，可以'搬兵'嘛！把陈云、邓小平同志请回来，让他们参加会议嘛！"

陈云、邓小平当时正在外地。回京后，他们相继在会上发了言。陈云在发言中指出："同志们在会议上提出中财委内部是否有两条路线的问题。我以为在工作中间个别不同的意见是不会没有的，在一起做了四年工作，如果说没有一点不同意见，当然不行；这些意见，也不能说他（指薄一波——引者注）的都是错误的，我的都是对的，也不能说他的都是对的，我的都是错的。总的说起来，我在今天这样的会议上不能说中财委有两条路线。"邓小平在发言中说：大家批评薄一波同志的错误，我赞成。每个人都会犯错误，我自己就有不少错误，在座的其他同志也不能说没有错误。薄一波同志的错误是很多的，可能不是一斤两斤，而是一吨两吨。但是，他犯的错误再多，也不能说成是路线错误。把他这几年在工作中的这样那样的过错说成是路线错误是不对的，我不赞成。

邓小平和陈云在发言中虽然没有点名批评高岗等人无限上纲，但都明确地否定了他们给薄一波扣上的"路线错误"的帽子，从而使高岗及其追随者妄图借"路线错误"打倒薄一波，进而整垮刘少奇、周恩来的阴谋没有得逞。可以说，这是邓小平、陈云与高岗的一次不动声色而态度鲜明的斗争。1955年3月21日，邓小平在党的全国代表大会上，对高岗在财经会议上的阴谋活动作了正式结论。邓小平说：高岗利用财经会议"大大施展他的阴谋活动。他和他的追随者不但在会议上为了有意制造党内纠纷而发表种种无原则的言论，并且在会外大肆散播各种流言蜚语，破坏中央的威信，特别攻击中央书记处刘少奇和周恩来同志，同时鼓吹他自己。他是想经过这些阴谋活动把这次会议转变为对中央的进攻"。

高岗对自己在财经会议上的如意算盘被邓小平、陈云搅乱，没有达到目的仍不死心。他在继续寻找机会，实现他篡夺党和国家最高权力的阴谋。

实事求是地说，中央对高岗一直是器重的。新中国成立后，他身兼数职，权力、地位甚为显赫。他既是中央政治局委员，又是中央人民政府副主席，同时还是中共中央东北局书记、东北行政委员会主席。调回北京后，中央又安排他兼任有"经济内阁"之称的国家计划委员会主席。但是，权欲熏心的高岗，对这样的安排仍然不满意。他对自己的职位处于刘少奇之下一直耿耿于怀。进京不久，他就把刘少奇在工作中的一些缺点错误搜集起来，并整理成系统的材料进行传播，说刘少奇自七大以来犯了一系列的错误。当毛泽东让他直接找刘少奇谈清问题时，他都不予理睬。刘少奇两次主动找他谈话，并对工作中的缺点错误做了诚恳的检讨。他却对人说，刘少奇不肯进行自我批评。其用心可谓昭然若揭。事发后，他才不得不向中央坦白他的阴谋："企图把少奇拉下来，使自己成为主席唯一的助手，准备自己将来做领袖。"

财经会议结束后，党中央提出我国国家最高行政机关是否采取部长会议的形式，党中央是否增设副主席或总书记的问题。毛泽东还提出中央分成一线、二线的主张。高岗认为这是他篡夺党和国家最高权力的大好时机，因此比以往更加迫切地走向前台公开活动起来。他打着拥护毛泽东的旗号，把打击矛头首先对着刘少奇，捏造说刘少奇已不被毛泽东所重视；又说毛泽东打算让刘少奇搞"议会"（人大常委会），周恩来当部长会议主席，由他高岗来搞政治局。在另一个场合他又表示不同意周恩来担任部长会议主席，主张由林彪担任。他一边释放这些"烟雾弹"，一边以"休假"名义，到华东、中南等地进行游说。在游说中，高岗继续散布谎言，并兜售他的"军党论"。他把中国共产党分为"根据地和军队的党"与"白区的党"两部分，不顾军队是由党建立和领导的事实，断言"党是军队创造的"，"枪杆子上出党"，并把他自己说成是"根据地和军队的党"的代表人物。他认为，党中央和国家领导机关现在是掌握在所谓"白区的党"的人们手里，因此应当"改组"中央。他还私拟中央委员和候补中央委员的补充人选名单，在一些高级干部中封官许愿，鼓吹他的"改组"党中央和国家领导机关的计划。很显然，高岗是要以他为核心"改组"中央。

高岗在游说中获得了林彪的支持,因此他的胆子更大了。在他看来,全国五大行政区,东北是他自己的地盘,华东的饶漱石早已同他串通一气,中南的林彪又投了他关键的一票。于是只剩下西北、西南了。西北是高岗起家的地方,他估摸问题不会太大。没把握的是西南。他还记得邓小平在财经会议上的发言,西南对他来说是块硬骨头。为了拿下它,高岗亲自去找邓小平谈判。

1980年3月19日,邓小平在同起草《关于建国以来党的若干历史问题的决议》的同志谈话时,介绍了高岗想通过谈判拉拢他以及他向毛泽东揭露高岗阴谋的情况。邓小平说:"毛泽东同志在一九五三年底提出中央分一线、二线之后,高岗活动得非常积极。他首先得到林彪的支持,才敢于放手这么搞。那时东北是他自己,中南是林彪,华东是饶漱石。对西南,他用拉拢的办法,正式和我谈判,说刘少奇同志不成熟,要争取我和他一起拱倒刘少奇同志。我明确表示态度,说刘少奇同志在党内的地位是历史形成的,从总的方面讲,刘少奇同志是好的,改变这样一种历史形成的地位不适当。高岗也找陈云同志谈判,他说:搞几个副主席,你一个,我一个。这样一来,陈云同志和我才觉得问题严重,立即向毛泽东同志反映,引起他的注意。"

邓小平和陈云的反映,确实引起了毛泽东的警觉。他随后便找了一些同志了解情况,其中几次找陈毅到玉泉山谈话。谈话中,毛泽东风趣而深刻地告诫陈毅:"不要伤风,不要失去灵敏的嗅觉,要警惕非法活动。"在同罗瑞卿谈话时,毛泽东则意味深长地说,睡觉有两种情况,一种是睡在床上,一种是睡在鼓里,若不是其他同志向我反映高、饶的问题,我还蒙在鼓里哩!

1953年12月24日,毛泽东在中央政治局会议上,对高岗等人提出了严重警告。他说:"北京有两个司令部,一个是以我为首的司令部,就是刮阳风,烧阳火;一个是以别人为司令的司令部,就是刮阴风,烧阴火","其目的就是要刮倒阳风,灭掉阳火,打倒一批人"。他称高岗他们的所作所为是"一股地下水"。高岗等人对毛泽东的警告,没有作深刻的反省与检讨。1954年2月,毛泽东提议召开七届四中全会,进一步揭发高岗等人的错误。邓小平在会上发了言,严肃批判高饶的反党分裂活动。他在发言中说:

"我们常常闻到这样一些味道,例如有的人把某些人或者把他自己夸大到与实际情况极不相称的地步,不愿意受检查,不愿意受批评,自以为是,听不进别人的意见,批评与自我批评的空气稀薄,不注意集体领导,不注意团结,对犯错误的同志不是采取治病救人的态度，不大照顾别的地区、别的部门等等。尤其严重的是，有些同志不注意维护中央的威信，对中央领导同志的批评有些已经发展到党组织所不能允许的程度。毛泽东同志提倡对党的任何负责同志（毛泽东同志经常说，包括他自己在内）的批评，但是这种批评必须根据党的原则在一定场合下进行，或者向他本人提出。这样的批评是应该的，不可少的。中央的主要负责同志过去经常讲到这一点，他们是欢迎别人批评的。但是不能允许这样的言论发展到党的组织所不能允许的程度。"

"我们常常遇到，某些同志对中央几个主要负责同志的不正确的言论，常常是不经过组织、不合乎组织原则的。全国财经会议以来，对少奇同志的言论较多，有些是很不适当的。我认为少奇同志在这次会议上的自我批评是实事求是的，是恰当的。而我所听到的一些传说，就不大像是批评，有些是与事实不相符合的，或者是夸大其词的，有的简直是一些流言蜚语、无稽之谈。比如今天少奇同志在自我批评里讲到的对资产阶级的问题，就与我所听到的那些流言不同。对资产阶级问题，虽然我没有见到一九四九年初少奇同志在天津讲话的原文，但是据我所听到的，我认为少奇同志的那些讲话是根据党中央的精神来讲的。那些讲话对我们当时渡江南下解放全中国的时候不犯错误是起了很大很好的作用的。虽然在讲话当中个别词句有毛病，但主要是起了好作用的……而我所听到的流言就不是这样的。又比如对于富农党员的问题，不过是早一点或迟一点发指示的问题，但是我听到的流言就不是这样的。又比如对于工人阶级半工人阶级领导革命的问题，在提法上当然是不妥当的，可是这里并没有涉及党的性质问题，但是我听到的流言就不是这样的。"

邓小平在讲话中虽然用的是"某些人""有些人"，没有点高岗的名，但他所列举的所有不正常现象和错误言论都是高岗及其追随者所为，因此，谁都明白，邓小平上述讲话是对高岗的揭露与批判。当时朱德、周恩来、陈云等在发言中多是采用这种不点名的温和态度，其目的是贯彻党的治病救人的方针，给高岗及其追随者一个悔悟和改正错误的机会。但是高岗等人执迷不悟，在会上只作了表面的检讨，完全没有悔过的表示。高岗最终以自杀的可耻行为拒绝党对他的教育和挽救。

1955年3月21日至31日，中国共产党在北京召开全国代表大会。邓小平代表中央委员会作了《关于高岗、饶漱石反党联盟的报告》，全面介绍了党同他们斗争的经过，论述了进行这场斗争的重要意义和经验教训。会议鉴于高岗死不改悔，饶漱石也从无悔改之意，决定开除他们的党籍，撤销党内外一切职务。至此，全党与高岗等人的斗争胜利结束。在这场斗争中，邓小平以其坚定的原则性和敏锐的政治嗅觉起了十分重要而突出的作用。在全国代表大会之后紧接着举行的党的七届五中全会上，邓小平被补选为中央政治局委员。这对他来说是当之无愧的，以后的事实也证明他是非常出色的。

主持公道　扶正压邪

——支持罗荣桓同林彪的一次原则斗争

罗荣桓同林彪的一次原则斗争，指的是60年代初，罗荣桓与林彪在如何学习毛泽东著作这一重大问题上的争论与斗争。罗荣桓主张以党史为线索学习毛泽东著作，着重学习毛泽东思想的立场、观点和方法，把握毛泽东思想的精神实质。林彪主张"带着问题学""立竿见影"。罗荣桓认为所谓"带着问题学"，就是要到毛泽东著作中去寻找现成答案，寻找医治百病的"药方"，这是教条主义的方法。他向林彪表明了自己不同看法，林彪却大为不快。罗荣桓只得报请时任总书记的邓小平裁定。邓小平立即召集书记处会议，支持罗荣桓。

新中国成立后相当长一段时间内，林彪因身体不好深居简出。直到1959年庐山会议后他才"登台亮相"，出任中央军委副主席兼国防部长并主持中央军委日常工作。性格古怪的林彪上任伊始，其嘴里就蹦出了许多怪诞的音符，让人听起来颇不顺耳。尤其在如何学习毛泽东著作方面，他有一整套"发明"。1959年9月，也就是林彪刚上台那会，他在中央军委扩大会议上介绍了他学习的"简便的窍门"："……学习毛泽东著作，这是捷径。这并不是捧场，不是吹毛主席的。这是告诉你们一个学习的简便的窍门。"怎么学习呢？他也有"窍门"。他随后便陆陆续续地道了出来。其基本方法简言之就是"带着问题学"，他认为这样可以"立竿见影"。用他完整的语言则是29个字："带着问题学，活学活用，学用结合，急用先学，立竿见影，在用字上狠下功夫。"此外，他还主张"背一点东西"，把毛选中"最精辟最重要的话背下来"。

罗荣桓在任解放军总政治部主任和政治学院院长时，也要求军队干部战士认真学习毛泽东著作。但他认为，学习毛泽东著作同学习马克思、列宁等的著作一样，不能采取教条主义的态度，应当领会其精神实质，而不是个别词句。

怎样领会毛泽东著作的精神实质呢？罗荣桓也提出了一套学习方法，即以党史为线索学习毛泽东著作的方法，简称"一条线"学习法。罗荣桓说：学习毛泽东著作不联系历史问题，不联系中国革命、党的历史，很难学好。后来，罗荣桓在"一条线"之后加了"五结合"，即学习毛泽东著作和学习马列著作相结合，和学习党的路线政策相结合，和学习当前国际国内形势以及军队建设相结合，通读与专题研究相结合，经常性理论教育和政治运动相结合。

罗荣桓提出"一条线五结合"的学习方法时，林彪还在养病。当林彪上台，其"带着问题学"的方法出笼后，两种截然不同的学习方法在指导军队理论学习时不可避免地撞车了。

林彪首先发难了。1960年10月，他一手制造了一个"批谭事件"。在这年10月的一次军委扩大会议上，林彪指责总政治部主任谭政（罗荣桓因身体不好于1958年辞去了总政治部主任一职）提出的"系统的、完整的学习马列和毛主席著作"为"糊涂观念""教条主义"，总政副主任傅钟也被捎带"批判"，因为他1952年在全军学校政治理论教育座谈会上作了"理论学习往往不能像'立竿见影'那样，过分性急的要求是办不到的"讲话，这与林彪的意思刚好相反，尽管它已是8年前的事了。

对林彪上述所作所为，1960年10月28日罗荣桓在政治学院意味深长地说："傅钟同志在1952年发表一篇文章，说学习理论要先学后联，不能立竿见影，登在《八一杂志》上。这样说，是我在总政治部当主任的时候了。"他没有再往下说，但话的意思已很清楚，是不是要找后台啊？对林彪指责谭政"教条主义"，罗荣桓说："什么叫系统？从实际出发而不是从经验主义出发研究理论。以经验主义的态度学习理论不行。看问题不要带片面性，所以许多东西都要很好解释。""看问题不要带片面性"是不点名委婉驳斥林彪指责"系统地、完整地学习马列和毛主席著作"是教条主义的谬论。

1960年底，因谭政被打倒，罗荣桓再度出任总政治部主任后，对林彪的"带着问题学"首先质疑。1961年1月，他在会见新任总政副主任梁必业时说："带着问题学，就是要到毛选中去找答案。这样提不适当。比如两口子吵架，发生了问题，如何到毛选中去找答案？还是应当学习立场、观点、方法。"二三月间，罗荣桓在南京、长沙视察部队时，就"如何带着问题学""怎样才能立竿见影"等问题在干部、战士中作调查。他发现，林彪那套违背党的理论联系实际的学风的庸俗方法，提出的时间虽不长，但危害不浅。如果听任其发展下去，后果不堪设想。因此，罗荣桓决定向林彪提出这个问题。

但是与林彪共事多年的罗荣桓深知，林彪这个人很难接受别人的批评，并且猜忌心强。如今要对他煞费苦心琢磨出来的一套提意见，他能接受吗？对此，罗荣桓不能不考虑。他要在适当的机会利用恰当的方法。

1961年3月下旬，《解放军报》准备登载报道他视察部队的新闻。新闻稿中引用了他在长沙第一政治干部学校的一段讲话："对学员学习要求要区别对象、区别水平，不要作一般化的要求，用一把尺子去要求。对于没有党史知识的学员，可以先讲点党史，以党史为线索去学习毛主席著作。"当《解放军报》总编辑拿着小样请罗荣桓审阅时，一向不赞成突出个人，不喜欢在报纸上出现自己的名字的罗荣桓，这次很干脆地表示同意发表。他想，这是向林彪打招呼，表明自己态度的机会。该新闻稿3月28日在《解放军报》头版显著位置发表。但城府很深的林彪对此毫无反应。

4月下旬，罗荣桓接到中央军委于30日召开常委会的通知，其中一个议程是讨论《合成军队战斗条例概则》（草案）。会前，罗荣桓审阅了这个《概则》，看到上面已全文套用了林彪"带着问题学"那几句话。罗荣桓感到问题严重，他在这几句话下用钢笔画上了粗粗的一道，他想在会上当面向林彪对此提出不同意见。

4月30日上午，中央军委常委会第26次会议在三座门俱乐部会议厅召开。会议由林彪主持。在讨论《概则》时，林彪问大家还有什么意见。停了一会，罗荣桓发言："'带着问题学'毛选，这句话要考虑，这句话有毛病。"

3月28日的《解放军报》林彪肯定看过，他知道罗荣桓对"带着问题学"有异议。但是他没有想到，罗荣桓竟会在会议上把这个问题提出来。因此，罗荣桓发言后，他佯装不知地问道："这句话在哪里呀？"

当罗荣桓示意梁必业把有关段落读了一遍后，林彪又阴阳怪气地问道："那你说应该怎么学呀？"

罗荣桓坦率地说："应当是学习毛主席著作的精神实质。'带着问题学'，这句话改掉为好。"

罗荣桓讲完后，林彪半响不吭声。也许他是想等别人发言支持他。然而，几分钟过去了，无人发言，林彪无奈，只得说："不好，就去掉嘛！"

罗荣桓看到这次林彪虽然勉强，但毕竟接受了别人的意见，很是高兴，于是接着说："还是去掉好。学习毛主席著作一定要从根本上学，融会贯通。要学习立场、观点、方法，紧密联系实际……"

"好吧，散会！"林彪不等罗荣桓说完，便粗暴地打断了他的话，宣布散会，接着便站起身，拂袖而去。看来，林彪并不乐意接受罗荣桓的意见。

罗荣桓想，对这样一个重大的原则问题，既然你林彪听不进不同意见，那我就只好向中央反映了。于是，罗荣桓拿起了电话，要通了总书记邓小平的电话。

早在1933年，罗荣桓就同邓小平相识。当时，坚持实事求是原则的邓小平遭到"左"倾教条主义的错误批判后，被调到总政宣传部工作，而罗荣桓也于此时离开了一军团政治部主任的岗位到总政任巡视员。两人处境相似，思想相通，很快成为朋友。长征后期，他们二位都在一军团政治部工作，更是朝夕相处，无话不谈，在严峻的环境中结成了深厚的友谊。新中国成立后，邓小平日理万机，工作异常繁忙，罗荣桓很少去打扰。但现在已经同林彪在原则问题上发生了分歧，他只好向邓小平报告了。

邓小平接到电话后，感到罗荣桓所反映的问题十分重大，就他本人而言，也认为罗荣桓的观点是对的。他本人在1960年3月25日的中央天津会议上就曾对当时存在的把毛泽东思想庸俗化问题发过言。他说："对毛泽东思想的宣传问题，我曾经在山东、天津谈过，后来在中央也议了。昨天在毛主席那里还谈了这个问题，他赞成这个意见：第一，现在的主要问题是把毛泽东思想用得庸俗了……"，"对待毛泽东思想是一个很严肃的原则性问题，不要庸俗化，庸俗化对我们不利"。粉碎"四人帮"后，他又多次强调"要完整地准确地理解毛泽东思想"。他说："毛泽东同志在这一个时间，这一个条件，对某一个问题所讲的话是正确的，在另外一个时间，另外一个条件，对同样的问题讲的话也是正确的；但是在不同的时间、条件对同样的问题讲的话，有时分寸不同，着重点不同，甚至一些提法也不同。所以我们不能够只从个别词句来理解毛泽东思想，而必须从毛泽东思想的整个体系去获得正确的理解。"可以说反对把毛泽东思想庸俗化、反对断章取义，不囿于毛泽东对某个具体问题发表的具体意见，主张完整地系统地理解毛泽东思想，是邓小平的一贯思想。林彪的"带着问题去学"正是与此相反的庸俗做法，而罗荣桓的"领会精神实质，学立场、观点、方法"正是与此一致的。

有问题拿到桌面上解决,是邓小平的作风。尽管他认为罗荣桓的意见对,林彪的做法不对,他还是决定把他们的问题拿到书记处会议上讨论。经过讨论,大家一致赞成罗荣桓的意见。对此,邓小平1975年9月在全国农村工作座谈会上回忆道:"林彪把毛泽东思想庸俗化的那套做法,罗荣桓同志首先表示不同意,说学习毛主席著作要学精神实质。当时书记处讨论,赞成罗荣桓同志的这个意见。"

1977年5月,在需要端正党的思想路线的关键时刻,邓小平又提起了这件事。他说:"两个'凡是'不行,毛泽东思想是个思想体系。我和罗荣桓同志曾经同林彪作过斗争,批评他把毛泽东思想庸俗化,而不是把毛泽东思想当作体系来看待。"

邓小平的这两段话,明白无误地道出了当初他支持罗荣桓同林彪斗争的真实情况。这种支持曾给罗荣桓以莫大的安慰与鼓励,而对林彪却是一个打击。一段时间,林彪惊魂不定,烦躁不安,犹如芒刺在背。1965年,他对罗瑞卿说:"广州会议(1961年3月中共中央在广州召开的会议)之后,不知哪来的一股风,说我有什么问题,其实我没有什么事嘛!我还受表扬嘛!……我不会有什么事,就是有什么事,我绝不牵连你们。不仅不牵连你们,我的妻子儿女也不牵连。"这是一场做贼心虚的道白。

遗憾的是,由于当时中央忙于纠正"大跃进"的错误,没有重视林彪业已显露出来的问题。相反,在1961年6月的北京会议上,毛泽东还表扬林彪"提出了几个很好的部队建设措施"。林彪由此缓过劲来,开始变本加厉地宣扬他那套庸俗的东西,最终,乘毛泽东发动"文化大革命"之机,煽起了一股险些烧毁整个国家的个人崇拜的烈焰。

然而,真理终将战胜谬误,正义终将战胜邪恶。林彪十余年的表演,终于使人们识破了他那"万岁不离口,语录不离手,当面说好话,背后下毒手"的丑恶嘴脸,也使人们认识到罗荣桓挺身而出、邓小平扶正压邪的可贵,心中油然升起对他们的敬意。

晓之以理　动之以情

——帮助刘西尧等人丢掉包袱、解放思想

邓小平向来对科技和教育工作非常重视。他认为，中国要实现现代化，"关键是科学技术要能上去。发展科学技术，不抓教育不行。靠空讲不能实现现代化，必须有知识，有人才"。1977年，当他再次复职时，就自告奋勇地分管科技和教育工作。

当时，由于负责中央全面工作的领导人继续坚持和推行"两个凡是"的方针，教育战线仍被《全国教育工作会议纪要》的乌云笼罩着。这个纪要里有两个臭名昭著的估计，即在1966年"文化大革命"开始以前的17年里，教育战线是资产阶级专了无产阶级的政，是"黑线专政"；大多数知识分子的世界观基本上是资产阶级的，是资产阶级的知识分子。它像根魔棍压得广大知识分子喘不过气来，致使许多常年在科教园地里辛勤耕耘的专家教授，被迫放弃了自己心爱的事业。有的下到工厂、农村，从事扫地、养猪、拉粪等苦活、脏活，美其名曰改造世界观；有的则进了监狱；有的被折磨致死。全国科技、教育战线一片萧条。

邓小平复职后，立即着手科技和教育战线的拨乱反正。他深知，要拨乱反正，首先必须使主管部门的领导解放思想，摆脱"左"的条条框框的束缚。

1977年9月19日上午，邓小平接见刘西尧等教育部主要负责人，进行了一次坦率、严肃而又极具启发教育意义的谈话。

讲话时，邓小平手里拿着一份打印的材料。他说：最近《人民日报》记者找了6位参加过1971年全国教育工作会议的同志座谈，写了一份材料，讲了《全国教育工作会议纪要》（以下简称《纪要》）产生的经过，很可以看看。《纪要》是姚文元修改、张春桥定稿的。当时不少人对这个《纪要》有意见。《人民日报》记者写的这份材料说明了问题的真相。

听了这一席话，刘西尧等人明白了邓小平这次接见他们的用意：批判《纪要》，划清是非界限。对此，刘西尧等人并不感到突然，因为早在8月8日，邓小平在由33位著名专家和教授参加的科技和教育工作座谈会上，已经发表了一篇与《纪要》的"两个估计"完全相反的讲话：

"对全国教育战线十七年的工作怎样估计？我看，主导方面是红线。应当肯定，十七年中，绝大多数知识分子，不管是科学工作者还是教育工作者，在毛泽东思想的光辉照耀下，在党的正确领导下，辛勤劳动，努力工作，取得了很大成绩。特别是教育工作者，他们的劳动更辛苦。现在差不多各条战线的骨干力量，大都是建国以后我们自己培养的，特别是前十几年培养出来的。如果对十七年不作这样的估计，就无法解释我们所取得的一切成就了。"

这一讲话，在当时起了振聋发聩的作用，令许多人耳目一新。刘西尧听到这个讲话时就感触良多，觉得"震动很大，赶超有望"。但因中央并没有推翻《纪要》，"两个估计"仍然存在，所以他又"心有余悸"。两年前，周荣鑫部长根据邓小平的指示，对教育战线存在的混乱情况进行整顿，结果在"反击右倾翻案风"的运动中成了首当其冲的挨批对象，教育部也因此再次沦为"重灾区"。这一往事，对刘西尧等人来说，可谓记忆犹新。这次批《纪要》，会不会……刘西尧等人难免有所顾虑。邓小平知道他们顾虑什么，因此耐心解释说：

"建国后的十七年，各条战线，包括知识分子比较集中的战线，都是以毛泽东同志为代表的路线占主导地位，唯独你们教育战线不是这样，能说得通吗？《纪要》是毛泽东同志画了圈的。毛泽东同志画了圈，不等于说里面就没有是非问题了。我们不能简单地处理。一九七六年天安门事件中关于我的问题的决议，毛泽东同志也是画了圈的。……《纪要》引用了毛泽东同志的一些话，有许多是断章取义的。《纪要》里还塞进了不少'四人帮'的东西。"

说到这里，邓小平突然话锋一转，语气十分坚定地向刘西尧等人提出："对这个《纪要》要进行批判，划清是非界限。"紧接着，邓小平又语重心长地对刘西尧等人说：

"你们的思想没有解放出来。你们管教育的不为广大知识分子说话，还背着'两个估计'的包袱，将来要摔筋斗的。现在教育工作者对你们教育部有议论,你们要心中有数。要敢于大胆讲话。我在八月八日科学和教育工作座谈会上的那篇讲话,是个大胆的讲话,当然也照顾了一点现实。对我的讲话,有人反对,这不要紧。一个方针政策,总会有人反对和不同意的。他们敢讲出来就好,可以开展辩论嘛!""教育部要争取主动。你们还没有取得主动,至少说明你们胆子小,怕又跟着我犯'错误'。"

最后,邓小平对刘西尧等人表示理解:"我知道科学、教育是难搞的,但是我自告奋勇来抓。不抓科学、教育,四个现代化就没有希望,就成为一句空话。抓,要抓具体政策、具体措施,解决具体的思想问题和实际问题。"他鼓励刘西尧等人"要放手去抓,大胆去抓,要独立思考,不要东看看,西看看。把问题弄清楚,该怎么办就怎么办。该自己解决的问题,自己解决;解决不了的,报告中央"。

这次谈话,可谓情理兼融,既有理解,也有希望,既有鼓励,也有支持。如果说刘西尧等人在邓小平8月8日讲话前后,还囿于"两个凡是",背着"两个估计"的包袱,对邓小平的正确主张持疑虑和观望态度的话,那么,这次谈话后,他们则放下了包袱,解放了思想。

11月,教育部以大批判组的名义,同时在18日的《人民日报》和第12期的《红旗》杂志上发表题为《教育战线的一场大论战》的文章,全面批判了"两个估计"。这是对邓小平谈话的最好回报,也是邓小平谈话最直接的产物。可以说,正是邓小平的理解、鼓励、支持与鞭策,刘西尧等人才毫无顾虑地组织人员撰文向"两个估计"开火。

邓小平曾说:"解决了十七年的估计问题,恐怕至少在精神上可以使大家放下包袱。"他正是本着这一精神首先帮助刘西尧等教育部主要负责人解决了对17年的估计问题,使他们在精神上放下了包袱,解放了思想,从而掀起了教育战线的拨乱反正。这次谈话充分显示了邓小平作为一名老的政治工作者在做人的思想工作方面的才智。

珠联璧合　相得益彰

——刘邓连在一起，彼此难以分开

1986 年 10 月 14 日，北京西郊万寿路 22 号总后勤部礼堂传出阵阵哀乐。礼堂前厅第一次装点成肃穆的灵堂：黑纱缠绕圆柱，挽幛悬挂横梁；一位伟人静卧在鲜花、翠柏丛中，鲜红的党旗覆盖着高大的身躯，人民解放军战士持枪守护在灵柩两旁。

邓小平最先来到灵堂，向静卧在鲜花翠柏中的战友深深地鞠躬，然后久久凝视着昔日的搭档，仿佛回想起太行山的岁月、大别山的战斗，以及逐鹿中原、鏖兵淮海、渡江作战和进军大西南的往事……渐渐地，泪水模糊了他的视线。

邓小平的夫人卓琳和死者的遗孀抱头痛哭。邓小平的儿孙辈，能来的也都来了。按照中国人的习惯，只有世交情分的家庭，才享有这份崇高的礼遇。在中国，也只有这位死者能独享这份礼遇。

他，就是中国军界巨人、与邓小平共事达 13 年的刘伯承元帅。

早在 1976 年，"四人帮"刮起"批邓、反击右倾翻案风"的狂潮，邓小平政治前途面临严峻考验之时，北京广泛流传着这样的政治传闻："刘伯承说，我死了之后，只要一个人为我主持追悼会，那就是老邓（小平）。"

尽管传闻的真实性有待考证，但 1986 年 10 月 16 日下午 4 时，随着中共中央政治局常委、中央顾问委员会主任、中央军委主席邓小平那洪钟般的四川口音——"刘伯承同志追悼会现在开始！向刘伯承同志遗像默哀！"——这个传闻变成了现实。

邓小平和刘伯承 1931 年相识于中央苏区。邓小平说，他们初次见面，刘伯承就给他留下了忠厚、诚挚、和蔼的深刻印象。1938 年，他们走上了共同的岗位，先在八路军一二九师，后在晋冀鲁豫野战军，继在中原野战军和第二野战军。他们一个师长，一个政治委员；一个军事主官，一个政治主官，就这么一搭档就搭档了13年。

邓小平和刘伯承都出生于天府之国四川省，按中国古历，也都属龙年出生。但是他们俩在阅历、资望、性格爱好方面相差甚大。

刘伯承1911年就在四川省万县参加了辛亥革命学生军，1912年考入重庆军政府将校学堂。毕业后，他先后参加了护国、护法战争，是一名"手执青锋卫共和"的猛将，在四川军界，声威远播。1926年刘伯承加入中国共产党后参加了四川泸顺起义、南昌起义，随后赴苏联伏龙芝军事学院学习。回国后在中央军委工作，1932年任中央革命军事委员会总参谋长。在长征中，他指挥部队强渡乌江、智取遵义、抢占皎平渡、勇渡大渡河。抗战伊始，他便利用灵活机动的战略战术，组织所部夜袭阳明堡机场，伏击七亘村日军，并在正太路南侧歼灭日军1000余人，是红军、八路军中声名赫赫的一员大将，被人称为足智多谋的"独目将军"。

邓小平虽然早于刘伯承加入中国共产党，但是他除了1929年、1930年组织领导百色、龙州起义外，无论在旅欧期间，还是在上海、在中央苏区，所从事的都是政治工作。因此，他对比自己年长12岁，具有丰富的作战经验与高超的指挥艺术的刘伯承十分敬重。1942年12月，当刘伯承50寿辰、刘邓共事近5年之际，邓小平撰文高度赞扬了刘伯承的优秀品质和革命功绩，表达了对战友的崇敬、关心与热爱。邓小平写道：

热爱国家，热爱人民，热爱自己的党，是一个共产党员必须具备的优良品质。我们的伯承同志不但具备了这些品质，而且把他的全部精力献给了国家、人民和自己的党。在30年的革命生活中，他忘记了个人的生死荣辱和健康，没有一天停止过自己的工作。他常常担任着最艰苦最危险的革命工作，而每次都是排除万难，完成自己的任务。他为国家和人民的解放事业负伤达九处之多。他除了国家和人民的福利，除了为党的事业而努力，简直忘记了一切。在整个革命过程中，他树立了不可磨灭的功绩。

伯承同志对于自己的使命，是兢兢业业以求实现的。过去的事情不用谈它，单以最近5年来说，奉命坚持敌后抗战，遵行三民主义、抗战建国纲领和党的政策，未尝逾越一步。他对于上级命令和指示，从未粗枝大叶，总是读了又读，研究了又研究，力求适应于自己的工作环境而加以实现，在实行中，且时时注意着检查，务使贯彻到底。"深入海底"，差不多是他日常教导同志的口语。

伯承同志热爱我们的同胞，每闻敌人奸掳烧杀的罪行，必愤慨形于颜色；听到敌人拉壮丁，便马上写出保护壮丁的指示；听到敌人抢粮食，马上就考虑保护民食的办法；听到敌人烧房子，马上提倡挖窑洞，解决人民居住问题；听到了有同志不关心群众的利益，便马上打电话或电报加以责备。还是不久前的事情吧，他看到村外的道路被水冲坏了，行人把麦地变成了道路，他便马上督促把路修好，麦地得到了保全。这类的事情，在他身上是太多了。他不仅率领着自己的部队，从大小数千次的血战中，来保护我们国家的土地和人民的生命财产，而且在日常的生活中，处处体现着共产党员热爱国家和人民的本色。

伯承同志热爱自己的同志，对干部总是循循善诱，谆谆教诲，期其进步。他同同志谈话的时间很多，甚至发现同志写了一个错字，也要帮助改正。在他感召下得到转变和发展的干部，何止千万。

伯承同志是勤读不厌的模范。他不特重视理论的研究，尤重视理论与实际的结合。他常常指导同志向下层向群众去学习，他自己也是这样做的。

伯承同志可供同志们学习的地方太多了，这些不过是其中的一枝一叶。他的模范作用，他的道德修养，他的伟大贡献，是不可能在短文中一一加以介绍的。

邓小平最后写道："假如有人问，伯承同志有无缺点呢？我想只有一个，就是他除了读书工作之外，没有一点娱乐的生活。他没有烟酒等不良嗜好，他不会下棋打球，闲时只有散散步，谈谈天。"

在当时所有的贺文中，只有邓小平数落师长的"缺点"，这数落正体现了邓小平对刘伯承知之"甚深"，表达了他对战友健康的关心。

邓小平对刘伯承的敬重不仅表现在言语上，还表现在日常工作中。

由于刘伯承年事较高，右眼因伤失明，左眼视力微弱，行动上多有不便。为了照顾刘伯承的身体，保证他有更多的时间、精力图谋大略，邓小平总是力争多做一些组织实施的具体工作，前方指挥，总是亲自起草、签发电报，亲自值班把守电话机，督促作战方案的贯彻执行。战事紧张时，为了不打扰刘伯承休息，邓小平则让战士们把电话线拉得长长的，一有电话，他就披上衣服，走到院子里去接。在行军中，特别是在夜行军中，邓小平也总是时时刻刻不忘关照刘伯承。有一次刘伯承骑马夜行，邓小平关怀地对刘伯承说："夜间这么黑，你骑在马上，要是马一失蹄，把你摔了就不得了。你还是把马解放一下吧，下来我们俩一道慢慢走，还稳当些。"赶上比较崎岖难走的道路，邓小平还曾要求警卫战士为刘伯承准备一副担架。尽管刘伯承一直没有坐过这副担架，但它却映衬出了邓小平对刘伯承的关心。

邓小平不仅自己时时处处关心照顾刘伯承，而且时常要求所部干部战士关心照顾刘伯承。据第二野战军作战科科长张生华说，邓小平经常对他们说："刘司令员年大体弱，司令部要特别注意，有事多找我和参谋长。刘是我们的军事家，大事才找他决策。"

刘伯承对邓小平也十分尊重。他常对部下说："邓政委是我们的好政委，文武双全，我们大家都要尊敬他，都要听政委的。"几十年后，邓小平对此仍记忆深刻。1986年10月21日他在《悼伯承》一文中写道："伯承非常重视政治工作，不但对政治委员，而且对政治机关的工作人员都很尊重。他下部队，总要请政治机关派人一起去。不是为了替他写讲话稿，或者为他本人的活动写新闻报道，而是把他们看作政治机关的代表，遇事随时随地同他们商量；在作军事部署的时候，便于他们及时布置政治工作。当他要向部队传达中央指示或作政治动员时，往往把自己起草的讲话提纲送政治机关阅改。他这样做，不只是出于谦虚，更是出于把政治工作看成我军的生命线。他一贯关心干部战士的政治思想教育，关心政治工作建设。可以说，他是我军高级军事指挥员中重视和善于做政治工作的模范。"

正因为邓小平和刘伯承相知甚深，相互尊敬，因此，他们工作起来非常协调。从抗日战争到解放战争，他们共同导演了许多威武雄壮的战争活剧。

作为搭档，刘邓二人既有合作，也有分工。每一个重大的决策，他们总是共同商量决定，然后由刘伯承作军事部署，邓小平作政治动员。例如当刘邓下定千里跃进大别山的决心后，刘伯承即向广大指战员下达部署命令："四个纵队分三路开进：三纵为东路，沿成武、虞城、鹿邑、界首之线，直插固始、金寨、六安、霍山地区；一纵并指挥中原独立旅为西路，沿曹县、宁陵、柘城、项城之线以西，直捣罗山、宣化店、黄陂地区；野战军直属队和二、六纵队为中路，沿虞城、亳县、界首、临泉之线以西，经息县以东渡淮河，直奔大别山腹地。第十一纵队和军区各级地方部队，在鲁西南地区，积极开展攻势活动，并到黄河渡口佯动，造成我军北渡黄河的假象，以迷惑敌人；豫皖苏军区部队破击陇海路、平汉路，断敌交通；暂归我野战军指挥的华野外线兵团四个纵队，于鲁南、鲁西南地区积极佯动，寻机歼敌，掩护我晋冀鲁豫野战军主力南进。"最后刘伯承要求各部在进军途中"要坚定、沉着、勇敢、果断，披荆斩棘，夺路前进，克服各种困难，一把钢刀直插敌人心脏——大别山腹地"。

刘伯承讲完部署后，邓小平随即说："刘司令的决心，非常正确，我完全同意。我们要下决心不要后方，直捣蒋介石的心脏——大别山，逼近长江威胁武汉三镇和蒋介石的老巢——南京，把战线从黄河边向南推进到长江边。古人说过，'卧榻之侧，岂容他人鼾睡'。我军的战略行为，必将迫使蒋介石调兵回援。这样我们就能配合全国各个战场的兄弟部队，彻底粉碎蒋介石的'重点进攻'，彻底扭转全国战局，加速'蒋家王朝'的灭亡。为了更好地完成这一战略任务，我再强调三点：第一，一切工作要服从战略进攻任务的要求，要教育各级干部和广大战士，这是一个极光荣而艰巨的任务，是我军战争史上的创举，要准备为实现这一伟大战略决策做出贡献，付出代价。要不怕疲劳，不怕困难，不怕牺牲，连续作战。第二，在我进军途中，敌人必然北追、南堵、东西截击，我军在淮河以北主要是消灭敌人的地方武装，要力避与敌主力纠缠和作战，千方百计直奔大别山腹地。走到大别山就是胜利。第三，要教育部队，进入新区作战，一定要严格地遵守党的政策，遵守三大纪律、八项注意。"

就这样，一个军事部署，一个政治动员，把军队的军事和政治工作融成了一个整体。

当然，在长达13年的共事中，邓小平和刘伯承不是没有一点争论。但是，他们之间从来没有意气之争，从来没有哪个固执己见，遇事总认为自己对，人家不对，总想压倒别人，提高自己，而是哪个意见比较对，就一致做去。这一点，凡是在八路军一二九师和第二野战军工作过的同志都有深切的了解。一位曾在一二九师师部工作过的老同志回忆说：当时师部的工作，只要邓政委表过态的，假如你去问刘师长时，刘一定说，"按邓政委讲的办"；同样，凡是刘师长表过态的，你去问邓政委时，邓也必定说，"按刘师长讲的办"。正因为他们俩相互信任、相互支持、和衷共济，所以麾下步调一致，号令畅达。刘邓大军之所以在艰难复杂的环境中，战胜比自己强大得多的敌人，其最大的秘密，也是最公开的秘密就是刘邓的团结。

在许多一二九师和第二野战军老同志的心目中，刘邓不是两个人，而是一个人。当然，如前所述，刘邓在资望、阅历上不尽相同，工作方法也有差别。一位老同志这样描述他们：刘师长给我们总的印象是对党忠心耿耿，对工作极端负责任，热爱人民，关心同志，他年高德劭，平易近人，使你在他面前，能感到一种慈父般的温暖；小平政委在领导作风上的特点是决心果断，干脆，对干部要求严格，并敢于批评，给人的印象，像个严师。就是业余爱好，二人也迥然而异。刘伯承闲时多是散步，聊天。不过由于他博学多闻，闲聊起来，天文地理，风土人情，古今中外，无所不侃。常有令人捧腹的笑话出口，人称"口头娱乐家"。邓小平业余活动则相当丰富，除各项运动之外，还常在"梅花""方片""黑桃""红心"中斗法，或是在麻将城中摆方阵。尽管如此，他们却是一对密不可分的搭档。"刘邓不可分"一直是一二九师和第二野战军老同志中流传的佳话。曾作为随军记者，在刘邓野战军工作了近两年的新华社记者李普回忆当时的情景时说："我们到了冶陶，从中央局听说前方马上又要打大仗……这里所说的将要在前方打大仗的，就是刘邓大军。那时候它的正式名称是晋冀鲁豫野战军，后来改称第二野战军。刘（伯承）是它的司令员，邓（小平）是它的政治委员。讲到这支部队的活动和业绩，他们两位是分不开的。他们的老部下说得很形象，刘邓就是刘邓，这两个字中间，顿点都加不进去。"

邓小平自己也曾深情地说："我比他（指刘伯承——引者注）小十多岁，性格爱好也不尽相同，但合作得很好。人们习惯地把'刘邓'连在一起，在我们两人心里，也觉得彼此难以分开。同伯承一起共事，一起打仗，我的心情是非常愉快的。"

邓小平和刘伯承在战争年代结下的深厚情谊，新中国成立后得到加强和升华。在西南、在北京，很长一段时间里他们两家相邻而居，往来十分密切，成为真正的世交之家。